明清史

陳捷先 著

三民書局

國家圖書館出版品預行編目資料

明清史 / 陳捷先著.——三版一刷.——臺北市: 三民，
2019
面；　公分

ISBN 978–957–14–6550–0　（平裝）

1.明清史

626　　　　　　　　　　　　　　　　107022457

ⓒ　明　清　史

著 作 人	陳捷先
發 行 人	劉振強
著作財產權人	三民書局股份有限公司
發 行 所	三民書局股份有限公司
	地址　臺北市復興北路386號
	電話　(02)25006600
	郵撥帳號　0009998–5
門 市 部	(復北店) 臺北市復興北路386號
	(重南店) 臺北市重慶南路一段61號
出版日期	初版一刷　1990年12月
	三版一刷　2019年4月
編　　　號	S 620240

行政院新聞局登記證局版臺業字第○二○○號

有著作權‧不准侵害

ISBN　978–957–14–6550–0　（平裝）

http://www.sanmin.com.tw　三民網路書店

三版說明

　　陳捷先教授在明清史的研究領域中成就斐然，於學界享譽盛名。《明清史》為教授的心血結晶，也是各大歷史系的必備用書。

　　此次再版，為符合現代出版潮流，本書除了調整內文間距及字體編排外，也重新設計版式，讓讀者能夠輕鬆、舒適的閱讀本書。全新的封面設計和新增的圖片解說，更能使讀者瞭解明清下的歷史時空。除此之外，我們期望讀者能透過此書認識歷史；從文字中看見世道人心，並對我們現在的人生帶來省思。

編輯部謹識

增訂二版序

　　明清兩代係中國帝制史上最後兩個皇朝，各有其特色，值得吾人研究。

　　世人對明史多以乏善可陳視之，帝王多昏庸，宦官干政歷代少見，政治、軍事之腐敗，經濟、民生之凋敝，更為明史上之大污點。然明初在恢復漢人舊失土與開拓新邊疆等方面，確有其肯定貢獻，亦如開國後所建適合時宜之政治制度，堪稱具有宏遠構思，實足媲美漢唐。明代學術思想雖無專精可言，惟王陽明之心性、知行合一之說，確為宋代理學創新局面。惜一般士子多喜求知，少見實行，致使王學失去實踐篤行之本意。此外，明代科技、醫農諸學科亦有其新發明；宗族倫理精神別闢弘揚之新途徑；海外拓展事業、中西文化交流建新里程碑；經濟社會轉變與城市工業發達等亦有新表現，此皆明史之特別處，值得深入探究。

　　清代雖為「異族」滿洲人所建，在其統治期間，為防止漢人反側，大興文字之獄，燬禁有礙圖書，誠屬文化史上之大憾事；惟清代帝王在整理、保存、弘揚中華文化方面，亦不遺餘力，成績斐然。後世學者能箋釋群經，辨別偽書，得窺佚冊，皆清人提供有利條件所致。清廷在疆土擴大、種族融和等工作上，表現至為優異，遠邁前朝。清史雖記滿族興衰大事史，亦為中國多民族發展、創造之經歷史，尤以清末列強侵略時期，多族人民在苦難中求生圖存，提出甚多強國

富民之計畫，至今仍有借鏡之功能，不能忽視。史家有言：
「人若熟悉歷史，可避免重蹈古人錯誤覆轍」，則清史更為吾
人須探究之斷代史書。

　　三民書局執事先生近日來函，以本人在該局出版之《明
清史》一書，大專院校師生頗能接受，擬於近期改版橫排刊
行，「裨能以最完善之面貌問世」，本人至感榮幸，因草成以
上數語，作為新版序。

　　　　　　　　　陳捷先　謹識於加拿大西溫哥華山邊屋

自　序

　　從目前地下發掘的考古資料證實，中國的文化早在近萬年前就已經萌芽了，而文物的規模大備則也是四千年以前的事，中國的歷史真可謂源遠流長，綿延不絕。同時在過去的幾千年中，學術思想的發展、典章制度的因革、社會的演進、經濟的盛衰，又都是繁複異常，絕非少數語言所能盡述。因此前人有謂：「一部二十五史，不知從何讀起」，實非誇張之說。三民書局董事長劉振強先生為傳佈國史知識，特邀約史學界同仁多人，分工合作，撰寫中國歷朝史事，希望以易懂的文字，深入淺出的筆法，將我國歷史上的大事，鉤考剖析，介紹給關心國史的廣大讀者。我們欽佩劉先生的良苦用心，為了贊助他的計畫，這本簡要的《明清史》，就像其他各朝史書一樣，因此問世了。

　　劉振強先生的構想，是由多人執筆，合則為一部完整的中國史，分則為獨立性的專書。明清史部分約定起自朱明建國，迄至清代乾嘉之世。筆者依約敘述史事以清代中衰為下限，清末史事則在近代史部分中論述。

　　明清史事，變局特多，而資料之夥，又非其他朝代所能比擬，所以研究明清歷史至為困難。筆者才力有限，書中謬誤必多，尚祈方家君子，不吝指正。

明清史

目次

清 史之部

第一章　滿洲的源流

明

史之部

第一章　明代開國及其初年的制度

第一節　略論明代歷史的重要性

　　以往中外學者，對我國明代的評價都不是很好。有人說：「明代從歷史上觀之，實為欠缺特色、乏趣味的時代。」也有人認為：「有明三百年間，由任何方面看都始終未上軌道，整個局面叫人感到是國史上的一個大污點；整個民族與整個文化已發展到了絕望的階段。」這些評論，大概都是由於明代政治敗壞、宦官干政、皇帝昏庸並摧辱知識分子等等史實而引發的，大體上說也是言之成理，於史有據的。然而，明代史上也有好的方面，我們也應該提出來談談。儘管「皇明混一海宇，超三代而軼漢唐」這一類歌功頌德的詞句不足採信；但是明代終究是我國國史上的一個重要時代，其地位也有值得重視之處。現在且略舉幾點，來作一說明：

　　第一、我們中國人的民族思想，一向很發達，經常自居主位，而以其他種族居於客座。在春秋時代就已經有了「尊王攘夷」的說法了。降至元代，蒙古人以異族入主中原，歧視漢人，官貪政暴，對中華文化又著意的摧毀，以致社會混亂，民不聊生，而引起元末的起事。明太祖以平民奮跡出頭，終於興復漢室。他說：「自古帝王臨御天下，中國居內以制夷狄，夷狄居外以奉中國，未聞以夷狄居中國治中國者也。……蓋我中國之民，天必命我中國之人以安之，夷狄何得而治哉！」在五族共和的今天，這番話也許不很確當；不過，在元明之際，

明太祖的這項聲明，確實重振了大漢的聲威。尤其在遼金元相繼動亂了多年以後，對當時的漢人民族精神與自尊心的恢復，實有極大的作用。

第二、明代開國以後，不但收復了淪陷四百多年的燕雲舊地，也重新統治了喪失三百多年的隴右故土。在邊疆地區經營的成就，更是前史所不見的，例如遼東的開拓，竟遠達苦夷（庫頁島），西南的西藏、青海等區也先後內屬，而北方塞外形勢之地又多收入版圖，重建了漢唐以來統一的漢人大帝國。另外在改進政治、移植文化、屯墾農業、繁榮經濟等方面，也多少獲致一些成就，這也是不容置疑的事實。

第三、元代末年，政教法制，敗壞不堪。明太祖開國以後，就在儒臣宋濂、劉基、李善長等人的輔佐下，參考漢唐舊制，酌古準今，建立了適合當時需要的政治制度，其規模堪稱宏遠，創意也多，足以與漢唐相媲美，為明代奠定了二百多年統治的國基。其後清代統治中國，大多承襲明代制度，又建立二百六十八年的基業，若非清末外國列強勢力入侵，民族主義高張，清代可能存在更久，可見明初所創建的政治制度，取精用宏，堪稱良法。

第四、《明史》中有言：明代「經學非漢唐之精專，性理襲宋元之糟粕」；兩百多年當中，沒有出過什麼名家大儒。然而，自明代中葉開始，學風頗有轉變，學者漸漸走上篤實體驗的道路，而自王陽明合唐、宋禪學與理學，別開「心性」之學以後，主張「知行合一」，對世道原本很有助益，對當時讀書人「口孔孟而心跖蹻」的現象，實有匡正的效能。可惜明代末期，流弊滋生，一般讀書人多喜求知，而怕實行，全然失去了王學實踐篤行的本意。不過，無論如何，宋代理學到明代有了創新的局面。此外，我國科技的發展，在明代也大放異彩，醫農理工，也都有若干的成就，在中國科技發展史上，明代的地位，應該是以前很多朝代不能比擬的。

　　明代對於倫理教育的提倡是相當重視的，洪武年間力倡儒學，特重倫理。成祖時代學校大興，而科舉之嚴，為前朝不及。學校課以四書五經，講人倫，重孝悌，倫理教育又一次呈現了興盛氣象。明代中期以後，雖然君主多荒怠無能；但就教育而言，學者仍是輩出的，他們的貢獻也是可觀的。王陽明的致良知實是倫理道德的表現，知行合一則是倫理的實踐。誠意、致知、格物則是倫理實踐的方法。又如王孟箕講宗約會規，很能發揮宗族倫理精神。楊繼盛的遺訓則是家訓倫理的要則，都值得吾人注意。

　　其他如海外拓展的事業、中外文化的交流、經濟社會的轉變、城市工業的發達等等，明代也都有特殊之處。總之，明代的政治雖然表現得腐敗黑暗；但在疆土的擴大、民族的發展、制度的宏達、學術的振興、科學的進步、海外的開拓等等方面，確都有可觀之處的，我們似乎應該給予肯定的評價才是。

第二節　元末群雄

　　元朝末年，政治不修，社會風氣敗壞，無綱紀，無法度，當時人對軍政情形作過如下的描述：「承平以來，百年於茲，禮樂教紀，日益不明，綱紀法度，日益廢弛，上下之間，玩歲愒日，率以為常，恬不為怪，一旦盜賊猝起，甚若無睹。總兵者惟事虛聲，秉鈞者務存姑息，其失律喪師者，未聞顯戮一人，玩兵養寇者，未聞明誅一將，是以不數年間，使中原震擾，海內鼎沸，山東河北，莽為丘墟，千里王畿，舉皆騷動，而終未見尺寸之效。」加上賦稅苛急，水旱頻仍，以致豪傑嘯聚，人民追隨，形成各地變亂，其中勢力尤大的，計有以下幾起：

　　㈠**方國珍據浙東**：方國珍，黃巖（浙江黃巖）人，販鹽世家。元順帝至正八年（1348 年），國珍因殺仇家而與家人部下逃亡海上，後

聚眾數千人，成為一反抗政府的力量。元朝政府幾度征討，終無成效。後來改以官爵招撫，不過國珍仍屢降屢叛，據有溫州、台州、慶元諸路。朱元璋得到江南以後，國珍因為元璋勢力強盛，便又接受元璋的封爵，然陰持兩端以觀變。等到朱元璋打敗了張士誠，大勢已定，國珍被逼逃入海中，元璋派人曉諭利害。元至正二十七年，國珍才向元璋奉表乞降。

　　㈡**韓林兒、劉福通據汴梁**：韓林兒，欒城（河北欒城）人，他的先世信奉白蓮教，以神道惑眾。他父親韓山童，更倡言當大亂，彌勒佛要下凡，河南與江淮一帶的愚民多蜂擁的信從他。當時潁州人劉福通乘勢附和他，詭稱韓山童是宋徽宗的八世孫，應當做中國的皇帝，宗教迷信與民族意識於是集合了起來，產生了極大的力量。至正十一年（1351 年），韓山童與劉福通謀舉兵起事，以紅巾為記，刑白馬黑牛祭告天地。不過不久事發，山童被捕，林兒逃入山中，福通遂正式反元，率眾攻破潁州，連陷河南諸縣，軍力竟擴張到十多萬人，元朝地方政府終不能制。至正十五年，福通迎立林兒於亳州，即皇帝位，稱小明王，國號宋，建元龍鳳，軍國大政，都被福通把持。至正十八年，福通等再攻略山東、陝西等地之後，終於攻陷汴梁，作為林兒國都，聲勢大盛。當時四方響應的人極多，連朱元璋也奉龍鳳年號，做了小明王的左副元帥。翌年八月，元將察罕帖木兒集重兵攻克汴梁，林兒先避走安豐，而先前得到的城池土地，又逐漸地被元軍復得。至正二十三年，張士誠又側擊林兒於安豐，劉福通被殺，幸得元璋救援，林兒才能脫險。元璋保護林兒在滁州居住了三年，仍奉龍鳳年號，不過自己已改稱吳王。

　　㈢**徐壽輝稱帝於蘄水**：徐壽輝是湖北羅田人，本是布商，至正十一年，起兵於羅田，攻陷蘄水（浠水縣）、黃州，他就以蘄水為都城，自稱皇帝，國號天完。一度兵勢很盛，湖廣、江西不少重鎮都被他攻

下，甚至還遠征到浙江、福建的部分地區。後來徐壽輝遷都漢陽，但為部將倪文俊所制，他只擁有皇帝的虛名而已。文俊後更擴充勢力，志益驕，欲謀害壽輝，但他卻被自己的部下陳友諒所殺，於是大權盡歸友諒。至正二十年，陳友諒殺害徐壽輝於采石舟中，遂取而代之。

㈣**陳友諒據武昌稱帝**：陳友諒是沔陽（湖北仙桃市）人，本是漁家子弟，略知文義，但有權術，初為徐壽輝驍將倪文俊部下，後殺害文俊、壽輝而自即帝位，國號漢，盡有湖廣、江西之地。友諒自以為強盛，曾領兵東征朱元璋，在龍灣（江蘇江寧北）一戰，大敗歸走江西。至正二十一年，他又與元璋大戰於九江，再遭敗績，不得不退走武昌，待勢再舉。後來友諒致力於建造大型船艦，準備與元璋一決死戰。至正二十三年，兩軍大戰於鄱陽湖，友諒艦大，反而運轉不靈，遂為元璋所敗，友諒中流矢戰死，其子也在一年後投降了元璋。

㈤**張士誠據高郵**：張士誠，江蘇泰州人，以操舟運鹽為業。至正十四年，他糾集鹽丁起事，攻陷泰州，據高郵，自稱誠王，國號大周，元朝政府雖派大軍出討，但終被士誠所敗，兵勢乃大振。至正十六年（1356 年），士誠陷江蘇吳縣，領土乃與朱元璋相接壤，雙方衝突因而發生。士誠又因為不能戰勝元璋，便與元朝通款，甚至每年輸糧以濟元軍，惟與元朝政府各有企圖。至正二十三年（1363 年），士誠已占領江、浙、皖、豫等地，擁兵數十萬，實為元璋勁敵；然而士誠無遠見，漸縱奢侈而荒怠政事。朱元璋滅陳友諒以後，遂於至正二十七年（1367 年），轉旆東征，大敗士誠。

㈥**明玉珍據四川**：明玉珍，隨州人，他原先也是徐壽輝的部將，至正十七年，他被派攻取重慶，壽輝任命他為隴蜀行省右丞，後來他又攻下成都，四川郡縣都附於玉珍。陳友諒殺徐壽輝自立，玉珍也據四川自立為隴蜀王。至正二十二年，又在重慶稱帝，國號夏，設官取士，四川境內因而相當安定。他又派人通好朱元璋，直到至正二十六

年病死，始終與元璋保持良好關係。

　　㈦**郭子興與朱元璋奮跡濠滁**：郭子興，定遠（安徽定遠縣）人，任俠好義，廣結壯士，至正十二年，子興隨劉福通之後，起兵據濠州。當時朱元璋正是濠州皇覺寺中的一名僧人，也來投效子興，子興因見元璋出眾，並屢立戰功，便妻以義女。元璋後別立一軍，攻取滁州。至正十五年，子興死，元璋合併了子興部眾，勢力大增，不久連克江蘇與安徽省境很多州縣。至正十六年，元璋攻克南京，改為應天府，遣使稱臣於韓林兒，奉龍鳳年號，又攻陷鎮江等地，勢力更形坐大。朱元璋為人英毅果斷，非常了解撫御士卒之道，所以很得眾心。他滅了陳友諒後，於至正二十四年稱吳王。至正二十七年，滅張士誠、方國珍，也廢龍鳳年號，而改稱吳元年，並派出大將湯和、廖永忠等分別南定福建、廣東；徐達、常遇春統兵北伐，驅逐蒙古。至正二十八年（1368 年），元璋受群臣擁戴，即皇帝位，定都應天，國號明，建元洪武，是為明太祖。

第三節　朱元璋得國原因分析

　　明太祖朱元璋出生於貧苦的農家，年輕時甚至還當過一段時間不算短的遊方僧人，在元末群雄當中，他原本是最沒有憑藉、最沒有成功希望的；可是他最後卻戰勝了陳友諒、張士誠等人，打敗了蒙古，而建立了明朝，統一了國家，這其中當然是有原因的，值得我們深入的探究一番。現在我們先來讀一讀《明史》中評論郭子興與韓林兒的一段話：「元之末季，群雄蜂起，子興據有濠州，地偏勢弱，然有明基業實肇於滁陽一旅。……林兒橫據中原，縱兵蹂躪，蔽遮江淮，十有餘年，太祖得以從容締造者，藉其力焉。帝王之興，必有先驅者資之以成其業，夫豈偶然哉！」這是相當中肯的看法，也就是說朱元璋的

成功是靠著郭子興的基礎以及韓林兒的失去人心而後才另創新局的。韓林兒一系本來極有勢力，而且得到各方響應的，包括朱元璋本人在內，都曾借用過他的年號。韓林兒在江北一帶與元軍戰鬥，經歷十多年，元代軍力也因他損耗了很多，這位曾是各方託予重望的反元領袖何以最後不能得到天下？這可能與他們的戰略與作風有關。例如：

㈠韓林兒與劉福通的部下幾乎都是流民與散兵游勇所組成的，他們習慣於流竄作戰，攻城常不治地，因此戰爭成果，常常隨得隨失。《明史》中說劉福通的部下「數攻下城邑，元兵亦從其後復之，不能守。」充分的說明了他們在戰略上的缺點。再就韓、劉伐元的三路大軍來說，中路軍從河南經山西、河北、遼東，甚至達到朝鮮半島，但結果是全部潰散；西路軍曾深入寧夏邊區，最後也流奔四川，遭到消滅的命運。只有東路軍在到達山東之後，因為積極從事屯墾與建設並治理地方等的工作，所以能在山東據地自雄，並經歷三年之久。這些事實，在在的反映了韓林兒等人的戰略失敗與計畫欠周。

㈡正如《明史》上所說的：韓林兒一系軍中「諸將在外者，率不遵約束。……福通亦不能制。兵雖盛，威令不行。」作戰時如果沒有統一的指揮，各人個別作戰，其結果是不問可知的。元軍當時也看出了他們的弱點，所以察罕帖木兒等先以全力消滅西路軍，然後收復山西、河北的失地，進而奪取開封，迫使韓林兒退卻。最後察罕帖木兒才反攻山東，摧毀反元軍的最強基地。元軍個別擊破的成功，正足以說明韓、劉的無組織與不統一的缺失。

㈢韓林兒一系將領之間，又不時發生猜忌，甚至有互相殘殺的事。如劉福通殺杜遵道、趙均用殺毛貴、田豐與王士誠之間的「互相攻伐」以及趙均用的暗算郭子興等等，都顯示了他們沒有成就大事業的心胸與志氣，當然每一次的內閧互鬥也都會給察罕帖木兒等人予以可乘之機。加上「縱兵蹂躪」各地，人民的支持也漸漸喪失了，要想擊敗群

雄、打倒蒙古當然就很難了。

陳友諒方面的情形也有值得推究的。自從友諒從徐壽輝手中得到權力以後，他控制著湖廣、江西、四川等地區，真是「兵眾地大」。然而陳友諒的人格與反抗元人的態度是很令當時人懷疑的，他原先是跟隨徐壽輝的，結果殺了徐壽輝而奪取他的一切，這件事很多人為之不滿，因而「將士皆離心」是可以想見的。後來他又嫉殺「驍勇之將」趙普勝，因而激發了李明道等人的投降朱元璋，並直接影響到後來朱元璋與陳友諒在龍灣一役的戰事。陳友諒的不少部下「怨友諒殺普勝，故龍灣之戰無鬥志」，友諒的軍威也因此次戰敗而大挫。此外，陳友諒在殺害徐壽輝之後，曾經暗中邀約過張士誠，希望二人合作，從東西兩面夾攻元璋，朱元璋後來斥責他「結怨中國，而厚夷狄」，這不但曝露了陳友諒的野心，也揭發了友諒反元的虛偽面目。陳友諒又是一個氣量狹小，有勇無謀的人，他經常發動戰爭，「攻殺至無虛日」，結果卻敗多勝少，因而大損軍威，耗損兵力。朱元璋曾經評論過他們之間的勝敗關鍵說：「友諒雖眾強，人各一心，上下猜疑。用兵連年，數敗而無功，不能養威俟時，今日苦勞於東，明日又馳騖於西，失眾心也。夫兵貴時動，動則威，威則勝。我以時動之師，威不振之虜，將士一心，人百其勇，如鷙鳥搏擊，巢卵俱覆，此所以為吾破也。」朱元璋與陳友諒的決定性成敗一戰是鄱陽湖之役。陳友諒為虛張聲勢，大造巨型戰船，徵調百官家屬從軍，號稱六十萬眾，貪多虛誇，想以聲勢奪人，結果船大行動失靈，軍人又是烏合之輩，因而得到慘敗的下場。陳友諒從取得大權到他敗亡，前後僅僅四年的時間，他在政治與經濟上沒有任何足以稱道的建樹，而他自奉甚豐，過著極為豪侈的生活，這種人如何能得人心、成大事呢？

再就張士誠來論，他在起事之初，在取得淮揚一帶以後，廣積軍糧，整頓士卒，興修水利，關心民事，有一段時間得到人民的好評，

甚至還有學者稱讚他有不少優長，如「兵不嗜殺一也，聞善言則拜二也，儉於自奉三也，厚給支祿而奸貪必誅四也。」不過，這也只是極少數人的說法罷了，而且這樣好的作為也為時不久。到他打下蘇州以後，這些優點與美德幾乎都不存在了，尤其在他弟弟張士德被朱元璋殺了之後，他改變極多，整天不問政事，只想附庸風雅，常和一批吟風弄月的文人混在一起，「佈園池，蓄聲妓，購畫圖，惟酒色耽樂是從。」上有好者，下必有甚焉，士誠的部眾也群相效尤。像張士信在行軍作戰時還攜帶聲妓隨行，如此戰爭，焉有不敗之事？士誠部屬又驅迫人民就役，長年不休，加上法令縱弛，殘害人命，因而不少人家被弄得家破人亡，怨聲四起。尤有甚者，張士誠在至正二十三年，稱吳王前後，暗通元代政府，並先後四次海上運糧貢獻元代中央，他可以說完全失去了起事之初的反元立場，因而不少反元團體與人民對他起了反感，他想得到全民支持當然不可能了。

如上所述，我們可以了解：元末與朱元璋同時起事反元的人，在他們得勢之後，大多志滿氣盈，不是失去了他們原有的優點與立場，就是爭權奪利，不作長遠計畫，以致終歸失敗。朱元璋出生微賤，在依附郭子興時終不免帶有紅巾黨人的色彩，也多少有著當時群雄的若干缺陷；不過當他渡江之後，情形大為改變，他的作風、策略與各方面的表現，都大異於以上反元諸軍的領袖們，這確是他的過人之處，也是他成功的主要原因。

元朝末年，由於異族統治，社會混亂不安，蜂起的群雄都是以宋朝宗室後人偽託，或是以「彌勒佛降生」天下安定的宗教宣傳來號召人心的。朱元璋早年也是白蓮教的信徒之一，可是他自從在至正十六年三月渡江占領南京以後，尤其是在十多年後建立明朝之時，他崇敬孔孟，大倡儒學，改變了當時一般反元領袖的作風，而收到了有效並可觀的效果。例如他在軍事行動之際，戎馬倥傯之時，仍不忘拜祭孔

廟。在取得江寧後的第五個月，他就先在鎮江拜孔廟，然後再辦其他的事務，表現他尊孔的虔誠。他不但表面上尊孔，而且也大力的提倡孔孟之道。他認為孔子是「萬世帝王之師」，「聖人之道，所以為萬世法。……夫武定禍亂，文治太平，悉此道也。」他也常常倡行仁義，在至正十九年攻打浙東的前夕，他曾向將領們訓話說：「仁義足以待天下，而威武不足服人心。夫克城必以武，而安民必以仁。……為將者能以不殺為心，……則事不難就，大功可成矣。」他不但口倡仁義之道，身體力行來尊孔，在政府的政策上也表現尊儒重道的精神，諸如求訪賢才、禮賢下士，致使李善長、馮國勝、劉基、宋濂等大儒紛紛來歸，為他效力。他又下令開辦地方學校，延聘名師講學，「喪亂之餘，學校久廢，至是始聞弦誦之聲。」在南京時，他更聘請很多名學者，「與論經史，及咨以時事。」總計渡江以後他訪求到了四、五十位名儒，供他顧問，這些都是朱元璋創建龍興大業的寶貴資本，陳友諒、張士誠等人與他比較，真有天壤之別了。

國家在大動亂之後，收拾人心與安定社會是急切需要的。朱元璋不像陳友諒等人只妄自尊大，貪圖享樂，他卻到處宣傳「弔民伐罪」、「拯生民於塗炭」的言論，並切實推行政令，以安定民生。在軍事行動上，他也做到穩健務實。在法令制度上，更能公正嚴明，這些與他成就帝王大業是有關係的。以下數事，可為說明：

朱元璋在攻下建康以後，便下令武將「聽開墾荒田，以為己業。文官撥典職田，召佃耕種。」這種且戰且耕的政策，不但增加了農業的生產，同時也鼓舞了文武官員的士氣。他又立茶鹽課，定錢法，開礦冶，收漁利，增廣利源。同時他對人民的生計也是關心的，不斷的設法減輕百姓的負擔。例如廢除「寨糧」（早期軍餉是由人民歲納糧草供給的，稱為寨糧），對人民的稅賦、差役也儘量「務從寬簡」。他又下令蠲免各地的桑麻谷粟稅糧徭役等等，這些對於民間的安定與恢復

的工作都是有很大幫助的。

朱元璋在執法用刑方面是以「恤民」為本的。他在渡江以後說過：「百姓自兵亂以來，初離創殘，今歸於我，正當撫綏之，況其間有一時誤犯者，寧可盡法乎？大抵治獄以寬厚為本，少失寬厚，則流入苛刻，所謂治新國用輕典，刑得其當，則民自無冤抑；若執而不通，非合時宜也。」可見他對於人民是非常謹慎於用刑的。不過，他對於屬下的文武官員則另有其用刑的標準，特別對於軍人的紀律，格外的重視，一再重申「毋焚掠，毋殺戮」等的禁令，因此他的部隊，無論是入太平，進建康，或是取鎮江，下南昌，都是「號令肅然」、「秋毫無犯」，甚至有些軍隊到各處作戰時，竟然「民不知有兵」。就以北伐中原一役來說，他在出征前夕仍諄諄告誡諸軍：「定中原，非必略地攻城而已，要在削平禍亂，以安民生。……城下之日，勿妄殺人，勿奪民財，勿毀民居，勿廢農具，勿殺耕牛，勿掠人子女。」朱元璋的部下，正如元末其他領袖的屬下一樣，分子複雜，甚至還有不少為非作歹之徒，如果不用重典，指揮這批人是不易成功的，而在元末社會黑暗，秩序混亂的當時，嚴明法制，撫綏貧苦大眾，實在是必要必需的，元璋的成功這也是一大關鍵。

總之，在元末群雄並起之日，朱元璋雖然是個無名之輩，憑藉不多之人，但是他能以儒家思想為治國安民的指針，重視民間疾苦，薄賦輕刑，整肅軍紀，因而他的力量日增，聲望日隆，其他抗元軍則因各種缺陷而次第遭到淘汰消滅，他則脫穎而出建造了大明皇朝。

第四節　明初的制度與政策

元順帝至元二十八年（1368 年）正月，朱元璋即位於應天（金陵，即今南京）。他建都應天是經過長期考慮後才決定的。最初他曾想

圖1：明太祖

以洛陽或長安，甚至北平為都城，後來受了經濟環境等的限制，一則因為江浙為富饒之區，再則遷都北方勞費繁重，新建宮殿又多有困難。同時應天是興王之地，而開國勳臣將相多是江淮人士，不願輕離鄉土而到北方去任官，所以明太祖決意奠都應天，後改為南京；不過太祖晚年仍常有遷都的念頭，只是沒有實行而已。都城決定以後，太祖面對大動亂之後的局面，真是政經軍事、文教財稅，百廢待興，所以他與備顧問的若干儒臣，終日研究，為新建的國家繪製長治久安的藍圖。

元代末年，社會經濟已經到了全面崩潰的階段，全國各地，一片荒涼，十分殘破。以杭州為例，這個南宋的都城，在元初雖經歷過戰亂，人口尚有一百多萬，但到元末，人口死亡已達十之二三。又如揚州是我國歷史上的名城，元末被青軍元帥張明鑒所據，由於軍糧不足，竟然發生「日屠城中居民以為食」的野蠻情況。等到朱元璋的部下繆大亨攻克揚州時，據說倖存的居民不到二十家了。河南、河北、山東、山西則在元軍與韓林兒部眾反覆交戰以及若干盜匪洗劫之後，不是「人骨山積」，就成「多是無人之地」。「城邑空虛」、「赤地千里」更是當時人常用來描寫慘狀的字句。元末翰林學士張楨曾說：「今燕、趙、齊、魯之境，大河內外，長淮南北，悉為坵墟，關陝之區，所存無幾。」由此可知朱元璋建國後全國各地殘破的一斑了。

朱元璋等人都了解大亂初安，人民就像大病初癒，亟需恢復元氣一樣，所以在洪武建國之時，他便一再強調：「百姓才力俱困，譬猶初飛之鳥，不可拔其羽，新植之木，不可搖其根，要在安養生息之。」又說：「今民脫喪亂猶出膏火之中，非寬恤以惠養之，無以盡生息之

道。」而且元璋等人也深知「民富則親，民窮則離，民之貧富國家休戚繫焉」的大道理，因而明初政策與制度的設計確是以與民休養生息、收拾人心有關的。

帝制中國時期，多數人民的經濟負擔是田租、田賦、徭役、雜稅等項。其中田賦的課徵一般都不是太重，常按畝取徵，有「畝徵三合」的，對於有土地的人而言，是象徵性的輸納，不是負擔。徭役、田租與雜稅，則直接影響到人民的經濟生活，朱元璋曾經批評過元代「驛傳一事，盡百姓之力而勞苦之」，不能不作改進，洪武元年（1368 年）二月他對中書省臣說：「民力有限而徭役無窮。……自今凡有興作不獲己者，暫借其力，至於不急之務，浮泛之役，宜罷之。」後來營建南京皇宮時，他還下令「不事華飾、不築園圃、不建臺榭」，以節省人力。洪武末年準備修築鳳陽城，他聽說要用工人三萬人，結果「以工力浩繁，命罷之。」可見他多方減省徭役，甚至到他晚年，經濟社會情形已獲得相當恢復了，他仍然如此的愛惜民力。不但如此，朱元璋在建國初期又特別照顧貧民，為了在經營興作時「恐役及貧民，乃命中書省驗田出夫。」結果以「田一頃，出丁夫一人」，「田多丁少者，以佃人充夫，其田戶出米一石，資其費用。」所以洪武年間的全國營建、遞運、驛傳等等的繁重徭役，都是「以民間田賦多者充役」，地少的與無地的貧民或佃農的徭役負擔，比起田多的中、小地主來，減輕了很多。至於雜稅，他也儘量減免。如洪武三年陝西田每畝輸糧一斗外，又徵鹽米六升，元璋認為這是「重斂以困民也，自令只收正糧，除其鹽米。」又如商稅在明初規定是「三十稅一」，而且不少日用品與小商販是免稅的。「彰德府稅課司稅及佃民瓜、菜、柿、畜牧、飲食之物」，元璋大怒說：「古謂聚斂之臣甚於盜臣，正此等官吏也，令罪之。」人民負擔減輕，生活安定，當然有更始之慶的感覺，不會對明代中央反對了。

　　寬賦省役只是消極的養民，興農才是增加生產的有效方法。如前所述，元璋攻下建康以後，便令武將「聽開墾荒田，以為己業。文官撥典職田，召佃耕種」以恢復農業生產。後來他又規定人民墾荒所得，即許以為永業，舊有土地所有人「不許仍前耕種」，就是墾荒成熟的即歸誰所有，墾得多的也得地多，這對土地的經營與開發無異是一大鼓勵。當然政府也有法令限制土地的兼併，洪武四年，元璋就下令：「耕者亦宜量其丁力，計畝給之，使貧者有所資，富者不得兼併。若兼併之徒，多佔田以為己業，而傳令貧民佃種者，罪之。」因此明初出現了大量的自耕農，社會安定是必然的了。

　　改朝換代後要想安定社會恢復秩序，勸農減賦以蘇民生固然是切要的手段，但是要社會長久持續的安定，則更需要愛民廉潔的官員和禁貪除暴的法令。元末政治腐敗，貪污風行，人民深受其害，也導致元代的覆亡，朱元璋了解當時情形，開國後便著手刷新政治，整頓官員了。首先他重視用人，洪武元年他說：善用人者，「如良工用木，大小各當其用。」他又認為「資格為常流設耳，若有賢才，豈拘常例？」所以他錄用人才，不拘一格，科舉、薦舉、禮聘、徵召，無所不用。在洪武年間，甚至還停開過十二年的八股取士，以破格用人的方法求取賢才。察舉選才的範圍既廣，又無時間限制，而且官員的產生又不必同出一源，對促進明代初年人士的上升任官，具有積極性的作用。這比後來恢復科舉，以八股束縛文人思想才智，阻礙政治文化的進步，實在要好得很多。清人錢泳曾經寫過：「明初開科時，諸生大比，文在高等者，必得縉紳三老保薦無過，方准入試，其詰狀至十餘條。」可見當時科舉是與保舉結合的，目的則在保證獲得真正的優良人才。

　　慎重選才是整頓吏治的第一要點，但是賢才錄用以後，可能會沾染官場惡習而變壞，因此賞善罰惡更是要緊。《明史‧循吏傳》裏記太祖常常旌舉賢良的事，地方人民如果請留良吏，他也會進秩留任這位

好官。如果地方官員坐事被捕，人民只要開列地方官的善狀報告他，也常有復其原官，甚至轉加超擢的例子。新化縣丞周舟的事更值得一提：周舟「在官以廉勤稱，門無私謁，吏率不敢欺。驗民貧富及丁稅多寡第為上中下，籍記之，遇有賦役，隨輕重役之，故民不擾而事易集。至於獄訟文牘之務，皆躬理，吏胥不得為奸。……升考功主事。……既而縣民蕭俊等詣闕言：自本官去職，縣政復擾，民不安業，乞令再任，上命吏部俾復為縣丞。」這類例子，明代官書中記錄的很多，這裏不多舉了。

獎賞清官當然重要，嚴懲貪官，更是必需，太祖曾經訓誡過朝廷官吏說：「今嚴法禁，但遇官吏貪污，蠹害吾民者，罪之不恕。」趙甌北曾經說明太祖「初即位，懲元政弛縱，用法太嚴，奉行者重足而立。……凡守令貪酷者，許民赴京陳訴，贓至六十兩以上者，梟首示眾。」洪武十八年，戶部侍郎郭桓與江浙富豪相勾結，貪贓枉法，太祖大興獄案，結果自六部左右侍郎以下至地方官被判處死刑的竟有幾萬人，而其餘因牽連而受刑、毀家的人更是不計其數。太祖以重典懲治貪官，確實收到相當的政治清平效果。

安定民生，整飭吏治是大動亂之後亟需的措施；但是為求國家長治久安，則必需在人才培養與完美制度建立上費心費力了。元末二十年間，各地戰爭頻仍，中央與地方官員間的互鬥，造成文臣武將的大量死亡。明太祖說：全國動亂，「令故將大臣服毒而歿、臨陣而陷，十常八九。」也有人形容「海內兵變，江南北巨姓右族，不死溝壑，則奔散竄處。」這樣的人才損失，對統治天下是有絕對影響的，培養人才乃成為洪武朝的當務之急了。這也是他破格用人，不以科舉一途選官的主要原因。

洪武元年，徐達奉命北伐，明太祖指示他到山東訪求賢才，也在河南徵召儒士，結果得睢明義等數十人。同年他又號召「徵天下賢才

至京，授以守令，厚賜而遣之。」九月間更下詔求賢。年底再派文元吉等人「分行天下，訪求賢才。」洪武三年，先詔天下求賢，「有司悉心推訪，以禮遣之。」後來在六月中又命「有司訪求天下儒術，深明治道者。」在在說明了建國初期人才不足的實狀。

　　新的人才培養當然不是一朝一夕所能成就的，而且培養出來的新人要能忠君、孝親、治人、修己才好，因此，明太祖特重儒家的教育，並以嚴格的手段來訓練人才，以下幾點值得一述：

　　㈠全國各級學校，包括中央的國子監與地方府州縣學，所有學員必須「篤志聖賢，潛心古訓，違者罪之。」另外頒佈學校禁例十二條，限定學員不能談論政治。學員學習的內容，一概以宋儒所注的四書五經等為主。

　　㈡科舉考試主要的科目經義，其中四書完全以朱熹集注的本子為準，其他各經也以宋儒所注的為主。表面上看似乎與學校所學的符合，實際上宋儒是強調修身齊家、尊君親上的，經過這樣訓練與錄取出來的人才當然不會反對政府的。

　　㈢編纂多種宣傳書籍，給各階層的人灌輸儒家倫理思想。例如為皇族編的有《皇明祖訓》、《永鑒錄》、《戒藩王》等；為朝臣編的有《世臣總錄》、《精誠錄》、《忠戒錄》等；為武將編的有《忠臣烈士書》、《武臣大誥》等；為一般人民編的有《孝慈錄》等等。特別是學校的學員，每月初一與十五都由專人講解，務使人人通曉遵行。

　　據上可知：明初對人才的培養是極其注意的，而且一心想要造就出能容忍順從、忠於所事的人。然而明初的內外環境都很複雜，除了蒙古勢力在塞外仍然強大，並南起雲南，東到遼東，廣袤數千里的威脅著大明政權以外，而內部各省有元代的遺老遺臣，有元末群雄的殘餘勢力，有被明太祖打垮的豪強大族，有從龍諸臣的新團體，他們有的處心報復，有的俟機反抗，有的消極抵制，有的公開攬權，都是朱

明政權的隱憂。明太祖對於這些險惡複雜的問題，當然是要設法防範與解決的，因此洪武年間明太祖的有些作風與政策被人嚴厲的責難，甚至有些也事實上成為日後明代政事禍亂根源的。現在就舉出重要的幾項，說明如下：

㈠分封諸王：明太祖得國以後，為了維持統治權，他曾經研究過以往歷史上的制度，發現封建與郡縣各有利弊，而漢唐宋代的覆亡，主要的原因是在於皇帝無強藩作屏障，因此在他平定天下之後，在中國沿邊及內地各省，選擇了要地二十多處，分封自己的子侄孫輩為王，其中重要的有封於西安的秦王樉、封於太原的晉王棡、封於北平的燕王棣、封於大同的代王桂、封於熱河的寧王權等等。雖然一般的藩王都遵循「列爵而不臨民，分藩而不錫土」的原則，但是鎮守北部邊境的諸王，為了防範蒙古人入侵，都坐擁重兵，像遼王、燕王、晉王、肅王等人各帶軍隊，少則三、五千人，多則一萬九千人，尤其寧王權兵力更是強大，據說「帶甲八萬，革車六千。所屬朵顏三衛騎兵驍勇善戰」，勢力極為強盛。明太祖當然也知道分封的危險性，所以在「不臨民」、「不錫土」之外，又對藩王規定了一些事，例如：1.王府護衛以不設為原則，設護衛的一律「隸屬兵部」，使諸王不能專有軍權。2.王府的護衛與地方的都司之間，在行動上也有規定，「都司乃朝廷方面，凡奉敕調兵，不啟王知，不得輒行，有王令旨，而無朝命，亦不許擅發。如有密旨不令王知，亦須詳審覆奏而行。」3.王府中設有相傅官屬，寓有開導與監督諸王之意。然而諸王既擁兵馭將，難免隱操大權，如洪武末年，因為燕王棣控守北方門戶，凡是北平都司、行都司以及谷、寧等的護衛，「一切號令，皆自王出」，顯然燕王名聲大震，地位特殊了。當時的大臣如葉伯巨就曾經上書提出封王的害處，他說：「今裂土分封，使諸王各有封地，蓋懲宋、元孤立、案室不競之弊，而秦、晉、燕、齊、梁、楚、吳、蜀諸國，無不連邑數十，城郭宮室，

亞於天子之都，優之以甲兵衛士之盛，臣恐數世之後，尾大不掉，然後削其地而奪之權，則必生觖望，甚至緣間而起，防之無及矣！」葉伯巨以離間骨肉的罪嫌入獄致死了，他的這番話也不幸而言中了，明太祖死後僅過一年的光景，燕王朱棣發動了「靖難之師」，叔侄爭權，大動干戈，中國又延燒了三年多的戰火。

(二)**廢除丞相**：中國的政治組織，從秦漢到明初，一直是施行丞相制度的。丞相的職權，原本很大，他是「承天子助理萬機」、「海內無不統焉」的。漢朝的丞相地位很高，有「丞相進，天子御坐為起，在輿為下。有疾，請駕至第間」的事實。唐代雖然把相權分散，分給若干個「參知政事」、「平章政事」等名義的高官來共同參預朝政，但是丞相們仍然是具有相當權威的。到宋代的初年，敕書要丞相簽署，皇帝不能代筆獨行。大臣立功應該陞遷的，皇帝縱使不喜歡他，也只好照辦。元朝以異族入主，但君主們也都知道尊重相權，常有詔書說到「中書政本也，軍國之務，大小由之」或是「大小機務並聽中書省區處」一類的話。明太祖在建元洪武前四年，「初置中書省，設左右丞相等官，其屬有四部，分治錢穀、禮儀、刑名、營造之務。」後來到洪武元年，擴大了中樞的組織規模，「置吏、戶、禮、兵、刑、工六部，……設尚書、侍郎等官，仍屬中書省」，可見仍維持傳統的舊制，丞相還是總領百官的首長。不過，到洪武十三年（1380 年）時，丞相胡惟庸因有毒害劉基致死的嫌疑，並且又有與海寇勾結謀反的事，結果事發被處死了，太祖乃廢除中書省，他當時下詔說：「自古三公論道，六卿分職，不聞設立丞相。自秦始皇置宰相，不旋踵而亡。漢唐雖有賢相，然其中多小人，專權亂政。今罷丞相，設五府六部、都察院、通政司、大理寺等衙門，分理天下庶務，事皆朝廷統之。」到洪武二十八年，他又重申丞相制度不宜恢復的禁令，他傳旨規定：「敢有奏請設立丞相者，文武群臣，即時劾奏，本身凌遲，全家處斬。」太

祖廢丞相後，以六部直屬皇帝，這是中國政治制度的一大變革，「獨制於天下而無所制」的局面從此形成了，中國歷史上一千六百多年的丞相制度，也因為這些命令而被根除了。如此一來，皇帝集君權與相權於一身，徹底的建立了君主集權的制度，實際政治卻因此開始嚴重的僵化了起來。丞相之設，原先是為補救君主世襲制度不足的，因為嗣君難保個個都是賢君，個個都有超人的能力，如有賢相的補救，政治一定不致過壞。自丞相廢除以後，皇帝非得智德兼備、勤於政事，否則國事就會堪虞了。洪武十七年，給事中張仁輔詳細的計算了明太祖在八天之內一共處理了三千二百九十一件公文，太祖精力超人，尚能運用靈活，勝任工作；但是明代中期以後的帝王就不能與他們的祖先相比了，因此閣臣與宦官代替了丞相，而專權的程度甚於丞相。顧炎武說：「有明之無善政，自高皇帝罷丞相始也」，就是指此而言。

明太祖罷除丞相，固然是因為胡惟庸的不法專擅，甚至有叛逆的嫌疑所致；但是自宋代以來，皇權的進一步增大，使臣下之權分化，早有「制其錢穀而奪其兵」的計畫了，明太祖的集君相權於一身可以說是集權政治演化的必然歸宿。加上明代初年，天下混亂不安，為要迅速安定局面，保障和平的生活，抵禦蒙古入犯，防止功臣奪權，太祖把明代中央集權的獨裁政治發展到最高峰，是有其必要的。正如分封諸王一樣，廢除丞相也有著同樣的時代背景。

㈢**大興獄案**：封藩王與廢丞相還是不足以消滅所有的異己與反對勢力的，所以採取高壓恐怖政策是有需要的，獄案於是大興了，血腥的屠殺不能避免了。在古今中外歷史上，明太祖算得上是一個殺人很多的君主了。胡惟庸的謀叛被殺，是理屬當然的事；但是因胡案牽連致死的人竟達數萬之多，而且在胡惟庸死後十年又興胡案，則似乎有些殘虐過甚了。另外與朱元璋一起創建龍興大業的元勳宿將，先後被殺戮的則是更不近情理，據可靠資料，洪武三年十一月間大封功臣時，

一榜封了三十六位公侯，這些功臣之中，後來論誅與賜死的有廖永忠、胡美、李善長、周德興、傅友德等十四人；充軍死在中途和中毒死亡的有李文忠、汪廣洋、徐達等五人；牽連胡案的功臣也很多，而三十六位功臣當中，能活到太祖崩逝以後的只有耿炳文一人，真可謂是國史罕見的慘事。至於其他功臣、言官、長吏等在洪武年間遭殺害的，為數也相當可觀。先以六部尚書和都御史這些所謂的「七卿」高官而言，罷丞相以後，他們是朝廷中的大吏，從洪武十四年到三十年間，被殺死的吏部尚書有余熂、趙瑁、詹徽三人；工部尚書有薛祥、李正德、秦逵三人；刑部尚書有開濟、王惠迪二人；戶部尚書有郭桓一人；都御史有曹銘、楊靖二人，總共有十一人之多。他們當中有的因為在其他大獄案裏被牽連的，有的則因為自己職務關係而被處斬或賜死的。至於中下級的官員，被殺被充軍的就更多了，如洪武十五年（1382年）發生的「空印案」，當時地方官派人到中央繳納錢糧，照例是帶著加蓋印信的空白文書（空印）以備臨時填寫改正之用；可是這一年太祖卻認為其中有弊，於是大興獄案了，結果「諸長吏死，佐貳榜百成邊。」又如洪武十八年的郭桓案，皇帝認為這位戶部長官作弊，因而連累了中央各部及全國的地方官員，最後竟使「六部侍郎以下皆死，……官吏繫死者數萬人。」此外，洪武二十六年的藍玉一案，「族誅者萬五千人」，這些數字，真令人有慘烈可怕的感覺。

　　㈣**恐怖統治**：在早年帝制時代，常有「亂世用重典」的政策。明初可以說是太平盛世，可是對一般知識分子，甚至動輒濫捕濫殺，非法用刑，使人生活在恐懼不安的環境之中，極為可怕。明太祖以平民得天下，他自幼讀書不多，對文人既愛又憎，晚年又因性情猜忌，常常以文字誤疑殺人。如浙江府學教授林元亮為海門衛作〈謝增俸表〉一文中，用了「作則垂憲」一詞被殺了；北平府學訓導趙伯寧為都司作〈賀萬壽表〉，文中有「垂子孫而作則」，也遭到了同樣的命運。又

如常州府學訓導蔣鎮為本府寫了一份〈正旦賀表〉有「睿性生知」的字句、杭州教授徐一夔所作賀表有「光天之下，天生聖人，為世作則」等語，也都先後被殺了，因為太祖認為「則」與「生」都音嫌於「賊」與「僧」字，而「光」字又意味削髮，都有譏諷他早年微賤軍旅生涯與出家為僧的惡意。其他也有人因用「有道」諧音為「有盜」、「帝扉」音近於「帝非」、「藻失太平」類似「早失太平」而遭文字大禍的，真是不勝其冤。另外太祖為嚴密控馭大臣，常常在朝臣奏對忤旨時，就當廷加杖，甚至有大臣被廷杖死的。據說廷杖時，以「五杖易一人，……喊聲動地，聞者股慄。」「受刑者，露股受杖，頭面觸地，地塵滿口中，受杖者多死。」在我國歷史上，漢光武帝、隋文帝、唐玄宗似乎都有過在殿廷上打大臣的記錄，不過他們後來能接受大臣的勸諫而停止了，明太祖則經常不斷的使用廷杖，而且他的子孫沿用下去，成為明代的家法，實在不可思議。明初的法令繁滋，有《大明律》、《大誥》及其續編、三編，法網之密，死刑之多，在國史上不多見。另外，太祖時又設立一種特務機關叫錦衣衛，是一種特殊的機構，也是皇帝的心腹。這個偵察機關下面有鎮撫司，專治刑獄，有時權力在外廷的法司之上。洪武初年，錦衣衛就有「幽繫慘酷，實無甚于此者」的惡名了。所幸後來太祖發現了他們對犯人「非常凌虐」，於是在洪武二十年下令焚燬了他們的刑具，二十六年又「申明錦衣衛鞫刑之禁」；但是這個恐怖的特務組織仍然被他的子孫保留了下來，並且「發揚光大」而另設東、西廠，迫害了不少的無辜之人。錦衣衛在洪武中期直接被派到地方去消滅過「聚眾謀亂」的大姓孫公望，也深入民間去捕捉過所謂「盜賊奸

圖2：錦衣衛腰牌

宄」的平民，可見錦衣衛專治刑獄的對象並不限於官員階層，為害地區也不僅只是京師一帶。總之，明太祖在洪武年間，以文字獄、廷杖與錦衣衛三者，實行他的恐怖統治，特別對於一些文人大臣，極盡摧辱之能事。

以往學者認為明太祖喜用峻法殺人來控制勳貴大臣，但是他絕少以酷刑加諸於平民百姓的，而且他還怕刑法虐民，所以常常謹於守法，對人民不施以法外之刑，由此而推論太祖是一位兼有聖賢與暴君雙重性格的皇帝。我個人以為明初的若干美政以及太祖訂立的一些典制，應該從他得國以後的內外環境上去分析、了解，這樣才能看到更正確的史實。他為了收拾大亂後的人心，安定社會，竭力的整頓吏治，禁貪除暴，減賦輕徭，勸助農桑，正如他自己說的：「民既不能安其生，君亦豈能獨安厥位？」這是明初多項美政的產生主因。封藩、廢相以及實行恐怖統治則與蒙古殘餘勢力威脅以及國內反對力量有關，尤其他的長子早逝，太孫孱弱，惟恐日後功臣不能制馭，因而大獄屢興，且以嚴刑、暴刑來濫殺臣民，這些國史上的大污點，多少是因維護朱氏皇朝天下而起的，現在看來，實在不當；然而在帝制的當時，似乎也是無可厚非的。

第二章 「靖難」至「奪門」間的明代政局

第一節 建文朝史事記要

明太祖重宗法，在他自立為吳王時，就以長子朱標為世子了。太祖即位皇帝以後，便立朱標為皇太子，洪武二十五年四月，朱標病逝，諡為「懿文太子」，同年九月又立太子第二子允炆為皇太孫，這是依立嫡立長的規定，也是明惠帝繼承大位的由來。

洪武三十一年（1398 年）閏五月，太祖崩，太孫即皇帝位，以明年為建文元年。當時太祖諸子中如第二子秦王樉、第三子晉王棡雖已過世，但第四子燕王棣、五子周王橚以及齊、湘、代、岷諸王則雄據一方，各擁重兵，而且時有不法行為，所以惠帝是在朝廷陷於孤危之中繼承大統的。

惠帝一朝的史事，我們知道的不多，因為在成祖篡位後，幾乎盡燬了當時的文獻，現在我們只能在殘存的少量資料中窺知部分實情。惠帝可以被視為一位仁孝的君主，他曾請求太祖改定《洪武律》七十三條。他在懿文太子病重時侍疾專心，有過於一般人家的子弟。他父親死後，也能善盡居喪之孝。尤其在他即位之初，改革了太祖時代的若干累民措施，更可說明他對人民的顧惜仁心。例如即位後就下詔「興州、營州、開平諸衛軍，全家在伍者免一人；天下衛所軍，單丁者放為民。」同年又賜免天下明年田租之半，釋放黥面軍人及囚徒回返鄉

里等等,都是令人稱道的仁政。建文二年他又下令減免江浙一帶的重賦,以平均全國人民的納稅負擔,這也是他的美政之一。他對忠良大臣的勸諫也常常接納,史書裏至今仍留有記錄,如《明史‧尹昌隆傳》記:「帝初即位,視朝晏。昌隆疏諫曰:高皇帝雞鳴而起,昧爽而朝,未日出而臨百官,陛下宜追繩祖武,兢兢業業,憂勤萬幾。今日上數刻,猶未臨朝,群臣宿衛,疲於伺候,曠廢職業,上下懈弛,播之天下,傳之四裔,非社稷福也。帝曰:昌隆言切直,禮部宜宣示天下,使知朕過。」又如禮部左侍郎陳性善曾經上書言事,惠帝全部允行;可是後來經過群臣會議,認為有些不便的應予更改。陳性善很不滿意皇帝的作風,指責惠帝如此反覆,是「所謂為法自戾,無以信於天下。」皇帝則向性善解釋說:「朕性愚昧,闇於治理,視天下愚夫愚婦,一能勝予,敢不受諫。卿言為法自戾,深中朕過,非卿忠讜,朕何以得聞過失?」這雖然表示了惠帝的開明大量;但是如此仁柔樂善的人君,如何能對付兇惡有野心的大敵呢?

建文朝面臨的最大問題是藩王中有不少人覬覦大位,因此,削藩一事是當時的當務之急。其實削藩的事在太祖生前似乎就被考慮到了,在洪武末年,有一次太祖衰病的時候,祖孫二人有過如下的談話:「……(太祖)語太孫曰:朕以禦虜付諸王,可令邊塵不動,貽汝以安。太孫曰:虜不靖,諸王禦之;諸王不靖,孰禦之?太祖默然,良久曰:汝意如何?太孫曰:以德懷之,以禮制之。不可,則削其地;又不可,則變置其人,其又甚則舉兵伐之。太祖曰:是也,無以易此矣。」可見明初分封諸王在太祖末年就已經出現了問題,註定宗室相殘的事了。

削藩的事在中國歷史上早就發生過,而且常有骨肉慘殺的下場。惠帝即位之初,掌理國政的大臣齊泰、黃子澄等力主削藩,只有高巍獨排眾議,主張用推恩之策,他說:「高皇帝分封諸王,比之古制既皆

過當，諸王又率多驕逸不法，違犯朝制，不削朝廷綱紀不立；削之則傷親親之恩。賈誼曰：欲天下治安，莫如眾建諸侯而少其力。今盍師其意，勿行鼂錯削藩之謀，而效主父偃推恩之策，在北諸王子弟分封於南，在南諸王子弟分封於北，如此則藩王之權不削而自削矣！臣又願益隆親親之禮，歲時伏臘使人餽問，賢者下詔褒賞之，驕逸不法者，初犯容之，再犯赦之，三犯不改，則告太廟廢處之，豈有不順服者哉？」惠帝沒有重視高巍的意見，而一味相信齊泰等人，想一舉消滅諸藩勢力，實在草率之極，因而招來大禍。

　　洪武年間分封的諸王中，燕王朱棣是勢力很強、野心最大的。他受封於洪武三年（1370年），十三年才就國，二十三年征討乃兒不花，大勝而還，太祖大喜，後來北部沿邊的兵馬多被他節制，因而他的威名超出其他諸王之上。洪武三十一年閏五月惠帝即位以後，命齊泰與黃子澄同參國政，六月間就著手對藩王的整肅工作了。惠帝先發兵到河南捉了周王橚和他的世子到京師，不久廢為庶人，由於周王是燕王的同母弟，先取周王，以「剪燕手足」。另外又下詔命令「王國吏民聽朝廷節制，惟護衛官軍聽王」，以逐漸收回藩王的統治權。第二年二月，又更定官制，令「親王不得節制文武吏士」，如此則兵權與王國的官吏節制大權也被中央收回了。同年四月，岷王因不法而被廢為庶人，湘王又因偽造鈔事逼得自焚而死，其後齊王、代王又先後被罰，廢為庶人，燕王在此緊急關頭，便起兵對抗中央了。

第二節　「靖難」之役及成仁宣三朝大事略述

　　燕王棣智勇有大略，從他岳父名將徐達處學到不少軍事知識，在洪武末年，由於開國元勳在多次獄案中先後死難，燕王幾乎成為最重要的北邊禦敵之人了，而他也確實建立過不少功勞，因而威名大震。

太祖崩逝之後，他的三位長兄已死，按倫次他應當繼承，結果太祖立了惠帝，這使燕王極為不滿。惠帝登極後又大事削藩，周、湘諸王相繼得罪後，他便決心反對中央了，私下「選將校，勾軍卒，收材勇異能之士，日夜鑄軍器。」在建文元年七月，指齊泰、黃子澄為奸臣，援引明太祖生前頒降的祖訓，發兵南下，以清君側，號稱「靖難」。

　　燕王起兵時，惠帝正與方孝孺等文士討論周官法度，更改官制，講求禮文等的問題。齊泰、黃子澄等也都是書生，根本不知兵事，一時就以太祖僅存的元勳耿炳文為大將，率兵往討。八月間炳文敗績，中央改命素不知兵的勳戚李景隆為大帥，與燕王決戰，結果在河北、山東等地都失利。到建文二年夏天，燕王大軍直逼濟南，所幸守將盛庸善戰，解除了濟南之圍。九月間，盛庸代李景隆為大將軍，同年底，燕王部將張玉戰死，精銳喪失幾盡，局勢大為改觀。建文三年，雙方數度交戰，勝負相當。不過由於惠帝對宮中的宦官管理得很嚴，宦官中有被黜責的便逃奔燕軍方面，而向燕王密報南京的虛實了（當然燕王還有其他偵察的途徑，收集情報）。這年年底，燕王又發動攻勢，惠帝派出徐達的兒子徐祖輝為大將，迎戰燕軍，燕軍不敵，但惠帝輕信謠言，懷疑祖輝，召之還朝，前方形勢遽變，不久以後，燕軍乃渡淮河，抵揚州，江防都督陳瑄以舟師迎降，燕軍於是得順利渡江，進圍南京，而負責守城的谷王橞與李景隆等人又開啟了金川門投降，南京就此陷落了。據說當時惠帝左右只有少數隨從人員，乃「盡閉諸后妃宮內，縱火焚之」，而惠帝不知所終。燕王入京師即帝位，是為成祖，改明年為永樂元年。

圖3：明成祖

　　成祖入南京以後，第一件事就是對以前主張削藩的大臣們報復，下令逮捕齊泰、黃子澄、方孝孺等五十多人，列為奸臣，大行屠殺，族中男子不分老少，一概處斬，妻女則入教坊司或嫁給低賤的人，姻親都充軍邊地。方孝孺一族及親友前後牽連致死的達八百七十多人，尤為慘烈。

　　成祖為表明他起兵的目的是為維護太祖的祖訓，反對惠帝改制，因此他恢復了洪武時期的成法與官制。對於惠帝剪削的諸王，分別又給予他們舊封地，或改徙新地盤。建文朝被罷斥的臣工也有再度被錄用的。不過不久以後，宗藩的權力便大受限制，不但不讓他們干預政事，並以種種禁令約束他們的行動。

　　成祖為遵守祖訓，他自己也躬行節儉，勤於政事，尤其在整飭吏治方面，大有乃父之風，重賞重罰，公正嚴明。聽到有守令不法不賢的，立刻予以逮問，確實有罪的，嚴懲不貸；若是被謗被誣的，則立予陞遷，處分誣告的人。因此親民之官，不怕公道不彰，不以權貴為憚。不少官員在任滿後再得連任，並陞秩加俸，有人竟在一地任官達三十多年的，這是成祖內政上的美好處。

　　然而他為了盡復太祖朝的舊制，竟把錦衣衛與廷杖一類的弊政也奉為金規玉律，並且重用宦官，終於明朝政治敗壞，成祖實在應該負有責任了。

　　錦衣衛和東、西廠，明朝人合稱為廠衛。錦衣衛是外廷的偵察機關，東、西廠則由宦官提督，最為皇帝所親信，連錦衣衛也在東、西廠的偵察之下。成祖由於篡逆得位，知道當時的人心不附，加上朝廷中的大臣還有不少是惠帝時的舊人，又怕惠帝未死，或有復國的企圖，於是便恢復了錦衣衛的職權，以箝制官民，以防反側。另一方面成祖又新設了一個由宦官主持的最高偵察機關叫東廠的，讓他們「緝訪謀逆妖言大奸惡等」事，這個特務機關雖然後來名稱時有變更，如稱內

廠、外廠、內行廠等等的，但他們的職權愈來愈高，有任意逮捕官吏平民和任意刑訊處人以死的權力。靖難起兵時因為得到宦官的幫助，成祖即位後對宦官依重頗深。他不但以宦官擔任東廠事務，並且加重了宦官有出使、專征、監軍、分鎮種種的大權，這也是永樂時期貽害後世的弊政之一，在這方面他確也破壞了太祖的成憲。

明成祖時代還有一件事是值得一述的，那就是遷都北平。太祖在洪武年間決定了以南京為京師，不過到晚年仍時時有遷都的想法。除了「北平建都可以控制邊塞」以外，南京新都的風水不好也是一個原因。據說「宮城前昂後窪，形勢不稱」。他本來是想遷都的，後來因「年老精力已倦」，而且「不欲勞民」，便作罷了。成祖即位以後，對太祖生前都城北遷的舊願及風水問題，固然可能考慮到了，但是有兩項現實問題是使他決意遷都的主要原因：第一、南京是惠帝的中央所在地，為了遠離不能完全信任的前朝舊臣，鞏固自己的統治權力，遷都北方比較安全。第二、建文與永樂兩朝都從事削藩的工作，特別是寧王與谷王的內徙，使得北方邊防空虛。按照當時的情勢，「四裔北邊為急，……邊備須嚴」，所以遷都北平，屯駐大軍，可以抵禦蒙古人的入侵。

遷都的事，實際上早已醞釀了。永樂元年以北平為北京，即已顯現了遷都的徵兆。四年下詔在第二年的五月間開始營建北京宮殿。永樂七年以後成祖本人多駐北京，而以皇太子在南京監國，南京從此失去了政治上的原有重要地位。十五年成祖北巡以後，就不再南返。十八年下詔稱北京為京師，不稱行在。第二年則正式改南京為陪都。

成祖遷都以後，面臨兩項大問題，一是經濟的，一是邊防的。經濟的問題是遷都北京後，北方糧食不能自給，必須仰賴東南的補給。海運有風波之險，而內河漕運則有時會發生河水乾涸，或被寇盜劫阻等的意外事件。要解決這些困難，修治運河便視為首要任務。元世祖

時曾經自清江浦經濟寧至臨清開一運河，並濬通江北、江南運河，以通漕運。明朝初年，山東境內的運河淤塞，成祖時乃下令重開，並疏導江、淮間的水道，這就是現在聯通南北的大運河。成祖為了確保漕運的安全，除在南京仍設五府六部官，鎮壓東南，節制南京諸衛所處，並建立一支十二萬人的運糧大軍，由漕運總兵及總督統轄。

邊防的問題則是在都城北遷之後，三面臨敵，形勢變得緊張了。明初對北方的防衛，是在東西兩方面列置關隘，各設戍兵。最初有遼東、宣府、大同、延綏四鎮，後來又設寧夏、甘肅、薊州三鎮，加上太原、固原，合稱「九邊」，以大將統之，平時劃地各自防守，有事則互相支援，以保邊境的安全。洪武、永樂兩朝又大修邊牆，邊牆是長城的別稱。到成祖時期，完成了山海關到晉北一帶長城的修建工程，以屏衛北京，解除不少北方民族南侵的壓力。

永樂年間，對塞北遠征、遼東經營、西南開發、日韓通好以及南海諸國懷柔等等方面，也都有很多的成就，這些事將在後面列專章敘述。

永樂二十二年（1424 年）七月，成祖北征時崩於中途。八月，世子高熾即位，改明年為洪熙元年，是為仁宗。翌年即洪熙元年五月，仁宗又崩逝，享國不足一年。繼承大統的是長子瞻基，是為宣宗，改明年為宣德元年。

仁宗早在洪武二十八年就被冊封為燕王的世子了，成祖起兵靖難時，他受命留守北平，抵抗李景隆來攻的五十萬大軍，對成祖以後的成就帝業很有幫助。不過他的弟弟高煦、高燧也得成祖之寵，並且在靖難戰役中從軍有功，尤其高煦在建文四年為其父成祖作殊死戰，建立奇功，成祖曾有「勉之！世子多疾」的話引誘過高煦，因此仁宗繼位時，高煦頗為不樂，仁宗只好厚待他，倍加歲祿，甚至賞賚萬計，這樣才勉強無事。仁宗崩逝後，太子瞻基自南京奔喪北上，高煦曾經

有意伏兵於中途攔截，終因倉卒而未遂。宣宗即位後，對待叔叔高煦更是寬厚，凡有所請，都曲從其意，而高煦更囂張自肆。

　　高煦在永樂二年就立為漢王，封於雲南了，可是他不從父命，仍然留在京師。十三年改封青州（山東青州市），他又拒絕前往。永樂十五年因犯罪而使居安樂（山東惠民縣），但是他一直潛謀奪長，不知悛改。宣宗即位後的第二年，即宣德元年（1426年）八月一日，高煦公開反叛朝廷。宣宗本來想派大將征討他的，大學士楊榮與戶部尚書夏原吉等都認為兵貴神速，力勸皇帝親征。宣宗接納了他們的建議，乃以高煦之罪告天地宗廟，率王軍將士發京師南下。高煦聽到皇帝親征來到山東，加上他的部下有不少反正歸中央的，他開始恐懼了，而宣宗始終曉以利害，勸他投降，不願和他作戰，最後高煦因部將多不聽命，他只好出城俯首請降。宣宗將高煦父子一行押解回京，後廢高煦為庶人，不久以後，父子相繼皆死，而參與高煦謀反的天津、山東以及山西等地都督指揮六百多人，事後也都被處死了。這次宗室變亂，先後約二十天間就平定，這完全是親征所收的效果。皇室赫然親行，人心大震，臨之以名分，威之以天下武力，高煦的失敗是注定的了。如果宣宗仍然深居宮中，將官與軍隊可能就有心力不齊的可能，靖難之役重演，也未可知。

　　仁宣兩朝，在內政上採行了若干賢明的措施，君臣之間的融洽關係，尤其傳為美談，至今讀之令人神往。如仁宗即位後就釋放戶部尚書夏原吉等出獄，並復其官職。對朝廷中品學俱優的官員如楊榮、楊士奇等擢升重用。又頒詔賑饑，省賦稅，罷下西洋寶船及往交趾採金珠等等，都是救濟民生、節省民力的好表現。仁宗對直諫的大臣常予嘉勉，他對楊士奇說過：「朕嘗處事有過，退朝思之，方自悔。」「朕有不善，患未知耳。知之，不難改。」充分顯示他的謙虛胸懷。宣宗廢皇后胡氏，因其多病未生子，而改封貴妃孫氏為皇后的事，也因為

聽從了楊士奇等人的勸告，不但如願以償，而且還能維持了賢君「進退以禮」的好形象。

明朝仁宣之世，以往史家有把他們比喻為周代成康、漢朝文景之世的，而楊溥、楊士奇、楊榮這「三楊」同心輔政，君明臣賢，諫行言聽，遵守太祖與成祖遺規，作養循吏，與民休息，實在是歷史上少見的，也是明代太平極盛的時代。

第三節　「土木之變」與「奪門之變」

宣宗在位十年崩，太子祁鎮繼位，是為英宗，年號正統。英宗是宣宗的長子，嗣位時年方九歲，由於年輕，太皇太后詔令大學士楊士奇、楊榮、楊溥三人輔政。士奇有學行，通達國務；榮則謀而能斷，溥又小心謹慎有雅操，加上太皇太后賢明能幹，所以明廷朝政還能謹守仁宣時代的遺規，邊陲戒嚴，國紀整肅。史家稱正統初期為明代全盛之日，並非無因。

英宗即位後不久，就罷除十三布政司鎮守宦官，減免金銀硃砂鐵坑稅，放教坊司的樂工三千八百多人，減光祿寺膳夫四千八百多人，不准四方進祥瑞，釋放前朝被監禁的官員陳祚、郭循等等，都是當時朝野一致稱讚的善政。而太皇太后對於中央政事一定隔幾天就派人查問，如果發現有事務由太監自斷而未經內閣審議的，就召太監來責問，有名的宦官王振就被太皇太后嚴斥過，甚至有記載談到太皇太后曾經聲色俱厲的向王振說：「汝待皇帝起居多不律，今當賜汝死。」「而女官遂加刃振頸」的事，後來還是英宗與「三楊」等人為他求情才免死的。所以正統初年王振等人已經暗中干預國政了，只是不敢太過分妄為而已。

王振是蔚州（河北蔚縣）人，自幼被選入內書堂，侍候英宗於東

宮，由於他狡猾並善逢迎，很得英宗的歡心。英宗嗣位後他就成為司禮監的負責人。明朝的司禮監是朝廷中一個有權而職重的機關，有提督太監、掌印太監各一人，前者掌理皇城裏的一切儀禮刑名，後者則負責內外奏章及御前勘合等事，可見王振的權勢是很高很大的。正統五年，楊榮先死，楊士奇後來也因年老而自己的兒子又被人糾參乃堅臥不出。七年十月，太皇太后崩逝，朝廷中就只有老邁勢孤的楊溥一人，於是王振大攬政權，凡上書批評他的或對他不禮貌的官員都被他整肅了，如劉球的下獄、薛瑄的被陷幾至死亡、李鐸的戍邊、張瓛等的被殺，都是當時的實例。英宗對王振的行為，不但不認為他非法，反而有賜敕褒獎他的事實；因此王振更變得狂妄，朝廷的官員們凡謀升遷的便向他逢迎求進，怕有事的也爭附免禍。一直到正統十四年（1449 年），瓦剌部的也先入侵時，王振的寵信不衰，權力不減。

瓦剌是蒙古的一部，初分為三。正統初年，酋長脫懽統一內部。四年，脫懽死，子也先嗣，他東破兀良哈，西破哈密，於是控制了西起新疆、東至遼東、北迄貝加爾湖、南到長城的廣大地區，其勢力之強為元朝退出中原後所僅有。也先又野心勃勃，東征西戰的擴張勢力。而此時的明朝北方國防，已因大寧（內蒙古寧城縣）、開平（內蒙古多倫縣）、東勝（內蒙古托克托縣）等地的棄守，前線南移，宣府與大同成為正統年間北方防敵的主要前哨據點。十四年七月，也先率兵入寇明邊，兵分四路，東路指向遼東，西路向甘州，正面犯宣府、赤城，主力則由也先統率寇大同。也先軍至貓兒莊（山西陽高縣北），明參將吳浩迎戰敗死，消息傳到京師，王振不與外廷商議，便力主親征，後來吏、兵兩部的長官率百官諫止，兵部侍郎于謙力言六師不宜輕出，但是英宗一意孤行，下詔令其弟郕王留京居守，他由王振及英國公張輔等大將隨行，帶領了五十萬官軍及私屬，倉卒就道，人心恐慌，所以軍中常起夜驚。七月二十八日，軍至陽和，見伏屍滿野，君臣危懼益深。八月

一日，英宗抵大同，王振還想北上，經鎮守太監告以敵人勢力強大後，王振才恐懼班師。八月十四日，英宗在懷來縣二十里處的土木堡被也先大軍包圍，第二天，英宗與親軍突圍不得，乃下馬據地坐，束手被俘了。這次大戰中瓦剌軍是以勁騎四面衝殺明兵的，結果明兵死亡枕藉，屍體蔽塞川野，王振、張輔及駙馬、都督、尚書、內閣學士等五十多人皆死，而官軍死傷慘重，這就是明史上有名的「土木之變」。

英宗被擄以後，北方重鎮中多有守將棄城，軍民爭出逃亡的，京城裏也因軍力不足而人心浮動，造成極度的不安。大臣中多建議遷都南京，所幸于謙力言：「京師天下根本，一動則大事去矣。」主張盡快向全國召集勤王之兵，誓死守禦京城，這才穩定下混亂的局面。同月，皇太后命郕王監國，不久又下詔命立英宗長子見深為皇太子。郕王攝政後，依群臣議貶王振，並籍其家，得金銀六十多庫，玉盤上百以及其他珍玩無數。九月間，于謙等大臣擔心國家無主，而太子幼弱，請立郕王為帝，以安宗社。太后同意，郕王祁鈺便即帝位，以明年為景泰元年，是為景帝，遙尊英宗為太上皇。景帝乃下詔諸王派兵來京入衛，並運通州糧米與南京軍器到京師，以充實戰備。另一方面，他重用于謙，命令他提督諸營將士，都指揮以下不聽命的，可以先斬後奏。于謙也毅然的以社稷安危為己任，全心全力的備戰，拒絕與瓦剌和談，他提拔新人賢才，決心抗敵，保衛京師。

于謙等人並從事了以下幾件的具體工作，準備應付也先的來犯：㈠在紫荊關與居庸關等重要據點，改派忠良的御史等官鎮守，增派兵馬，並分兵駐關外。㈡分遣高官到畿內、山東、山西、河南等地募兵，以義勇、民夫更替沿河漕運官軍，集中京師備用。㈢命令工部徵集資材，使外內各廠日夜趕工，製造攻戰武器，以備作戰之用。實際上這些都是當時救亡圖存的急務之舉。

瓦剌自土木堡勝利，俘獲英宗以後，並未乘勝迅速行動，直叩明

朝首都，這是也先最大的失策之處，而他只挾持英宗，到宣府與大同威脅守將，索取財寶，於願已足。其後每有出兵，都故技重施，利用英宗為敲詐的資本。十月初也先擁英宗再到大同，詭稱要送帝還京，實際上他率領了大軍，經大同向東，叩紫荊關而迂迴到京城西面，直逼明都北京。

　　明廷見瓦剌內犯，京都危急，于謙乃將全部兵力約二十二萬人分列九門，準備作殊死決戰，並且採用背城戰法，以示必死之決心，終於收到「置之死地而後生」的奇效。也先自十三日攻德勝門，與明兵相持五天，屢遭還擊，他怕明朝各地紛來的援軍切斷後路，便在十七日夜間遁去，但在沿途大事劫掠。第二年景泰元年，也先不斷擾邊，寧夏、宣府、大同、太原等地，都遭逢戰禍；不過他已失去南下征服明朝的野心。同年六、七月間，他兩度遣使到明方，說明送歸英宗的誠意。景帝為保全自己的帝位，不想迎駕南歸，但迫於大臣們的公議，才派出御史等小官去接駕，送給也先的禮物也不多，不過也先已決心謀和，幾乎無條件的送英宗南返了。英宗於景泰元年八月中抵京師，景帝以簡單禮儀接待他，身為太上皇的英宗只得退居南宮。英宗長子見深已立太子，可是景帝想以自己的兒子見濟代太子，以遂其私心。景泰三年，景帝用了宦官興安的計謀，將皇太子見深更封為沂王，立見濟為皇太子。然而，到第二年新立的皇太子見濟死了，有人建議再復立見深，景帝大怒，處分了不少官員，當然英宗與景帝兄弟間的嫌隙也因此事而日深了。

　　景泰七年十二月底，景帝臥病，詔罷八年元旦朝賀。八年正月十二日，武清侯石亨被召到景帝御榻前，見皇帝病勢不輕，後來他就與太監曹吉祥等謀議，認為再立東宮太子見深，不如請太上皇英宗即位，如此必可獲得大功賞。十四日有大臣請建太子，以固國本，景帝不允所請。十六日，石亨、曹吉祥等又與左僉都御史徐有貞商量，有貞也

贊成請英宗復位，並說當晚即行動，於是他們在夜間四鼓時分，開啟了長安門，納入兵卒千人，破南宮城，迎英宗復辟。英宗登極後，改元大赦，以景泰八年為天順元年。廢景帝為郕王，遷居西內，廢帝不久即死。這件復辟事件，歷史上稱「奪門之變」。

英宗對於奪門功臣，當然要首先加恩賜賞：封石亨為忠國公、楊善為興濟伯、徐有貞升為右都御史兼學士入內閣參預機務，不久又進為兵部尚書，太監曹吉祥則給予錦衣衛世職，其他還有文武官員晉級的約三千人。對於被景帝寵信的大臣太監則降旨處分，如兵部尚書于謙、大學士王文、太監王誠、張玉等等，斬首的斬首，充軍的充軍，也有被斥為平民的，而罪名是「意欲迎外藩入繼大統」。當時甚至還有人向英宗建言：「謙罪當族，所舉薦文武大臣並應誅」，所幸沒有這樣做，否則冤死的人就更多了。于謙性情忠孝，有膽有識，自也先入侵以後，他真是忘身憂國，保全了大明的江山，可以說是功在社稷，終因石亨、徐有貞等輩的嫉妒，慘遭不幸，當時朝野冤之，就連皇太后後來知道此事，也都為之「嗟悼累日」。

石亨、曹吉祥、徐有貞等人，自恃奪門復辟之功，非常專權跋扈，而景泰以前的舊臣都不在位，入閣預機務的多為勢利小人。石亨經常收受重賄，引用私人，他家中弟侄冒功錦衣的五十多人，部下親友靠奪門得大小官位的四千多人，權勢真是顯赫一時。太監曹吉祥因為升官進掌司禮監，監督三大營，朝官依附他的很多，權勢不亞於石亨。徐有貞則為兵部尚書，又獨攬文淵閣事，極為得志。不過他們三人並不同心合作，徐有貞曾經向英宗密奏曹、石二人貪橫之事，但是曹、石畢竟勢大人多，又以計謀泣訴於英宗之前，終於將徐有貞下獄，後來放逐於金齒（土司名，在路江──即怒江）為民。

石亨、曹吉祥因作惡多端，肆行無忌，常常為人告發。而石亨又日必進見，干預政事，英宗頗為厭惡。他新建的居第，壯麗異常，超

過人臣住屋的標準，英宗不以為然。天順三年（1459 年），石亨的從子石彪想鎮守大同，流言說他有異志，結果竟查出他家有縫蟒龍衣和違式的臥床，因而石亨、石彪都被捕入獄，不久石亨死於獄中。

曹吉祥見石亨敗死，心中深感不安，漸漸的有了異謀，結死黨，想廢英宗。吉祥養子曹欽已被封為昭武伯，在天順五年七月二日夜攻長安門，由於事洩，被奉詔即將西征的懷寧伯孫鏜及恭順侯吳瑾的西征軍擊敗，曹欽負傷投井死，曹吉祥及其黨人後來都被處決了。

英宗兩度祚位，前期正統，獨寵王振，言聽計從，以師禮事之，終於帶來土木之役。後期天順，因奪門功又信任奸邪曹、石等人，幾乎被曹、石所弒篡。他的拙於知人，由此可見一斑。復辟後又不知痛改前非，為王振賜祭建祠，刻香木為振形，招魂以葬，可謂備極哀榮了。對於于謙的冤死，他雖有悔意，但終天順之世不予平反。英宗實在是一個庸稚的君主。復辟後的八年當中，內爭不已，內政上很少建樹可言。在曹、石謀叛之後，他為了怕朝臣結黨，禁止武臣相往來，御史與錦衣官，也不得與文武臣工結交，違者治罪。他更以錦衣衛官為耳目，派他們到各地偵察，所到地方，官吏都震恐畏懼，大家只好多備金銀禮物，以求無事，不重賄的常被逮捕懲處。後來有奸民冒充錦衣衛名義，到處欺詐，吏部尚書李賢奏請皇帝撤銷錦衣衛巡查的命令，但是英宗不同意，而錦衣衛的惡勢力就變得更厲害了。由於內政不良，錦衣擾民，中央不但混亂無改進，一般社會狀況也每況愈下，地方動亂時有所聞了。從明朝初年以來，雖然宗室相殘的事不斷發生，帝王對文臣的慘虐行為也是歷朝皆有的，但是無論是太祖、成祖，或是仁宣兩朝，他們都盡心民事，使民得所，天下也就安定了。英宗在位期間，前有萬惡閹宦，後有貪橫權臣，加上錦衣衛的巡查擾民，前朝美政的遺風不復重現，國脈也開始有損害之虞了。明代中衰之象，已有顯現的痕跡。

第四節 明代初期四方之開拓

　　明太祖朱元璋以淮右布衣起家，得民心軍心，先後略定江南，削平吳漢，奄有荊楚，開拓閩越，後來更取元朝都城，統一全國，國勢極為強盛。成祖一朝，不讓太祖專美於前，武功的炳彪，向為史家樂道。他在位期間，曾征討韃靼、瓦剌，討平安南，平服西南蠻荒，戰禦海上倭寇，以及經營遼東，通使「西洋」，在在都說明了明代初期對四方開拓有著成就與貢獻。現在僅以平定塞北、經略遼東、開發西南、內屬東南亞洲諸國等事，略予敘述如後：

一、塞北的平定

　　元順帝至正二十八年（1368 年），明太祖定都應天後，派徐達、常遇春等率大軍北伐，連克山東、河南、河北諸路，進逼通州，元兵死守，但仍被北伐軍攻克，明軍遂入大都（北京），元順帝率太子及後宮北遁上都（內蒙古多倫縣）。由於順帝屬下兵力仍然可觀，而他又以上都為反攻的基地，時謀南下恢復，因此明太祖對塞北之事極為重視，先後多次派兵遠征，以固國防。

　　洪武三年（1370 年）正月，太祖命徐達為征虜大將軍，李文忠、馮勝、鄧愈、湯和等人副之，分兵北伐。徐達等為西路軍，出潼關西征，李文忠則為東路軍，出居庸關討順帝。到同年十一月，兩路大軍都獲大勝，除大削元軍在山、陝、甘肅、察哈爾、熱河等地勢力外，並俘獲順帝嫡子、后妃、元將及兵民數萬人。徐達等班師返京時，太祖親自在南京下關迎接勞軍，並大加封賞。

　　洪武五年（1372 年），塞外各地勢力在元帝策動下，經年餘的休養生息，又漸活躍，常有犯關情勢。太祖為防患未然，乃有第二次北

征之舉。這次仍以徐達為征北大將軍，任中路，出雁門趨和林。李文忠為左副將軍，負責東路，出居庸趨和林。馮勝為右副將軍，任西路，出蘭州。各領大軍五萬遠征。徐達一軍先勝後敗；李文忠軍也出師不利，雖未遭敗績，但死傷很重；只有馮勝一路獲勝。這次軍事失敗的原因，一則是徐達屬下的輕敵，再則也是他們對外蒙的地形不熟、深入沙漠、補給困難種種因素所致。

　　由於第二次北征的失利，明太祖知道漠北蒙古勢力不可輕視，所以在此後七年之間，積極從事邊防之佈置與建設，如練兵防邊、加強關隘設備、展開和平攻勢等等。洪武十三年，一方面因為臣服於蒙古的西藏在前一年的入寇甘肅，另一方面因為外蒙屯兵和林為患嚴重，乃命沐英統兵征討，頗有斬獲。第二年元兵又入侵永平（河北盧龍縣），太祖便以徐達、湯和、傅友德、沐英等人，分兵出塞，大敗元軍，從此每年常在春季派兵出塞征討，冬季還歸，以攻為守。其後在洪武二十年、二十三年及二十九年都有北征之事，尤其二十三年之役燕王表現傑出，不過終太祖之世，漠北勢力，依然強大，太祖在臨終時猶以殘元為隱憂而不忘北方國防之安全。

　　建文元年，成祖發難北平，因兵襲大寧，誘執寧王權，而邊疆兀良哈部族兵三千多人協助參戰，建立功勞。靖難事成，成祖便將大寧（河北平泉市、內蒙古赤峰市）地區給予了兀良哈，以為酬庸，從此明朝失去北邊一重鎮，洪武時所築的城防也因而廢棄，遼東與宣府、大同間的防線失去聲援作用，這是成祖奪位留下的另一後患。

　　永樂七年（1409 年），蒙古韃靼部本雅失里立為可汗，殺明朝使臣，於是成祖乃決心北伐。同年七月，命邱福為大將軍，領精騎十萬征韃靼。邱福輕信敵間，被誘深入，結果一軍皆沒。第二年二月，成祖頒詔天下，親征蒙古，由北京經居庸關、宣府北上，明軍一路順利，至斡難河，本雅失里引眾拒戰，明軍開始小挫，後來因成祖指揮疾戰，

才大敗韃靼，本雅失里棄輜重牲畜，僅以少數兵馬逃遁，明軍算是打了一場勝戰。後來又敗阿魯臺兵，乃班師，七月中返北京，論功行賞。同年底，阿魯臺派使臣來貢馬。永樂十一年（1413 年）七月，由於阿魯臺已內附明朝，瓦剌部企圖南下，第二年三月，成祖兵發北京，六月間與瓦剌部大戰，明軍火器齊發，成祖親率鐵騎衝擊，瓦剌不支潰走，明軍追至土拉河，斬殺其親貴部眾數千人，明軍受創亦重，成祖乃下令班師。九年以後（永樂二十年），成祖又第三次親征漠北，當時明朝已遷都北京，而瓦剌經幾年的休養生息，勢力又轉強盛，常在邊地邀擊行旅，拘留明使，阿魯臺又叛，且大舉圍攻興和（河北張北縣），致使成祖激怒，決意北征。不過，這次北征，有大臣認為不宜動兵，嚴飭邊將備禦即可；也有人向成祖說：「今糧儲不足，未可興師。」成祖不聽，並處罰了反戰的大臣，在永樂二十年三月率兵親征，一路順利，戰事無多，九月間師還北京。第二年七月，邊疆又傳警報，成祖下令出征，僅有小接觸，十一月還京。永樂二十二年正月，阿魯臺入寇大同、開平，四月間成祖再度領兵出塞，不過明朝因累年用兵，糧餉不濟，士卒飢凍而死的也很多，同時韃靼採用游擊戰術，行蹤飄忽，成祖乃於六月底班師。七月，兵至榆木川（多倫縣西北），成祖病發，後來崩逝於途中，這是第五次親征。綜觀成祖五次親征，除第一次大有斬獲外，其餘幾次都不甚理想，而國家兵力與資財的消耗則相當可觀，可謂得不償失。當然在鞏固北疆、建立明朝聲威等方面還是有積極效果的。

二、遼東的經營

　　明太祖得國以後，發現歷來東北邊患，都與遼東及宣化一帶的不能控制有關，塞北民族如不能占有以上兩地也不敢南犯，因此他極為重視遼東的經營。他下令造大寧新城，重置兵力，以皇子權鎮守，不

過，當時只以軍政為主，民政諸官尚未備置。成祖繼位之後，女真部族內附者日多，他除了設置建州、海西等衛以外，並招撫黑龍江下游南北女真，後來變遼東政廳為二十五衛二州，確實擴展了太祖時代的宏謨。成祖當時對女真部族運用的政策約有：㈠設置招撫軍，以當地望族或官員擔任，防禦韃靼與瓦剌的勢力侵入。㈡增設衛所，以安撫女真。終永樂之世，衛所增加到一百八十多個。㈢以緞絹作贈品，賜官、賜印、賜姓以為羈縻。這些策略對明代經營遼東，實在具有重大的貢獻。成祖曾令太監亦失哈招撫黑龍江下游女真諸部，甚至兵力遠達伯力地方（俄屬哈巴羅夫斯克邊疆區，混同江與烏蘇里江匯流處），並設奴兒干都指揮使司於黑龍江口，作為總統諸衛的機關，可見早期明代的聲威，已達東北極邊一帶。

三、西南的開發

　　元朝在貴州省一帶蠻荒地區設置宣慰使與宣撫使司，命平涼侯費聚等司其事。當時土司仍以原官世襲，也不責令他們輸納賦稅。洪武十八年，思州（貴州岑鞏縣）等地洞蠻作亂，太祖命湯和等人率兵討平了他們，不過邊民出沒無常，官兵撤離後他們又復出剽掠，湯和後來分屯立柵，與蠻民在一起耕種，生活在一起，最後用計擒獲了賊首，才算完全平定亂事。洪武一朝，只在貴州設思南、思州等宣慰使，思州所轄二十二長官司；思南所轄十七長官司，由都指揮使司鎮守其地。思南宣慰使田仁智和思州宣慰使田仁厚都是太祖平定陳友諒後率先歸服的，不過他們到成祖永樂朝以後彼此經常仇殺。後來田仁智的孫子田宗鼎襲思南宣慰使，田仁厚的孫子田琛也襲職，兩人更勢同水火，朝廷屢禁而不能止。成祖乃下令將田宗鼎與田琛擒捕送到京師，而分其地為思州、新化、黎平、石阡、思南、鎮遠、銅仁、烏羅八府，及鎮遠、安順、永寧、普安四州，並設貴州布政使司以治理其地，開置

郡縣，築路開道，從此貴州變成了內地，對加強統治西南蠻荒而言，明代比宋元的成就更大。這是永樂十一年的事。三年以後，成祖又下令在貴州設提刑按察司，並在中央戶部與刑部裏增加貴州一司，鄉貢則附屬於雲南省，使貴州更進一步的內地化了。

四、安南的征服

安南在我國古代稱交趾，宋朝始封該地首領為安南國王。明初陳氏掌政，率先歸順，太祖封為安南王，賜給他章印。然而不久以後，國中篡弒相尋，權相黎氏弒其主而自立，改國號大虞，紀元天聖，大肆慘殺陳氏子孫。成祖永樂元年，黎氏奉表詐稱陳氏已絕，而他是陳氏之甥，國內人民推戴，暫時權理國事。成祖信以為真，因而封了黎氏為安南王。第二年八月間，老撾軍民宣慰使刁氏護送前安南王孫陳天平來朝，天平向成祖泣奏黎氏在安南篡奪王位及屠殺的情形，並且說：「臣以先被棄斥，越在遠方，……臣之僚佐激於忠義，推臣為主以討賊復仇。方議招軍，而賊兵見逼，倉皇出走，左右散亡，逆黨窮追，遭受四索，臣伏竄窮荒，採拾自給，飢餓困阨，萬死一生，度勢少息，稍稍聞仁，艱難跋涉，以達老撾。……瞻望朝廷，遠隔萬里，無所控告，屢欲自絕，苟且圖存，延引歲月，忽讀詔書，知皇上入正大統，率由舊章，臣心欣忭，有所依歸。」他特別強調黎氏「造逆滔天，陳氏宗屬橫被殲滅，存者惟臣，臣與此賊不共戴天。」成祖非常同情陳天平的遭遇。這時安南舊臣裴伯耆也來到京師，向皇帝告急，並自願前驅效死，請兵討伐黎氏。同年十二月，安南派來的賀正旦使到了北京，成祖命令禮部官員帶陳天平出面與使臣相見，安南來使中有認出陳天平是故王孫的，萬分驚愕，也有使臣感動得淚下的，成祖乃決意協助陳天平返回安南。

永樂三年（1405 年）正月，成祖派御史李琦等人，持敕書往安南

責問黎氏。六月間,黎氏特派使臣阮景真隨同李琦等來京,並上表謝罪,請陳天平歸安南。後來成祖就命征南副將軍黃中等人率大軍五千人,護送天平返國。第二年三月,黃中等抵安南,黎氏僅派臣僚迎天平一行,禮貌恭敬,並以牛酒犒師,但大軍行至密林深處時,又逢天雨,黎氏伏兵奇出猛攻,天平被殺,明兵死傷亦眾。成祖聞訊大怒,決意興師,同年七月,以成國公朱能為大將軍,新城侯張輔等為左右副將軍,率大軍十多萬人往征。冬十月,朱能卒於中途。永樂五年(1407年)張輔等大破安南兵,擒黎氏父子,安南遂平。張輔向成祖建議說:安南本中國土地,陳氏子孫已誅盡,無可繼承,而國中耆老與百姓都請求建為郡縣,如中國內地制度。成祖乃置交趾布政使司、都指揮使司、按察司,分十七府、四十七州、一百五十縣,於是安南直隸中國版圖。永樂六年八月,安南陳氏舊臣簡定反,稱日南王,改元興慶,成祖又命張輔往征,動員軍隊二十萬人。七年五月,簡定稱上皇,立陳季擴為大越皇帝,改元重光。張輔等經數月用兵,才消滅反抗勢力,擒簡定押解京師伏誅,陳季擴等逃逸。張輔也因而被留鎮安南,繼續討伐陳季擴,直到十二年八月才在老撾境內捉到季擴,但交趾南方仍時有動亂。後來張輔奉命還京,而在當地服務的文武官員多未盡責,所謂「牧民者不知撫字,理刑者不明律意」,加上太監貪求貢物,安南人苦之,因而到永樂十六年,陳季擴的部將黎利又起來倡亂,明軍雖大舉征討,但互有勝負,戰事久不能決。宣宗宣德元年,黎利大敗明軍,布政使陳洽戰死,戰勢轉逆。宣德三年十月,黎利遣使奉表稱安南,陳氏尚有嫡孫陳暠在老撾,乞請加封,陳暠也上表陳情。宣宗後來聽從了楊士奇等人意見,為達成成祖心願,並使天下太平,乃赦免黎利罪,罷交趾布政使司,封陳暠為安南國王,自此安南世為明朝藩屬,總計安南在明初直隸中國版圖凡二十一年。

　　明初在緬甸境內設麓川平緬宣慰使司,英宗時改置隴川宣撫使司,

而緬甸稱藩奉表貢於明。暹國與羅斛在元朝末年併為一國，明初來附，太祖封其王為暹羅國王，暹羅國正式國號自此始。

第五節 明初海外之經營

明朝開國以後，由於蒙古人在北邊的壓力，國內群雄的勢力未平，龐大的政軍費用以及鑑於元代遠征南洋爪哇等地失敗的教訓等等，明太祖在洪武年間，一直採取消極的海外政策，他的抉擇，一般說來應該是正確的。

洪武初年，太祖不斷派遣使臣出洋，向南洋及日本諸國表明新朝的立國方針，不準備在海外用兵，而願意與大家「相安無事，以共享太平之福。」當然中國雖不以武力征討為手段，但藩國也應講求睦鄰之道，應該以誠敬來事明朝，朝貢是最能表明「事上之誠」的方式，因此太祖經營海外重點便在朝貢關係的建立。不過綜觀洪武之世，實際效果並不理想，因為還有不少國家與明朝「使者客旅不通」，這大概與胡惟庸勾結海外謀叛案有關。

成祖得位以後，對海外的經營政策，顯然由太祖時期的消極態度轉變為積極的行動了，並且也將太祖時所強調政治原則而不重視國際貿易及軍事行為的主張改變了。他不斷的派遣專使到國外去，特別派出不少太監為使臣，其實這是違反祖訓的，究其原因，可能與尋訪惠帝的下落有關，這是近代不少史家公認的事。

靖難之後，惠帝存亡成謎，明人野史有關惠帝的事跡，傳說紛紜，卻幾乎沒有確說惠帝是自焚死的，有人說：「自焚之語，僅見《永樂實錄》，蓋即指后屍為帝屍」，而《永樂實錄》是經過三修以後才成書的，因此惠帝的「死」與「遜」多年來一直是一大疑竇。成祖命戶部官員胡濙赴各省頒發御製書籍，訪求仙人，歷時十六年，足跡遍及江、浙、

湖、湘等省以及中官鄭和等人的多次浮海下西洋，都被後世人視為偵緝惠帝下落的行動，不然這位處處標榜法祖的成祖，如何會改變太祖的成憲，重用中官干預政事，並且積極從事海外經營呢？

明成祖對於國外的積極發展，特別是南海諸國的積極經營，除了上述懷疑惠帝未死，因而派人四處尋找的動機以外，還有幾個原因也是值得注意的。例如元朝亡國以後，蒙古在塞外的力量仍強，南海諸國曾被他們征伐過，明太祖時即多方聯絡他們，與他們和平相處，不致南北受敵。發展海上貿易，以我國出產的錦繡、瓷器、漆器等物，換取南洋的香料寶貨。當然光耀異域是可以宣揚明朝聲威、誇示中國富強的，這也應該是當時重視對外發展的因素之一。成祖時曾命侯顯到烏斯藏（西藏），馬彬到過爪哇、蘇門答臘，李興去到暹羅，尹慶往滿刺加，但是最著名的，則莫過於鄭和的出使西洋了。

鄭和原姓馬，雲南人，世稱「三保太監」，他世奉回教，早年就在燕王藩邸裏工作，後來在靖難之役中有戰功，升為太監，賜姓鄭氏，三保可能是他的小字。他自成祖永樂三年開始出使南海諸國，到宣宗宣德七年（1432 年）最後歸航，前後共歷時二十七年，一共七次出海，所到的國家城市五十多個，遍及南洋群島及印度洋西岸各地，最西到達非洲東部，實在是我國歷史上的一大盛事。他每次下西洋時，船隻很多，自四、五十艘到一百多艘不等，所率的從人兵卒經常是幾萬人。現在將他七次航海的時間、經過等事，略作敘述於後：

鄭和第一次出使西洋是在永樂三年，他帶領了將士兩萬七千八百多人，大船有六十二艘，都是「長四十四丈、廣十八丈」的。他們一行自蘇州劉家港泛海，經福建五虎門（閩江口附近）起航，首先到達占城（越南南部），然後歷爪哇、蘇門答臘、古里（一說在印度半島西岸）諸國，宣成祖詔書，給賜其君長，不服的則以武力懾之，在三佛齊因為有陳祖義酋長剽掠商旅，並且想潛謀邀劫鄭和，結果被鄭和打

敗，捕捉回北京，獻俘於成祖，這一次航行到永樂五年九月回國才結束。

第二次出使的時間，有永樂五年與六年的兩種說法，返國時間也有七年與九年的不同。不過鄭和一行在這次航行中曾經到過爪哇、古里、柯枝（印度半島西南端）、暹羅等國，代表明室頒賜誥命、銀印給這些國家的國主。諸番王也各以珍禽異獸貢獻。《明史‧鄭和傳》裏記第二次出使時曾經到過錫蘭山，並與當地國主發生戰事，大敗錫蘭山軍，生擒其國主及官屬，獻俘於朝，後來成祖赦免了他們，並釋放他們歸國。加以交趾已破，設布政使司，因而「諸邦震讋，來者日多」（錫蘭山的事也有說是第三次出使時發生的）。

第三次出使西洋時，鄭和統領的舟師曾經到達波斯灣的忽魯謨斯（島名）以及阿拉伯半島西南端的阿丹等地，這次可說是遠航了，因為前兩次他們所歷之地都沒有超過印度洋之外，而這一回已越過印度南境，抵達波斯灣中了。所到的國家與城市約有占城、三佛齊、蘇門答臘、錫蘭、柯枝、古里、忽魯謨斯、阿丹等等。據隨行的人說：「自此（按指蘇門答臘）分綜往錫蘭，柯枝古里連諸番」，可見當時舟師有分途到各地的情形。至於這次航行的時間，一說是永樂七年到九年之間，另一說則是十年到十三年之間，兩者相差很大。

第四次下西洋揚帆的時間又有永樂十一年、十二年及十四年幾種不同的記載。歸國時間則一在十三年，一在十七年。《明史‧鄭

圖 4：《瑞應麒麟圖》　永樂十二年（1414 年）宮廷畫家沈度在《瑞應麒麟圖》中描繪鄭和下西洋時在非洲得到的長頸鹿，圖中將長頸鹿稱作「麒麟」，當作祥瑞之兆

和傳》裏只簡單記述這次航行是因「滿剌加、古里等十九國咸遣使朝貢，辭還；復命和等偕往賜其君長」的，沒有說明所到國家與地區的名稱。不過根據其他可靠的資料，經過近代史家的考證，這次鄭和等人確實到達非洲東岸的木骨都束等地，比前三次的航程都更遠了。

第五次鄭和下西洋曾經到過印度的甘巴里與阿拉伯沿岸的祖法兒以及非洲東岸的木骨都束、不剌哇等地，當然南海各地的國家如暹羅、蘇門答臘等地一定是必經之地，《明史》裏也記「暹羅、蘇門答臘、阿丹等國遣使隨貢方物」的事。「隨貢」大概是乘鄭和一行返國之時，搭乘他們的大船同來中國的意思，這樣既方便又安全，可能這種方式在當時已經相當流行了。至於這次出海的時間也有永樂十五年與十九年的不同說法，歸國時間則有記為十七年七月的，也有記為二十年八月的。

第六次出使的事，〈鄭和傳〉裏說：「永樂二十二年正月，舊港酋長施濟孫請襲宣慰使職，和齎敕印往賜之。比還，而成祖已宴駕。洪熙元年二月，仁宗命和以下番諸軍守備南京，南京設守備自和始也。」從上面傳文中我們可以看出：㈠這一次鄭和出使的期間很短，在《明史》與其他資料中也找不到更多有關的事。㈡鄭和與寶船下西洋的盛舉似乎至此已告終結，這大概與成祖死後繼任的仁宗想革除前朝弊政，停罷「西洋寶船」的命令有關。㈢鄭和出使需要酬勞是仁宗了解的，因而在南京設守備來安置他是必需的。對於鄭和第六次出使西洋，也有資料記錄是永樂十九年的事，並且也有近代學者認為是可靠的。

明仁宗於永樂二十二年八月成祖崩逝後繼位，改明年為洪熙元年，不過他享國不到一年就去世了，繼嗣大統的是宣宗，年號宣德。宣宗踐位以後，而南海諸國來朝貢的不多，比起永樂時期的盛況，真有天壤之別。宣德五年（1430 年），皇帝再度下令鄭和作第七次出使西洋，這一次既然負有令「諸番國」朝貢的任務，當然訪問的國家與地方必

然很多。根據《明史》與同行人的記載，第七次所經歷的國家約有爪哇、阿魯、蘇門答臘、喃渤利、溜山、錫蘭山、忽魯謨斯、阿丹等地，也可能到了木骨都束、不刺哇、刺撒。這些國家中，有的是鄭和親自率船去的，有的則是由別人分頭前往的，不過無論如何，已經遍歷印度全洋，甚至到達了非洲。另有記錄說鄭和屬下洪太監等七人隨古里的差人一同去了麥加，往返費時一年。鄭和是回教徒，讓屬下人去麥加朝聖是極有可能的。

　　以上是鄭和七次出使的簡單敘述，其中問題最多的是前六次的出海與歸國的時間，有相差一、二年的，有相差三、四年的，這是因為以往學者們根據的資料不同而起的。例如第三次出使《明史》裏都記是永樂十年啟程的，返國的時間是十三年。然而在蘇州劉家港一帶後來出土的石碑，卻記著第三次下西洋是永樂七年到九年的事。第五次出使，石碑記為永樂十九年出海，而《明史》則說是永樂二十二年，竟有相差四年之久的不同。石碑的記載原本是比較可信的，至少比《明史》成書要早很多年，可能早到二百五十年前；不過《明史》的編纂是根據實錄等史料，似乎也應有其正確性，而石碑又是在七次出使歸來以後才追記的，也可能有差錯。近代學者比較相信石碑的說法，認為舊史有誤。然而鄭和的出使遠航，在近世中國史上是有重大意義的。他的七次下西洋，不但使明朝的中國人對南海的情況有了更多更真實的了解，這對有志於海外移殖的人幫助很多，給了他們極大的鼓勵與保障，也奠定日後我國華僑在南洋經商、開墾的基礎。當然另外對中國文化的遠播也是具有貢獻的。明朝中葉以後，我國國威雖然漸漸衰微了；但是國人前往南洋的，仍是絡繹不絕，這可以說是鄭和出使留下的影響之一。

　　明仁宗即位後何以就依從前任戶部尚書夏原吉的請求而停罷西洋寶船呢？這大概與當時國家的財政情況有關。成祖在永樂年間多次北

征蒙古，動輒動員幾十萬大軍，糧餉軍器，花費極多。而鄭和的出使
又是大規模的行動，耗費的國帑為數也多。年月久遠下來，當然成了
勞民傷財的弊政，所以戶部的官員提出請求。仁宗有多年的攝政經驗，
很了解國家財政實情，及時停罷出使西洋是必需的。實際上他在「停
西洋取寶船，不復下番」的詔書中至少有幾項與出使南海有關的，如：
㈠下西洋的寶船停止出航，在蘇州、福建的船都開回南京。㈡各處修
造下番海船的工程即刻停止。㈢停止買辦絲、羅、緞、紙、瓷器等物，
採辦官員即刻回京。㈣停止採辦交趾金珠、番貨等等，可見都是與節
約經費有關的。鄭和以後，出使的事大為減少，而即使有明朝官員下
西洋，足跡也只限於安南、暹羅、滿剌加等地，明代的國力與聲威確
也不能與明初相比了。

　　明初海上經營另一成功的史實是與琉球建立了封貢的關係。洪武
五年，明太祖派行人楊載出使琉球，招諭琉球國王稱臣入貢。當時琉
球正是中山、山南、山北三王鼎立的時代，中山王察度為響應太祖的
招諭，特派其弟泰期等來華，奉表入貢。明廷後來賜琉球國王《大統
曆》及紗羅衣物，琉球自此採用中國正朔，直到清末日本片面亡琉為
止。

　　洪武十八年，琉球三王奉表賀正旦、貢方物，太祖又賜山南王及
山北王鍍金印章各一顆，又賜中山王海船一艘，自此三王入貢不絕，
琉球與中國的往來更形密切。二十五年（1392 年），中山王從子等來
華，入明朝國學讀書，這是琉球第一次派留學生來中國，留學生在華
專攻典章制度，受中國文化的薰陶極深。此外中國產物如甘蔗、茶葉、
紅薯等等也漸次的傳入琉球。

　　洪武年間，由於琉球入貢頗勤，誠心交往，太祖擔心琉人來華在
海上風險太大，所以派了福建省三十六姓華人善操舟的移住琉球，協
助他們航海及農耕工作，這是首批到琉球的我國移民。後來這批三十

六姓的子孫，一直在琉球掌管朝貢文書等事，可以說他們是中華文化在琉球的傳佈者。琉球在明宣宗宣德年間由中山王統一，對明朝關係較前更為親密，而中琉封貢關係竟維持五百年之久，這都是明初奠定的良好基礎所致。

日本在洪武年間與我國也有交通的，太祖特別為「倭寇」擾亂事派使臣去責問過日本，但是未得要領，永樂年間，日本派出使臣來華，要求貿易，成祖允許了他們，但「倭寇」一直騷擾我國沿海，因而雙方關係極不正常。

總之，明初由於國勢強盛，對海外經營，一般說來是成功的。

第三章 明代的由盛而衰

第一節 略述成化至正德間的大事

天順八年（1464 年）正月，英宗崩逝，長子見深即位，是為憲宗，改明年為成化元年（1465 年）。新君即位以後，雖然在中央人事方面重作安排，如以王竑為兵部尚書、劉定入閣參預機務等等。他又整飭京營軍事，御經筵，派重臣平廣西、湖南等地亂事，似有一番振作氣象。尤其對于謙冤死的昭雪，復官賜祭，並頒誥書說：「當國家之多難，保社稷以無虞；惟公道之獨特，為權奸所並嫉。在先帝已知其枉，而朕心實憐其忠。」更令天下人心稱快。不過他在其他方面的作風並不好，不但誤入邪僻，而且有害國政，實在不像一個英明的君主。

憲宗登極後約半年，就廢了皇后吳氏，而專寵萬貴妃。萬貴妃早年就一直侍候憲宗於東宮，憲宗即位時，貴妃已是三十五歲，約長皇帝十八歲，不過她機警而善迎帝意，因而寵冠後宮，而且終身眷之。成化一朝，小人奔競，都由萬氏。尤其後來宦官也依萬氏為靠山，朝政極為濁亂。

僧道得寵也是成化年間的一大弊政，當時真人、高士與番僧居住京城的，為數可觀，其中封國師、賜誥告的也不可勝計。憲宗為他們廣建齋醮，花費了很多國帑，而皇帝自己也日漸怠於政事，大臣們勸諫的也不被接納。

成化時期的太監也是為害很大的，而以汪直的氣燄最盛。如前所

述，明成祖為了命令宦官訪緝通謀奸臣，曾經設置了東廠。成化十三年正月，因東廠辦事不足，又設西廠，以汪直領之。汪直本來是在萬貴妃宮中做事的，因而得到皇帝的歡心，遷升為御馬監太監，不久就為皇帝密出伺察臣工了。西廠設置之後，汪直就自然的成了主管。西廠的特務人員，倍於東廠，勢力更在錦衣衛之上。他們常常大興獄案，冤死的人很多，一時人情大受驚擾。同年五月，大學士商輅率領了若干官員上書進諫，彈劾汪直，奏章裏有：「……近自（汪）直用事以來，人心疑畏，卿大夫不安於位，商賈不安於途，庶民不安於業，若不急去直，天下安危未可知也。」皇帝看了極為生氣，認為「用一內豎，何遽危天下？」派人責問商輅，商輅不懼，並列數汪直罪狀，而且回答皇上說：「……直不去，天下安得無危，輅等同心一意為天下除害，無有先後？」不久以後，兵部尚書項忠也聯合九卿參汪直，憲宗不得已才解散西廠的特務人員，命令汪直再回到御馬監辦事，一時人心大悅。不過皇帝對汪直的寵信仍然不衰，而且在一個月後再開西廠，汪直更是有恃無恐，為報復前仇，先誣告項忠受賄，斥為平民；商輅也以病辭職，而九卿大臣中被罷免的多到幾十人，朝廷中的正人君子只得任聽汪直擺佈。一直到成化十八年，由於汪直洩漏宮中秘密並與邊將勾結，御史們又交章請罷西廠，憲宗才調汪直為南京御馬監，廢西廠，而汪直竟能得到善終。

　　成化末年，大臣中有人指出時政六弊是：近倖干紀，大臣不職，爵賞太濫，工役過煩，進獻無厭，流亡未復。這是公允的評論，也是當時政情真實的寫照。

　　成化二十三年（1487 年）八月，憲宗崩，皇子祐樘繼位，是為孝宗，改明年為弘治元年。孝宗即位後，除自身恭儉自持外，並能勤政愛民，親賢遠佞，可以稱得上是明代中期的賢君。

　　孝宗初政時，先將前朝佞臣、太監、外戚、僧道等人加以斥退，

或謫或殺。降黜的官員有三千多人，罷遣的禪師真人計二百四十多個。同時他又起用或提升正直賢能之士，以圖振衰起弊，如徐溥、劉健、馬文升等人先後入閣，朝廷氣象，為之一新。此外對於在憲宗時因為得罪宦官和佞倖而被遷官或充軍的大臣，都再予起用，表示他對前朝的作風，有更易的決心。

弘治三年，孝宗因為憲宗時重用方士僧道，祀祭方面的靡費太多，他下令釐正祀典，以省浪費。四年又令蘇州、杭州等地的織造機關，減少生產綵緞絨布。這些都是孝宗節用郵民的美政。

弘治八年，他又命刑部官員刪定問刑條例。十三年，更因明初以來律令條文漸多，官員們建議革其繁瑣，他也同意了。至於廷杖詔獄等慘事，孝宗一朝，幾無所聞。廠、衛雖然仍舊存在，但終弘治之世，「皆循職不為惡」，這實在是明史上少見的事。

弘治六、七年間，朝廷先後命大臣治黃河與江南水道工程，費時數年，費錢也多，但是工程告竣後對民間的經濟生產，卻大有裨益。這也可以說明孝宗是非常關心民事的。

不過，弘治一朝仍有不盡完美之事，像初年留下佞倖劉吉任首輔；宦官李廣「以符籙禱祀蠱帝」、「擅奪畿內民田」而皇帝不加管問；皇后張氏縱兄弟作惡，敗壞鹽制，孝宗不能裁制等等，十足顯示了他寬仁有餘而果斷不足，也是弘治朝美中不足的憾事。

弘治十八年（1505年）五月，孝宗崩，太子厚照繼統，是為武宗，改明年為正德元年。武宗即位時年僅十五歲，從小就喜歡逸樂，他父親臨終時向大學士劉健等託付要「教之讀書，輔導成德。」可是他一生耽於淫樂，暱近群小，不能自拔，結果朝政廢弛，內憂外患，紛至沓來，致使明代政治步上衰敗之途。武宗在位十六年，三十一歲崩。

武宗即位後不久，便在太監劉瑾等人的誘惑之下，終日嬉戲，朝

廷重臣劉健等交章諫阻，全然無效。正德元年，中樞正直高官幾乎先後被罷歸殆盡，而劉瑾掌司禮監，馬永成、谷大用分掌東、西廠。永成、大用都是宦官，是當時號稱「八黨」或「八虎」中的健將。劉瑾等盡斥正人以後，凡有上書批評時政的，都遭廷杖或繫獄、謫官。兵部主事王守仁（即王陽明）就是其中之一，他曾被杖四十，謫為龍場驛丞。

正德二年八月，武宗受宦官誘惑，在西華門外，築宮殿並造密室於西廂，稱為「豹房」。內有番僧與教場司樂工，朝夕處其中，恣意為淫樂。從此國家大事，多交劉瑾處理。劉瑾的專擅與貪婪，比英宗時的王振有過之而無不及，他一直排斥異己，援引私黨，並對朝廷中的官員，視同奴僕，稍不如意，就被杖罰、跪枷，或者下獄處死。他又設置內廠，自作威福，並利用這個機關來敲詐勒索，真是狂妄殘虐到了極點。正德五年四月，安化王寘鐇反，以誅劉瑾為名。武宗以楊一清總軍務，太監張永為監軍，率兵征討，不久事平。一清知道張永與劉瑾之間有仇隙，便與他密謀除瑾，因而在返京後向武宗交上安化王謀反的文告以及劉瑾的不法罪狀十七條，後來又在劉瑾經常隨身攜帶的扇子裏發現鋒利的匕首兩把，武宗大怒，因而下令處斬了劉瑾。

正德五年（1510年）八月劉瑾伏誅以後，雖然一度降謫劉瑾的黨羽，把他們分別處死削籍為民，並起用了一些正人為官，釐正了劉瑾當年改變的各部法制，尤其值得一提的，西廠與內廠也都被革罷了。不過，武宗雖然從此不盡受宦官誘惑，但又被另外的一批人導引做些失德的事了。

正德六年，畿內賊起，京軍不能平定亂事，於是召來邊軍入衛都城，大同游擊江彬因此得到機會，留住豹房，大被寵幸。江彬想藉邊軍的力量鞏固自己的地位，他說服武宗，把遼東、宣府、大同、延綏四鎮軍調入京師，由他總領，武宗自己也從宦官中選出善射的組成一

營，號曰「中軍」，朝夕馳逐於宮苑之中。

　　江彬不但奪權、阻呈廷臣的章奏；同時為迎合上意，經常的引導皇帝出遊，群臣力諫不聽。正德十二年，武宗隨江彬微服出幸宣府，並導帝夜入民家索婦女，武宗因此樂而忘返。後來又去陽和，適逢韃靼兵五萬入寇，諸將力戰敗敵後他才回京。第二年他又赴大同，聽到太皇太后崩逝消息才返京，但仍「掠良家女數十車以隨」。

　　正德十三年七月，武宗藉口邊關軍事緊急，想遍遊塞上，廷臣泣諫不聽，他先到宣府，後來又到大同、榆林、綏德等處，年底到了太原，沿途大徵女樂，到第二年正月才返回京師。一個月以後，他又聽信江彬之言，準備南巡。閣臣及科道紛紛上書切諫，有人急陳六事，希望皇帝崇正學、通言路、正名號、戒遊幸、去小人、建儲貳。也有人奏稱：「（人民）一聞南巡詔書，皆鳥驚獸散。」勸阻他不要再到南方騷擾官民。武宗大怒，重重的處罰了這些官員，其中有入獄的，有罰跪在午門外五天的，也有被杖死的，不過，南巡的事總算作罷了。

　　正德十四年（1519 年），江西寧王宸濠（明太祖第十七子寧王權的五世孫）起兵反叛中央，由於王守仁當機立斷，不待政府下令便毅然擔負討逆任務，並以迅速的行動，有效的心理戰術，很快的平定了宸濠之亂，建立了不朽的功業。

　　武宗在北京聽到寧王兵叛的消息，他下詔親征，也藉以作江南之遊。閣臣切諫不聽，八月間終於發兵南下，經揚州抵南京，沿途大索婦女，盡情遊樂，其實在皇帝軍次涿州的時候，王守仁的捷報已經到了，但是武宗並未中止行程，以遂其縱遊之欲。到十五年冬，才返回京城，不久以後，他便在豹房中崩殂了。

　　從以上所述的史事中，不難看出明代到憲宗、孝宗、武宗的這一段時期，除孝宗還算是稱職的皇帝以外，其餘憲宗一朝，因迷信僧道、寵任太監，可以說是終生沉溺於「神仙、佛老、外戚、女謁、聲色、

貨利、奇技、淫巧」的誘惑之中，國勢日衰，當然是意料中事。武宗
更是一生行為荒唐的君主，初寵劉瑾、淫樂豹房、賢良盡斥，各地動
亂紛起。劉瑾伏誅以後，又被邊將江彬所引誘，到處遊樂，經久不歸，
以致發生寧王反叛事件。武宗的無道，真是不可勝紀，另就經濟方面
來看，明代到憲宗、武宗之時，由於內府的供應漸廣，宗藩的分封日
多，以及大量官俸的供應，使得本已困窘的政府財政，更形困難。加
上各地動亂日增，軍需浩繁，國家的經濟財力，尤有不勝擔負之感。
於是預徵田賦的有之，重加科斂的事也有人建議或實行了，民間生計
因而漸受影響。政治與經濟情形的惡化，當然動搖國本，所幸北方韃
靼尚無大舉南下的企圖，地方亂事還能有盡職的官員平服，以致尚未
造成傾國之禍。

第二節　「大禮之議」與明代衰亡徵兆

　　武宗無嗣，而孝宗又沒有其他的皇子還存在的，所以在正德十六
年武宗崩逝以後，帝位的繼承發生了問題。閣臣們經會議決定，迎立
憲宗子興獻王的長子厚熜入嗣，厚熜與武宗厚照同輩，是為世宗，年
號嘉靖。

　　厚熜當時不在京城，住在湖北，大學士楊廷和先為他總理了朝政
三十七天，中外倚以為安。廷和理政期間，請旨太后，先後遣散邊軍
歸鎮，解散豹房中的番僧、教坊司樂人及由四方進獻來的女子，停止
京城裏很多不急與不必要的工務，並把宣府行宮的珠寶歸回內庫，這
些事都令中外人心大悅。

　　世宗即位以後，楊廷和又為皇帝草擬詔書，除了減租免稅、救濟
貧窮以外，前朝的弊政，也改易了很多。錦衣衛、內監與旗校工役被
革職的十多萬人，漕糧被減掉的五十三萬多石，尤其擒殺江彬一事，

更是人人稱快。江家搜出的金錢珍寶無數，當然全部充公了。表面上
世宗像是一位賢明而有為的新君，政事也有中興的氣象。可是不久以
後，大禮之議引起政爭，摧折了不少廷臣，而他寵用奸相嚴嵩二十年，
尤其是失當的事。另外他的崇奉道教，毒害正人君子，失德則更甚於
大禮議，朝局紊亂，不問即知，現在就把這些大事，略述如下：

先說大禮之議：由於世宗是武宗的堂弟，他是以宗室入繼大統的。
朝廷中的元老重臣都認為世宗應以皇太子的資格「入奉宗祧」，而世宗
本人則堅持要以興獻王的資格嗣皇帝大位。皇帝所爭的是孝思，大臣
所強調的是禮教，雙方各執己見，相持不下，結果造成了政治上極大
的風波。

世宗由湖北安陸初到京師時，禮部官員在楊廷和的指示下，以皇
太子即位禮請世宗由東安門入居文華殿，擇日登基。世宗不同意，後
來在城外受牋，日中入大明門御奉天殿即位，世宗堅持的是「遺詔以
我嗣皇帝位，非皇子也！」可見君臣之間從開始就有了不同的意見。
即位以後，世宗下詔要大臣討論他父親興獻王的祀典與專稱問題，楊
廷和等廷議之後以為應稱孝宗為皇考，興獻王可以追尊為帝，不加
「皇」字。禮部尚書毛澄也認為漢代的定陶王與宋代的濮王既有先例
在，很是合理。至於生母蔣氏，原是王妃，可改稱后，也不加「皇」
字。「凡祭告興獻王及上箋于妃，俱自稱姪皇帝某，則正統私親，恩禮
兼盡，可以為萬世法。」世宗不表同意，命令再議，但廷臣仍執意如
初，皇帝也將奏疏留中不下。正在此時，進士張璁突然上疏說：「……
今陛下以倫序當主，循繼統之義，非為孝宗後也。……故謂陛下入繼
祖統則可，謂為人後而自絕其親則不可，蓋統與嗣不同。……」世宗
得疏大喜，欲尊稱其父為興獻皇帝、母為興獻皇后，但是楊廷和堅持
不可，封還手詔，並彈劾張璁。這事一直到同年十月間，才由皇太后
下懿旨，追尊興獻王為興獻帝，王妃蔣氏為興獻后，算是暫時解決了

問題，但世宗仍不以為然。

　　嘉靖三年正月，南京刑部主事桂蕚與張璁等又上書，建議改稱孝宗為皇伯考，尊興獻王為皇考。大學士楊廷和等反對，結果世宗決定追尊興獻王為「本生皇考」、王妃為「本生皇母」，罷楊廷和等人職務，進諫的都下獄，而將張璁、桂蕚二人擢升為翰林學士。其後不久，世宗又下令去「本生」二字，朝臣紛紛上疏力爭，世宗不聽。於是中央各部院官員二百多人，痛哭於宮門，有大呼高皇帝、孝宗皇帝的，聲震內廷。世宗大怒，命錦衣衛先執為首的下獄，後來又逮捕了一百九十多人，另有十七人被杖死。同年，更定大禮，稱孝宗為皇伯考、皇太妃為皇伯母、興獻王為皇考、王妃為聖母，世宗心願至此完全達到，大禮之議也因而結束。

　　再談嚴嵩專政。嚴嵩在孝宗年間就中了進士，嘉靖中他原在南京任禮部尚書，十五年調北京任禮部尚書兼翰林學士，從此開始了他奸惡的政治生涯。十七年因尊獻皇帝廟號大得世宗歡心。二十一年（1542 年）擢升為武英殿大學士，入直文淵閣，貪橫日甚，也多方的排斥正人，政事多由他掌理。三十年春，兵部員外郎楊繼盛上奏，指論嚴嵩的十罪五奸，其中十罪是：壞祖宗成法、竊君上大權、掩君上治功、縱姦子僭竊、冒朝廷軍功、引悖逆姦臣、誤國家軍機、專黜陟之柄、失天下之心、敝天下風俗。這一奏疏不但說明了嚴嵩為人的狡狠卑劣，同時也充分反映了當時政治的實情。可是世宗並未因這份奏章而醒悟，懲處嚴嵩，相反的楊繼盛卻因此而招來殺身之禍。嘉靖三十八年，嵩年八十，世宗對他仍舊寵信，准許他坐轎子入禁苑，真是曠典殊恩。直到四十一年他才因罪罷職。嚴嵩的兒子世蕃後來也以誹謗時政、通倭謀變等罪名被殺。但是這已經是世宗自己死前一年的事，就悔悟除奸而言，顯得為時已晚了。

　　世宗崇信道教，一意修玄，更是害政誤國的事。從嘉靖二年聽太

監建議在宮中建齋醮開始，一直到他因迷信服食金石丹藥而病死為止，四十年如一日，篤志玄術，不曾更改。他不但在宮中日夜禱祀，並且命令太監習經教，大臣充上番、監禮、引導等禮的專使，他自己常主持開始與結束兩天的典禮。廷臣交章諫阻，他都不聽。有位言官鄭一鵬上書說：「邇者禱祀繁興，制用漸廣，……或連日夜，或間日一舉，或一日再舉，經筵俱虛設而無所用矣。傷太平之美，失天下之望，莫此為甚！」世宗對於這些諫言，根本無動於衷。而且對上書直諫的大臣常逮捕下獄或謫戍，對能寫好的青詞（齋醮所用的文章）的大臣則優詔褒獎，大加寵信。

嘉靖十五年因生皇嗣，竟授道士邵元節為禮部尚書，賜一品服。十八年邵元節死，世宗又拜陶仲文等為神仙高士。第二年世宗又聽信方士段朝用的話，準備「居深宮中無與外人接」，以求得不死之藥。向大臣宣佈他要過一兩年清修生活，而令太子監國。舉朝大臣驚愕，其中楊最抗疏措詞強烈，說：「神仙乃山棲澡鍊者所為，豈有高居黃屋紫闥，袞衣玉食，而能白日翀舉者？」世宗大怒，下詔捉楊最入獄，後來他死於杖下。太子監國的事雖然不再提了，但世宗自此以後也就不常親視朝政。十九年，陶仲文拜為禮部尚書，食一品祿，他的寵幸比邵元節尤有過之。而世宗也為祈求長生，迷信愈篤。宵小官員為迎合帝意，紛紛呈獻珍奇瑞物，另外也有不少大臣以寫青詞贊玄機為務，希求封賞，嚴嵩等人的得專寵，都基因於此。

世宗的迷信是隨其年齡俱增的。後來不但將風雨水火等的災害，解釋為神意，就連大同兵卒的就擒，東南沿海盜賊的被殺，也都歸功於仙家的庇佑，荒唐愚昧，真是無可復加。

嘉靖三十九年，陶仲文死，年八十餘，前後得寵二十年，位極人臣，世宗聞訊痛悼，不久後即分別派出御史多人到各地訪求仙術異人及符籙秘方等書。正如以往一樣，諫阻的官員多遭罷退和降級，甚至

被處死。到四十五年春天，有位不怕死的戶部主事海瑞，見世宗晚年仍執迷不悟，且荒昧有甚於前，他先買好棺木，辦好後事，然後上疏給世宗說：「陛下即位初年，敬心箴一，冠履分辨，天下欣然望治。未久而妄念牽之，謂遐舉可得，一意修真，竭民脂膏，濫興土木，二十餘年不視朝，法紀弛矣！數年推廣捐納事例，名器濫矣。……陛下之誤多矣，其大端在於齋醮，齋醮所以求長生也，自古聖賢垂訓，修身立命，日順受其正矣，未聞有所謂長生之說。……陛下誠知齋醮無益，一旦翻然悔悟，日御正朝，與宰相侍從講求天下利害，洗數十年之積誤，使諸臣亦得洗數十年阿君之恥，天下何憂不治？萬事何憂不理？此在陛下一振作間而已。釋此不為，而切切於輕舉度世，敝精勞神，以求之於繫風捕影，茫然不可知之域，臣見勞苦終身而無成也。」世宗得疏大怒，原想處他死刑，後來聽說他已準備了棺木，訣別妻子，待罪於朝，皇帝也無可奈何了。據說世宗又再讀了海瑞的奏章一次，說出「此人可方比干，但朕非紂耳」的話，顯係他已萌悔意了。大學士徐階又力救海瑞，得免於死。同年冬天，世宗因服方士丹藥病勢轉劇，十二月中崩逝。

　　繼承世宗的是穆宗，改明年為隆慶元年。當時徐階為內閣首輔，為穆宗草擬了即位詔書，宣佈免天下田賦之半，召用前朝得罪諸臣，停罷齋醮工作，處罪方士高人，朝野人士都很感動。只是徐階的這份即位詔書事先沒有和閣臣高拱、郭朴等人共謀，而只與他自己的門生張居正單獨商討了一下，因而引起高拱與郭朴的不滿，這也是後來閣臣中彼此意氣用事的主要由來與原因。穆宗享國只有六年，政事多依賴內閣中的大臣處理，大臣中不乏賢能才識之士，可惜無和衷之美，多以意氣相爭，門戶黨害之爭，也由此加烈。

　　穆宗雖不像武宗、世宗那樣的荒唐無道；不過他在振肅綱紀、矯除積習方面，成就也並不多，所以史家評論他「寬恕有餘，剛明不

足。」隆慶一朝,太監的作惡不算可怕,因而不常震驚朝野耳目。然而滕祥等人以奇技淫巧來悅帝意,如作鰲山燈、惑穆宗作長夜飲等等,都是費錢喪志的壞事。滕祥等又說服皇帝讓得罪的太監黃錦復得恩蔭,工部尚書雷禮力爭以為不可,因為黃錦以前辦事,「多自加徵,糜費巨萬」。皇帝不但沒有罷黃錦、罪滕祥,卻反讓雷禮辭職。

隆慶元年,大臣中就有上疏陳事的說:「……人主深居禁掖,左右便佞,窺伺百出,或以燕飲聲樂,或以遊戲騎射,近則損敝精神,疾病所由生;久則妨累政事,危亂所由起。比者人言籍籍,謂陛下燕間舉動,有非諒闇所宜者,臣竊為陛下憂之。」穆宗的嗜好如此,可見他不是一位厚重守禮的君主。第二年吏部御史石星對他的極聲色之美、朝講久廢不行等事,提出「天下之治,不日進則日退;人君之心,不日強則日偷」的警言,結果命加石星廷杖六十,斥為平民。石星的事例也說明穆宗的務求玩好與主道不隆。

穆宗又偏愛收藏珠寶,曾經下令戶部搜購。大臣有以「玩人喪德,玩物喪志」古訓勸諫,也有以「奈何以有用財耗之無用之物」責問的,他都不理不聽,而因直諫得罪的言官大官比比皆是。

由此可知:明代到世宗、穆宗兩朝,國勢與政風都每況愈下。世宗資質不凡,本可以作為英斷之主,可是後來卻專事鬼神而不事人,萬機便假手於奉道的閣臣了。穆宗時廷臣常有門戶之見、意氣之爭,而他自己又童心未化,一直為左右近侍所愚弄,因而明初以來勤民務本的風氣大為轉變。

嘉靖、隆慶間的國家財政也大損元氣,世宗因崇道禱祀而大興土木,集奇珍以媚神仙。穆宗則貪愛珠寶,耽於聲色,並數度挪取國庫銀入內庫,這些都是造成國家入不敷出的主要原因,因而乃有增賦加稅,命令人民獻助之舉,終於直接影響到人民生活了。自從明朝初年以來,皇帝暴虐的有之,淫亂的有之,而國無大亂,主要是不擾民生

之故。嘉、隆兩朝，靡費無限，不知祖訓為何物，因而治平之業的基礎開始動搖。

此外自世宗以後，因為內政不修，外患與內部的動亂也較前加烈了。除了北方的俺答等部連年進擾，東南的倭寇不斷的為害沿海地區外，甘肅、大同、遼東與南京等地都先後發生過兵亂，在在表現了國內的不安。女真部族的勢力也在這個時期中日漸坐大，對明代存在而言，是非常可怕而危險的。

總之，隆慶雖然只有六年，但這一朝上承嘉靖，下啟萬曆，實在是明代亡國的醞釀時期，在明代史中也應該有它的值得注意之處。

第三節　國內動亂與秘密宗教的活動

明代自開國以來，無論皇帝們是如何專權，如何殘酷，但是他們大多能以節儉愛養、藏富於民為國策，所以國本從未動搖。然而到憲宗年間，情勢已稍不如前，而武宗即位以後，更形惡化，君主盡忘祖訓，人民生活日漸痛苦，國勢當然也日趨衰微了。加以自明初以來秘密宗教的力量很大，也是造成社會不安的一大因素，而政府對他們也沒有有效的防制措施，因此國內大小動亂時有發生。同時明太祖早年分封諸王的後遺症一直存在，皇族爭權，也是對政府力量與威信有影響的。現在就有關這幾方面的情形，略述如下：

明代中期的宗室變亂，都發生在武宗之世，前有安化王寘鐇之亂，後有寧王宸濠之亂。

安化王封地在寧夏，寘鐇是在孝宗弘治五年（1492 年）嗣位的，他為人狂誕，心懷異志。武宗時劉瑾用事，流毒天下，給了寘鐇機會。正德五年夏初，劉瑾派人到寧夏徵馬屯租，橫徵暴斂，戍將衛卒都十分憤怒，寘鐇乃於四月間殺巡撫、總兵、太監多人，焚官府，釋囚犯，

傳檄各地，以討劉瑾清君側為名，舉兵反叛朝廷。政府聞訊，立即派右都御史楊一清總督軍務，以太監張永為監軍，率領大軍到寧夏平亂，可是在楊一清等人大軍到達寧夏之前，鎮邊的參將仇鉞等，便以計略擒獲了寘鐇。後來大軍抵境，寘鐇的黨羽部屬都潰散逃逸了，以致沒有發生大戰就結束了這場動亂。寘鐇的舉事，前後一共只為時十八天而已。

寧王宸濠的叛亂，雖然發生在正德十四年六月，實際上他在正德二年就蓄有異謀了，該年他以重金賄賂太監劉瑾，讓皇帝同意他恢復王室的護衛武力。後來劉瑾伏誅，兵部又奏請革去寧王的護衛，改為南昌左衛。正德九年，寧王又結交太監劉寧，賄賂各大權要，護衛因而又得恢復。自此以後，宸濠的謀叛計畫就日趨積極，自稱國王，改其令旨為聖旨，並且命令臣下以朝服晉見，儼然以帝王自居了。此外，寧王又聯絡江西一帶各洞寨盜賊，以張聲勢。不過當時江西各地匪類經王守仁等多次清剿後，大股頑賊已告肅清，寧王能聯絡利用的為數不多，只是少數流賊而已。

正德十四年六月十三日，寧王在生辰宴會之後，宣佈：「孝宗誤抱民間子，祖宗不食肉十四年，太后詔令我起兵討賊」，然後公然發動叛變。他一面設置官員如左右丞相等，並改元順德。一面集合軍隊，北上進擊。宸濠的計畫大致是以南昌為根據地，先攻取九江，打開進入長江的通路，然後沿江東下，到南京即皇帝位，再與浙江方面有關係的太監及官員聯絡，以謀進一步的發展。

當時王守仁正奉命征剿福建叛軍，聽到宸濠兵反，他急回江西，先徵調兵糧，修治船械，並傳令各地官軍勤王，揭發寧王罪狀。他又以心理作戰的手段，騙稱各路大軍將齊集合力進攻南京，直擾寧王根據地，以遲滯宸濠攻打南京的計畫，因為南京一失，一定危及朝廷的。寧王信以為真，不敢沿江東下，而坐失十幾日的良機。等到宸濠覺悟

被騙，再出兵攻打安慶等地時，各地都有準備，而不易攻取了。就安慶一役來看，寧王集聚了六萬大軍，百計猛攻，終不能克。連寧王自己也說：「安慶且不克，安望金陵哉？」而這時王守仁卻乘其不意，襲克南昌。寧王聽到南昌失守，便命令包圍安慶的軍隊，火速還救南昌，王守仁又發兵在中途邀擊，一舉而殲滅寧王叛軍；不久，南康、九江等地也被官軍收復。這次動亂，由於王守仁的智慧與善於用兵，在短短的三十五天之中就平息了。王守仁是明代的大學者，世稱陽明先生，因為此次平亂有功而封為伯爵。

明武宗昏狂無道，除了上述的宗室叛亂之外，民間也有起事反政府的。正德三年，四川盜賊聚眾為亂，集合了十萬人，竄掠湖廣、四川、陝西等地，明代中央雖派右副都御史林俊巡撫四川，兼理征討事宜，但是未能奏效。正德五年，明廷又更換統帥，增兵會剿，殺溺賊眾雖多，然首領藍廷瑞等仍逃逸無蹤，地方未得安寧。直到正統八年，四川巡撫以苗兵參戰，才將川地群賊消滅。總計四川盜亂，前後歷時五年，騷擾民間極甚，而在征討的戰事中，一再曝露了宦官邀爵、官兵不合以及師老無功等的缺點。

另外在正德四年，由於劉瑾用事，擅權納賄，政事頹廢，又引起京畿以南的盜賊紛起，官軍奉命往征，竟告失利。正德六年春天，盜賊聚集益多，由河北而河南而山西，後來更自西而東，回竄到河北，官軍追之不及，縱橫數千里，民間大受騷擾，農村都遭破壞。京軍既然不足平亂，乃調宣府、延綏、大同、遼東四鎮邊兵來京協助鎮服亂民，到正德七年八月，亂事才被平息，但卻招來武官江彬的日後為禍。

世宗嘉靖年間，國內也有動亂，如嘉靖四年（1525 年）廣西田州指揮岑猛倡亂，朝廷派大軍征討，殺了岑猛，但是兩年之後，他的餘黨又糾眾叛亂，攻陷州城，王守仁乃又奉詔率領兩廣軍隊攻討，後來王守仁用招撫之法，割田州地另立一州，用岑猛的兒子為吏目，受當

地流官管束，這才徹底解決了田州一帶的亂事。另外廣西桂林一帶的大藤峽，成化年間曾有亂事，後經平定，但後不久又發生變亂，附近郡縣，頗受災害。這次王守仁因用兵來田州，乃進一步安撫了大藤峽的亂民，剿撫兼用，才告安定。

世宗一朝各地發生兵變的事也不少，如嘉靖元年甘州軍變，總兵官殺巡撫而引起五衛軍大亂；嘉靖三年，大同鎮兵不滿勞役又怕遠徙而發生軍亂；嘉靖十四年遼東因主事官員過分殘虐而引起兵變；嘉靖三十九年又有因減低餉銀而激怒諸軍所產生的南京軍亂。這些軍亂雖然沒有釀成大事件；但是明朝的軍紀之不佳，由此可見端倪，而當時軍隊對政府的向心力不強，也可以從而得到證實。

神宗中期以後，政治愈是污亂，君主荒怠昏庸，綱紀廢弛，國用匱乏，於是重加賦稅，人民苦不堪言。加上秦晉一帶屢年災荒，邊軍欠餉，饑民饑兵，鼓噪聚結，終於形成了亡明的流寇。

秘密宗教更是動搖明代國本的一大力量。明太祖起事之初是依靠奉彌勒佛聚眾的紅巾隊伍成功的，但是他在渡江以後，尊崇儒教，改變了立場，指白蓮教為邪教，並下詔禁止，取締「左道邪術」。然而從明初到明末，秘密宗教到處盛行，而且日益嚴重。洪武年間有蘄州王玉二等的「聚眾燒香，謀為亂」事；新淦彭玉琳「自號彌勒佛祖，燒香聚眾」；宜春教民李姓「聚眾謀作亂」，可見他們的活動遍及湖北、江西、四川、山東各地，尤其以彭普貴率領的事變，在洪武十二年竟攻克四川十四州縣，經幾個月才平定，堪稱大規模的地方動亂。另外洪武三十年（1397 年）漢中府官民僧侶合力起義反抗朝廷，更有稱帝改元的事，而餘波竟延至永樂七年，更是驚人。

永樂十八年（1420 年）山東蒲臺有林三其人的妻子唐賽兒率眾起事，占據了益都，波及全省。這次動亂後來雖然失敗，唐賽兒卻逃匿無蹤，朝廷以為遁跡空門，因而盡捉山東、北京等地出家婦女數萬人，

仍無結果，可見秘密宗教在民間的潛力與影響是多麼巨大。

明代中期以後，秘密宗教又與流民相結合，勢力更大。成化元年，河南人劉千斤（劉通）與石和尚（石龍）等在荊襄一帶的流民中宣傳組織，後以饑荒而起事，一時糾合黨眾數萬人，稱王改元，並且置將軍元帥等官，荊襄等地因之遍遭劫掠。朝廷乃派湖廣總兵李震進剿，但無結果。後來又以兵部尚書白珪提督軍務，合李震兵夾攻，才捕殺劉通與首領多人，石龍則逃入四川，直到一年多以後，才平定亂事，而成化六年，劉通的餘黨李鬍子又率眾叛亂，後來雖被消滅，但一說竟有流民四十多萬人參與，民間存在的問題嚴重，由此可以證知。

正德年間山西崞縣李福達宣傳「彌勒佛空降，當主世界」，先後與民間領袖及貴族聯合起事，他本人幾次被捕，幾次逃脫，到他死後多年，甚至浙江還有人利用他的名義來倡亂的。而且據可靠資料，他們一家五代，延續不斷的以白蓮教在山陝四川一帶領導活動，達百年之久。

嘉靖以後，白蓮教的活動更是頻繁與壯大。如浙江湖州馬祖師的起兵、河北張用傳的聚眾萬餘、四川的蔡伯貫謀反等等都是世宗一朝的地方動亂。而萬曆年間，事態更見嚴重，如浙江人趙古元自稱國王，福建人吳建、吳昌兄弟抗官傳教，河南人劉天緒號龍華帝王，在在都表現了社會的不安，也是明代覆亡的徵兆。天啟二年（1622 年），更發生了山東徐鴻儒的大起義，尤能證明秘密宗教在當時的威力。徐氏在山東經營教務二十年，徒眾不下二百萬人，起事規模之大，震驚了大明朝廷，官員上奏章時有稱此為「二百六十年來未有之大變」的。徐鴻儒等反政府活動後來雖被平定了，但白蓮教的勢力也因教徒的南走避禍而轉移重心於南方，造成了日後秘密宗教南北普及的新局面。

明代秘密宗教，除白蓮教以外，還有其他教派，尤其到萬曆以後，真可謂名目繁多，教派林立，從當時官方的記述中我們可以看出計有

涅槃教、紅封教、老子教、羅祖教、南無教、淨空教、悟明教、大成無為教等等。實際上在民間另有西大乘、黃天、龍天、南陽、金山、金禪、大乘、圓頓、收圓等等名目的存在。不過其中勢力與影響較大的，也只有白蓮、羅教、弘陽、黃天、聞香、圓頓幾派，而且有的在信仰與組織上又與白蓮教大同小異，並且日後又有趨於一致、互相混同的現象。秘密宗教的派別愈多，愈能表現出社會的動盪不安、社會問題的嚴重。而入教的徒眾又虔誠迷信，變賣祖居、不祀祖先都在所不惜，為教犧牲性命也視為當然。《明實錄》中對教徒們曾作如下的描述：「寧怯于公賦而樂于私會，寧薄于骨肉而厚于伙黨，寧駢首而死而不敢違背其教主之令。」由此可知：當政治腐敗，人民生活困苦，或是天災人禍發生時，只要教主登高一呼，聚集眾多徒眾是極為容易的事，這也是明代中期以後秘密宗教活動時常造成地方動亂的一項原因。

第四節　邊疆與海上的紛擾

明代中期以後，除上面所述的國內動亂與不安之外，邊疆與海上也發生不少問題。如北境的蒙古、東南沿海的倭禍以及西洋勢力，對於日漸衰落的明代，在在都有摧毀性的威脅，尤其是後起的滿洲，更加速了明朝政府的覆亡，以下就是有關這方面的簡要敘述：

明代初年，由於成祖的幾次北征，蒙古的勢力大受影響；可是到英宗正統時代，瓦剌代興，首長也先又英武，東服兀良哈、女真諸部，威脅朝鮮；西破哈密，勢及中亞，朝廷防備不周，終致演成「土木之變」。也先死後，蒙古諸部失去重心，互爭雄長。成化十五年（1479年），以永謝布部領主亦思馬因太師為首，聯合察哈爾、土默特等部領主，共推元裔把禿猛可汗即位，號達延汗，又號「大元大可汗」。達延汗有雄略，不久統一蒙古諸部，又與明廷積極通貢，其間雖有小衝突，

但都不似大戰爭，而明孝宗又以內政為重，對外採取消極睦鄰政策，因而北邊算是寧靜。不過達延汗的勢力日盛，成化初年的蒙古據說「其數不滿數萬，……自有匈奴以來，未有衰於今日者」，而到嘉靖初年，情況頗為不同。蒙古人口，「可三、四十萬」，可見達延汗時代安定局面下人口滋長的情形。明世宗時，達延汗之孫俺答崛起，據有河套，連年入邊，舉其內犯的原因，一則是蒙古經濟問題由戰爭可獲解決，再則是明朝對他們請求入貢而不允，並且殺掉了蒙古派來的使臣。原來在嘉靖二十一年，俺答又派了石天爵來向明通好，請准入貢，明廷不允，並磔殺石天爵，傳首九邊，又懸重賞購斬俺答。當時不少明代大臣對政府的這種無理作法表示不平憤恨，如楊守謙就說：「夫兵交使在其間，況求貢乎？殺一天爵何武！借曰不許，宜當善其辭說，乃購斬之，此何理也？」俺答當然憤懣已極，遂領兵內犯，大掠寧夏、山西，「破衛十，破州縣三十八，殺略二十餘萬人，馬牛羊二百萬」，田禾踐踏的損失尤為嚴重，山西的經濟由此殘破不堪。當時山西巡撫史道曾經主張政府應該允許通貢，結果「史道乃以交通外夷擬重罪，雖釋不誅，當事者懼矣。」嘉靖二十七年夏天，宣大總督翁萬達又上疏，說俺答「自冬涉春屢求貢，詞恭，似宜許。」明世宗沒有接受翁萬達的建議，反而嚴厲的斥責了他，並警告說俺答乃是「詭言求貢，勿得聽從。如有執異，處以極典。」大臣們不敢再說了，俺答當然大舉入侵。蒙古兵不但在嘉靖二十三年至二十八年間數度進犯宣府、大同、延安等地，使得生靈塗炭，而北境邊牆也多處頹壞。同時在二十九年深入長城，進犯京師了，因此釀成了所謂的「庚戌之變」，一時京中人心驚恐，所幸俺答並無意攻城略地，只在內地縱橫一趟飽掠之後而去了。嘉靖三十年，明廷同意開馬市於宣府、大同；但是廷臣中又是認為「今以堂堂天朝之尊，而下與俺答開市，乃是損國之重威」，所以雙方的通好又遇到了阻礙，俺答乃在三十一年一面貿易，一面進掠宣府、

大同，「幣未出境，警報隨至」的情況時有發生。其後明廷下詔罷馬市，俺答便入犯不已。自嘉靖三十二年至四十三年，歲無寧日，不斷的進犯，沿邊地區，到處受害。

嘉靖年間，俺答屢屢進犯的原因很多，如蒙古方面了解明代邊防不足，據說「自大同兵亂以來，壯士多逃漠北為寇用」，有漢人提供情報與方法，俺答當然敢深入中原了。另一方面，蒙古騎兵，行動飄忽，機動性強，常常使得明兵疲於奔命，而師老無功。當然明廷君臣的苟且而不善治邊，軍備軍紀不良，更都是促成俺答氣盛的因素。

穆宗隆慶年間，明廷政局出現了新氣象，因為高拱、張居正等位居要衝，著手整飭吏治，使嘉靖以來的弊政為之一掃，而對蒙古諸部的通貢看法，也有了新的改變。首輔高拱曾經這樣說過：俺答遣使求貢，「邊臣倉卒不知所策，廟堂當事之臣憚於主計，直卻其請，斬使絕之」，致使俺答「大舉入犯，或在宣大，或在山西，或者薊昌，或直抵京畿。三十餘年，迄無寧日，遂使邊境之民肝腦塗地，父子夫妻不能相保，膏腴之地棄而不耕，屯田荒蕪，鹽法阻壞，不止邊方之臣重苦莫支，而帑儲竭于供億，士馬罷于調遣，中原亦且敝矣。此則往歲失計之明驗也。」同時當政者又體認到「華夷交困，兵禍連結」的惡果，所以有了「一容通貢，各遂保全」的新主張。加上隆慶四年初方逢時、王崇古先後調任大同巡撫與宣大總督，他們相信與蒙古部族不尋釁是會彼此相安的，於是在俺答派人來「貢方物」、「請王封」時，明廷遂於隆慶五年三月封俺答為順義王，並且又授其他蒙古台吉等首長六十三人官職，都頒給敕書，沿邊廣設馬市，准許貿易，北疆也因而得到了一時的平靜。

神宗萬曆初年，蒙古兵又常向遼東進擾，雖為李成梁所敗，但不久滿洲興起，蒙古成為東北亞洲一股舉足輕重的力量，明廷為牽制滿洲，給予察哈爾林丹汗以重利，使為北方屏障，但是林丹汗仍有南下

掠劫明邊的事實。直到清太宗時才逼走林丹汗，蒙古在北境上的擾亂也隨之解除，然而滿洲也在不久後代明有國了。

除了北邊的蒙古以外，廣西柳州、宣武、潯江一帶的猺人，也在成化元年攻城殺吏，發動叛亂。明廷派湖廣、廣西及江西的士兵十多萬人前往征討，經過幾個月的戰事，官軍連破賊巢三百多寨，生擒或斬殺了一千多人，亂事才告平定。這些地區文化低落，風俗習慣與內地不同，所以統治不易。雖經大軍平服，並設置巡司，以有功的土人治理事務；但是二十多年以後，到武宗正德年間，叛亂又再起了。

成化四年，在甘肅固原縣又有蒙古降人的後裔激變，明廷曾調兵往剿，因為各軍尚未集中就各自為戰，所以遭到敗績，亂民也因而勢力更形強大，聚眾數萬，關中一帶也為之震動。後來明朝又加派大軍，重整陣容，經過幾個月的征討才平息。

明代中葉白蓮教的勢力也有深入西南少數民族地區與漠北邊境蒙古部族而發生地區性不安的，如正德十年，雲南烏蒙芒部普法惡，他「通漢語，曉符籙，妄言彌勒出世，自稱蠻王，煽諸夷作亂，流民謝元禮、謝元義應之。」漠北的白蓮教徒大都是流民，從山西前往的多。隆慶初年，在漢蒙混居的邊區上，據說就有一萬人之眾。他們雖然把建築、造舟、醫藥、農業等知識與技術傳授了蒙古人；但也將仇恨明廷與明官的思想散佈到蒙古部落中了，這也是北邊動亂的另一部分原因。

東南的倭寇也是明代的另一個外患。倭寇的起因可以從兩方面看，一是日本方面的：日本國內在明武宗與世宗之世，戰禍頻仍，民不聊生，於是亡命政客、失意軍人以及失業人民聚眾為盜，向海外發展，後來變成海上的倭寇。另一方面是我國的問題：原來早自明初張士誠、方國珍等失敗後，黨徒即有嘯聚海島勾結日本浪人為亂的。後來江浙一帶人民又因不堪重稅，入海為盜，而成為倭寇爪牙的。到明世宗時

代，海防廢弛，蒙古又在北境騷擾，倭寇便乘勢大加活動了。他們常聯絡東南沿海的奸民作為掩護，甚至勾結西洋東來的佛郎機人，在閩浙沿海一帶為亂，並在嘉靖三十二年至三十四年之間，大舉登陸掠劫江浙地區。明代的官軍懦弱，加上嚴嵩誤國，民間備受凌虐。後來因為胡宗憲總督浙江軍務，兩浙才逐漸安定。福建地區則因有巡撫譚綸與名將戚繼光、俞大猷等的合力痛剿，為患二十年的倭寇，才在嘉靖三十四年被平定，不過當時東南沿海一帶的民生已經是凋敝不堪了。

　　倭寇之所以猖獗東南沿海，且歷時長久，其原因除明代政治腐敗、軍事廢弛以外，還有幾件事也值得我們作一觀察：一是倭寇雖是來自日本，但其中也有一些國人中敗類參與的，如沿海的盜賊與地方上的豪強巨室，所以有人說：「去外國盜易，去中國盜難；去中國瀕海之盜易，去中國衣冠之盜難。」二是明廷一度廢市舶司，以為「倭患起於市舶」，廢了市舶司當可斷絕往來，而可免滋事。實際上市舶司的存在才可以通有無，斷絕往來實在是因噎廢食的不切實際的政策，反而導致倭寇為患更烈。前代史家有謂：「以為應罷者為主持之中官而非市舶」，真是一針見血之論。三是戰爭發生之時，明代政府中人事的牽制與指揮的不統一確是當時最大的弊病。御史們就說過：「防衛諸臣，既有巡撫、總兵，又有總督及都察院重臣，事權不一，牽制靡定，迄無成功。」當然這也是政治體系上不健全所致的。

　　日本的倭寇除侵擾我國沿海以外，日本的野心軍閥豐臣秀吉又在明神宗萬曆二十年（1592年）率領大軍渡海攻打朝鮮，朝鮮各郡望風瓦解，漢城等大城在兩個月中幾乎全部淪陷，國王北奔，求救於明廷。明代中央為維持封貢體制，遂派李如松等統大軍四萬前往救援，我軍起初大敗日軍於平壤，盡復漢江以北失地。其後明軍與日軍在南部朝鮮的戰事互有勝負，相持多年，到萬曆二十六年豐臣秀吉死去以後，日軍才撤退回國。前後七年多的中日朝鮮戰爭也才告結束，而明朝則

因這次大戰而國力大傷，財政尤感困難了。這場戰爭雖然不是明代本身的變亂，但對明廷的傷害卻是很大很深的。

對於晚明而言，最致命的動亂還得算是滿洲的興起。滿洲原是東北女真中的一小部落，是明初成祖時所建的建州衛的一部分。萬曆十一年以後，滿洲部的首長努爾哈齊以復祖、父之仇為名，先後兼併了女真諸部，並在萬曆四十四年（1616 年），建元天命，國號後金，大清朝的基業從此奠定，明朝的亡國也就近在目前了。有關滿洲的興盛強大情形，將在清代史的篇章中詳述。

第四章　晚明衰亡實錄

第一節　明季士大夫與黨爭

　　明代初年，士大夫經常被太祖摧殘侮辱，如文字之獄、廷杖之刑等等。雖然他們在慘遭廷杖或牽連獄案之後，弄得家破人亡或丟官遠戍，但是這些被害者卻以為這是至榮之事，而且也終生因此受人傾慕。臣下愈是敢與君上爭辯的，愈顯得有骨氣，愈是受人尊敬。這是明代初期政壇上的一大美俗，一個特有現象，明代士大夫的氣節也是由此而培養產生出來的。

　　自成祖至武宗，朝臣為直諫皇帝寵任宦官、耽湎遊樂、不勤政事或是政策失當而遭嚴厲處分的，為數至多；但是在這些事件中，我們也可以發現，有的也是因為文人見解不廣、意氣用事而產生的無謂之爭。世宗即位之後，大禮之議的爭端，固然是士大夫之間的政治見地不同所引發的，然而也反映了若干品格低下讀書人為求迎合帝心的醜惡面。嚴嵩秉政，更殘害了不少忠良，士大夫的抗爭，雖是忠奸之爭，卻也代表了明代中央人事大權歸屬的衝突，這件事值得我們注意。

　　原來明初自太祖罷丞相以後，吏、戶、禮、兵、刑、工六部即分別負責中央政務，成為皇帝直轄的獨立行政機關，而吏部因為掌理官員的升降，操國家用人之權，所以居六部之首；六部長官為正二品（廢丞相前為正三品，建文朝曾改為正一品，成祖即位後恢復舊制為正二品）。明初的內閣地位本來不高，大學士不過是在皇帝左右備顧問的官

員，其官秩只有正五品。明成祖即位後，他特簡解縉、楊榮等人入閣，參預機務，閣臣預政，自此開始。仁宣二朝，三楊特別受到倚重，參決大政，因而大學士的權位日漸提高。後來內外奏章又先集中內閣，條擬意見，內閣大臣乃操實權，不過他們的品階仍在六部尚書之下。自英宗專寵王振，閣權便受侵奪。土木之變，王振見殺，因于謙力挽危局，六部地位再現重要。成化以後，宦官汪直用事，逐退朝中正人，而以萬安等人入閣，萬安依附汪直，閣權又有上升的趨勢，不過是在太監羽翼下升高的。孝宗即位後，大學士邱濬位高權重，朝會班位與內宴次序一躍而超過六部尚書，部閣地位就此不同於明初，顯有重大改變了。由此可知：明代自中葉以後，吏部、內閣與司禮監三者之間，對人事的任命與升降大權，你爭我奪，互有消長。

武宗之世，劉瑾、馬永成、谷大用等宦官專擅，全奪中外大權，閣部衝突不多，名臣都全力的諫君主、劾閹宦，不學無品的則依附宦官。嘉靖、隆慶兩朝，宦官的氣燄稍衰，但奸臣嚴嵩當國，作惡有過於巨瑨，六部便為內閣所制，朝士中不依附他的盡遭罷除，吏部用人考課的大權全被他操縱，而且淪為他傾害忠良的工具。嚴嵩失敗以後，吏部尚書嚴訥的政績斐然，他抑制官場奔競的風氣，黜陟從公，表面上看是六部權力的重振，實際上是當時的內閣首輔徐階與他合作無間，多方協贊才有這樣成果的，嚴訥自己也說：「銓臣與輔臣，必同心，乃有濟。吾掌銓二年，適華亭（徐階）當國，事無阻。」可見吏部與內閣的官員如果形成對立的話，朝政也會不安的。

隆慶間，大學士高拱以內閣首輔兼吏部尚書，集閣部大權於一身。高拱不是奸惡之人，他練習政體，有經濟才，在慎選人才與其他的謀國措施方面，不少是對當時有裨益的，只是他與徐階等人常有意氣之鬥，甚為可惜。隆慶末年，徐階的門生張居正與宦官馮保相結，以抗高拱。穆宗崩，他的兒子翊鈞繼位，是為神宗，年號萬曆，以馮保為

司禮監，督東廠，總理內外，罷高拱，而以張居正為首輔入閣。居正是皇帝的老師，因而得到皇帝的專寵，國政全委諸於他。六部之權當然盡歸內閣，六部的大臣都像是居正的屬員，吏部要進退大臣無不聽命於居正。萬曆初年，居正也慨然以天下為己任，他以尊君權、課吏職、信賞罰、一號令為主，一時政風整肅，百廢俱興。他在神宗初期的相業，堪稱有明一代所僅有；不過他勾結馮保以傾高拱，並以審查官員服務成績的「京察」作為排斥異己的利器等等，都是他的大缺點，也因而引起當時士大夫間爭鬥的尖銳化。

萬曆十年，張居正病逝，不少以前被他革職下獄或遠戍邊疆的官員又都復職了，於是他們採取報復的行動，居正的家產不但充公，子孫慘死的很多，政壇上愈顯得意氣用事了。

萬曆十五年大計京官，內閣首輔申時行再一次的侵奪吏部大權，不少失職官員都因他的庇護而獲免黜降。為此鳴不平的御史們也被貶官外放，顧憲成因在這次事件中得罪了當局被調外任職，這對後來他成為東林黨首腦是有絕對關係的。

張居正生前就是因為痛斥言官而與他們為仇的，居正死後，言官勢力大增，申時行集合內閣與吏部的力量，「以制言路」，因而言官又與內閣成水火之勢。

萬曆十九年陸光祖任吏部尚書，他不聽命於內閣，而且又舉用顧憲成等二十多人，為當時輿論所推崇，但陸光祖也因此不能久安於位。繼陸光祖為吏部尚書的是孫鑨，他在萬曆二十一年主辦「京察」時，秉公考察，不畏權勢，貶黜了不少劣員，其中包括內閣首輔等人的親友。內閣大官員顧憲成、孔兼、陳泰來、顧允成、張納陛等交章為被罷黜的人訟冤，他們有向皇帝指出：「內璫與閣臣表裏箝制部臣，而陛下未之察也。」可見閣臣為打擊部臣，為把持人事權，不惜聯絡宦官，以強大勢力。閣臣、部臣、言官、太監，全都參加，使得萬曆朝士大

夫的爭吵更形複雜了，而這一次政爭中若干主角，竟是日後東林黨領導群的主要成員，這一點尤堪注意。

同年之中，除京察事外，又有建儲之爭。內閣首輔王錫爵奉詔擬旨，宣佈皇帝同時封常洛、常洵、常浩三個皇子為王，以待皇后生子，這件事又成了清議攻擊的主題，有人上書提出九不可，有人到王錫爵家中與他面爭，一時「國本」之爭，喧囂塵上。神宗迫於公論，三王並封事因而取消，但清議與內閣的對立，從此格外尖銳。

第二年，顧憲成終於被閣臣打倒，削籍為民，返回故鄉無錫，他修葺東林書院，與京中失意南來的同道講學其中，經常議論朝政，裁量人物，與京師的鄒元標等大臣，遙相呼應，以作聲援，天下目之為清流。當時國子監祭酒湯賓尹等又結黨，有所謂齊、楚、浙、宣、崑五黨，其中崑、宣黨的力量較強，指憲成等為東林黨，而為朝中五黨的公敵，各立門戶，互相攻訐。其後又因三大案的發生，東林黨與非東林黨便衝突日烈了。

神宗中期之後，竟有二十多年深居宮中，既不視朝政、不親郊廟、不御講筵、不批答奏章，連中外衙門缺官也不補任，大臣奏章，多不省覽，政事當然愈趨污亂了。就以立太子一事，便發生很多問題。三王並封朝臣多以為不可，後來他一心想立寵妃鄭氏所生的兒子常洵，而不立長子常洛，言官等交章攻擊，認為不能廢長而立愛，神宗無奈，最後還是立了長子常洛，不過皇帝對待他並不恩厚。萬曆四十三年，太子居住慈慶宮，突有男子張差持木梃入宮門，擊傷守門內侍，到殿前才被拘捕，訊問之後，巡視皇城御史說犯人是一瘋癲之人，不足深究，建議按律當斬。可是提牢主事王之寀則從張差口中得悉是受太監引導入宮的，且牽涉到常洵的生母鄭貴妃，因此東林黨人主張應嚴加深究，非東林黨人則窺知帝意，攻擊東林多事。最後弄到二十五年不見群臣的神宗親自出面，帶著皇太子常洛及皇孫，向大臣闢謠，為鄭

貴妃辯解。常洛也當眾說出：「瘋癲之人，宜速決。」如此才結束了這件「梃擊」的疑案。

萬曆四十八年，神宗崩，太子常洛立，是為光宗。不久光宗病發，先服下內侍崔文昇所進的瀉藥，一晝夜三四十起，皇帝因病勢加劇，外傳是鄭貴妃所使，群情疑駭。後來鴻臚寺丞李可灼又進紅丸，說是仙丹，皇帝服下，第二天即崩逝，光宗即帝位前後僅一個月之久。東林黨人指內閣首輔方從哲等人有奸謀，主張嚴辦；非東林黨人則力白其誣，又掀起一場大爭論。這是所謂的「紅丸」案。

光宗死後，立皇長子由校，是為熹宗，改明年為天啟元年，而以萬曆四十八年八月以後的五個月為光宗的泰昌時期，這是左光斗的折衷辦法。熹宗的生母早逝，光宗死前他住在太子居住的慈慶宮，按照制度，他即位後應住進乾清宮的，可是當時的乾清宮為光宗所寵的李選侍留住，不願搬出，有聽政的企圖，並與太監魏忠賢（初名進賢）謀挾新君以自重。大臣們怕十六歲的小皇帝沒有嫡母、生母，勢力孤單，於是吏部尚書周嘉謨等就奏請李選侍移居到宮妃們養老的噦鸞宮去，左光斗也上書說：「內廷之有乾清宮，猶外廷之有皇極殿，惟皇上御天得居之，惟皇后配天得共居之，其餘嬪妃，雖以次進御，遇有大故，即當移至別殿，非但避嫌，亦以別尊卑也。大行皇上賓天，選侍既非嫡母，又非生母，儼然居正宮，而殿下仍居慈慶，不得守几筵、行大禮，名分倒置，臣竊惑之。殿下春秋十六齡矣，內輔以忠直老成，外輔以公孤卿貳，何慮乏人，尚須乳哺而襁負之哉？倘及今不早斷，借撫養之名，行專制之實，武后之禍將見於今。」李選侍為這件事極為生氣，命令左光斗來見，並想責斥他一番，光斗則說：「我天子法官也，非天子召不赴，若輩何為者？」楊漣、左光斗等都是東林黨人，於是清流在野呼應，而非東林黨人則反對移宮，又發生極大的爭執。楊漣甚至負氣的說出：「能殺我則已，否則今日不移，死不去。」吏部

尚書周嘉謨與輔臣劉一璟也抗疏：「宮必不可不移，臣言之在今日，殿下行之在今日，諸大臣贊決之亦惟今日。」李選侍無奈，只得移居噦鸞宮，這也伏下日後楊、左等人冤死的禍因，這是所謂的「移宮」案。

明末「三大案」本來都是宮廷中發生的細故，然而經黨人小題大做以後，鬧得滿城風雨，黨爭愈演愈烈，彼此水火益深，力圖報復。熹宗是一個至愚至昧的君主，楊、左等人在移宮案之所以能占上風，實由太監王安的贊助而能竟其功的。王安在萬曆時，為太子伴讀，調護皇長子，熹宗即位後，王安又主動說服皇帝發內帑濟邊疆，起用鄒元標等正直大臣，但為魏忠賢等所忌恨，後來王安竟被忠賢與乳媼客氏所殺害，忠賢等就更肆無忌憚的擅作威福了。於是忠賢掌司禮監，他的爪牙提督東廠，先矯旨賜死光宗選侍趙氏，又幽殺裕妃張氏，因為他們都與客氏相處不好。楊漣後來上疏論忠賢二十四條大罪，反遭皇帝責斥，因而引起朝中很多大臣的公憤，交章抗爭的不下百餘人，皇帝都不理會。天啟四年，大學士葉向高、吏部尚書趙南星、左都御史高攀龍等人相繼罷職。其後更大捕東林黨人，楊漣、左光斗等都慘死獄中，而忠賢門下有文臣「五鹿」，武臣「十狗」，跋扈非凡，被他們傾陷致死的，不可勝數。這也是自「京察」、「三大案」以來，群小借重魏忠賢閹黨勢力報仇的結果。

熹宗在位七年，無子，皇位由信王由檢繼承，是為思宗，年號崇禎。思宗即位後，忠賢與客氏伏誅，並大治閹黨，起用東林，又一次意氣的報復，但明末的黨爭並沒有因此中止。福王的南京政府，桂王的廣東政權，甚至到清人入關以後，政壇上還存在著東林與閹黨鬥爭的餘波，為害之深，為禍之烈，真是可怕之極。

明思宗在定魏忠賢逆案的時候，曾經感慨的說：「忠賢不過一人耳！外廷諸臣附之，遂至於此，其罪何勝誅！」由此可見，明末士大夫的黨爭是明初廢丞相後閣部爭權、皇帝庸昏、言官喜愛議論，以及

士大夫勾結宦官等等複雜因素形成的，但是黨爭的影響倒很單純，那就是導致明代的衰弱與滅亡。

第二節　宦官與明代政治的敗壞

宦官在中國歷史上是由來已久的了，他們與我國的封建專制政治可以說是相始終的；不過他們的著名或被世人所重視則與他們的存在歷時長久無關，主要的是他們在我國歷史上做過很多禍國殃民的事，甚至由於他們的干預政事而致國家滅亡的，明代就是一例。

從《皇明祖訓錄》等書當中，我們可以看出：明太祖早年宮中的宦官已有知書識字的，也有被派出擔任軍事、外交、司法等職務的，後來發現宦官中有矯旨擅權、激成變亂的人，太祖頗為不滿，他對外官如宰相都猜疑了，對內廷的太監當然就格外小心了，因而嚴禁宦官干政，並鑄置鐵牌於宮中，以儆來茲。

惠帝繼立，由於統馭宦官更加嚴厲，曾經下詔：宦官「出外稍不法，許有司械聞。」因而在燕王的軍隊逼近長江時，南京惠帝宮中的宦官，有渡江逃入燕軍告知南京虛實的。其實靖難的成功，南京宦官的助力可能還不比燕王自己藩府中宦官所提供的為大。按明初制度，中央宮廷裏雖然有宦官，但各親王、公主府中也有宦官。燕王封在北平，原是元朝的大都，向為邊疆民族匯集雜處之地，燕王府的宦官就有不少是來自邊陲地區的，如鄭和是雲南回回人，王安是女真人，雲祥初名猛哥是胡人，狗兒是王彥，本名不詳，姓名是後賜的，而這些邊疆宦官，既勇猛又善於騎射，他們都參加了燕軍，南征北討，尤其在淮河一帶的關鍵性戰役中，身先士卒，立下大功，奠定燕王篡立的基礎，因此在永樂初年，這批從龍作戰與陣前告密的宦官，很多人都得到了滿足的酬庸。例如宦官中有謀略的跟隨鎮遠侯顧成、都督韓觀、

劉真、何福等人出鎮貴州、廣東、遼東、寧夏等邊疆地區，他們都賜給公侯之服，位在諸將之上。後來又有些宦官被派到雲南、大同、甘肅、宣府、永平等地出鎮的，當然這也與成祖對建文舊臣及新得地區不敢完全信任有關。其他還有一些更特別的任務交給宦官的，例如：

㈠京營提督大權，都歸宦官掌理。明代軍隊的編制有兩種，一是衛所制，一是營哨制的京營。京營有京營提督，權力最大，成祖時就設「提督內臣」一人。

㈡以宦官提督浙江、福建、廣東三地的市舶司。市舶司是管理當時海外諸國朝貢與貿易事務的，是有外交與商業雙重責任的機構，成祖先命宦官齊喜提督廣東市舶，後來浙江與福建方面也都設置內臣提督了。

㈢選中官出使外國。永樂初年先後派遣侯顯使西藏，李興使暹羅，馬彬使爪哇、蘇門答臘，尹慶使麻六甲。鄭和下西洋更是史無前例的創舉。

㈣設置東廠，由宦官主持。東廠是負有保安調查與執行詔獄權責的，實際上分占了都察院的職權，「凡內宮掌東廠，權如外廷總憲」就是指此而言。

此外，司禮監的地位在永樂時期被提高，可以說是宦官干政的重要基因。總之，成祖一朝的種種措施，使得明代宦官的勢力大增，地位與作用改變，而成為敗壞明代政治的起始點。

宣宗宣德元年七月，皇帝下令設立內書堂，選十歲上下的小內侍入內讀書，以翰林官或大學士任教席，一般人認為明代宦官「通文墨，掌奏牘，照閣票批硃，與外廷結交往來」，是由此開始的，這也是明代君主大權旁落的肇因。不過，根據史料，明代宦官在洪武時期就有典守文籍書簿的事了，成祖時也有教內官讀書識字的事實，如從交趾選來的范弘，因為他相貌美秀，「占對嫻雅，成祖愛之，教令讀書，涉經

史，善筆札」，結果成為明初宦官中的名人。不過宦官教育的制度化實在是始於內書堂的設立，而且一次就有二三百宦官能獲得讀書識字的機會，確是宣德以前沒有的。宦官既通曉文學，熟諳經史，當然就有能力作書作文了。明朝自洪武年間廢丞相以後，一切大權最後操在皇帝手中，皇帝若是無心勤政，信任某些宦官，則他們必可協助皇帝處理政務，批決章奏，國家大權，轉移到宦官手中是自然的事，英宗時的王振就是一例，他擅作威福，皇帝都以「先生」呼之，對他禮敬有加。正統六年九月，京師三殿二宮落成，宴百官時，按制度宦官是不能與外官同席的，王振卻大怒的說出：「周公輔成王，我獨不可一坐耶？」英宗乃命開東華中門，召王振與外廷官員共宴，百官拜候於門外，可見他的氣燄強盛。七年太皇太后死後，他更為所欲為，竟把太祖立在宮中不准太監干政的鐵牌移走，他又經常摧辱文臣中的正派人士，實在是明代前期宦官中的巨奸大惡。後來他又為了建立自己的功名，力勸皇帝親征瓦剌，弄得英宗被俘，損兵折將，而明廷賠損的金帛贖款無數，而且導致日後皇室的鬥爭。

　　景帝時官員多有請罷宦官鎮守的，也有上書言宦官十害的，都不被景帝所重視。不過他所重用的宦官，並沒有做過分禍國的事，如寵信最專的興安，雖然佞佛浪費不少，但興安還能敬信于謙，常在皇帝前面為于謙說話，算是難能可貴了。

　　憲宗即位後作風大改，尤其是汪直的用事，除增設西廠、不等奏請皇帝就常常大興獄案、殘害忠良以外，他們又不經政府而直接傳旨授官；結交僧佞，引導皇帝作淫亂之事；又私置莊田，與人民爭利，真是無惡不作。憲宗朝還有宦官梁芳與韋興，也是耗損國家財力的罪人，他們以諂媚萬貴妃為事，日進美珠珍寶以獲貴妃的歡心，結果使得內帑七窖的藏金俱盡，連皇帝都感到浪費過多了。

　　孝宗是明代中葉的賢君，但是宦官敗壞政事還是不能免。如李廣

「以符籙禱祀蠱帝，因為奸弊，矯旨授傳奉官，如成化間故事。四方爭納賄賂，又擅奪畿內民田，專鹽利鉅萬。起大第，引玉泉山水遶之。」可見若干前朝的惡習仍在。又如當時在南京的太監蔣琮，侵漁不法，御史姜綰彈劾他，結果姜綰等御史十人下獄貶官，而皇帝卻寬恕了宦官不予問罪。

武宗正德年間，閹宦用事更專。即位之初，就有武宗當太子時的舊識宦官劉瑾、馬永成、谷大用、魏彬、張永、邱聚、高鳳、羅祥等八人都被重用，時稱「八黨」，又稱「八虎」。他們每日引導武宗遊戲，皇帝的荒怠政事，可以說從即位之時就開始了。後來阻撓部院奏章不能上達以及逼使閣臣相繼求去，都是宦官們的傑作。劉瑾兼督京營時，除日進鷹犬歌舞，使皇帝不離遊戲淫樂事務外，他又勸武宗命令鎮守各地的內臣每人進金萬兩，並且上奏置皇莊三百多所，畿內大為擾亂。雖有廷臣文章彈劾，但終歸無效，而劉瑾不久掌理了司禮監，馬永成、谷大用則分掌東、西廠，從此中外大權，全歸宦官，朝廷的官員大多備受挫辱，而民間的財富也被他們搜括了。世宗即位之初雖有意裁制宦官，但是一則因大禮之議紛爭多年，再則因日後他奉道極誠而無心於政事，終於效果不大。嘉靖二年，太監崔永首先建言在宮中齋醮，可見太監也是世宗好神仙的始作俑者之一。穆宗由宦官滕祥等人引導偏愛奇技淫巧之事，費時耗神，以致無心無力來振肅綱紀，隆慶朝太監，雖無大惡，但也間接地影響到這時期中起衰振敝的精神。

神宗萬曆初年，張居正為首輔，朝政一時清明，吏治也見整飭。然而萬曆十年張居正死後，政風隨之改觀。不久神宗又荒於酒色，差遣宦官四出開礦、監軍、加徵人民賦稅，可謂毒遍天下，明代擾民，至此達於極點。

熹宗七年之間，是宦官最得勢的時期，也是明朝政治最黑暗的時代。魏忠賢與皇帝乳母客氏相互勾結，非閹黨人士不能久安於位。自

從魏忠賢掌東廠以後，設內操兵士萬人，他們甚至矯旨賜光宗之選侍趙氏死，並幽殺裕妃張氏，跋扈非常。左都御史楊漣上疏論忠賢大罪，皇帝不予置問，反而責斥楊漣。天啟四年以後，葉向高、趙南星、高攀龍等相繼罷黜，楊漣、左光斗等被殺，熊廷弼傳旨九邊，忠臣良將，一時為之一空，而群小鄙夫為報復結黨，都附和與羽翼於忠賢的閹黨之下。

思宗繼統之後，雖痛剪元兇，忠賢伏誅，閹黨被懲處的很多；但是自明代中期虐政所導生來的內憂外患，已經嚴重萬分了，而思宗又優柔寡斷，沒有徹底改革的決心，以致國事敗壞到了無可救藥的地步，明代的覆亡是注定中事了。

以上是明代宦官禍國史實的一個簡單敘述，至於當時宦官所以能竊掌大權，敗壞政治，我們應該從以下幾方面來作一探討：

第一、我們知道：明代宦官的人員眾多，組織龐大，權限也廣泛。在京城就有十二監、四司、八局，合稱二十四衙門；有十一房、四廠、京營、皇城、諸門提督，以及東、西廠等。在外省的有南京守備、湖廣承天府守備、十三省鎮守、提督織造、提督倉場、提督市舶，以及監軍、糧稅等臨時的差遣，可見明代無論是中央或是地方，到處都有宦官存在。

第二、明代宦官不但滿佈天下，而且是有權力的，絕非「司晨昏、供使令」奴僕之流。如司禮監這個單位，從洪武十七年設置以後，原是掌宮廷禮儀及糾劾內官的，但是到了永樂年間，有名的宦官都躋身於司禮監，宣德以後，因硃批票擬的原因，司禮監已躍居各監之首位了。原來當時的司禮監有了總管皇城內務、辦理內臣司法以及代天子行使批覽章奏的三項大權了。第一項職權關係不大，第二項則已侵犯了外廷司法機關的權力，第三項更分享或占有了最高統治者皇帝的特權。自從明太祖廢丞相以後，外廷的內閣與內廷的司禮監便成了與皇

帝共治天下的主要單位了。而司禮監最接近皇帝，因而權力逐漸的凌駕內閣之上，有人說司禮監是內閣的「太上機關」，原因即在於此。王振、汪直、劉瑾等等的巨璫，都是因掌司禮監而才有擅作威福大權的，可見司禮監這個宦官的機構侵了中央政府的行政大權。

第三、若從軍權方面看，宦官在這方面也有他們的地位與實權。明代軍隊的編制有衛所制與營哨制的京營兩大類。當時的宦官分文武兩途，武職宦官在中央控制著京營及四衛營，在外與政府軍一樣，也有鎮守、分守、守備等職。軍中又有監軍，甚至可以總督軍務，巡餉勞軍也常有宦官參與。土木之變以後，京營兵幾乎全部敗沒，景帝用于謙的建議自各軍選勝軍十萬，分十營，由兵部尚書或都御史一人為提督，但是仍然「監以內臣」，所以在團營成立時，「太監阮讓、都督楊俊總之，聽于謙、石亨、太監劉永誠、曹吉祥節制」，可見在王振禍國後太監在軍權上仍是有極高地位的。成化中汪直用事，禁軍又完全由太監控制了。其後張永率領京軍往討宸濠之亂，魏忠賢恢復京營內侍，在在都說明宦官在軍中的地位重要及軍權的被把持。地方的軍隊，太監又有鎮守與監軍擔任操練、管理與總督等工作，權力極大。此外，由於皇帝對京內外一般軍官的不信任，盔甲廠、兵仗局以及神銃等火砲重武器，也都由太監監督。總之，明代的宦官，在軍事方面是有極大干預權的。

第四、在財政經濟方面，明代的宦官也干涉到外廷的很多事項，例如國家庫貯中的內府供用庫、內承運庫以及部分工部的庫房，都由宦官掌理。漕運倉貯有總督內官、市舶司有提督內官、織造機關有提督太監，收稅開礦也少不了太監，甚至各地鹽課也有時派出太監去提督的。太監真是無所不能、無所不在的。

綜合以上所述，明代的宦官，無論是在國家的行政上、司法上、軍事上或者是財經稅收上，他們都處處干政、時時干政。宦官組織是

明代機構的一部分，各項權力也都是皇帝先後授與他們的，所以他們的行為也是有其法律依據的。他們處處要與外廷爭權，而且要得到優勢，因而終明之世，宦官的干政是不斷的，但干政的結果卻導致了明代的滅亡。

第三節　明末財政與一條鞭法

明代末年，政府財政發生嚴重問題，出現的赤字之高，在前代歷史上少見。為了解決這項危機，明代中央只有以加賦稅、增雜派等方法來另闢財源，結果造成民不聊生的局面，因而人民在無力負擔的經濟剝削下，參加了流寇集團，大喊「免糧」、「免賦」、「貴賤均田」等的口號，要求改革，或是直接推翻明代政府了。這樣的財政危機是如何造成的呢？以下就是一些有關原因的簡單分析：

㈠**官俸的劇增：**明初洪武年間，全國內外武職人員約為兩萬四千人，憲宗之世增到八萬多人，萬曆時代比成化間又增加了很多。薊邊地區，因為邊患日重，層層設官，據說官員人數增到舊額的二十倍。至於文職人員，數目也不斷增多，從成祖到景帝，不到半個世紀，人數約加添了一倍或更多。孝宗時雖然兩次減退中朝六部官吏兩千九百多人，但地方增設的撫民官、督糧官等，在不少地區仍然很多，甚至有如河南一省「比舊加倍」的。又如內官人數，洪武時僅六十餘人，武宗之世則高達「近萬人矣」的情況。明代末期，官場還有一個怪現象，即在官員大增的同時，中央與地方卻又普遍的存在著缺官的現象，那是因為不少人掛名官籍以領借官俸，而不到職辦事，或是因為政爭原因缺官當補者不補，當然也有不補而節省官俸的。總之，明代官員人數到末年確實增加了很多，官俸必然隨之增多，而中央政府的收入並不能如官員人數一樣的大增，於是政府的負擔就沉重，造成問題了。

㈡**軍費的龐大**：明代中期以後，無論對內對外，動亂多了，軍事行動的頻繁也使國家擔負的軍費增多了。例如邊軍的年例餉項以幾十倍的數字上升，據《明史》的記述，英宗時每年輸邊銀僅是幾萬兩，弘治間為四十三萬兩，嘉靖時則增到二百七十萬兩，而萬曆年間高達三百八十萬兩，崇禎時代竟有合舊餉與新派共為二千餘萬兩的驚人紀錄。由於軍費的開支日益龐大，政府的負擔當然日漸嚴重了。雖然「竭內地之財以供邊，愈加而愈不足」，赤字如此的可怕，政府的存在產生問題了。

㈢**宗藩的供應**：明太祖建國後即分封諸王，以控制天下。同時又為了避免後世子孫同室操戈，規定除燕、晉、肅等少數備邊藩王以外，其餘的一概只坐食俸祿，不授職任事。時間愈久，各王室生齒日多，而各家又不斷分封，因此各藩各支人口，大為增加。洪武時，親王、郡王將軍等一共只有四十九人，到穆宗時，各藩總人口則為兩萬八千九百二十四人了。至於皇族的人數，武宗時，玉牒所記約十萬，萬曆末年為六十多萬了。宗室人口與寄生於宗室的人口數字不斷的增加，也明顯的表示了祿米的相對增加。據明代官方資料的記載，河南、山西等省各王府祿米的增加，明末比明初多過十倍或幾十倍。例如山西的宗室祿米，明初只需要萬石，世宗時為八十七萬石，其後增加到三百一十二萬石。而山西全省存米僅有一百五十二萬石，全數供應王府也只夠半數而已。河南的情形也差不多，全省存米八十四萬多石，而宗室祿米則需一百九十二萬石，也是欠缺很多。另外就全國運京的漕糧來看，明末每年最多為四百萬石，而宗祿則需八百萬石，所以無論是中央或是地方，政府每年的總收入食糧，都不足以供應各王府的祿米。中央財政的枯竭情形，由此也可以窺知一斑。

㈣**貪官的斂聚**：在封建制度下，權臣的貪斂是常見的現象；然而明代中期以後，官場貪污的事例特多，而情況則十分嚴重。舉兩個重

大的例子來說，便可了解當時的實狀了。明武宗時，劉瑾的權位很是可觀，他的貪污也是可怕異常的。他死後被抄家時，共得黃金一千二百餘萬兩，白銀二千五百餘萬兩，另有其他「不可勝計」的財物。明世宗時代的權臣嚴嵩，案發後被抄出的家產金銀，為數與劉瑾不相上下，而嚴嵩的兒子嚴世蕃更是貪污的能手，他竟然窖金於地，以一百萬兩為一窖，共計挖掘了幾十個金窖，藏金的總量顯然比其父與劉瑾更多了。難怪《明史》裏記王崇茂劾嚴嵩時說：「陛下帑藏不足支諸邊一年之費，而嚴所儲積，可瞻儲數年。」另外張翀也指出：朝廷發餉，「朝出度支之門，暮入奸臣之府。輸邊者四，饋嵩者六。」當時權臣的貪污可怕情形，由此可知梗概。除了這些權臣以外，上自王公、勳戚、宦官，下至里胥，無官不貪，形成風氣。如萬曆年間，中官以稅監、稅使名義，剝削人民，而且「入私囊者十之八九」，交給政府的「百不及一」。《神宗實錄》裏甚至還說：官府簿籍上所記的人民負欠，實際上大米早經上交政府了，但被里胥們吞沒的關係，改作民欠。政事之亂，真是無以復加。

㈤**皇親的糜費**：明初的帝王尚能節用愛民，但是到了末年，皇家與宗藩則窮奢極欲，揮霍無度了。以萬曆年間為例，宮殿修繕費用已籌措不得了；但為二十七年皇子婚禮，而花用了太倉銀二千四百萬兩，實際上當時太倉全部存銀不足此數，故有嚴令「核實天下儲積」以為補充之事。世宗與熹宗時代，在營繕宮殿方面，開銷甚多，常有「六七百萬」或土木所費陡增「數十倍」之事。天啟年間，同時修築三殿，費銀近六百萬兩，這些都是有記錄可查的事實。另外各地藩王，除不斷的向中央要索以外，也有向地方肆行榨取，或是經營壟斷性商業，與民爭利，而任意揮霍的。萬曆時，福王常洵就藩河南，到處開設「皇店」，並收奪淮海鹽引、四川井鹽等以自利，當時人說：「人主之財，十之九以資王」，就是指此而言。福王藩邸「金銀山積」，蜀王家中也

是財貨堆積如山，他們的生活糜爛是不言可喻的。

　　綜合以上所述，我們不難想像：明代到了末年，政府開支極大，人民負擔極重。現在讓我們來看看當時的政府能否承擔這些開銷，做到收支平衡呢？人民能否在沉重的經濟重擔下勉強苟活呢？答案是不可能的，以下的事實可為說明：

　　明代初期，官田所占土地面積很大，比宋、元兩代的都多。豪強大族雖也有大量土地，但明廷早年有嚴格規定，不准任意兼併，以致土地集中於私人的情形並不嚴重。官田則除宋、元時期舊有的以外，又有「還官田」、「沒官田」、「皇莊」、「軍民商屯田」等十多種。洪武年間，全國耕墾土地面積為八百五十萬餘頃，而軍屯一項占地即多達八十九萬頃。孝宗時，簿籍載全國墾田減至四百餘萬頃，「官田視民田得七之一」。萬曆初張居正清丈全國土地時，計得地七百萬餘頃，而屯田之數為六十四萬餘頃。由此可見，從明初到明末，表面上官田所占土地都約在十分之一左右。然而明代中葉以後，官田有了變化，各項屯田，由於屯政廢弛，屯丁逃亡，田土大部分被貴族或文武官員侵占，官莊與私莊所有的土地日漸擴大，如甘肅膏腴田地，「悉為中官、武臣所據」。成都周圍十一州縣之地，「為王府者十七、軍屯十二、民間僅十一而已。」又如「吳中之民，有田者十一，為人佃作者十九」，在在都說明了「民有產者無幾也」。這種屯田破壞而官莊膨脹的結果，使得明代中央的財政發生了大問題。原來明初的軍費、官俸幾乎可全靠屯田供應，而不需人民負擔。中期以後，屯田制度破壞，土地又集中權貴與大地主之手，同時他們又隱田逃稅，結果使政府擁有的納稅土田數目大減，中央收入當然大不如前了。另外中央以前也曾靠著鹽課的收入貼補賦稅的短缺，但是後來王公以及地方官吏們也競相販賣私鹽，致使鹽法大壞，官鹽滯銷，鹽課也不能抵用了。賴以支持政府運作的各項稅收都發生了問題，而軍餉、官俸又日益高漲，中央的赤字必然

日益增加,明代的財政危機也就愈來愈大了。

財政問題是關係著政府存亡的,明代中央當然極為重視。為了有效的解救這項危機,自明代中期以降,中央與地方的官吏們都在稅制改革上先著手工作了。所謂「一條鞭法」也就應運而生了。

一條鞭法又稱一條編法或一條邊法,甚至也有簡稱為條鞭或條邊法的,這一稅法是繼唐代後期推行兩稅法以來的一次重要改革,明代中央是想靠著這次改革能不加重人民負擔而又能解除政府財政危機的,可以說是一次關係重大的改革。

如前所述,明代中期以後,由於土地被撥給了王府等貴族,或是「滑民」欺隱漏稅,以及邊將與土司等「荒據」種種原因,政府稅收大為減少。加上明代稅法繁苛,稅戶負擔很不合理,如江南田賦特重,四川、福建、廣西等省的情形也令人民「疲瘵」,甚至有「傾家陪納」的。另在徭役方面,人民也乏力供應。如修河、水陸運輸、砍柴、各項營建等事,動輒經年累月的動員夫役幾萬或幾十萬人,連張居正都說:「一切重役,愁苦貧民。」終於使上戶凋敝,中戶破產,下戶則家破人亡了。稅法繁苛之外,明代中期以後又有稅制混亂的現象,因而官員藉收稅而營私舞弊的很多。如在明代初年,太祖為使賦稅負擔合理,每戶按地產和貧富分為三等九則,而且有些重差像驛傳、養馬等,規定由富裕戶承擔;然而後來情形大變,有「舊不過十餘則,近則乃至千餘」的可怕改變,有些地區,豪強盡逃上則,糊口不足的人家反「皆冊中載中等戶則」了。稅法如此的不健全,人民當然受害,而國家的安危也受到影響,改革是必需的,也是有遠見的人所共有的想法了。

一條鞭法據《明史‧食貨志》的說法是:

一條鞭法者,總括一州縣之賦役,量地計丁,丁糧畢輸於官。

> 一歲之役，官為僉募，力差則計其工食之費，量為增減，銀差
> 則計其交納之費，加以增耗。凡額辦、派辦、京庫歲需，與存
> 留供億諸費，以及土貢方物，悉併為一條，皆計畝徵銀，折辦
> 於官，故謂之一條鞭。立法頗為簡便。嘉靖間，數行數止，至
> 萬曆九年乃盡行之。

　　實際上從弘治末到隆慶一朝的七十多年當中，明代官員一直在尋求改革稅制的合適途徑，全國各地先後有不少零星的改革活動，如均糧活動、均平徭役、折幣科徵等等，這些都是一條鞭法的先期行動。到萬曆時代張居正執政時才大行，這是一條鞭法實行的歷程。一條鞭法是稅科一條化或一條編徵的意思。這項改革，一方面是方法上的更新，將稅科門類和科徵手續予以簡化和歸一，田不分民官，戶不分等則，丁不論貧富，里甲與徭役合一，力差與銀差合一，賦役一途，一切徵輸一途，並不通過里胥，由稅戶直接投櫃，又一概徵銀，官募應役等等。另一方面是在稅法的內容上作了更新，即將官府所科斂的田賦、徭役、土貢、物料等原來名目繁多的項目，「悉並為一條」。一條鞭法雖然可以說是在萬曆初年大行，但是執行的情形也相當複雜。例如有的地區行的早，有的晚；有些地區比較全面的執行，有的只是部分的執行；有的行了又止；有的在執行中變更了初衷。因此，到萬曆中期為止，一條鞭法能執行得成功的地區也並不為多，因為優點與缺失在當時已經互見了。

　　一般說來，一條鞭法的優長之處約有：

　　1.以前稅收多門，手續極為繁瑣，人民極不利於了解掌握。新法實行後，朝廷省了督責，少了供張花費，人民也不致再有今日納糧、明日供役的紛擾痛苦，而奸豪與官吏的串通作弊之事，也藉以清除。一條鞭法的簡便力行，實能達到叢弊一清，民害大減的目的。

2.賦役折幣徵收，實有多重好處。例如人民納銀於官，便可安於田畝工作，也不必親身供役，本人與家庭都可以得到安寧。至於賠費之苦、里胥勒索也都不致發生了。另外無產者應雇出役，計工索酬，無異解決了部分貧苦人的生活問題。各級官府的督催、完納等繁重工作也從此不再存在。

3.一條鞭法的立法原則之一是量出制入，固定稅收額數。徵收既有定額，稅戶預知繳納之數，官吏也就不能在條鞭銀內隨意加派混徵。每畝每丁的徵銀數額有了合理的規定，人民的無端剝削自然的就沒有了。

4.一條鞭法規定一切徭役按丁田兩項攤派，將部分差徭攤入地畝科徵，而且又是徵銀雇役和官收官解，里甲除督催錢糧外，以往加給里甲的全部實辦支應和驛傳、民壯、解戶等差，都不再由民戶承擔了，人民大受其益。

5.一條鞭法是以全縣徭役均攤於全縣丁糧之中，而且是歲概一縣的田畝而徵銀，每年全縣和各花戶該輸納的銀兩數目，早由縣吏算好而下帖於民，因而可以防止「以千畝之家下同於百畝，百畝之家下同於數畝，避重而就輕」的弊端。

以上這些好處，當然也要看執行的情形而定，因此指責一條鞭法有缺點的人也有很多，以下是簡要的說明：

1.舊的稅法有丁銀、有門銀，而無地銀。一條鞭法實行之後，「去其門銀，而以地銀易之，則……賈販之流，權千金之資，無隴畝之田者，徵求不及焉。此病農而逐末者利也。」也就是說量地計丁，攤丁入畝，差銀附秋糧帶徵等法是會厚末病農的。

2.中國南方與北方的風土不同，經濟情況大異。南方土地肥饒，農作物產量高，賦重役輕，困難與問題不大。北方出產少，不能以南方標準視之，所以一條鞭法適宜於南方，不適應於北方。

3.以銀代役雖屬簡便，但是銀貴穀賤，尤其在窮苦落後地區，會格外傷農的。因此有人指出：「條鞭……一概徵銀，富有無論己，貧者又身無銀，身又不得以抵銀。」足見徵銀是有其不便之處。正如《明實錄》裏也記寫：條鞭法「便於富戶，不便於細民；便於市井通衢，而不便於窮鄉僻邑。」

4.丁不論貧富，地不分肥瘠，按一例科徵，就道理上說是不合均平賦役負擔原則的。不過明代政府並非硬性推行，甚至還提出「則壞成賦」、「九則徵銀」等指示的，如果官員們在執行時不能做好，不均的現象是會產生的。

5.各項稅役總一收徵，徵收數字較大，而徵收手續則簡便並折銀輕快，以致下吏易於巧為作弊，上官也耳目難周。

6.為執行一條鞭法事先必須清丈田畝，尤其萬曆九年前全國有一律清丈之事。清丈原是良法美意，但是執行有問題，對委任官吏橫加干涉，又急如星火，「撫按逼司府，司府逼州縣，於民情之稱便與否，一概不問。」結果勞民傷財，擾亂了社會。

以上這些評論，只是當時人對一條鞭法實行不滿意見中的舉舉大者，固然其中有些不無道理，但也有似是而非或無的放矢的。總之，歷來改革都會有人反對的，這應該是常態，新主張而不遭人評議的才不正常。況且一條鞭法後來因明政衰微而效果不彰，當然也就無從確論其論點公平與不公平了。然而無論如何，一條鞭法是自從唐代兩稅法推行以來的一次大改革，也是開清代地丁合一稅制的先聲，在帝制中國歷史上應該是一件值得吾人注意的大事。

明末財政問題嚴重，而賴以求變並解救危機的一條鞭法又不能生效，明廷為找尋生路，只有從事一系列近乎竭澤而漁的方案了。例如大增田賦、增徭增役、疊徵商稅、橫徵方物、多立雜稅、嚴徵逋負，以及礦稅、練餉等等，不一而足，終於形成土地、錢糧、差役與工商

各稅方面的嚴重負擔，對於民財的搜括，可謂無所不用其極，真是一個「虎狼遍天下」的世界末日了，明代的覆亡只是時間的問題了。

第四節　流寇與滿洲相因亡明

萬曆年間，除了官場發生激烈政爭，國家財政出現了嚴重的問題以外，國內流寇風起雲湧，滿洲部族又崛起遼東，對於明代政府而言，在在都加深了滅亡的危機。

滿洲是明末遼東女真部族中的一部，原是明代的「看邊小夷」，自從萬曆十一年（1583 年）古勒山城戰役滿洲首領覺昌安與塔克世父子遭明兵「誤殺」以後，塔克世的兒子努爾哈齊便藉復祖、父之仇為名，到處征戰，結果他兼併女真諸部，打敗了明代南關哈達與北關葉赫，終於在萬曆四十四年建元天命，國號後金，成為大汗了。兩年以後更以「七大恨」告天，率兵征伐明廷。努爾哈齊所舉出的「七大恨」事，實際上多是一些微不足道的小事，除了指明人殺害了他的祖父與父親一項是大理由外，其餘的只是如明人偏袒葉赫、明人在邊境上不讓他們收割糧食、逼殺滿洲人民等等的，實在都是藉口。然而大軍一起，明代遼東城鎮確實受到大威脅了，先是撫順一城被騙失守，守將李永芳叛降滿洲，繼而清河淪陷，努爾哈齊至此公然犯順，開始在遼東不斷的用兵。

萬曆四十七年（後金天命四年，1619 年），明廷見滿洲勢力日益壯大，且倡亂行跡可怕，乃以楊鎬為遼東經略，集兵七萬多人，又聯絡朝鮮出兵夾擊，期以一舉殲滅滿洲，平息遼東戰亂。可是楊鎬本是庸才，二十多年前在援助朝鮮對日本的戰爭中就表現不佳，現在更是暮氣沉沉，指揮籌劃大規模軍事行動很有問題，所以在這一次著名而又有決定性影響的薩爾滸山大戰中，明軍大敗於滿洲。推究此次戰役

明方失敗的原因，除楊鎬個人的因素與明末政界、軍方的鬥爭外，就兵力上看，滿洲當時至少有十萬之眾，而且騎射能力強，富機動力。明代軍方不但兵源不足，士氣也低落，從內地各省調來的軍隊，到遼東以後，有疲乏不堪的，有不服水土的，有與其他部隊不和內訌的，大大減弱了戰鬥能力。加上不明敵情，不諳地勢，天氣嚴寒惡劣，以及用兵計畫先期洩漏諸端原因，所以四路大軍全告失利，尤其第一路杜松率領的軍隊與第三路劉綎的東路軍，都大敗潰散，傷亡極多，而兩位主帥也都壯烈陣亡。朝鮮兵雖有參戰的，但多數投降了滿洲。這次大戰實際上只延續了五天，滿洲竟四處告捷，難怪當時天下為之震動。

楊鎬喪師四萬多人，朝廷以熊廷弼代鎬。熊廷弼是一位將才，他想計畫周詳後再出兵，努爾哈齊也按兵不動，僅僅偶爾有小規模的掠邊行動。明代中央當時黨爭激烈，閹黨頗占上風，他們認為廷弼怯戰而不從速攻打滿洲，乃以袁應泰代廷弼為經略。明熹宗天啟元年（後金天命六年，1621 年）三月，滿洲大舉攻明，十三日破瀋陽，二十一日滿洲大軍攻入遼陽，袁應泰知事不可為，決心與城共存亡，乃佩劍印自縊而死。在瀋遼兩地戰役中，總兵官賀世賢、尤世功等高級軍官皆戰死，而戰後遼河以東五十多處城堡及海、蓋、金、復諸州七十城都隨之陷落，遼東戰守局面大為改觀。明廷在震驚之餘，又起用了熊廷弼為經略，但又擢升王化貞為巡撫，以為牽制。

熊廷弼雖是一位「有膽知兵」的將才，但是當時朝中主政無人，而御史們又多意氣用事，大家常偏私乖戾，廷弼的長才終不能盡展，因而第二年又有廣寧的失守。廣寧之陷，在於「經撫不和」，經略熊廷弼認為抵抗滿洲攻勢應採三方佈置之策，即在登州、萊州、廣寧三地設兵，形成犄角，固守前線並牽制滿兵。巡撫王化貞則主張分兵戍守遼河沿岸，成一字陣形。由於王化貞有中央閹黨的後援，熊廷弼的策

略未被採用，結果在大戰之後，誠如廷弼所料：「一營潰，諸營皆潰」，滿洲又獲得了一次勝利，據領了廣寧。戰後論罪時，王化貞因閣臣祖護而無罪，熊廷弼則被屈殺而死，並傳首九邊。其後孫承宗以尚書督師遼東，漸漸穩定局面，與努爾哈齊相持了將近三年。

　　天啟年間，宦官當道，七年之中，兵部尚書換了十二次，其中除孫承宗以外，餘皆閹黨。主持遼東軍務的將領也九度易人，除熊廷弼外，也多是宦官的黨羽，而且宦官又直接干涉關外軍事，因此與滿洲的戰爭很難籌劃。天啟五年，孫承宗被迫退休，閹黨高第繼任兵部尚書。翌年春間，努爾哈齊再度大舉西征，高第乃提出大撤退的主張，盡退諸兵，放棄孫承宗所收復的土地。據說在撤退之時，「委棄米粟十餘萬，軍民死亡載道，哭聲震野，民怨而軍益不振。」不過當時任職寧遠道的袁崇煥不奉命，他不撤軍，並且說：「我寧前道也，官此，當死此，我必不去。」滿洲大軍重圍寧遠，當時一般人都說：「必無寧遠」了；但在十天之後，寧遠城經歷努爾哈齊兩度猛攻之後，依然無恙，並傳「寧遠大捷」的佳音，滿洲人敗歸，努爾哈齊可能就是在這次戰役中負了傷，而在幾個月後傷發身死，滿洲後金汗位也因而傳給努爾哈齊的兒子皇太極了。清代後世尊努爾哈齊為清太祖，皇太極為清太宗。

　　袁崇煥得勝之後，很有收復遼東失土的雄心，他曾說：恢復之計，應「以遼人守遼土，以遼土養遼人。守為正著，戰為奇著，和為旁著之說。法在漸不在驟，在實不在虛。願假便宜，五年全遼可復。」可是閹黨人士非常忌恨他，不久他就被罷黜了。當時已是天啟七年七月，距離熹宗的逝世只有一個月。繼承熹宗的是北明的最後一代帝王明思宗，年號崇禎，他登極以後，大事整肅閹黨，起用袁崇煥再執兵符，督師薊遼，並以洪承疇等總督三邊軍務，進剿流寇，頗有振興的氣象。可是在滿洲方面，自皇太極繼承後金汗國以後，先征服朝鮮，再逼走

蒙古林丹汗，解除了滿洲東西兩面的牽制壓力，於是得以專心南下，對付明軍了。皇太極是一位知兵而有謀略的首領，他看到袁崇煥在東山再起後在山海關、錦州、寧遠等重鎮積極佈置防務，又加緊屯田工作，並且還整肅了「私通外番」的毛文龍，明白由山海關攻入北京是不可能的，因此他在崇禎二年（1629年）十一月，親率大軍，取道蒙古，以蒙古兵為嚮導，從喜峰口入關，不久攻陷遵化，十二月圍攻北京。明廷上下驚怖，袁崇煥等急從山海關外領兵入衛京師。皇太極見袁崇煥帶兵入援，立即引兵退走，但以反間之計，散佈謠言，說袁崇煥與他有密約，將威脅朝廷與之訂立城下之盟，思宗信以為真，在第二年六月間逮捕崇煥入獄。這時閹黨乘機「謀興大獄，為逆黨報仇」，以崇煥「擅主和議，專戮大帥（毛文龍）」等罪狀，相繼力攻。思宗就以叛逆罪將崇煥處死，崇煥的兄弟妻子多人被流放到三千里外，沒收他的家產時發現竟無餘貲。邊疆軍民聽到這項消息，都灰心失望之極，許多士兵，紛紛潰散，他們說：「以督帥之忠，尚不能自免，我輩在此何為?!」京城與內地也有很多人為崇煥之死叫冤。思宗本性猜忌，又果於誅殺，正人君子無一能長久任事。崇煥的被殺，對明代而言，無異是自壞長城，也為日後滿洲人入關鋪平了道路，從此遼東局勢日壞，明軍只處在挨打的狀態之下了。

袁崇煥死後，思宗又任命孫承宗為兵部尚書，總督關內外軍事，以禦滿洲。承宗重新佈置防務，築大凌河城。崇禎四年八月，皇太極統大軍攻大凌河城，「經四越月，人皆相食」，戰況慘烈可知，但滿洲終獲勝利，孫承宗見邊事不可為，又遭朝臣指責，乃於崇禎四年稱病辭職。第二年，原毛文龍的部下耿仲明、孔有德，從登州增援大凌河時，途中叛變，投降了皇太極。崇禎七年正月毛文龍舊部尚可喜也投降了後金，這些降將不但帶了大軍投降，同時也攜帶了重武器紅夷大砲，因而大大的增強了滿洲人的戰鬥實力。

　　崇禎九年（1636 年），滿洲兵因遠征蒙古獲得了元朝傳國玉璽，加上蒙古及投降漢人的勸進，皇太極乃改後金國號為大清，改天聰年號為崇德，帝國規模從此大備了。同年九月，清兵大舉進關，繞過北京，直指保定以南，連克十二城，掠人畜十八萬口而還。崇禎十一年（清太宗崇德三年，1638 年），皇太極命多爾袞、岳託等再統兵攻明，岳託統右翼，從密雲東北牆子嶺口毀城牆分四路進入。多爾袞則統左翼，自董家口東青山關西由邊牆缺口處入關。翌年三月，在通州會師，「自涿州分兵八道，一沿山下，一沿運河，於山河中間縱兵前進，燕京迤西千里內六府俱已蹂躪。」後又長驅直入山東，攻陷濟南，計克城五十三座，降城八座，俘獲人口四十六萬二千三百餘人，金銀無數。

　　崇禎十三年到十四年間，皇太極派兵圍攻祖大壽堅守的錦州城，明朝為了解錦州之圍，於崇禎十四年派了薊遼總督洪承疇率兵十三萬往援，洪承疇與邱民仰巡撫等被滿洲人打敗，退守松山堡，皇太極親率大軍圍攻，雙方大戰一年，城中食盡。崇禎十五年，清軍攻陷松山，邱民仰等戰死，洪承疇則被俘至瀋陽，後投降滿洲，成為日後清人入關的得力策劃人之一。至此明代在東北的控制地區僅有寧遠等數城了。清軍得松山、錦州後，又曾數度從內蒙進入長城，深達河北、山東等地，大肆劫掠，京城周圍人力物力被搶一空，明代北方已無國防可言了。其時國內流寇的勢力也日益擴大，蔓延的又快又廣，真可謂內外交攻，逼得明廷無法應付了。

　　流寇的起因雖然不只一端，但明代自世宗以後的加徵田賦、徵斂雜稅，使人民生計困難，應該是因素中最主要的一項。後來到了崇禎年間，又因內外動亂，加上各地的天災，更使人民無法生活，鋌而走險的人就愈來愈多，更增加了流寇的力量。

　　流寇初起於陝北，崇禎年間，明代官員有人報告陝西饑荒的情形說：「父棄其子，夫鬻其妻，或掘草根而自食，或掘白石以充飢。……

民有不甘食石而死者，始相聚為盜。」這是饑民不能自養，不甘困死，相結參入流寇的實情。也有一些因乞食流散四方，最後因無依而被脅迫投降賊匪為盜的，而這一類的難民為數極多。除了一般的災民、難民以外，明代的軍人也是流寇的另一來源。這些軍人中有參與遼東戰役的逃兵，有譁變的邊卒，有被裁革而失業的驛卒。流寇就是大半由這些軍民混雜組成的，這種暴亂集團，一時並起，攻城堡、殺官吏、打家劫舍，到處滋事。官兵雖奉命東西奔擊，但旋撲旋熾，不能徹底消滅，解決問題。崇禎元年，安塞馬賊高迎祥勢力強大，頗得亂民支持，他自稱闖王。後來延安人張獻忠與米脂人李自成也稱王響應，輾轉蔓延，以致流寇人數愈變愈多，受災地區也愈來愈廣。思宗本來以清慎自持的楊鶴總督軍務，但不能撫服。崇禎四年，以洪承疇代楊鶴，其後承疇分路擊賊，關中一帶的巨寇幾乎全部被擒斬殆盡，只有高迎祥、張獻忠等逃入山西。崇禎六年，流寇又回竄到京畿一帶，河北總兵曹文詔連戰皆捷，但被御史劉令譽所劾，調為大同總兵，流寇乃又趨活躍。後來延綏巡撫陳奇瑜率兵往討，亂事才稍息。崇禎七年，陳奇瑜升任兵部侍郎，總督山陝、河南、湖廣、四川等地軍務，專辦剿滅流寇。陳奇瑜督兵歷十餘戰，大敗流寇，河南得以安定，而李自成也被窮追逃入深山之中。自成後來因為用重金賄賂奇瑜部下才得脫走，與洛陽來的流寇會合，聲勢乃得重振，而李自成也從此才逐漸聞名。

陳奇瑜既犯了縱賊罪，不久便處分下獄，又以洪承疇主持軍務，負剿滅流寇任務。崇禎八年，流寇會集於河南，共七十二營，勢力非常強大。後來高迎祥被捕殺，李自成乃被眾推舉為首領，號闖王。明廷以洪承疇辦西北討賊事，以盧象昇主西南軍務，但流寇勢力仍然猖獗。盧象昇曾經說過：「賊橫而後調兵，賊多而後增兵，是為後局。兵至而後議餉，集而後請餉，是為危形。況請餉未敵，兵將從賊而為寇，是八年來所請之兵皆賊黨，所用之餉皆盜糧也。」可見明廷在剿滅流

寇的策略上有問題。崇禎十年，流寇入襄陽，東下而犯安慶，再下和州，最後因官軍趕到，才退走湖廣。崇禎十一年，盧象昇遭父喪，熊文燦代之，與洪承疇合作得宜，張獻忠被明總兵左良玉所破而投降，李自成則連遭敗績，終於被困於豫、陝之間，流寇大有敉平之望。然而其時滿洲大軍一再入關內犯，剿伐流寇的大軍功敗垂成，不得不調回入衛京師，因而西北又告空虛，張獻忠再叛於湖北，李自成也轉弱為強了。崇禎十三年，張獻忠破武昌，屠殺士民與宗室極多，據說不下百萬人。李自成則入河南，當時正值中原地區大饑，難民乃相爭加入流寇行列，至此流寇又不能制了。

　　崇禎十五年，李自成攻陷南陽，殺唐王，後又連陷鄧州等十四城。同年冬天，自成又克襄陽，於是大會文武官員，第一次成立了政府的組織。李自成在襄陽稱王之時，張獻忠也在武昌據楚王府稱王，並改元義武，設六部五府，分授府縣官員。後來左良玉來攻，獻忠不敵，乃走入四川。第二年八月，張獻忠據有全蜀，僭號大西國王，不久竟屠殺了四川的紳民文士兩萬多人，極為悲慘。

　　李自成在崇禎十六年底攻下西安，不久就大事建制，以西安為西京，國號大順，改元永昌，設大學士及六府尚書等官，大封功臣，訂立軍制，勢力益盛。十七年二月，自成渡黃河，破汾州，沿河曲，攻太原，殺晉王求桂，再進兵代州，總兵周遇吉固守，頗挫自成攻勢，後來周遇吉一家戰死，連李自成都驚嘆說：「若守將盡如周將軍，吾安得至此！」取得代州以後，自成更沿東攻大同，大同總兵姜瓖開門迎降，自成又殺代王，宗室可謂淪喪殆盡。巡撫衛景瑗自殺身死，自成嘆為忠臣。流寇攻宣府時，巡撫朱之馮登城誓死堅守，但將士們卻走散一空，之馮在城陷時南向叩頭，後在城樓下自縊死，也算是盡忠職守了。後來李自成由柳溝逼進居庸關，總兵唐通不戰而降。自成既入關，乃在三月十二日陷昌平，焚十二陵，一路可謂勢如破竹。

　　李自成為了獲得京師虛實的情報，他派人四出打聽，並深入各機關衙門，因此朝廷有任何決策，他都能先有所聞。昌平陷落後，兵部的探騎常被流寇俘去，所以流寇雖已進駐北京附近，都城裏竟不知其事。三月十七日，流寇環攻九門，城外三營盡降。第二天李自成派先前投降的太監杜勳入城見思宗，勸他禪位。思宗怒斥杜勳，並下詔親征，但是根本無人奉詔了。中午以後，思宗最寵重的太監曹化淳竟通敵開啟了彰義門，自成的軍隊乃全部入城。思宗登煤山，見烽火滿天，嘆息說：「苦我民耳！」徘徊一陣以後，還宮，命令送太子與永王到戚臣周奎、田弘遇家中，自己以劍砍殺長平公主，並令皇后自盡，又殺嬪妃數人。十九日破曉，鳴鐘集百官，但沒有一人來朝見。思宗便登上煤山，在衣襟上寫下了以下的遺詔：「朕自登極十七載，逆賊直逼京師，朕雖薄德匪躬，上干天咎，然皆諸臣之罪也！朕死無面目見祖宗於地下，去朕冠冕，以髮覆面，任賊分裂朕屍，勿傷百姓一人！」乃以帛自縊於壽皇亭，披髮白衣，太監王承恩縊於側。思宗死，北明也跟著滅亡了。

　　北京陷落，思宗殉國，一時大臣從難而死的很多，文臣如大學士范景文死於雙塔寺古井，尚書倪元璐一門十三人自盡，左都御史李邦曜在文丞相祠自縊，兵部右侍郎王家彥墜城不死，後又自縊於民舍。其他仰藥、不屈被殺害而死的有好幾十人。勳戚宮人投井、自焚、自刎、自縊、赴水死亡的也為數幾百，實在是明代末年的一大悲劇。

第五章　明代的制度與學術

第一節　明代中央與地方政府的組織

　　明代中央官制可稱為內閣制，其特點是以皇帝兼攝相權，以達到君主集權的目的，與漢唐兩宋相權可以制衡君權的情形頗有不同。

　　明代初年，中央原來設立三大府，以中書省總政事，都督府掌軍旅，御史臺掌糾察，實際上與漢初的分權制還很相近似。其中中書省置左、右丞相（正一品）、平章政事（從一品）為其長官，左、右丞（正二品）與參知政事（從二品）為副貳，下統六部。洪武九年（1376 年），裁汰平章政事與參知政事。洪武十三年，又因丞相胡惟庸叛逆案發生，明太祖廢丞相，罷中書省，以六部直隸天子。在未廢丞相之前，六部尚書的品秩為正三品，罷省以後，仿六官六卿之制，陞六部長官尚書品秩為正二品，侍郎為正三品。建文初年，一度改尚書為正一品，並在侍郎之上設左、右侍中。成祖即位後，恢復舊制，仍設尚書、侍郎，其品秩如太祖朝。洪武初期曾置春官、夏官、秋官、冬官，與侍郎同秩，以名流宿賢充任，掌講論治道，衡鑑人才，封駁疑讞，而不負實際政務責任，是為四輔。不過到了洪武十五年，裁罷了四輔官，另置殿閣大學士，由翰林院侍講、侍讀、編修、檢討等官中簡用，品秩不高，只有正五品。這些大學士在當時負責閱覽諸司啟奏，備顧問，也有為輔導太子而設置的。當時的大學士有華蓋殿、武英殿、文華殿、文淵閣、東閣等名目，而以其中一人為首輔。不過明

初的大學士不但在品敘上不如六部首長高，在實權上也不如六部主管大，尤其是吏部的尚書，由於掌理中外文職官員銓敘黜陟等的大權，所以朝會的班位與內宴坐次，尚書都在大學士之上。

明代仁宣兩朝，因為大學士都是皇帝的師傅，如楊士奇、楊榮等人受帝王的特別崇敬，累加官到師保、尚書，讓他們參決大政，內閣大學士的權位就這樣的日漸提高了。宣德三年（1428 年），皇帝又命令內外章奏先集中於內閣，由閣臣閱覽後，條擬意見在一「小票」（小紙條）上，連同奏章一起進呈皇帝裁斷，是為「條旨」，內閣之掌握實際政權自此開始。英宗即位時，因為年幼，凡事他都啟稟太后，太后為了避免專權，就令內閣議行，如此一來內閣的權力就更加重了；「條旨」也因此成了「票旨」。「票旨」就是「票擬聖旨」，與「條旨」不同的是在於「條旨」只閣臣條擬意見，供皇帝參考；「票旨」則是逕由內閣以小票寫上批答的文字，粘於章奏的一角隨同封進，再由皇帝依內容硃批，然後發交各衙門照旨執行，皇帝在未經內閣同意之前，多不改變「閣票」的。自此「票旨」成為定例，而昔日丞相主持政務的制度似乎又變相的復活了。加上明代中期以後，嚴嵩、高拱、張居正等人先後當政，使得內閣權勢愈來愈大，凌駕六部與都察院之上了。然而終明之世，大學士的品秩還是比六部長官低，在此種政體之下，形成了一個特殊現象，即尚書位高而權輕，閣臣（大學士）位卑而權重，所以明代中葉以後，必以尚書官員兼大學士，始得作為真宰輔而為群僚所服。

明太祖時，又改御史臺為都察院，以左右都御史及左右副都御史為其長官，其下有左右僉都御史及監察御史，掌糾劾百官，辨明冤獄之事，為皇帝的耳目。都察院都御史與六部尚書號為七卿，監察御史則共分為浙江、江西、河南、山東、福建、廣東、廣西、四川、貴州、陝西、湖廣、山西、雲南十三道，每道置御史七人至十一人不等，他

們是風憲官，得獨立行使職權，奏章可以直達天子。明代御史的權職範圍廣泛，尤其是代天子巡狩的巡按御史，最為重要。上自藩服大臣，下至府州縣官，無不受糾舉，而政事得失、軍民利弊、倉庫錢穀、差役賦稅、斷獄情形，凡是地方一切事務，莫不受其監察。大事奏裁，小事立斷，其職權之廣，威勢之重，歷代御史都不能與之匹比。此外，明代又設史、戶、禮、兵、刑、工六科給事中，掌侍從規諫，拾遺補闕，稽察六部百官之職，制敕及奏章有不便的可以封駁。

　　明代中央又有通政使司，以通政使為長官，主要任務在通達內外奏章。其他還有宗人府、詹事府、翰林院、國子監、大理寺、太常寺、光祿寺、太僕寺、鴻臚寺等等的機關，職掌都與前朝的差不多，有關的情形請參看清代中央政府組織部分。

　　我國地方政治制度，先秦時期，封建列國，到了秦代統一六國以後，廢封建，興郡縣，完成了中央集權之制。其後各朝代地方政區的劃分，略有不同，如漢代叫州，唐代為道，宋代稱路，分級也漸漸的多了。元代改全國為行省，從此郡縣制度為之一變，而地方權力也較前加重。明朝初年承襲元朝舊制，以行省為地方最高行政區域，除了由中央中書省直隸的府州以外，分全國為浙江、江西、福建、北平、廣西、四川、山東、廣東、河南、陝西、湖廣、山西十二行省。明太祖洪武九年，改十二行省為十二承宣布政使司，簡稱布政司，成為布政司、府、州、縣四級制。由於明代當時布政司所轄的府、州、縣，與以前行省所轄的大致相同，所以民間仍以行省稱之。洪武十三年，廢丞相、罷中書省，將中書省以前所領府、州，改隸六部，稱為直隸州。洪武十五年，增置雲南布政使司。明成祖遷都北京，罷北平布政司，以其所領府、州，直隸六部，是為北直隸，而以南京所領的府、州為南直隸。明成祖永樂五年，又增置交趾布政使司，永樂十一年更增加貴州布政使司。宣宗宣德間罷交趾布政使司。所以終明之世，全

國地方行政區共為兩直隸與十三布政使司，下轄各府、州、縣。由於兩直隸是京師所在，布政使司也沿稱行省，因而明代地方行政區又有俗稱為兩京十三省的。

明代布政使司的長官為左右布政使各一人，掌一省的民政與財政。布政司初設的時候，與六部一樣重要，在英宗正統以前，布政使入為尚書、侍郎的大有人在，而朝廷中的副都御史則常常出而為布政使，可見布政使的地位是很高的。此外，各省又有都指揮使司掌軍政，提刑按察使司掌刑名按劾。都指揮使司的長官叫都指揮使，提刑按察使司的長官稱按察使。布政使、都指揮使與按察使又號稱三司，都聽命於六部，不相統屬，地方遇有大事時則三司會同審理，以收制衡之效。還有每年由都察院會同吏部選派到各省的巡按御史，是各省的監察官，地方大小臣工，無不受其糾舉，一切地方事務，都在他的監察權限之下。

地方省以下的行政單位，府的長官，除應天、順天等特殊行政區置府尹外，其餘的都以知府為長官，州置知州，縣置知縣。

西南少數民族地區，則設宣慰司、宣撫司、招討司等，以土官治理的為多。

明代對北方邊疆一向是重視的，設立九個兵鎮，又稱為九邊，即遼東、薊州、宣府、大同、太原、陝西、延綏、寧夏、甘肅等處。九邊在早期置總兵，後來改由總督或巡撫為長官。巡撫這一官員，在明代初年就設置了，當時因為地方上軍事剛結束，朝廷便派出若干大員巡行地方，安撫軍民，所以稱為「巡撫」，他們任務完成之後就回京復命，這個官職早年是臨時性的，不是地方專任的長官。後來各省都設置了，成為總攬全省民政、軍政的首腦。

明代東北地方行政組織與內地略有不同，而使明代滅亡的滿洲又興起於東北，因此當時東北情形應該在此稍加敘述。明代在洪武與永

樂兩朝趕走蒙古、招撫東北女真的同時，先後建立了遼東都司、大寧
都司、奴兒干都司和衛所等地方單位，統轄東北全境。明代的都司與
衛所，本是管理軍事機關，但東北地區的都司、衛所和內地有所不同，
不僅管軍事，也兼管民政。這種軍政合一的地方政權機構和東北的特
殊情況有關，東北是各族人民聚居的地方，歷來生聚在東北的少數民
族都有他們的特別制度，如遼代的部族制，金代的猛安謀克制，清代
的八旗制，都是軍政合一的；再加上明初遼東漢族地區軍民較多，當
地軍民多與邊防有關，為了簡化地方行政機構，不另設布政使司與州
縣，所以原先在明初設置的遼陽等府縣，和金、復、蓋等州，曾經一
度都先後罷去了。這大概是因為「胡俗易動難安」，「但立衛所，以兵
戍之」，地方的軍事和民政統由都司、衛所管理。總之，明代在東北地
區設立的都司、衛所和內地的都司、衛所只管軍事，不管民政的情形
不同。

　　遼東在明代雖未設行省，但在都司之外，仍設有管理錢糧、司法
和監察等的機構。洪武二十九年（1396 年），明廷在遼陽設按察分司，
叫分巡遼海東寧道，屬山東按察使司，由山東按察使司僉事或副使一
員充任，管理遼東都司司法事務（這一機構到憲宗成化二十三年時遷
到了廣寧辦公）。永樂年間，設都察院，派監察御史一人，巡按遼東。
英宗正統三年（1438 年），設分守遼海東寧道，也稱布政分司，屬山
東布政使司，由山東布政使司參政、參議一員充任，管理錢糧事務（這
一機構初設於廣寧，後來遷到遼陽）。成化十三年（1477 年），明廷又
在遼東設戶部分司，任命總理遼東糧儲戶部郎中一人，專門總理遼東
都司糧儲事務。

第二節　明代的兵制

《明史·兵志》的序文中說:「明以武功定天下,革元舊制,自京師達於郡縣,皆立衛所。外統之都司,內統於五軍都督府,而上十二衛為天子親軍者不與焉。征伐則命將充總兵官,調衛所軍領之;既旋則將上所佩印、官軍各回衛所,蓋得唐時府兵遺意。」從這一段文字中,我們已經對明代軍制體系有了一個概括的了解了。

明代的兵制是衛所制,衛與所是明代軍隊編制的單位。各省都普遍的設立衛所,衛所的官兵和他們的眷屬都隸於兵籍,世世代代,永不改變,與民籍分開。

明代衛所下的軍事體系,是自京師以至地方都有衛所。州中險要的地方設所,府裏險要的地方則設衛。衛所的組織是以一百十二人為百戶所,一千一百二十人為千戶所,五個千戶即五千六百人為一衛。各省置都指揮使司,每一都指揮使司統轄省內的各衛所。這些各省的都指揮使司則隸屬於京師的前、後、左、右、中五軍都督府。明成祖遷都北方以後,在南、北兩京各設都督府,而以兵部掌調發之權。衛所的軍隊,平時就在各地屯田練武,保守駐防的地區;如有戰事發生,則朝廷任命總兵官調發衛所兵出征作戰,戰事結束後,總兵官卸任回朝,交還佩印,官兵則各回衛所,再從事屯練保衛防區的工作。

明代除在十三省都設置都指揮使司以外,又在其他要衝地帶設都指揮使司,如遼東都指揮使司、萬全都指揮使司以及大寧都指揮使司等,用以捍衛北部邊疆。此外又有行都指揮使司(簡稱「行都司」)及留守司。凡是地區遼闊、衛所分散的省份,就在都指揮使司之外再設行都司,分統衛所,以增強軍政的效率,如陝西(包括陝、甘)、四川等省,都設有行都司。留守司則置於皇陵的所在地,明廷為了保護皇

陵，在皇陵所在地多設衛所，而以留守司統轄之。

除了地方上的衛所外，明代京師的駐軍分為兩個部分：一是宿衛宮禁的，有錦衣衛與十二衛親軍，這都直屬於皇帝。另一是保衛都城的軍隊，稱為京營或京衛。京營的軍隊是從各衛所調發而來的。明成祖遠征塞外的幾次軍事行動，就是以京營的軍隊取勝的，可見京營的素質較高，是各省調來的精銳。到景帝及憲宗時，因為瓦剌入侵的種種原因，京營的制度曾經作過改變，不過，到世宗之世，又恢復了舊制。

明代的兵制有唐代府兵制的遺意，即軍政與軍令兩者是分開的。軍政歸於中央六部的兵部，而軍令則歸之於五軍都督府；這種制度原本是很好的，不過，自明成祖時代，由於帝王寵信太監，使之監軍，甚至奉使專征，因而宦官侵占了國家的軍令大權，破壞了整個的良好制度。仁宣以下，兵事日漸廢弛，京師的兵，常被權貴、宦官所隱占役使，各省的兵，也多缺少訓練。中葉以後，營將又多與宦官勾結，平時不理兵務，惟以虛報員額、侵吞餉糈為事，京營益形腐敗。世宗嘉靖年間，遇有緊急，不得不招募民兵，來擔任戰爭事務。例如東南沿海的倭寇擾亂時，戚繼光等在浙江招募義勇，訓練成軍，而後才討平亂事，可見國家軍隊已不能任事。自此以後，凡大動亂，都只有依賴民兵與四川、廣西、湖廣各地的士兵了，衛所的兵僅徒有虛籍，而無戰鬥能力。

如前所述，明代對東北邊防特別重視，以遼東為九邊之首，常說遼東「為京師左臂，所繫尤重。」因而在明代初年，太祖分封其子為藩王時，就有三名分鎮遼東地區，即洪武二十一年派遼王（太祖十五子朱植）鎮廣寧，洪武二十四年派寧王（太祖十七子朱權）鎮大寧、韓王（太祖二十子朱松）鎮開原，又《遼東志・建置部門記》：東北為「邊防重地，既命內臣鎮守，武官充總兵官，又必命都御史巡撫或提

督贊理軍務。」這是說在管理軍事方面常是由三大官員負責的。欽差鎮守遼東地方總兵官，簡稱總兵官，始設於洪武七年（1374 年），其衙門稱鎮守總兵府，設於廣寧，隆慶以後，移駐遼陽。總兵官的職務是總管東北兵權、鎮守東北地區。洪熙元年（1425 年）二月，明廷頒將軍印於諸邊將，遼東總兵官佩「征虜前將軍印」。總兵官以下有副總兵官、參將、游擊、守備、把總等官。按照明代制度，邊鎮諸軍官中，總鎮一方的為鎮守，鎮戍一路的為分守，守一城或一堡的為守備，與主將共守一城的為協守。以遼陽副總兵為例，原先是分守，嘉靖四十五年改為協守，節制開原、海州、瀋陽等處。所轄參、游、守備共二十二員，當開原、海州、蓋州等地有警時，逕自策應。

欽差鎮守遼東太監，簡稱鎮守內臣。明成祖取得天下以後，信任宦官，乃委以重任，鎮守遼東太監也是在這樣的背景下特設的。這一鎮守內臣的衙門叫鎮守太監府，初設於廣寧，到嘉靖八年（1529 年）時又在遼陽設行府。嘉靖十五年正月，撤回鎮守遼東太監，從此以後，設置不常。

欽差巡撫遼東地方都察院御史，簡稱巡撫遼東都御史，設於正統元年（1436 年），衙門叫巡撫都察院，初在廣寧，後來移駐寧遠，並於遼陽設行院。其職務是提督或贊理軍務，管理吏治、糧儲、夷務、安撫軍民等等。

以上的三大官員是管轄東北全境有關軍務與邊務等重大事務的，他們開會辦公之地稱「鎮東堂」或「會府」，設在廣寧城內，一切重大軍務理論上是由三人共同議定的。除了軍務之外，他們又負有監督東北、蒙古、女真各部的進貢和交易等事的責任，還有蒙古、女真官員各部衛所官員的升降承襲以及改換敕書或補發敕書等，也是由這三位主管官員提出審查意見後，奏請中央政府定奪。總之，明代遼東的軍制略與內地不同，這當然是與當地情勢特殊有關。

第三節　明代的科舉與學校

一、科舉制度

明代初年，以薦舉取用人才，如大學士宋濂、劉基等人都是被薦舉出任官職，協助明太祖的。洪武三年，開始舉辦科舉取士，當時所錄取的士人，都很受朝廷寵遇。洪武六年，由於明太祖認為科舉不能盡得人才，乃罷停科舉，又用薦舉取士的方法，並分為聰明正直、賢良方正、孝弟力田、儒士、孝廉、秀才、人才、耆民八大項目，被薦舉的都送京師禮部，加以擢用。薦舉比科舉在發掘人才方面範圍要廣泛，多方面的人才都可以羅致。在時間上也比較不受限制，不像科舉有一定年限。因而對於明代開國初期需要人才的情形而言，是合適而比較易見功效的。

薦舉又稱察舉，在明太祖洪武初年極為盛行。從表面上看，明初的薦舉似乎與漢代的鄉舉里選相去不遠；不過，若就制度的實質而言，明代與漢代所行的還是有差別的。如明初薦舉在方式上可以分為三大類：一是延聘，即由太祖的親信推薦，然後由皇帝派出特使去聘請，這是最禮遇的一種。一是徵召，即派出專使四方訪求，遇才學出眾的，就徵召入京任官。一是保舉，即由各級官員推薦賢才，請中央派任。這種保舉，若保薦不得其人，保舉的人要受處罰。至於薦舉的科目，除以上的八項之外，洪武初期還有文學與明經兩項，像禮部侍郎秦約與吏部尚書錢唐二人，就是分別以文學與明經而授官的。

洪武十三年，因為丞相胡惟庸謀叛，各機關衙門官員牽連坐誅的三萬多人，一時各級官吏的缺額大增，急需大量人才補充，因而明太祖多次下令，命內外臣工各舉賢才。幾個月之間，各地薦舉到京城的

賢能人士就有八百多人，而都被授官任職。洪武十五年，吏部以明經修行之士三千多人入見，可見當時薦舉盛行，當然也反映了明初各級機關的需才孔亟。不過，這樣的薦舉方式，難免有過濫的結果，終而產生質不如量的流弊。同年監察御史趙仁就奏稱：由賢良方正、孝弟力田諸科目所取之士，在郡縣服務的多不稱職。這種臨時大量取用人才的急就辦法，大大影響了基礎政治的發展，而與漢代鄉里選舉的精神也頗有不同，因而太祖後來又恢復了科舉考試制度，而與薦舉並行。洪武十七年，頒佈科舉條式，薦舉不如明初盛行了。仁宗洪熙以後，科舉日重，有文學才能的人都以科舉進身為榮，薦舉則漸漸的無人應選了。

明代的科舉大體上沿襲唐宋的舊制，鄉試每三年舉行一次，即所謂三年一大比。鄉試在秋季舉行，所以又稱「秋試」。參加考試的必須是府州縣的學生，考中的為舉人，第二年就可以到京城去參加會試，如果再考中的，就由皇帝親自臨試，以定等第。會試因在禮部舉行，所以又稱為「部試」。皇帝親策於朝廷的考試叫「廷試」或「殿試」。殿試分為三甲，一甲賜進士及第，二甲賜進士出身，三甲賜同進士出身。一甲只有三個人，稱狀元、榜眼、探花。狀元按例授翰林院修撰，榜眼與探花則授為翰林院編修。二甲與三甲取若干人，選擇其中優良的授為翰林院庶吉士，其餘的則授與給事中、六部主事及府推官、知縣不等的大小官職。明代以子、午、卯、酉為鄉試之年，辰、戌、丑、未為會殿之年。明代科舉限就四書五經命題，應舉的文章須模擬古人語氣，不能自作議論，文體用駢偶，分為八段，每段各具一定格式，起承轉合，前後呼應，謂之八股文，通稱之為制義。這種考試方式，文體既屬板滯，又不能發揮個人的見解，對讀書人的思想才智，有著束縛的不良影響。

二、學校制度

關於明代學校制度，可以分以下幾點作一說明：

明代初年，由於太祖重視學校，官學興盛而書院與義學等比較衰微，洪武初年，先在南京設立國子學，十五年改稱國子監。成祖永樂元年（1403 年），又在北京設國子監，從此有南監與北監之分。此外太祖又曾在他家鄉安徽鳳陽設過中都國子監，這一官學機構在洪武末年與南監合併了。國子監的重要官員有祭酒、司業、監丞、博士等。祭酒總理國子監的政務，司業副之，監丞管訓導工作，博士則分別主持經書的講授。祭酒必需碩學者德的人才能擔任，地位名望很高。國子監的肄業年限，通常是四年。課程規定每一學生專治一經，並且也要學習禮、射、書、數等學。學生雖通稱「監生」，但也分為三類：

㈠**舉監**：就是舉人會試落第而入監讀書的。

㈡**貢監**：就是府州縣學生優秀的而被保送入監的，這是監生中主要的成員。

㈢**蔭監**：就是品官（最早一品至七品，後來改為三品以上）子弟被特許入監讀書的。

明代初年，監生很受政府的重視，優秀的可以出任布政使、監察御史、知府等官。仁宗以後，取士偏重科舉，學校漸衰而書院講學的風氣比較興盛了。另外，明代因瓦剌入侵，國家財力不足，曾經下令可以讓納粟、納馬的人入監讀書，稱為例監。這種臨時措施雖然歷時不久，但後來凡有邊疆軍事或災害發生，以及政府大興土木之時，常援例而行，終明之世，未嘗間斷。由於這一類的例監品流過雜，使國子監的水準大為降低，這也是監生被人輕視的原因之一。

明代地方學校有府學、州學和縣學。學童需經考試，才能入學，稱為生員。生員分為三等：一等是廩膳生員（簡稱廩生），由公家每年

給予廩餼銀；其次為增廣生員（簡稱增生）；另有附學生員（簡稱附生）。府州縣學，彼此不相統屬，優秀或資深的生員可以升入國子監讀書。地方學校中，府學置教授一人，州學置學正一人，縣學置教諭一人，另外各有訓導若干人。衛所也設學校，由兩個衛或三四個衛合設一所，名曰衛學。明代中期以後，地方學校也徒具虛名，僅僅是為孔子釋奠的地方了，一般學者則都在書院中講學居多。

書院是私人講學的地方，宋元以來，日漸興盛。明代初年因官學盛而一度稍衰，中葉以後，學者如王守仁等都提倡講學，書院因而再度發達。高等的書院講求心性之學，一般的則注重八股制義，為科舉的預備學校。到明末因政治腐敗，書院除講學外，又多了諷議時政的一層功能，尤其以無錫東林書院為最著名。天啟以後，閹黨得勢，魏忠賢盡燬全國書院，書院講學論政之事因此也由盛而轉衰了。

第四節　明代學術

每一個時代的學術思想，除了受前代的影響之外，當時的政治關係、社會關係以及學者們個人的際遇，都是形成新學術思想的因素，明代的情形也是如此。

自從宋代以後，理學已是學術思想的主流了。明太祖與明成祖又定制採用宋儒的五經、四書注解以及四書、五經大全的解說作為科舉考試的依據，更影響到了明代的學風，因此明代的學者，多是宋儒的傳人，所研究的學問不出二程朱陸的領域。

清代學者章學誠說：「性命之說，易入虛無。朱子求一貫於多學而識。」因而他認為朱熹是「服古通經，學求其是」的博學家與致知家。明代初年有不少學者就是承接朱夫子這一方面學問的人，如宋濂、王禕、方孝孺等。

　　宋濂是明代開國文臣之首，對明初制度典章文物方面的建設，貢獻良多，他認為朱熹是集儒學大成的學者，對於理學他也提出自我的重要，以為學問在自我的開悟，自我的思考，自我的方寸心，這是明代後世心學一派的先聲。王禕也是明初的名學者，才思雄偉，又擅長史學。他服膺朱熹，也主張博學致知，注重於心，注重於思想，很富求知的精神，不空談心性。方孝孺是宋濂的學生，他從宋濂的博學一派而出，他「末視文藝，以明王道，致太平為己任。」生平不事空談，信道篤實，操守嚴正，大節凜然。他繼承宋濂發揚朱子學，由博學致知而更進一步的趨向於切實的踐履。

　　另外明代初年也有一派專門重視朱子學中涵養或躬行的，他們不事著作，也不研究學問。如薛瑄這位治程朱的學者，他就認為「無煩著作，直須躬行」，以復性為宗，只向宋儒的理學作注作解即可，程朱的博學致知不為所重。他又主張「用敬」，曾經說過：「人不主敬，則嗜欲無涯，馳騖不止，真病風狂惑之人耳。」因此他的用敬工夫，是消極的抑制感情。同時他的用敬又是基於宗教事天見解的，沒有自覺的自由思想，難怪有人評論他「無甚透悟」。又如被推崇為王學源頭的吳與弼，也是朱學的信徒，他比較拘謹保守，除四書、五經、宋儒的著作外，都不太重視其他的學問，他努力的想做聖賢，注重身心上的管束。其實程朱的學問本來有用敬、致知兩方面，薛瑄把兩者合小範圍而為復性一項，忽略了博學致知，因而使得程朱之學有退化的影響。吳與弼只著重躬行，日夜想做聖人，不免有簡陋之弊。他們與宋濂、王禕等人雖同屬明初的理學大家，但思想主張是向不同角度發展的。

　　明初還有兩位被後世推崇為「篤踐履，謹繩墨，守儒先之正傳」的學者，他們是曹端與胡居仁。曹端為學主張躬行實踐，而以靜存為要。他說：「學欲至乎聖賢之道，須從太極上立腳根。」又說：「性即理也，理之別名曰太極，曰至誠，曰至善，曰大德，曰大中，名不同

而道則一。」他是一個學不厭、教不倦的經師人師。胡居仁曾從學於吳與弼，但與吳與弼不同的是他主張「立志」、「反之於身」，並有注重躬行的趨向。他說：「體驗二字，學者最親切，讀書皆須體驗，放自己身上來；不然則書自書，我自我矣，濟甚事？」他反對學問可以不思而得，或者可以直覺而得。他的格物窮理主張也不是空談的，甚至他以為國家的教育應以國家之事為窮理的標準，他可以說是一位實用主義的理學家。

明英宗以後，理學研究者中出現了反對朱子的學派，這可能與博學致知的不倡行以及偏畸的主敬之學容易發生進一步的心學有關，於是有陳獻章、湛若水、王守仁等人先後提出新看法、新解釋了。這場理學的革命使得陸九淵的學說再得興起，明代學風也為之一變。

陳獻章是廣東新會縣白沙里人，學者稱他白沙先生。他最初從吳與弼學習，非常用功，因而得窺理學的堂奧。其後他博覽群書，認為人的思想應該要從書本與古人的奴隸束縛下解放，應以靜為主，「端坐澄心，則道自見」。他的學理與陸九淵的很相近，例如陳獻章以為「宇宙在我」、「求之書籍而弗得，則求之吾心」，是和陸九淵的「宇宙便是吾心，吾心即是宇宙」見解相同。他又說：「六經，夫子之書也。學者徒誦其言而忘味六經，一糟粕耳，猶未免於玩物喪志。」這幾乎又是與陸九淵「學苟知本，六經皆我註腳」的看法一樣。陳獻章的思想雖然「流於禪學」，但是他啟發人應用自己的思想，去思、去疑、去求自得，確是影響了不少後輩學人。

湛若水也是廣東人，曾是陳獻章的學生，他領悟了「隨處體認天理」的方法，也以自然為宗；但是他對於束書不觀而靜坐則道自見的事，認為「便是支離，終難湊泊」。他主張學問應由疑、由辨、由學而覺，顯然他更由陳獻章的門徑而跑進周敦頤與二程的範圍裏了。

與湛若水同為當時理學大師的還有王守仁，王守仁是浙江人，世

稱陽明先生，一般說法陳獻章的思想是上承陸九淵，下開王守仁；不過，王守仁的學理不論在當時流傳或是後世影響上看，確實都比陳、湛二氏的要遠要深。

王守仁也以為天地萬物皆在我心中，這是上承陸九淵吾心即理的學說。此處所說的「理」是宇宙的第一根源，是天，是道，是本體，是普遍永恆而變化無定的存在。這個存在混然自存，動而為萬物，萬物是它的表相，它是存在於萬物之中，萬

圖 5：王守仁

物的流徙便是它的動態，所以理不在心外，心即是理，這就是陽明學說中的萬物一體宇宙觀。他反對朱熹分心與理為二的說法，他認為「心外無物，心外無事，心外無理，心外無義，心外無善」，這是唯心論的說法。他既然以為一切俱在心中，自然是不必要在心外去格物的了。「隨時就事上致其良知，便是格物」，同時他也相信「為善去惡是格物」。

王守仁所謂的「良知」即孟子提出的「是非之心」。「良知」是人類與生俱來的，是先天的，不是後天的；但良知有時會被物欲所矇蔽，去掉物欲，就是「致良知」。他教人「致良知」的方法有兩種：一是頓悟法，「一悟本體即是功夫，人己內外，一齊俱透。」另一是漸修法，「在意念上實落為善去惡，功夫熟後，渣滓去得盡時，本體亦盡明了。」致良知屬行，使知與行合而為一，自然合於天理，不用外求，便是知行合一。王守仁曾說：「知者行之始，行者知之成。聖學只是一個功夫，知行不可分作兩事。」他也提倡實地經驗，認為「人須在事上磨鍊做功夫，乃有益。」又說「若離了事物為學，卻是著空。」總之，他的主張「知行合一」並未完全否定經驗，只是強調要在心上多

用功，當然難免有人就因而走上空疏之途了。本來「致良知」的學說
與「知行合一」的學說是不能相離的，經驗與理性兩種學說的並論是
王學的特色，可惜學他的人多在心上作空洞的研究而大違了王學的本
旨。

　　明代後期，心學極盛一時，程朱之學則變得沉寂。王守仁的學說
到後來雖傳播極廣，但是產生的流弊也極為可怕，因為有不少人只侈
言良知而忽略了知行合一，以致只習靜談性以求頓悟，或作謬論以驚
世駭俗，甚至還有放浪自恣、毀棄名教的，王學也就終於被正統學者
們所厭棄了。

　　明代學者不談理學的大多致力科舉，埋首研究八股文，對於經學
可以說沒有卓越的成就。汪克寬雖然著有《春秋經傳附錄纂疏》、《禮
經補逸》等書；趙訪著有《春秋集傳》、《春秋屬辭》、《左氏補注》；曹
端有〈孝經述解〉、〈周易乾坤二卦解義〉等文；呂柟也對《詩》、
《書》、《易》、《春秋》等經有專著；但是皆非巨著。只是明武宗時梅
鷟著《尚書考異》與《尚書譜》，力發古文《尚書》之偽，算是創新之
論，為明代經學放一異彩，也為清代閻若璩、惠棟等人的《尚書》學
開了先河。

　　明代官方修前朝的歷史有《元史》一種。洪武元年十一月，太祖
下詔以宋濂、王禕為總裁官，利用秘府所藏的元朝十三位帝王實錄，
準備纂修《元史》。第二年二月，正式開館，八月修成本紀三十七卷、
志五十三卷、表六卷、傳六十三卷，這是第一次修成的《元史》。後來
因為元順帝的實錄沒有成書，而元末的史事又缺乏記錄，所以不得不
再事收集資料，續行纂修。經過一年多的時間，派人遍行天下，到處
採訪以後，在洪武三年二月間再次修纂，同年秋間，又完成了本紀十
卷、志五卷、表兩卷、傳三十六卷，前後兩次一共修成二百十卷。由
於修史的時間前後都很匆促，以致書中錯誤很多，如有一人兩傳重複

的；有敘事前後顛倒的；有史官不解蒙古語文而致誤的；加上元代版圖遼闊，民族複雜，以致內容非常簡陋。

明代官方對於本朝史的修撰，歷代帝王的實錄是重要的一部分。不過建文朝的史事附在《太祖實錄》中，景泰一朝事也附在《英宗實錄》裏，而思宗一朝無實錄，僅有長編若干卷（清朝修《明史》時所補的，不是明代所著的）。另外，明代的起居注館時立時廢，因此記錄極不完全，目前殘存於世的，只有萬曆、泰昌、天啟三朝的若干卷。

由於明代實錄准許人民傳抄，因而明代私定撰述本朝史的人不少。如陳仁錫的《皇明世法錄》、焦竑的《國史獻徵錄》，都是集明國史傳記大成的專書。明末朱國楨的《史概》，共五種，計為〈皇明大事記〉、〈大政記〉、〈大訓記〉，及〈開國臣傳〉、〈遜國臣傳〉。前三種屬編年體，後兩種屬紀傳體，共一百二十卷，也是私人著述中有名作品。明代私人纂修前朝史的有王宗沐的《宋元資治通鑑》、薛應旂也修過同樣名稱的書，不過他們對宋元史料多未能見，所以常有年月不確或事跡不全的錯誤，比之司馬光的《資治通鑑》，真是有天壤的不同。另外陳邦瞻著有《宋史紀事本末》、《元史紀事本末》；張鑑著的《西夏紀事本末》，也都是明代有名的史學著作。

元明文風，承襲宋代，以古文為主，駢文不占重要地位。明初古文作家，以宋濂、劉基等為有名。宋濂的文章雍穆渾厚，劉基則以雄奇開豁見稱。成祖以後，楊士奇任大學士預機務者數十年，他的文章醇樸閑雅，時人競相仿效，號稱「臺閣體」。明代中期以後，李東陽、何景明、王世貞等名家出，主張「文必秦漢，詩必盛唐」，高雅雄奇，極富古意。明代詩人雖多，然少名作。明初詩人首推高啟，其詩雋永清逸。中葉以後，李東陽作詩以典雅清麗見長，時號茶陵詩派，然而也不脫擬古範疇，未能獨創風格。明代詞家以劉基、高啟、文徵明、唐寅、陳子龍等為著名。劉基的詞雄奇奔放，高啟的詞則清雅綺麗，

文、唐擅長小令，陳詞以悱惻聞名。

曲與小說為元明文學的主流，明代散曲有馮惟敏、王磐、梁辰魚、沈璟等大家，以音律和諧，文辭工雅是尚。雜劇名家則有王九思、康海、徐渭、梅鼎祚、葉憲祖等，尤以王九思的《沽酒遊春》、康海的《中山狼》、葉憲祖的《團花鳳》等內容卓越不凡。傳奇在明代也盛行，邱濬、邵璨等都是名家。

至於明代小說，係由宋人話本演變而成，其結構大致將每書分成若干回，故又稱為章回小說。明代章回小說的代表作有施耐庵的《水滸傳》，羅貫中的《三國志通俗演義》，王世貞的《金瓶梅》與吳承恩的《西遊記》，世稱四大奇書。

圖6：《水滸傳》插圖　圖中描繪洪太尉誤走妖魔的場景

圖7：《西遊記》彩繪圖　頤和園長廊中描繪師徒四人前往西方取經的圖像

清

史之部

第一章　滿洲的源流

第一節　滿洲開國神話

　　大家都知道清朝是滿洲人建立的，但是滿洲人傳說中的開國神話可能還鮮為人知。因此在講述清代歷史之前，我認為有一談他們祖先誕生與滿洲立國故事的必要。

　　根據清代官書的記載，說是在很古的時候，有三位名叫恩古倫、正古倫與佛庫倫的仙女，來到了長白山東北的布庫里山下一個稱為布勒瑚里的池子裏入浴，當浴畢上岸準備穿衣離開的時候，最小的仙女佛庫倫發現她衣服上有一顆由神鵲衝來而放置的紅色果子，顏色鮮妍。佛庫倫很愛這顆紅色果子，不忍釋手，而衝在口中，再穿衣服。不料這果子突然滑入肚子裏了，佛庫倫也因而有了身孕。兩位姐姐見小妹腹重不能同飛升天，便留下佛庫倫，讓她安心生產後再走。佛庫倫在不久以後就生下了一個男孩，據說這位男童「生而能言，倏爾長成」，佛庫倫就告訴他說：這是上天安排他出生的，也是為平定人間亂世要他出生的。仙女為幼兒準備了一隻小船，放入水中，讓他順流而下，佛庫倫也在任務完成後上升天庭了。當時在長白山東南鰲莫惠地方有個鰲朵里城，城內有三姓夷酋爭長，終日互相殺傷，佛庫倫所生的幼子便在此處停靠登岸了。岸上的人見到這位幼兒「舉止奇異，相貌非常」，大家便詢問他的來歷，幼童告訴他們說：「我乃天女佛庫倫所生，姓愛新覺羅，名布庫里雍順，天降我定汝等之亂。」眾人聞言大驚，

停止了戰鬥，而將這位神童「擁捧而回」，並奉為各部族的共主，定新國號為滿洲。

這樣一篇荒誕不經的傳說，原本是不足憑信的。民國以後，也有學者們認為這是滿洲人為隱諱他們先人的微寒家世而在入主中國後偽造出來的故事，以增加祖先光彩的。不過近年以來，由於新史料的發現，輔助學科知識的應用，滿洲開國神話有了新的解釋了，例如這一神話可以證明是滿洲族人多年流傳下來的，不是他們入關後才編造的，因為在清太宗天聰九年（1635 年）五月初六日（距滿洲人在關外建立大清朝約一年之前）的一件用滿文寫製的舊檔中，就記下了三仙女入浴與朱果降祥的神話，這批舊檔是世界公認清人入關前的遺珍，當然檔中所記的事也必然是在當時發生的。

據這件舊檔裏說，當時清太宗派了大臣霸奇蘭等率兵在天聰八年十二月出發征討東海的虎爾哈部，到第二年五月凱旋歸來，在俘獲的虎爾哈部人中，有一位名叫穆克什克的人，他講了三仙女誕生布庫里雍順的事，其中仙女入浴與神鵲銜朱果等情節都與清代官書相同，只是沒有記布庫里雍順姓愛新覺羅罷了。另外在《清實錄》天聰八年十二月征虎爾哈部的大軍出發時，還記述了太宗給領兵大臣的一道上諭說：「……此地（按指虎爾哈部）人民，語音與我國同，攜之而來，皆可以為我用。攻略時，宜語之日：爾之先世，本皆我一國之人，載籍甚明，爾等向未之知，是以甘於自外。……今日之來，蓋為爾等計也。」由此可見：虎爾哈部與滿洲同語言，而且有文字記錄可證明他們是「一國之人」，穆克什克說出的始祖誕生神話，當然也就是滿洲先世的源流傳說了。

另外，滿洲開國神話本身似乎也有深入研究的必要，因為除了上述故事中記神鵲銜帶了朱果而有滿洲始祖降生的事以外，清初還有一些關係他們存亡的大事也都與鳥類有關。例如在布庫里雍順立國以後，

傳了幾代便發生了國內變亂紛爭，《清實錄》裏記：「歷數世後，其子孫暴虐，部屬遂叛。於六月間，將鰲朵里攻破，盡殺其闔族子孫，內有幼兒名范嗏，脫身走至曠野，後兵追之，會有一神鵲棲兒頭上，追兵謂人首無鵲棲之理，疑為枯木樁，遂回。於是范嗏得出……。」還有到清太祖統一建州、疆土日多的時候，鄰近的九個部族曾經組成聯軍，想一舉殲滅滿洲，這是明神宗萬曆二十一年（1593年）的事。清官書中也記說：「九國兵馬，會聚一處，分三路而來，太祖聞之，遣兀里堪東探，約行百里，至一山嶺，烏鴉群噪，不容前往，回時則散，再往群鴉撲面，兀里堪遂回，備述前事，太祖曰：可從札喀向渾河探之。及至夕，見渾河北岸敵兵營火如星密，飯罷即起行過沙濟嶺，兀里堪探的飛報太祖言敵國大兵將至，時近五更矣！」清太祖努爾哈齊得到這一正確情報以後，從容佈署，終於擊破九國聯軍。

據此可知：神鵲與烏鴉一些鳥類，對滿洲有不世之功，他們的始祖降生、先世的延續、甚至戰爭的勝負，在冥冥中常得到鴉鵲的保祐，難怪早期清人檔案裏寫著：「滿洲國的後世子孫，都將鵲鳥當作祖先，不曾加以殺害。」

滿洲人敬重鴉鵲的習俗，終清之世，未嘗稍改。清初被流放而生活在東北地區的方拱乾就記過這樣的親身見聞：「（滿洲人家）尋常庭中，必有一竿，竿繫白布，曰：祖先所憑依，動之如掘其墓。刲豕，而群烏下啖其餘臠則喜曰：祖先預。不則愀然，曰：祖先恫矣，禍至矣！」清代中期的宗室昭槤也在《嘯亭雜錄》一書中說：「國家起自遼瀋，有設竿祭天之禮。」直到清末，京城王府門前庭院中還有立竿的，可見傳統禮俗依然存在。

滿洲人為什麼要以鴉鵲鳥類作為他們的祖先呢？這似乎是一個不可解釋的問題；然而如果從民族學等的觀點來看，這問題可能就變得簡單了。

　　根據民族學者的研究，在初民社會之中，人多不解婚媾生育的關係，因此「感生」的說法，屢見不鮮，我國古代也有「履跡」、「感虹」等等的傳說。所謂「圖騰」(Totem) 的信奉，也就因之而起。「圖騰」的意義據法國學者涂爾幹 (E. Durkheim) 的解釋是：「圖騰是一種生物或非生物，大多為動物或植物。該信奉的團體自信為其所生。」由此看來，清人的祖先神話，似與圖騰信奉有關，而他們立竿祭天的舊俗，甚至自認出自鴉鵲鳥類，也都是和初民圖騰觀念相符合的。清初滿洲人的文化程度不高，一切生活方式與社會組織留存初民社會的遺風，因此我們可以把朱果降祥之說解釋為初民社會中的「感生」說，刲豕祭天的舊禮俗看作是一種敬奉圖騰的殘跡。

　　蕭一山先生在《清代通史》一書中曾說：「天女之誕，本不足信，吾人若就社會學史上最初之情形考察之，蓋當母系時代，不明婚媾生育之關係，遂有『履跡』、『感虹』諸傳說。朱果降祥，抑何足怪？《史記·三代世表》附有諸先生之說云：『鬼神不能自成，須人而生，奈何無父而生乎？』可為千古破疑。」日本學者內藤湖南先生在〈清朝姓氏考〉一文中，分析滿洲開國神話是起源於高句麗以來的始祖誕生傳說，加以明代初年建州三衛爭亂的史事而構成的。其實《史記·殷本紀》裏早有「天命玄鳥，降而生商」的神話，殷商、高句麗、女真、滿洲同為北亞民族，此方人種有著共同始祖降生的傳說，也是極有可能的事。

第二節　清代始祖的姓名意義略析

　　從前面所述的滿洲開國神話中，我們可以看出清人始祖愛新覺羅布庫里雍順的姓名是天授的；然而從在關外寫製的老舊滿文檔案裏，又讓我們了解古老傳說中只提到天女所生的始祖名字叫「布庫里雍順」

（滿文音讀為 Bukuri Yongšon），並沒有說出他們的姓氏，可見「愛新覺羅」(aisin gioro) 這個滿洲姓是後來加上的，並非真正的、長久流傳下的清代皇家原有姓氏。

在明代與朝鮮的官書裏，記載了不少滿洲部族先人的史事，但是從未看到一處記述他們的祖先中有姓愛新覺羅的。如清肇祖都督孟特穆（或作猛哥帖木兒）、范嗏（一作范察）、充善（或作董山）等清皇室的早年祖先，《明實錄》與《朝鮮實錄》中都記他們姓佟，或是姓童。清太祖努爾哈齊的祖父覺昌安與父親塔克世，明人也稱他們為佟叫場、佟他失，朝鮮人在當時也給他們冠以佟姓。甚至連清太祖本身也自認佟姓，稱他自己是「女真國建州衛管束夷人之主佟奴兒哈赤」，明朝與朝鮮也有稱他為「佟奴」的。佟童一音，也就是說在清太祖崛起前的兩百多年當中，清皇室一系的先人都一直姓佟（童），並沒有姓「愛新覺羅」的這一說法。

然而佟姓或童姓似乎也不是清室原有的姓氏，因為女真人當中在明代遼東地區有很多是以「佟」姓為稱的。根據《朝鮮實錄》的記述，在猛哥帖木兒的時代，女真諸部中就常見有佟或童姓的人，而且在當時凡是佟（童）姓授官的都歸入建州，可見「佟」或「童」姓是很多女真人的姓氏，而有著某種特別的意義。即使到了明代末年，女真部落中姓佟、童的還是很多，如萬曆二十三年（1595 年）朝鮮使臣申忠一等人到建州老寨拜見努爾哈齊的時候，沿途遇到不少女真諸部的酋長，在他寫成的《建州記程圖記》一書中，記錄酋長中姓童的計有童乙汝古、童流水、童親自哈、童牌麻、童時羅破、童者打、童阿夫、童阿斗、童光斗、童加可……等二十一人，而李姓與王姓的只有少數，由此可見，直到明末，佟、童仍是遼東女真的普遍姓氏，或者可稱為當時的大姓，並非清代皇室一家的專有姓氏。

女真人中在當時何以多姓佟、童呢？章炳麟先生曾經作過考證，

他認為佟姓原是遼東地區的望族，是漢族的姓氏，後來常被夷人襲用，以假冒漢人，別於夷類來自高身價的。「清之先世，慚於為夷，以佟氏上達，則自處夷漢間。」可見明代遼東女真諸部多以佟、童為姓是因為當了首長以後，借用漢姓，達於譯者，再轉給明朝政府以表示有文化的緣故。實際上明末書檔中有稱佟養真其人「明棄我之衣冠，甘為賊之肺腑」的，也有說佟養性「雖傾心於奴（按指清太祖），但非彼族類」的，在在說明了當時的佟姓中多漢族人士。

努爾哈齊創建龍興大業以後，捨棄了女真部族借用漢姓的傳統，將襲用多年的「佟」姓改成了「愛新覺羅」，這確是有其需要的。佟姓雖可別於一般女真而假冒為漢人，在和明朝政府機關交往時顯得方便而有體面；但是「愛新」（漢意為「金」）卻是前朝女真的國號，不僅可以自顯是帝王種族的餘裔，同時也可以藉此在眾多女真同部中有所號召，這對努爾哈齊的統一女真與對抗漢人的明政府都是有助益的。

日本學者有解釋「愛新覺羅」為「金族」的，但是我們從語文與史實上都覺得這種說法有商榷的必要。先就語文來說，滿語「愛新」確實作「金」字解，「覺羅」則在滿語中沒有解釋，甚至從《清文鑑》一類的辭書裏也找不出任何答案，所以日本學者的「族」字翻譯不知何所根據。滿文書檔中凡與「族」有關的字常用 uksuri, mukūn, uksun 等，從未見寫成 gioro 的。我個人在滿洲人未入關前寫成的古老檔案中發現了幾處用 gioro（覺羅）的，都是一處地方的名字，而且是滿洲人的「故里」(šušu)，可能是滿洲人的祖先們一個生聚活動的所在。

我們知道滿洲人是女真人的一部，是宋代建立金朝的餘裔。清高宗常說：「金源即滿洲也」，或是「我朝得姓曰愛新覺羅氏，國語謂金曰愛新，可為金源同派之證」一類的話，可見金人與滿洲人的關係，並不在於同姓氏，而是在於同種族。種族既然相同，習俗當然就有相似的了。金人的姓氏據元代的姚燧說：「金有天下，諸部各以居地為

姓。」這是說金人的姓氏多由他們居住的地名而來的。《八旗滿洲氏族通譜》一書中載錄了滿洲姓氏六百多個，其中很多都是「本係地名，因以為姓」的，如瓜爾佳、紐祜祿、馬佳、佟佳、完顏、富察、卦爾察……等等。「覺羅」既是地名，而且又是滿洲先世的故里，當然清代皇室原姓「覺羅」是可能的。同時在《滿洲實錄》卷二戊子年（明萬曆十六年，1588 年）條下也記說：「雅爾古部長扈拉瑚，殺兄弟族眾，率軍民來歸，將其子扈爾漢賜姓覺羅為養子，亦授大臣之職。」努爾哈齊既收扈爾漢為養子，賜姓覺羅，當然覺羅是清室原有的姓氏了。

　　總上所述，我們大概可以推測：清代皇室原先姓「覺羅」，正如一般當時的女真人一樣，「覺羅」一姓也是因居地而得的。至於他們的先世曾經以「佟」、「童」為稱，那是假借的漢姓，以自高門第並以便上達朝廷的，這也是明代遼東地區女真民族中普遍流行的一種風俗習慣。不過到清太祖努爾哈齊的部族勢力強大以後，他為了激發女真民族的感情，改易了他們家族中襲用多年的漢人佟姓，而恢復原有「覺羅」舊姓，並在其上加添了「金」字，以示他們是大金的餘裔，而又可以與「民覺羅」（伊爾根覺羅）、「故里覺羅」（舒舒覺羅）、「軍覺羅」（西林覺羅）等有尊卑親疏的分別。

　　再看神話裏說滿洲始祖名「布庫里雍順」一事，日本學者稻葉君山曾在〈滿洲開國傳說的歷史考察〉論文裏主張這個人名是根據建州左衛始祖猛哥帖木兒的父親揮厚，以及建州右衛始祖范察的父親容紹這兩位老祖先的名字結合而成的，不過這一解釋並不為後人接受。

　　日本的另一位學者三田村泰助在〈清朝的開國傳說及其世系〉一文中，則認為布庫里雍順一名別有由來，他在《金史‧世紀》裏找到金始祖函普的弟弟叫「保活里」，住在耶懶，他認為與前述發祥傳說的人物頗為吻合。「雍順」他同意中國學者孟森先生的說法可以作為「英雄」的音轉。

由於《清太祖武皇帝實錄》中早先把「雍順」一詞音譯為「英雄」，孟森先生在〈清始祖布庫里雍順之考訂〉文中略謂元滅金後，置五萬戶於女真居住地區，其中充任斡朵憐萬戶的女真部長與清朝的始祖有關。「布庫里」一名應該是從山名布庫里而來的。

這是目前諸家解釋「布庫里雍順」的大概情形。

清代帝王既然說東海虎爾哈部與滿洲語音相同，「本皆我一國之人」，現在我們再來看看虎爾哈部早先的居地位置吧！在清初黑龍江上游有虎爾哈、薩哈爾察、索倫三大部族在活動。虎爾哈部占有熱雅河以東的黑龍江岸地方，在距黑龍江城東南邊大約一百里的土地上，實際上就是清末著名的江東六十四屯一帶。虎爾哈部的老人穆克什克在天聰九年所講的布庫里雍順發祥地故事，也就是指這些所在。目前我們在《清內府一統輿地秘圖》與《盛京、吉林、黑龍江等處標注戰蹟輿圖》上，還都可以看到黑龍江城附近有薄科里阿麟 (bukuri alin) 與薄和力鄂漠 (bulhuri omo) 的名字，薄科里與薄和力就是布庫里與布勒瑚里的同音異譯字，阿麟滿語意為「山」，鄂漠作「湖泊」解。又在《盛京通志》卷十四「山川」裏黑龍江部分有：「薄科里山，城南七十五里」、「薄和力池，城東南六十里」等字樣，所以清代開國神話發生的地點應該是指黑龍江岸一帶，而不是後來清官書中所述的長白山區，這一點是值得吾人注意的。

第三節 「滿洲」一詞臆測

清代開國神話裏的「滿洲」一詞，在我國較早的史書中是從未出現過的，直到明朝末年，在遼東諸部中有一個部族才以「滿洲」為稱號。「滿洲」這名詞的意義究竟如何呢？清代官修的《滿洲源流考》中作過這樣的解釋：

我朝光啟東土，每歲西藏獻丹書，皆稱「曼珠師利大皇帝」，翻譯名義曰：「曼珠，華言妙吉祥也」，又作「曼殊室利」。《大教王經》云：「釋迦牟尼師毘盧遮那如來，而大聖曼殊室利為毘盧遮那本師。」殊珠音同，室師一音也。當時鴻號肇稱，實本諸此。今漢字作滿洲，蓋因洲字義近地名，假借用之，遂相沿耳。

以上文字是從清高宗乾隆帝的上諭中錄出的，所以可以說是清代帝王給他們祖先的部族稱號作了如此的詮釋。不過西藏來使朝賀清廷之事最早一次發生於清太宗崇德七年（1642 年）十月，當時達賴喇嘛五世派了伊拉古克三胡土克圖等人來到瀋陽，清太宗曾率親王大臣出城遠迎，進城後，藏使「以達賴喇嘛書進上，上立受之，遇之優禮。」這就是所謂「獻丹書」的事。《滿洲源流考》中說「每歲獻丹書」不大可能。同時「滿洲」這個稱號在很早就被清人祖先引用了，就關外寫製老滿文檔冊來看，在清太祖建元天命前的萬曆四十一年（1613 年）就有記錄稱努爾哈齊為「滿洲國的淑勒崑都崙汗」(manju gurun is sure kundulen han) 了。「淑勒」滿語意為「聰睿」，「崑都崙」作「謙恭」解。萬曆四十三年的舊檔記事裏又有「滿洲國」與「滿洲的兵」等字樣。天命建元以後，記「滿洲」的更多見了。清太宗崇德七年之前，舊檔裏出現「滿洲」稱謂的地方可謂俯拾皆是。由此可知：在西藏與滿洲正式通使之前多年，「滿洲」這個稱號已早被使用而又為當時女真與蒙古諸部熟知了，所以清高宗的解釋與史實不符。如果說西藏在萬曆四十一年以前就與滿洲有了來往，而稱清太祖為「曼珠師利大皇帝」的話，這又有很多的問題了。因為沒有任何一件史料可以證明西藏與滿洲在崇德七年前有過正式的交往，同時當時清太祖還沒有建立後金汗國，沒有建元稱帝，何來「大皇帝」之謂？於情於理，都是說不通的。

　　以上以「西方佛號」來解釋「滿洲」一詞真義的說法對清高宗本人來說，似乎也不甚肯定，因為他在同書中的同一上諭裏又說：

> ……史又稱金之先出靺鞨部，古肅慎地。我朝肇興時，舊稱滿珠所屬曰珠申，後改為滿珠，而漢字相沿，訛為滿洲，其實即古肅慎為珠申之轉音，更足徵疆域之相同矣。

可見《滿洲源流考》一書中對「滿洲」一詞意義的解釋就有兩種，誠如傅斯年先生在《東北史綱》裏評論的：「一謂肅慎之音轉，一謂番僧之贈號，……同在一書，而有二說，同在一人，而有二說，足明此號之源，清盛時本無定論。」傅先生自己以為「滿洲」這個名詞可能是「建州」一詞的音轉。因為《清太祖武皇帝實錄》裏在滿洲一詞下有小注說：「南朝誤稱建州」，由於歷史上早就有建州這一行政區名，而滿洲只是明末才有女真的一部自作稱號的，所以「只能滿洲為建州之訛音，決不能建州為滿洲之誤字。」我們覺得「建」、「滿」二字，四聲不同，即使音轉，也不致相差如此之大，何況「滿洲」作為清人先世部族的稱號，也並不如《東北史綱》卷首所言的「尚不聞於努爾哈齊時代」。

　　此外日本學者稻葉君山先生也曾提出過這樣的說法：

> ……夫滿洲者，實不外移其本族君長尊號轉變而成，朝鮮之記錄有之。當萬曆二十七年之春，都元帥姜弘立加入明軍以征伐清之太祖，途中被清兵所擄，以之謁見太祖，見太祖之部下，俱以「滿住」稱號太祖，加於汗之尊號上。太祖死於明天啟七年，太宗即位，至明崇禎八年，皆遵用太祖所自命其國之金以為稱號，惟至翌年，彼忽自改其族名曰滿洲，而以大清二字代

後金之朝號焉。

　　稻葉先生的解釋雖然是根據朝鮮人親身的見聞，但是以下數事，值得一辨：㈠姜弘立等人見清太祖的部下「俱以『滿住』稱號太祖，加於汗之尊號上」 一事，是指努爾哈齊的部下都尊稱太祖為 「滿住汗」，若翻成滿語應為： "manju han"，也就是「滿洲大汗」或「滿洲皇帝」之意。早期滿文檔冊中常見有「大明汗」、「萬曆汗」等等的記載，「大明」、「萬曆」等詞只是國家與年號，不是特殊的尊稱。又如稱烏喇的部長為 「烏喇貝勒」，葉赫的部長為 「葉赫貝勒」 一樣，「烏喇」、「葉赫」也只是部落名稱，絕無尊敬的意義，「滿住汗」一詞中的「滿住」 應該也作如是觀才是 。㈡稻葉先生又說清太宗從天啟七年（1627 年）至崇禎八年（1635 年）一直用後金國號，到崇禎九年「忽自改其族名曰滿洲，而以大清二字代後金之朝號焉。」天聰十年改元崇德，建立大清確是事實，然而「忽自改其族名曰滿洲」是於史不符的，因為前面已經說過，「滿洲」一詞在清太祖時代久被使用了，太宗初年更是常見於檔案中。同時在改元崇德的前兩年，清太宗就因本族勢力強大而有心恢復滿族若干的傳統了，如在天聰八年四月間他就降諭說：

　　　　朕聞國家承創天業，各有制度，不相沿襲，未有棄其國語，反習他國之語者。事不忘初，是以能垂之久遠，永世弗替也。……朕纘承基業，豈可改我國之制而聽從他國。嗣後我國官名及城邑名，俱當易以滿語。

第二年十月又有一道諭旨說：

　　　　我國原有滿洲、哈達、烏喇、葉赫、輝發等名，……我國建號

> 滿洲，統緒綿遠，相傳奕世，自今以後，一切人等，止稱我國
> 滿洲原名，不得仍前妄稱。

可見滿洲這一稱號是他們「統緒綿遠」的部族稱號，不是「忽自改其族名曰滿洲」的，天聰九年下令禁止稱滿洲原名可以說是恢復舊稱而已。

　　以上各家對「滿洲」一詞意義的解釋都不盡理想，我個人以為應該從清人的文化歷史背景方面去作探索，或者可以得到比較合理的事實真相。我們先來看看與滿洲同時存在於遼東地區的其他部族的情形。據《清實錄》說：

> 時各部環滿洲國擾亂者，有蘇蘇河部、渾河部、王家部、東果部、折陳部；長白山內陰部、鴨綠江部；東海兀吉部、斡兒哈部、虎兒哈部；胡籠國中兀喇部、哈達部、夜黑部、輝發部。各部蜂起，皆稱王爭長。

以上這些部族稱號的由來據《清實錄》、《開國方略》、《盛京通志》與《滿洲源流考》等書所記，大致有一相同依據，如：

蘇蘇河部（一作蘇克蘇滸河部）：係因蘇蘇河而得名。

渾河部：因渾河而得名。

王家部（一作完顏部）：係宋朝時金朝國姓，因地得名的。

東果部（一作董鄂部）：因董鄂河（即佟家江）而得名。

內陰部（一作訥殷部）：因額赫訥殷與三音訥殷二河而得名；滿語額赫意為「惡」，三音作「善」解。

鴨綠江部：因鴨綠江而得名。

斡兒哈部（一作瓦爾喀部）：因瓦爾喀河而得名。

虎兒哈部（一作虎爾哈部）：因虎爾哈河而得名。

兀喇部（一作烏喇部）：因烏喇河而得名。

哈達部：因哈達臺地而得名。

夜黑部（一作葉赫部）：因葉赫河而得名。

輝發部：因輝發河而得名。

其中只有折陳（一作哲陳）與兀吉（一作渥集）兩部與河流無關，但顯然也是因居地而起的。哲陳滿語為「邊界」、「邊區」；渥集則為「大森林」，當然是因為這兩部地居邊境與森林地帶才有這樣的名稱。總之，明末環繞滿洲的這些部族稱號，都與他們部族所居地方有關，特別是與河川的名字有關。滿洲既然是一個部族的名稱，就像「烏喇」、「葉赫」、「瓦爾喀」、「虎爾哈」等一樣，當然也有可能是因地而得名的，或者也是因所居地的河川而得名的。

根據明代與朝鮮的史料，證實《清實錄》卷首所記的若干滿洲祖先是確有其人的，如朝鮮早期編纂的一部全國性志書《東國輿地勝覽》中「會寧都護府」條下記：

> 本高句麗舊地，胡言斡木河，一云吾音會。本朝太宗時，斡朵里童孟哥帖木兒，乘虛入居。世宗十五年（按為明宣德八年，1433 年），兀狄哈殺孟哥父子，斡木河無酋長。

這裏所述的孟哥帖木兒或孟哥，就是清代所追封的肇祖孟特穆，斡木河與斡朵里也就是清開國神話裏鰲莫惠與鰲朵里的同音異譯。孟哥帖木兒的被殺應指神話中「部屬遂叛」的事，范嚓脫走則是朝鮮史料裏所記孟哥帖木兒同母異父弟凡察逃離斡木河及相依李滿住以後的一段史跡。這些事都是發生在婆豬江邊的，而給朝鮮帶來很多的邊防紛擾。因此當時的朝鮮人記述他們的動亂事很多，常稱他們是「婆豬野人」、

「婆豬之人」,「婆豬人」或者簡稱「婆豬」。當然朝鮮人這樣稱呼他們是因為孟哥、凡察這一族人住在婆豬江的緣故。婆豬江是鴨綠江的支流,後改為佟家江。一說是今渾江。

然而在《朝鮮實錄》一類的史料中,有見「婆豬江」一詞有時又作「婆豬江」、「撥豬江」、「蒲州江」、「馬豬江」(朝鮮史書因寫作時代不同,「豬」字有寫成「猪」字的),可見「婆」、「馬」、「蒲」、「撥」等音相近。「滿洲」是由滿文 manju 音譯而來,正確的讀音應該是「滿珠」,「滿」、「馬」音似,「豬」、「珠」同音,所以「滿洲」一詞有可能是從「馬豬」或「婆豬」部族稱號演變而來,這樣不但在音韻上可以解釋,在歷史事實與女真民族的習俗等方面也相當符合,比西方佛號、族內尊稱一類的說法可能切合實際一些。

第四節　略談清人的先世

滿洲人的祖先出自明代遼東的建州衛。建州衛是明初奴兒干都司所轄三百八十四個衛中的一個。明成祖永樂元年冬,女真野人頭目阿哈出來朝,明廷便設立了建州衛,並以阿哈出為指揮使。明代對遼東女真的統治政策是以羈縻為主,用眾建衛所以分散其勢力,並「誘彼間此,誘此間彼」的分化他們,以收制服的效果。建州衛初設的地方,約當於現在綏芬河流域的渤海率濱府所屬的建州,這也是建州衛名稱的由來。永樂十年(1412 年),由於阿哈出的推薦,明廷又從建州衛中析置建州左衛,任命猛哥帖木兒(按即清官書中所稱的孟特穆)為建州左衛都指揮使。阿哈出原是元代胡里改部萬戶,猛哥帖木兒是斡朵里部的萬戶,他們都是元代鎮守北邊的地方官。他們管轄的地區曾是遼、金、元以來在經濟與文化方面比較發達的所在,土地肥沃,適於農耕。

元末明初，遼東動亂頻仍，猛哥帖木兒率領斡朵里部眾，從松花江和牡丹江會流處的依蘭遷到朝鮮的東北部居住，到朝鮮太宗時代，他們入居斡木河（又稱阿木河、吾音會，即後來朝鮮的會寧）一帶。其間一度又搬到阿哈出所居的回波江方州，但不久又因遭到韃靼的殺掠，而在明廷的准許下再到斡木河居住，這已是永樂末年的事了。

到明宣德八年（1433 年）十月，猛哥帖木兒和他的兒子阿古等人，被「楊木答兀糾合各處野人約八百餘名人馬」殺害，房屋財物也被焚毀與掠去。猛哥帖木兒的弟弟范察及猛哥帖木兒的兒子童倉（童山）等雖倖免於難，但「俱各失所」。宣德九年，明廷見建州左衛發生如此大變故，就下令范察為左衛都督僉事，而任命猛哥帖木兒的次子童倉襲職，仍為左衛指揮。范察與童倉為了怕再遭野人襲擊，在明廷的核准下，於明正統五年（1440 年），他們叔侄二人「與管下三百餘戶逃往婆猪江」。根據當時朝鮮人的記述：「童倉雖逃竄，其留居者過半。」可見建州左衛的部眾並沒有全數南遷。兩年以後即正統七年，范察與童倉叔侄之間發生爭權之事，即所謂的「衛印之爭」。明廷為了調解他們家族裏的紛爭，特又從建州左衛中析置建州右衛，以童倉掌左衛，范察領右衛，歷史上的「建州三衛」就是這樣產生的。

又從朝鮮史料中可以看出：明景泰二年（1451 年）左右，遷居到婆猪江、兀喇山城瓮村居住的建州女真人戶約有二千三百戶，一家一戶就是一個經濟單位，家長是一家財產的所有人，若以一戶有六口人計，則當時建州女真在婆猪江岸生聚的應該有一萬三千人上下。景泰六年朝鮮人又記錄了居住在圖們江兩岸的建州女真村落，大小不一，有五六家，也有多到五六十家的。

由於建州女真的勢力日益強大，他們時常進入遼東與朝鮮境內掠奪人畜財物，造成遼東與中韓邊境上的不安，到成化初年，更是可怕，據說有「一歲間入寇九十七次」的記錄，因此明廷在成化三年（1467

年)八月,先捕殺童倉於廣寧,再邀約朝鮮聯合大軍夾攻建州女真,明軍總兵官趙輔等率大軍五萬,兵分三路,從撫順直攻建州女真的根據地虎欄哈達(又稱灶突山,今新賓縣老城),焚燒女真住屋,大殺人民,許多建州女真人走避深山中藏匿。朝鮮大軍則自滿浦進攻婆豬江,女真殘部死亡殆盡;但范察不知所終,而建州右、左衛的勢力並沒有因此而消滅。

嘉靖末年,由於明廷步入衰亡之途,遼東女真紛紛興起。建州女真時分東西兩支,東部婆豬江流域有建州衛的王兀堂興起,西部渾河上游則有建州右衛指揮使王杲出頭。明萬曆二年(1574 年),明廷因不堪其擾,乃有總兵官李成梁率兵「攻剿建州衛酋王杲,斬獲甚眾」的事。萬曆八年,《明實錄》中又記:建州衛酋王兀堂等,「數遣零騎侵邊,復糾眾千餘,從永奠堡入犯。總兵官李成梁督兵追擊之,斬級七百五十有奇,擒獲一百六十名口,並殲其酋長八人,夷其堅巢數處,所獲馬匹夷器甚多。」建州女真經過明軍幾次大舉征討以後,勢力大衰,而分裂成渾河、棟鄂、蘇克蘇滸河、滿洲等若干小部落了。當時滿洲部族首長是努爾哈齊的祖父覺昌安(明人稱作叫場)與父親塔克世(明人稱作他失),他們顯然與李成梁有著良好的關係,尤其在征討王杲的戰役中,他們為明兵出力很多,如馬晉允的《通紀輯要》裏就說:「初王杲不道,殲我疆吏,李成梁因他失為嚮導,遂梟王杲於藁街。」黃道周有〈建夷考〉一文,也記:「先是奴酋(按指努爾哈齊)父他失有膽略,為建州督王杲部將。杲屢為邊患,是時李寧遠(按指李成梁)為總鎮,誘降酋父,為寧遠嚮導討杲。」不過,李成梁似乎仍是採用明初以來一貫策略,以夷制夷,挑撥女真諸部,而且「專以掩殺為事」,所以在萬曆十一年(1583 年),古勒山城之戰發生時,努爾哈齊的祖父與父親也併死於兵火了,這也激起了努爾哈齊的復仇戰爭,大清皇朝就是從這一次小事件中意外的注定誕生了。

根據清代官書的記載，努爾哈齊的祖父與父親的死是這樣發生的：

> 先是蘇克蘇滸河部圖倫城有尼堪外蘭者，陰搆明寧遠伯李成梁，
> 引兵攻古勒城主阿太章京，及沙濟城主阿亥章京。成梁授尼堪
> 外蘭兵符，率遼陽、廣寧兵二路進，成梁圍阿太章京城，遼陽
> 副將圍阿亥章京城。城中見兵至逃者半，被圍者半，遼陽副將
> 遂克沙濟城，殺阿亥章京，復與成梁合兵攻古勒城。阿太章京
> 妻乃上（按指清太祖努爾哈齊）伯父禮敦巴圖魯之女，景祖（按
> 即覺昌安）聞古勒兵警，恐女孫被陷，偕顯祖（按即塔克世）
> 往救，既至古勒城，見成梁兵方接戰，遂令顯祖俟於城外，獨
> 入城，欲攜女孫歸，阿太章京不從。顯祖俟良久，亦入城探之。
> 成梁攻古勒城，其城據山依險，阿太章京守禦甚堅，數親出遶
> 城衝殺，成梁兵死者甚眾，不能克，因責尼堪外蘭起釁敗軍之
> 罪，欲縛之，尼堪外蘭懼，請身往招撫，即至城大呼，紿之曰：
> 大兵既來，豈遂舍汝而去，爾等危在旦夕，主將有命，凡士卒
> 能殺阿太來降者，即令為此城之主。城中人信其言，遂殺阿太
> 以降。成梁誘城內人出，男婦老弱盡屠之。尼堪外蘭復搆明兵，
> 併害景祖、顯祖。

依照上面清代官方的說法，可以看出清人後來強調的是：㈠清景、顯
二祖當明兵攻打古勒城時，他們只是為營救族女而來，不是為了其他
的目的或是負有其他的任務。㈡李成梁攻打古勒城與景、顯二祖的被
殺，都是尼堪外蘭讒搆而起，尼堪外蘭是這次事件的罪魁禍首。然而
根據當時不少明代人的說法，顯然事實大有不同了。如沈國元在《皇
明從信錄》中說：「奴兒哈赤祖叫場，父塔失，並從征阿臺為嚮導，死
兵火。」熊廷弼在《遼中書牘》裏也提到「成梁令叫場父子誘阿臺」。

甚至在薊遼撫按張國彥等人的奏章裏也稱努爾哈齊的「祖、父於征逆酋阿臺之時，為我作嚮導，而死於兵火。」這些明代官私書檔的說法似乎比較合理，因為清官書中的記事有些令人懷疑，例如說覺昌安與塔克世到古勒城營救他們的族女時，正值兩軍交戰，如果他們沒有得到明軍方的特許，如何能一個一個的獨身入城？再說景、顯二祖死難之後，明朝就頒給努爾哈齊三十道敕書，馬三十匹（一說各二十），又給他都督敕書，甚至日後又封他為龍虎將軍，並歸還二祖屍體，這些「殊恩」絕不是隨便可以頒發的，其理至為明顯。清代官書所稱景、顯二祖營救族女到古勒山城，實在是隱諱他們祖先為明軍出力作嚮導的舊事而已。

　　古勒城破，阿臺戰死，雖然表示了王杲部族的滅亡；但是建州部的另外年少英雄卻因而崛起了，建州女真在不久後終被努爾哈齊所統一，大清皇朝也應運而生了。

第二章　滿洲的興起與發展

第一節　女真諸部的統一

　　古勒之戰發生之前，據清代官書記載東北地區，「諸國紛亂。滿洲
國之蘇克蘇滸河部、渾河部、王甲部、董鄂部、哲陳部；長白山之訥
殷部、鴨綠江部；東海之渥集部、瓦爾喀部、庫爾喀部；扈倫國之烏
喇部、哈達部、葉赫部、輝發部，群雄蜂起，爭為雄長，各主其地，
互相攻戰，甚至兄弟自殘，強凌弱，眾暴寡，爭奪無已時。」這是清
人的記述，當然誇張的稱他們是「滿洲國」，實際上扈倫四部是海西女
真，而「滿洲國」所屬的諸部則是建州女真，在各部女真之中，建州
比較開化進步，農工業也比較發達，實力雄厚。

　　努爾哈齊生於明世宗嘉靖三十八年
（1559 年），他追記祖先世系為：「肇祖原皇
帝諱都督孟特穆（按指猛哥帖木兒）……居
虎欄哈達下赫圖阿喇地，生子二，長充善、
次褚宴。充善生子三，長妥羅、次妥義謨、
次錫寶齊篇古。錫寶齊篇古生子一，即興祖
直皇帝，諱都督福滿。興祖生子六，長德世
庫、次劉闡、次索長阿、次即景祖翼皇帝諱
覺昌安、次包朗阿、次寶實。……景祖生子
五，長禮敦巴圖魯、次額爾袞、次界堪、次

圖 8：努爾哈齊

即顯祖宣皇帝諱塔克世、次塔察篇古。」至於開國神話中所述范察（一作嗏），則被認為是猛哥帖木兒以前的祖先，相信這是努爾哈齊或是太宗皇太極時代追憶時致誤的。充善以下至福滿這幾代是否有問題尚值得推究；不過無論如何，努爾哈齊一族是自認為建州左衛猛哥帖木兒一系的後裔的。又據當時明代人的記述，努爾哈齊因經常到撫順馬市交易，熟習漢人習俗，能說漢語，還讀過《三國演義》與《水滸傳》等書。萬曆十一年古勒戰役之後，他繼承他祖、父的職位，任建州左衛指揮使，他以復仇為名，在明廷的准許下，追殺尼堪外蘭，當時他才二十五歲，以「其父遺甲十三副起兵」，追隨他的也只有幾十人。不過當他第一次打敗尼堪外蘭，攻下圖倫城時，兵已百人，而甲已三十副了。到萬曆二十年，朝鮮人說他擁有的部下「馬兵三四萬，步兵四五萬，皆精勇慣戰。」在萬曆十一年到十六年之間，努爾哈齊首先統一了鄰近的建州五部，即渾河、董鄂、蘇克蘇滸河、哲陳、完顏。萬曆十九年又兼併了長白山三部之一的鴨綠江部。扈倫諸部眼見滿洲壯大，乃於萬曆二十一年以扈倫四部為主力，再聯合了蒙古的科爾沁、錫伯、卦爾察三部以及長白山兩部朱舍里與訥殷，號稱「九國聯軍」，約三萬人，分三路大舉進攻滿洲，希望打垮這股新興的勢力。努爾哈齊利用渾河上游古勒山附近的地形，採個別擊破的戰略，終於打敗了九部聯軍，並在不久後兼併了長白山的朱舍里與訥殷兩部，奠定了統一女真諸部的基礎。

　　努爾哈齊雖然暗中壯大實力，進行統一女真的工作，但他對明代地方官員與中央政府仍是極其恭順的。明廷為了利用努爾哈齊「看邊」，對他打敗女真諸部的軍事行動認為是「保塞有功」的，所以在萬曆十七年授以都督僉事之職，十九年晉升為都督，二十三年甚至封努爾哈齊為龍虎將軍。努爾哈齊也多次入京朝貢謝恩，雙方保持著良好關係。

　　在明末遼東女真諸部當中，原本以海西亦即扈倫四部為強大的。自從九部聯軍攻打滿洲失敗以後，努爾哈齊便與扈倫四部中較強的葉赫與烏喇兩部結盟聯姻，以分化瓦解四部的聯合。同時扈倫四部中也不能真誠合作，而有些內部自身也有問題，因而給了努爾哈齊大好的機會。萬曆二十七年，哈達發生內亂，滿洲應哈達部長之請派兵往援，第二年哈達內亂平息了，滿洲駐軍不退而占領了哈達，明廷也從此失去了牽制滿洲的「南關」。不久以後，海西的另一部輝發，也因為部眾多叛歸葉赫，部長乃以其子為人質，請滿洲出兵援助。後來輝發部長又索回質子，以質於葉赫，並築高城防滿洲，努爾哈齊乃於萬曆三十五年率兵攻輝發，輝發戰敗，部族也就不存在了。烏喇是海西女真中僅次於葉赫的強部，部長布占泰曾在九部聯軍戰役中敗績被俘，努爾哈齊為了籠絡他，把親姪女嫁給他，並安送他返國；但是布占泰並不因此誠心與滿洲結好。萬曆三十五年（1607 年），卻為了東海瓦爾喀部的歸附滿洲而與努爾哈齊大戰，第二年烏喇軍大敗，布占泰請罪求和，努爾哈齊寬恕了他，但烏喇此前控制東海諸部的優勢從此喪失了，瓦爾喀等所謂的「江外諸胡」都樂於與滿洲結好了。萬曆四十年，烏喇又背約進攻已歸附滿洲的渥集部與虎爾哈部，努爾哈齊大怒，率兵征討烏喇，連克五城，盡焚其廬舍糧食，滿洲兵凱歸。然而在不久之後，布占泰又起戰端。萬曆四十一年正月，努爾哈齊再領大軍征烏喇，布占泰也聚重兵三萬人防守，結果滿洲還是戰勝了，布占泰隻身逃亡到了葉赫，烏喇部也就滅亡了。

　　烏喇的滅亡也為努爾哈齊進兵黑龍江流域、統一東北，清除了障礙。海西女真也只剩下葉赫一部，在明廷的支持下，與滿洲為敵。努爾哈齊了解葉赫的問題不易解決，因為那是與明廷有關的，所以他先進軍黑龍江、烏蘇里江流域，先後降服了東海的瓦爾喀、虎爾哈、薩哈廉、使犬、使鹿等大小部落，葉赫的事留待與明代政府一併解決了。

在滿洲部族勢力日益壯大，兼併女真諸部日漸增多的時候，部族自身也發生了一些危機，如努爾哈齊與他親弟舒爾哈齊以及他長子褚英之間的鬥爭，值得在此一述。舒爾哈齊是努爾哈齊的胞弟，也是古勒之戰以後與努爾哈齊共創龍興大業的伙伴。清代官書裏記述他的事跡不多，只在舒爾哈齊的兒子阿敏後來被認定的罪狀中隱約透露了一些消息：

> 阿敏貝勒之父，乃叔父行也。當父祖在時，兄弟和好，阿敏貝勒唆其父，欲離太祖移居于黑扯木地方，令人伐造屋之木，太祖聞其父子罪，既而欲宥其父，而戮其子，諸貝勒力諫，謂：既宥其父，何必復殺其子？彼雖無狀，不足深較，盍並養之。

可見努爾哈齊兄弟曾經一度失和，舒爾哈齊甚至還想離開他的兄長到別處去另立門戶。我們在滿文寫的檔案裏就更能看出真相了，如萬曆三十七年條下記著：

> ……舒爾哈齊貝勒是淑勒崑都崙汗（按指努爾哈齊）惟一同父同母生的親弟弟，所以一切事物，如屬下人民、將佐、敕書、奴僕等都和汗一樣多，可是他仍不知足，戰時不肯出力，並且還時常發出怨言，因此汗就責備他了。……舒爾哈齊仍然不覺悟，反而對人說：「我就怕一死嗎？」於是就奔到其他部落居住了，……汗大怒，沒收了他棄留下的家產，殺了族子阿西布，焚殺了大臣烏勒昆蒙古，使舒爾哈齊離群，好讓他悔改。後來舒爾哈齊回來了，汗又把沒收的家產還給了他，可是舒爾哈齊依然不滿。……

舒爾哈齊不滿他哥哥因而發生兄弟間的政爭，以致有「奴酋殺弟」的傳聞。

再就努爾哈齊長子褚英的事作一簡述。褚英是努爾哈齊原配佟甲氏所生的長子，是清太祖諸子中嫡而居長的，也是為清太祖創建龍興大業的得力助手。但後來也與他父親努爾哈齊發生衝突了。滿文檔案與朝鮮文書中都略記此事，最後褚英被幽禁致死了。據朝鮮人的觀察，認為努爾哈齊「為人猜厲威暴，雖其妻子及素親者，少有所忤，即加殺害，是以人莫不畏懼。」舒爾哈齊既處處要與乃兄抗爭，而褚英對努爾哈齊不夠恭謹，這兩位叔侄當然不能見容於努爾哈齊，家族慘禍便由是而生了。這些家族鬥爭慘事，我們在後面會再詳述。

實際上，滿洲部族裏早期沒有完善的制度，更談不上法治，很多方面都是惟力是聽的。努爾哈齊、舒爾哈齊與褚英是創業時期的主要首領人物，各人力量大了，彼此間的衝突也就難免了。因此到建國稱汗的前夕，努爾哈齊非常想立法治軍、治民，所以在萬曆四十三年他設置理政聽訟五大臣以及札爾固齊十人，並對審理人民案件的程序作了如下的規定：

> 凡有聽斷之事，先經札爾固齊十人審問；然後言於五臣，五臣再加審問；然後言於諸貝勒，眾議既定，奏明三覆審之事；猶恐尚有冤抑，令訟者跪上前，更詳問之，明核是非。

可見在統一女真諸部之後，努爾哈齊著手建立法治的基礎了。

第二節　創製滿文與建立八旗制度

滿洲部族的領袖在兼併女真諸部的同時，也為大帝國的規模從事

奠基的工作，以下二事，尤其值得一述：

一、創製滿洲文字

滿洲人是阿爾泰語系民族的南支一族，是女真人的後裔。他們講的語言與鄂倫春、錫伯、赫哲語一樣。這一語系的各族，只有十二世紀初年的女真人創造過文字，而且當時有女真大字與女真小字。然而早期女真字是在契丹大字的基礎上造成的，而契丹字又是依仿了漢字的外形，所以女真大字仍是方塊字體的形狀，與蒙古字由拼音而成的情形不同。蒙古的元興起以後，消滅了女真人建造的金，女真大字也隨之衰微了。蒙古人在遼東設萬戶府統治，女真人的語言雖然還在使用，但早年的女真字已被蒙古文代替。到明代中期，女真人幾乎都不認識自己的文字了，遼東玄城衛的指揮撒升哈等人竟說：「臣等四十衛無識女真字者」，希望明代官員以後給他們敕文的時候改用蒙古字。

努爾哈齊興起之後，滿洲部族對明廷和朝鮮的往來文書都用漢文，對建州女真各部的公文與政令則多用蒙文。他們平常說女真（滿洲）話卻寫蒙古文，可以說是自元明以來歷史背景造成的。然而這種語言與文字不統一的現象到努爾哈齊擊敗九部聯軍，滿洲勢力日強以後，開始感到不方便了，也在統一女真各部的工作上成為了一種障礙。因此到明萬曆二十七年（1599 年）二月間，努爾哈齊下令要部族裏的文臣創製自己的文字，清官書中記：

> 太祖欲以蒙古字編成國語。巴克什額爾德尼、噶蓋對曰：我等習蒙古字，始知蒙古語。若以我國語編創譯書，我等實不能。太祖曰：漢人念漢字，學與不學者皆知。蒙古人念蒙古字，學與不學者亦皆知。我國之言，寫蒙古之字，則不習蒙古語者不能知矣。何汝等以本國言語編字為難，以習他國之言為易耶？

噶蓋、額爾德尼對曰：以我國之言編成文字最善；但因翻編成句，吾等不能，故難耳。太祖曰：寫阿字下合一瑪字，此非阿瑪乎？（按阿瑪父也）額字下合一默字，此非額默乎？（按額默母也）吾意決矣，爾等試寫可也。於是自將蒙古字編成國語頒行，創制滿洲文字自太祖始。

額爾德尼與噶蓋兩位巴克什（滿語作 baksi，意為儒者，也有人說是阿爾泰族人早年從漢文「博士」轉譯去的，蒙文裏也有這個字）便遵照努爾哈齊的「以蒙古字編成國語」的指示，創造了滿洲的文字。這種草創的文字形聲等方面都不完備，還有借用蒙文的，尤其在外形上酷似蒙文，和早期女真字形似漢字的情形大不相同。由於初創的滿文沒有加上圈點符號，所以又稱「沒有放上圈點的滿文」或「無圈點滿文」，後人也有稱為「老滿文」的。

　　阿爾泰語是整個北亞、中亞歷史上以及目前該地區諸民族所使用語言的概稱。若從地理上看，這一語系應包括西起土耳其以東的中亞、西伯利亞、我國的新疆、蒙古及東北北部、朝鮮半島以及庫頁島等俄日濱海地區。若以語言來細分，在我國境內的又可分為三個語族：即阿爾泰語系突厥語族，包括維吾爾語、哈薩克語、克爾克茲語等；阿爾泰語系蒙古語族，包括蒙古語、達呼爾語、布利亞特語等；阿爾泰語系滿語族，包括滿語、鄂倫春語、錫伯語等。上面三個語族語言源頭，歐洲學者曾經作過研究，如英國漢學家亞力威烈 (Alexander Wylie) 和早期法國漢學家雷慕沙 (Remusat) 等人的看法是值得一述的，他們認為自元初以來至日後通行的蒙文是仿古維吾爾文所製成的，而古維文的來源雖無確論，但多少是與敘利亞文中的愛思特蘭葛羅 (Estrangelo) 一體有關的。至於西方敘利亞文是傍行寫法，由左而右，而東方的古維文、蒙文、滿文卻都是直寫，由上而下，和敘利亞文有

別。這一點雷慕沙曾經作過合理的解釋，他說古維文由於夾帶漢字，所以變通而合漢字的習慣，成為由上而下，由左而右的寫法了。蒙文與滿文也因此成為由上而下直寫，但和漢字書寫方式不同的是由左而右。

滿文在外形上像蒙文，與六書的漢字不同。滿文的語法，名詞有格、數的範疇；動詞有體、態、時、式等的範疇。文句構成的順序也與中文不同，如動詞在句末等等，這種拼音文字可以說與西方文字相似。

自從滿文創製以後，滿洲部族中就大力推動應用這種新創文字，從首長的諭令到記事的書檔，甚至碑石錢幣，都用滿文。努爾哈齊建立後金以後，甚至還下令指定八位師傅認真的教滿文，入學的生徒們也須勤勉研讀。如果學習效果不佳，師徒都要「治罪」。

滿文創製不但能寫記滿族史事，翻譯漢文書檔，促進文化的進步；同時滿族的自尊心也因而提高，對女真各部的統一也有助益。

圖9：乾清門匾額　左為漢字，右為滿文

二、建立八旗制度

八旗制度是與女真人早年的狩獵制度有關的。清官書中寫記過這種制度的源流：

> 先是，我國凡出兵校獵，不計人之多寡，各隨族黨屯寨而行，獵時，每人各取一矢，凡十人，設長一，領之，各分隊伍，毋敢紊亂，其長稱為牛彔額真。

滿語「牛彔」(niru) 作大箭解，「額真」(ejen) 意為「主」，可見牛彔額真原是女真人狩獵時的十人之長，八旗制建立後就以此為官名了。

努爾哈齊自萬曆十一年為祖、父復仇起兵後，由於先後兼併不少女真部落，兵力日強，劃定軍事組織自是必需之事，不過清官書中說萬曆十二年即有以三百人為一牛彔的軍事單位可能是日後追記的，未必是當時的實情。因為到萬曆十七年時，朝鮮人所見的只說努爾哈齊兄弟部下兵分四種，即環刀軍、鐵錘軍、串赤軍、能射軍，似乎和八旗兵制的性質還頗有不同。萬曆二十三年朝鮮人申忠一在舊老城所見的努爾哈齊「麾下萬餘名」軍隊，應該比較可靠，而在此時各軍已按旗編制甚為合理，所以他當時看到滿洲軍旗是：「旗用青、黃、赤、白、黑，各付二幅，長二尺許。」申忠一的說法並非不確，除了這是他親身所見的事實以外，後來清修《八旗通志》時也說清初旗色原有黑色，後來因為「旗以指麾六師，或夜行則黑色難辨，故以藍代之。」而且還說早年旗色與左右兩翼軍的次序有五行相勝的作用，可見當時並無黃為正色、天子所用的觀念。也就是說：申忠一到建州老寨的時候，滿洲人已經將軍隊按旗編制了，也有牛彔的軍事單位了，但旗色是五種顏色。

依照清代官書的說法，到萬曆二十九年（1601 年），滿洲軍制又作了一次整編，努爾哈齊「以諸國徠服人眾，復編三百人為一牛彔，每牛彔設額真一。」文中既用「復」字，相信「牛彔」之存在必早於是年。當時旗色也可能作了改變，將原有五色改為黃、白、紅、藍四色了，因為到萬曆四十三年時，滿洲建立八旗制，《清實錄》中記：

> 上既削平諸國，每三百人設一牛彔額真，五牛彔設一甲喇額真，五甲喇設一固山額真，每固山額真左右設兩梅勒額真。初設有四旗，旗以純色為別，曰黃、曰紅、曰藍、曰白。至是添設四

旗，參用其色鑲之，共為八旗。

滿語「甲喇」(jalan) 原意是「竹節」、「段」，用在八旗軍制裏顯然有在固山額真與牛彔額真間的一個環節，負有承啟聯絡作用之意。「固山」(gūsa) 即「旗」，「梅勒」(meiren) 是「兩肩」的「肩」，當然是首腦的兩位副手。這些八旗早期官名，入關後都改稱了，如牛彔額真作佐領，甲喇額真作參領，梅勒額真作副都統，固山額真作都統。至於添設四旗以後的旗色，是將原來旗幟的周圍鑲上一條邊，黃、白、藍三色旗鑲紅色邊，紅色旗鑲上白色邊，不鑲邊的原色旗稱正旗，如正黃、正紅、正藍、正白，鑲邊的旗稱鑲黃、鑲紅、鑲藍、鑲白；「鑲」字也有人俗寫為「廂」字的。

努爾哈齊時代的八旗軍隊嚴於紀律，勇敢善戰，有「滿兵上萬，天下無敵」的美譽，原來八旗兵在組織與作戰等方面都有其優點的：

> 行軍時，地廣則八旗並列，分八路；地狹則八旗合一路而行。隊伍整肅，節制嚴明，軍士禁喧囂，行伍禁攪越。當兵刃相接時，被堅甲，執長矛大刀者為前鋒；被輕甲善射者從後衝擊；俾精兵立他處，勿下馬，相機接應。

這種有策略、機動性強的軍隊，當然「戰則必勝」了。

八旗軍制不但是一種單純的軍事組織，而且又是行政制度、民政制度、家族制度、經濟制度。在努爾哈齊創立八旗制度以後，從固山額真到牛彔額真這些長官，他們在戰時領兵，在平時卻忙於登記戶籍、查勘田地、分配財物、經營房宅、收納賦稅、攤派勞役、拘捕逃人、辦理婚喪、解決民刑、指導畜牧、監督生產以及控制信仰等等的工作，所以八旗制度是清代的國體，全國全民隸屬於八旗。

八旗制度建立後,早期的領旗貝勒可以在朝鮮人的記述探出大概,兩黃旗顯然屬於努爾哈齊自領,其他兩紅旗歸代善,正白、鑲白、正藍、鑲藍則分別以皇太極、杜度、莽古爾泰、阿敏為所有人。清太宗繼承汗位以後,兩黃旗易主,由皇太極自將,顯係黃為正色由天子自將觀念的結果。

總之,努爾哈齊時代因疆域日廣,軍民日多,而建立八旗制度,這一國體實際上把當時分散的女真人以牛彔的小單位組織了起來,亦兵亦農,以軍事方式管理全民,形成一個有力的整體,這對建州女真的發展壯大具有極重大的意義。

第三節　後金的建立

建州女真中的一部滿洲,從萬曆十一年崛起以後,經過三十多年的勤苦奮鬥,不僅統一了建州女真各部,同時也兼併了東海女真並征服了扈倫四部中的哈達、輝發與烏喇諸部,正如清官書中說的:「自東海至遼邊,北自蒙古、嫩江,南至朝鮮、鴨綠江,同一語音者,俱征服。」後金汗國的規模實已粗具了。然而建國的歷程也是漫長艱辛的,以下兩方面可以說明這一事實:

一、建立中樞基地

努爾哈齊可能出生於建州左衛蘇克蘇滸河部費阿拉城(遼寧新賓縣舊老城),他十九歲時因繼母虐待而分家自立,古勒之戰時他已二十五歲,父、祖的遺甲只有十三副,可見當時他的憑藉不多。不過經過三年多追殺尼堪外蘭的戰爭,部族的聲望提高了,他個人的財富與地位也不同於往昔了。萬曆十五年(1587 年),他建造了第一處中央所在地,清官書裏記:

太祖於碩里口、虎欄哈達下，東南河二道，一名夾哈，一名首里，河中一平山，築城三層，啟建樓臺。

「虎欄」滿語作「煙筒」，「哈達」意為「山峰」。虎欄哈達即「煙筒山」，又稱「灶突山」。朝鮮人申忠一到過此城拜訪努爾哈齊，據他的描述：「外城周僅十里，內城內二馬場許（按約當四里）」，城以石築，次有椽木，「高可十餘尺，內外皆以粘泥塗之。」「內城內，又設木柵，柵內奴酋（努爾哈齊）居之。」「內城中，胡家百餘；外城中，胡家才三百餘；外城外四面，胡家四百餘。」另在木柵的內城中有神殿、鼓樓、客廳、閣臺、樓宇等，樓宇最高三層，上蓋丹青鴛鴦瓦，牆塗石灰。這就是當時努爾哈齊最早行使權力與居住的中央所在，滿洲人後來記述的「上始定國政，禁悖亂，戢盜賊，法制以立」就是指這時期的事。

滿洲部族在灶突山邊生聚教訓了四、五年以後，據朝鮮人說：「大概目睹，則老乙可赤（按指努爾哈齊）麾下萬餘名，小乙可赤（按指舒爾哈齊）麾下五千餘名，長在城中，而時常習陣。千餘名各持戰馬著甲，城外十里許練兵。」由此可見，努爾哈齊自古勒戰後的十年間，兵力由「遺甲十三副」幾十人的小組織，發展到一萬五千多人的大團體了，而且消滅或兼併了建州、長白山等的好些女真部族，在新建的「都城」裏「自中稱王」了。努爾哈齊何以能在明軍的監視下如此快速成長呢？可能的原因如下：

努爾哈齊雖然「其志不在於小」，但是他親見王杲的被殺以及尼堪外蘭的被利用，因此他一直對明廷陽為恭順，暗自擴充自己的實力。他按期做好稱臣納貢的本分工作，並與李成梁維持良好關係。「貴極而驕」的李成梁也認為努爾哈齊恭順聽命，甚至還奏報獎許他。在努爾哈齊統一建州女真的期間，李成梁不但不加以干涉，反而將重兵轉向

「北元」與海西女真方面。蒙古殘部與海西女真在李成梁大軍的先後攻伐下，實力削弱很多，也造成海西女真人對明廷的反感。努爾哈齊在如此有利的情勢下，力量日益壯大當然是必然的事了。

明萬曆三十一年（1603 年），努爾哈齊又「自虎欄哈達南崗移于祖居蘇克蘇滸河、加哈河之間，赫圖阿拉地築城居之。」「赫圖阿拉」也是滿語，意為「橫崗」或「橫甸」，在今新賓縣內。兩年後又在赫圖阿拉城外，「更築大城環之」，「內城居其親戚，外城居其精悍卒伍，內外現居人家約二萬餘戶。」可見滿洲的勢力更形強大了。

在赫圖阿拉城發展了七、八年以後，努爾哈齊便建立後金汗國，進一步的為大清帝國奠定成功的基石了，所以後世清人稱赫圖阿拉為「興京」，以示國家由此而興起的。經過在興京的幾年奮鬥與發展，努爾哈齊「及諸子，下至卒胡，皆有奴婢（互相買賣）、農莊（將胡則多至五十餘所）」，農業生產顯然大為進步，而家庭副業與畜牧業似乎也較以前更發達了，因為「其土產，禽獸魚鱉之類、蔬菜瓜茄之屬皆有之，絕無花蒔。果實只有榛子、海松、山梨而已」，「家家皆畜雞豬鵝鴨羔羊之屬」。另外，「銀鐵革木皆有其工，而惟鐵匠極巧。女工所織，只有麻布，織錦、刺綉則唐人所為也。」由此可見，滿洲部族到萬曆四十年代已不是微賤的「蕞爾小夷」了。

二、由貝勒到大汗

努爾哈齊起兵征討尼堪外蘭時，仍是滿洲一部小首領，依女真舊俗，以「貝勒」為稱。「貝勒」一詞，滿語作 beile，不是滿洲人自創的文字，是金代「孛菫」或「孛堇烈」的同義異譯字，是女真部落首長的通稱。明代遼東官員雖然建議政府封努爾哈齊先為都督僉事，後改龍虎將軍；但是萬曆二十一年以前，努爾哈齊與一般女真部族首長一樣，都以「貝勒」稱之，如烏喇的布占泰、葉赫的納林布祿、輝發

的拜音達里等，都稱貝勒，舒爾哈齊也稱貝勒。到滿洲一部的勢力強大以後，努爾哈齊為表示他的地位不同於別人，在貝勒頭銜上加了一個美號「淑勒」(sure)，意為「聰睿的」，變成了專稱，以表示他的崇高，「淑勒貝勒」沒有第二個人可以稱用。

　　到了打敗葉赫等部的九部聯軍以後，明廷為安撫他，封他為龍虎將軍，努爾哈齊自己則對外行文用「女真國建州衛管束夷人之主」了，當時他有了叛明的心跡，已很明確，不然怎麼敢用「女真國」的名稱呢？不過他對明朝外表上仍極恭順，用印有時還是「建州左衛之印」，當然這是權宜之計。

　　萬曆三十一年，滿洲部族已在赫圖阿拉建立了大城，當時哈達已消滅，輝發也被控制，滿洲文字也已創成，旗制四色也已辨別了，努爾哈齊在給朝鮮邊將的書信上，稱自己為「建州等處地方國王」，可見他的權力與地位更升了一層。其後兩年之間，滿洲的力量更形壯大，蒙古的若干部族也結好他們了，到萬曆三十四年（1606 年），蒙古的恩格德爾竟引領了喀爾喀五部貝勒的使臣，來到赫圖阿拉拜謁努爾哈齊，並尊稱努爾哈齊為「崑都崙汗」(kundulen han)（崑都崙，滿語，意為「謙恭」）。「汗」是蒙古最高首領的稱謂，又加上「謙恭」的美號，則更表示努爾哈齊當時受若干蒙古部族的尊敬了。

　　萬曆四十四年極為重要，努爾哈齊在先一年設置了「理國政聽訟大臣五員，札爾固齊（jurgūci，原係蒙古文，理事官之意）十員」之後，在興京赫圖阿拉建元稱汗了。當時情形是：

> 正月朔甲申，八固山、諸王奉眾臣，聚於殿前排班，太祖陞殿，諸王、大臣皆跪。八大臣出班，進御前跪，呈表章。太祖侍臣阿敦轄、額爾德尼巴克什接表。額爾德尼立於太祖左宣表，頌為列國沾恩英明皇帝，建元天命。帝於是離座，當天焚香，率

諸王、大臣三叩首，畢陞殿，諸王大臣各率固山，叩賀正旦。

早年滿文檔冊裏只記呈上的表章中頌稱「養育諸國的英明汗，年號天命」，並未有國號「金」或「後金」的字樣；但一般傳統說法：萬曆四十四年建元稱汗是建立了後金汗國。由於努爾哈齊處事謹慎，不願張揚，對外不稱後金。明廷對努爾哈齊的建國稱汗是略有所聞的，不過總認為這是小丑戲侮，不足為怪的事；而且努爾哈齊也表現很好，對明廷是可屈可伸的，使得苟且偷安的明室君臣也就不覺其嚴重了。

萬曆四十七年（後金天命四年），滿洲人在薩爾滸山大戰中大敗明軍以後，對朝鮮與明朝都公開稱「後金」了，這也是有人認為「後金」國號始用於天命四年的依據。雖然自萬曆四十四年在赫圖阿拉稱汗到明天啟五年（天命十年，1625 年）滿洲人遷都瀋陽期間，從未見史料裏有任何記載，談到他們「建元天命」或是「國號後金」的事，甚至於連一次盛大的典禮或儀式也沒有舉行過，但是萬曆四十四年即稱後金並年號天命也是有可能的，只是為怕激怒明廷而未作張揚而已。

努爾哈齊建立八旗制度以後，將散漫分離的女真部族組織了起來，不僅加強了軍事力量，也促進了經濟生產事業的發展。即至建元稱汗，設置五大臣與十理事官，政治上更形鞏固，政權有了堅實的基礎了。從此邁上更遠大的前程，與大明、蒙古以及朝鮮從事更艱鉅的和戰交涉了。

第三章　從後金到大清

第一節　滿洲與明廷的和戰關係（上）

　　後金建立以後，努爾哈齊對明朝在表面上仍保持恭順的態度；不過他卻在統一大後方的工作上特別注意了起來，當然這是為鞏固基地的。從萬曆四十四年到四十六年之間，滿洲人對東北邊遠地區從事了幾次軍事行動，如派兵征伐黑龍江中游兩岸的薩哈廉部，奪得兀爾簡河南北一帶的三十六寨與薩哈廉部內的十一寨，另外東海渥集部、虎爾哈部等也在天命三年（1618 年）歸附了後金；東北的後顧之憂從此排除，滿洲可以專心南向與明廷交涉了。

　　天命三年四月十三日，努爾哈齊突以「七大恨」（亦稱「七宗惱恨」）告天，誓師征明。「七大恨」的內容是：

> 我之祖、父，未嘗損明邊一寸土地，明無端起釁邊陲，害我祖、父，恨一也。明雖起釁，我尚欲修好，設碑勒誓，凡滿、漢人等，毋越疆圍，敢有越者，見即誅之；見而故縱，殃及縱者。詎明復渝誓言，逞兵越界，衛助葉赫，恨二也。明人於清河以南，江岸以北，每歲竊踰疆場，肆其攘奪，我遵誓行誅，明負前盟，責我擅殺，拘我廣寧使臣綱古里、方吉納，挾取十人踰殺之邊境，恨三也。明越境以兵助葉赫，俾我已聘之女，改適蒙古，恨四也。柴河、三岔、撫安三路，我累世分守疆土之眾，

耕田藝穀，明不容刈穫，遣兵驅逐，恨五也。邊外葉赫，獲罪
於天，明乃偏信其言，特遣使臣，遺書詬詈，肆行陵侮，恨六
也。昔哈達助葉赫，二次來侵，我自報之，天既授我哈達之人
矣，明又黨之，挾我以還其國。已而哈達之人，數被葉赫侵掠。
夫列國之相征伐也，順天心者順而存，逆天意者敗而亡。何能
使死於兵者更生，得其人者更還乎？天建大國之君即為天下共
主，何獨構怨於我國也。初扈倫諸國合兵侵我，故天厭扈倫啟
釁，惟我是眷。今明助天譴之葉赫，抗天意，倒置是非，妄加
剖斷，恨七也。

從「七大恨」指陳的事實中，我們可以看出：努爾哈齊在建國稱
汗而後方基地鞏固之後，開始以祖先被殺仇恨，與滿漢民族問題，以
及被明廷多年壓迫的積怨為理由，在「欺陵實甚，情所難堪」的情況
下，向明廷興師問罪了。

後金征明的第一個目標是撫順及其附近的臺堡，據清代的記載，
努爾哈齊的戰略與戰爭的經過是這樣的：

　　……大軍分兩路進，令左四旗兵取東州、馬單根二處，上與諸
　　貝勒率右四旗兵及八旗選練護軍，取撫順所。……大軍分隊星
　　馳，趨撫順邊，隊伍綿亙百里……圍撫順城，執一人，遺書諭
　　遊擊李永芳降。……永芳得書，冠帶立城南門上，言納款事，
　　又令軍士備守具，我兵見之，樹雲梯，不移時，登其城。永芳
　　遂冠帶乘馬出城降。……於是撫順、東州、馬根單三城及臺堡
　　寨共五百餘悉下。……留兵四千，毀撫順城。上率大軍還，……
　　論將士功行賞，以俘獲人口三十萬分給之，其歸降人民，編為
　　一千戶。……

　　然而據當時朝鮮與明人的記述卻大有不同，如《光海君日記》中說：「奴酋向來與撫順互市交易，忽于前面四月十日，假稱入市，遂襲破撫順。」（文中四月十日應係十五日之誤）《明神宗實錄》是年四月十五日條也記：「先一日，奴於撫順市口言：明日有三千達子來做大市。至日，寅時，果來叩市，誘哄商人、軍民出城貿易，隨乘隙突入。」同時努爾哈齊與李永芳是舊識，他們在撫順所的教場中曾經「並馬交談」過的，所以這次戰爭是後金戰略的勝利。

　　在努爾哈齊取得撫順城後，廣寧總兵張承胤、遼陽副將頗廷相與海州參將蒲世芳等，率兵一萬多人來追擊後金兵，結果大敗，張承胤等「主將兵馬，一時俱沒」，後金又在此次戰役中「獲馬九千匹，甲七千副，兵仗器械，不可數計。」

　　撫順之役是努爾哈齊起兵三十多年來第一次與明軍的正面衝突，直接戰鬥，結局意外的成功，因而增加了後金侵明的信心。同年五月間，後金又攻下了撫安堡、花豹沖、三岔兜等大小十一堡，獲得糧粟很多。七月便進兵另一大據點清河了。

　　清河左近瀋陽，南控遼陽，形勢險要，明城守副將鄒儲賢率兵一萬人固守，「城上巨炮千餘」，實力不算薄弱。清代官書裏說滿洲人「樹雲梯登之，不避鋒刃，飛躍而入，明兵皆潰。」事實上清河守軍確曾施放火器，造成滿洲軍千餘人的死亡，努爾哈齊後來命士兵頭頂木板，從東北角城下挖牆而入。也有人說努爾哈齊先令「驅貂、參車數十乘入城，貂、參窮而軍容見。」努爾哈齊的奇異戰術在當時是聞名明代人的見聞中的。

　　清河的攻克比撫順還快速，努爾哈齊的氣勢更壯了，抓了一個被俘的明兵，割下了他的雙耳，讓他帶回了如下的一封信：

　　　如果以我做的不合理，可以約定戰期出邊，或十天，或半個月，

攻打決戰一場；如果以我做的合理，那就納金、帛來吧！這樣可以平息事情的。

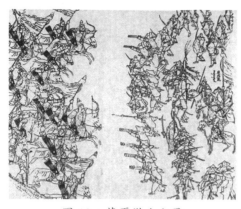

圖 10：薩爾滸山之戰

努爾哈齊雖然沒有代明有國的野心，但是據地稱王，向明廷強索金帛的意圖已經畢宣紙上了。明廷君臣對他這種悖逆犯上的不敬行為表示震怒，九卿科道等官員都主張大舉征剿，歷史上著名的薩爾滸山大戰便在這樣的背景下發生了。

明廷在發動戰爭以前，做了一些準備的工作，如向陝、甘、晉、魯、閩、浙等省徵調兵馬，並加派遼餉，以應軍需；同時又下令朝鮮出兵夾攻等等。此外在將領的選派方面也作了決定，最後以兵部侍郎楊鎬為遼東經略，山海關總兵官杜松與老將劉綎等人為副，負責專征之任。

萬曆四十七年二月，各路兵馬匯集瀋陽，總數可能不出十萬人，楊鎬坐鎮指揮，號稱出兵四十七萬，以張聲勢。當時明軍分四路進攻興京赫圖阿拉，以期一舉消滅滿洲。四路軍事的佈置是：西路由杜松等率領大軍三萬人，從瀋陽出撫順關，從西路進攻赫圖阿拉，這一路是全軍的主力。南路由遼東總兵李如柏等率兵兩萬五千，從清河出鴉鶻關，由南路向赫圖阿拉進發，以作杜松一軍的援軍。北路由開原總兵馬林會合葉赫軍一萬五千人，從開原、鐵嶺出靖安堡，再入蘇子河流域，由北面進攻赫圖阿拉。東路則由遼陽總兵劉綎會合朝鮮軍一萬多人，由寬甸出涼馬佃，從東面進攻赫圖阿拉。

同年三月初一夜，在明軍沒有夾攻赫圖阿拉之前，努爾哈齊先集

中八旗兵六萬人全力猛攻薩爾滸山明軍杜松的主力，杜松在疏於警戒的情況下慘敗，杜松本人戰死並全軍覆沒。據說「死者漫山遍野，血流成渠，軍器與尸沖於渾河者，如解冰旋轉而下。」第二天，三月初二日，努爾哈齊又集中火力大戰馬林率領的北路軍，交戰之後，明軍與葉赫合組的軍隊也大敗潰散，馬林僅以身免，逃到了開原。同月初四日，東路的劉綎一軍也全軍覆沒，劉綎壯烈陣亡，朝鮮兵除部分戰死外，大多投降了後金。楊鎬聽到三路喪師的消息，急令南路李如柏一軍撤退，因而未遭敗亡的命運。這一戰役明軍戰死的軍官共三百多人，兵丁死難的一說是四萬五千八百多人。滿洲人獲得了大勝利，難怪他們後來寫記歷史的時候說：這次大戰，五天內就以少勝多，獲得大捷，「自古克敵制勝，未有若斯之神者也。」

　　明軍在薩爾滸山一戰中大敗的原因雖然很多，但是最重要的應該是以下幾項了：

　　㈠從將領人選方面看：總指揮官楊鎬雖是一位資深的將軍，但他的戰績記錄並不好。有人說他「庸懦昏聵」、「驕躁寡謀」，應該是中肯的評語。此次領兵，他已暮氣沉沉，只圖僥倖求勝，作風毫不踏實。杜松原是名將，身經百戰，而「無不克捷」；不過他率兵到薩爾滸山時，竟為「急貪首功」，而在「先期競進」、部眾「諫之不聽」、「隊伍錯亂」、「賺入賊伏」、「輕騎深入」、「背水而戰」等「六失」下鑄成大錯。馬林其人「雅愛詩文，交游名士，圖虛名，無將才」，陣前脫逃是意料中事。劉綎猛勇名揚海內，是位將才；然而這次命他領東路軍，一路大川縈紆，山徑崎嶇，叢林密佈，人馬難行，而軍糧又不多，朝鮮兵表現得極不熱心，加上受滿洲兵詐騙，以致兵敗身亡。李如柏是李成梁之子，曾娶努爾哈齊侄女為妻，當時人說他與滿洲有「香火情」，所以他逗留觀望，而努爾哈齊也未對他加以一矢。戰後他雖下獄自裁，但戰爭的失敗他總是有責任的。除了這些將領們各有問題之外，

他們之間在戰時又不能同心協力，如杜松想與劉綎爭首功，馬林又與杜松互妒，劉綎對楊鎬怨恨，在在都說明了明軍主事者的缺陷太多，戰爭的失利是必然的。

㈡從參戰人數方面看：明軍參加薩爾滸山戰役的人數雖被號稱為四十七萬，清官書中也作二十多萬，然而依照四路兵的實際數字看，總數約在八萬至十萬上下，其中還包括了朝鮮兵一萬三千人以及葉赫的軍隊兩、三千人。後金的總兵力則約在八萬以上，所以明軍並不占優勢。

㈢從軍隊士氣方面看：滿洲人的「七大恨」顯然是具有宣傳威力的，加上大戰發生的前兩年間遼東水災慘重，而且到了「饑困之患，近古所無」的情況，因此後金的征明是全力以赴的。明軍方面則是被動的、被激怒而發兵的，所以從內地新調的援軍「皆伏地哀號，不願出關」。四路軍出發時適逢大雪，各軍請緩師期，也有以未諳地形而再請緩師的，逼得楊鎬以「軍法從事」脅迫後才上路。在幾天的交戰當中，馬林軍見杜松兵敗，急忙轉攻為守，甚至在挨打應戰時彼此還不能協助，只求保持一己的實力，結果個別的被人擊潰，士氣之不振由此可知。劉綎的軍隊雖算盡忠職守，但是主將劉綎的牢騷實在會影響軍心士氣的。例如他說楊鎬與他不相善，必要致他於死。又說他不得天時，不得地利，不得主柄，毫無兵家勝算的條件，充滿悲觀的心態，如何能領兵作戰？更遑論打勝仗了。東路監軍喬一琦也「以倉卒興師為慮」，而朝鮮兵開始就是在不甚情願的情形下出兵的，到了前線還有著「道路漸遠，糧餉不繼，極為悶慮」的恐懼，甚至還有人說朝鮮大軍的元帥姜弘立曾經在雙方大戰前幾天「密遣通事金彥春于虜，以傳我國（按指朝鮮）不得已送兵之意」，努爾哈齊日後善待朝鮮降人可能與此事有關。李如柏一路根本沒有上陣，士氣也不必談論了。總之，明軍的士氣低落，取勝是不可能的。

㈣**從戰略戰術方面看**：明兵分四路攻打赫圖阿拉，本來是無可厚非的；然而四路夾攻必須同時發動才能奏效。如杜松一軍三月初一馳抵薩爾滸山，而當時劉綎大軍仍在馬家口一帶行進中，馬林的軍隊又因葉赫軍未出動而延緩於途，李如柏則姍姍來遲的才出清河鴉鶻關，可見大家並沒有如預期的到達目的地。這樣一來十萬大軍就變成四個約各有兩萬多人的小集團了。而後金的六萬或更多的主力軍始終集成一體的向明兵猛攻，先破杜松，再敗馬林，最後戰敗劉綎，這種採用集中優勢兵力各個擊破的戰術，當然會打垮兵力分散的明軍。至於後金兵在北路軍與東路軍進行的路上砍樹塞道阻滯行軍，以及對劉綎「設計誘之，用杜松陣亡衣甲、旗幟，詭稱我（明）兵」，乘機進擊東路軍，使劉綎措手不及等奇招，也是後金在用兵戰術上的成功。

㈤**從兵器使用方面看**：一般說來，明軍的火力是比後金強大的，因為明軍有鳥鎗，有巨砲，這些重武器是後金軍中奇缺的。不過就使用情形看，明軍顯然未能發揮應有的效用。如杜松一路銃砲齊發，只是多打入叢林，打得「野草瑟縮」了，但躲在黑暗中的八旗被射殺的卻不多，而後金兵萬矢齊發時，矢孔瀝血，杜松的部下則都裂口呼號了。又如馬林一軍，死守尚間崖時，後金兵大舉猛進，明軍發鳥鎗，放巨砲，但是「火未及用，刃已加頸」，滿洲騎兵的神速、機動力強，由此可見一斑。至於明兵的一般武器，似乎也多老舊不堪，據說楊鎬在遼陽演武場誓師出發時，為重申軍紀，特別把在撫順臨陣脫逃的指揮白雲龍當眾梟首，但是行刑者的屠刀不夠利，「三割而始斷」。同時劉招孫在教場馳馬試槊時，木柄蠹朽，槊頭墮地，軍備之差，不言可知。

㈥**從軍事情報方面看**：軍情對作戰是極為重要的，而明方的軍期早經泄漏，使努爾哈齊掌握了情報，以逸待勞，予明軍以痛擊。據《明實錄》說：「我師進剿，出揭發抄，略無秘密，以致逆奴預知。」後金

由於預知明軍的部署、戰略、師期,因而才敢用集中兵力、各個擊破的策略。其他遼東的地形以及當時酷寒的天氣,都是對明兵不利的,由此看來,薩爾滸山的戰事勝敗,可以說早就注定了。

清高宗乾隆帝曾經說過:薩爾滸山一戰,使得「明之國勢益削,我之武烈益揚,遂乃克遼東,取瀋陽,王基開,帝業定。」這番話實在不算誇張,因為自此次戰役之後,明廷在遼東只採守勢,只有退卻,而步上敗亡之途了。

第二節 滿洲與明廷的和戰關係(下)

薩爾滸三路喪師之後,清河至撫順間不但絕無明兵勢力,而在同年六月,後金乘勝攻打開原了。開原的防禦戰也很慘烈,兩衛一州之中,滿洲人「殺掠士民男婦,大約不下十萬餘口,城中藏匿獲生及逃出者僅約一千餘。一時慘毒景象,見者刺心,聞者鼻酸。」開原攻防戰中不但死事甚慘,官民財物的損失也非常可觀,清代早年滿文記事裏說戰勝的後金兵,「將掠獲的財寶、金銀、布匹、糧食等,用馬騾拖運、牛車裝走,竟達三天三夜。然後放火燒掉了城裏的衙門、房舍、倉廩、樓臺。」朝鮮人說開原城中無一人,或是說城中樹上都滿吊死人的說法,可能是近乎實狀的寫照。

開原失陷以後,努爾哈齊便在同年七月間攻下鐵嶺,八月又北上消滅葉赫,從此女真諸部不但完全統一,遼陽、瀋陽的威脅也日益嚴重了。所幸明廷在薩爾滸戰後,逮捕楊鎬下獄治罪,不久改命熊廷弼為遼東經略,王化貞為遼東巡撫,收拾殘局。熊廷弼有膽知兵,剛直不阿,以嚴明著稱。王化貞則是閹黨支持下上任的,與熊廷弼的配合並非妥當。熊廷弼上任前後正是開原、鐵嶺相繼淪陷的多事之秋,遼左人心士氣幾盡瓦解。他深察環境之後,主張採取守勢,加強廣寧的

防衛，先以穩定局勢為重。經過他一年多的修城練兵，屯田積糧，終使人心大定，也一時阻擋了努爾哈齊西征的計畫。然而在朝的閹黨，卻認為熊廷弼「怯懦畏戰，擁兵不動」，嚴厲指責他戰略的錯誤，而熊廷弼也因此被罷黜丟了官。代替熊廷弼為遼東經略的是袁應泰，應泰為官雖是「精敏強毅」，但「用兵非所長」，而又「規畫頗疏」。他到任後改變了熊廷弼原來部署，並撤換了若干將官。為了急求表現，甚至有謀取撫順的念頭。宣佈將以十八萬大軍，收復清河等失地。不過在袁應泰尚在籌劃出兵時，努爾哈齊卻在天啟元年春天，大舉侵略遼陽了。後金在攻打遼陽、瀋陽之前，曾在戰備方面做了長期的準備工作，也大量的收集明軍的情報。明廷也聽到後金要來「克瀋陽」或「犯瀋、奉（集堡）」的消息，不過袁應泰不甚重視而已。遼、瀋之戰也是由努爾哈齊悉心計畫的，這件事從他先攻取奉集堡、虎皮驛等戰略要地可知，因為瀋陽與這些地方是「三方鼎立」的，失掉奉集堡等地瀋陽就孤立無援了。同年三月十二日，後金大軍圍瀋陽，先誘總兵官賀世賢部下出城迎戰，一面又用雲梯、楯車攻城，並挖土填壕，經過兩日激烈大戰，八旗兵終於戰勝了明兵，攻克了瀋陽城，據說後金兵在瀋陽一役中殺死的明朝軍民總數不下七萬人。

圖 11：後金軍攻打遼陽之戰

　　瀋陽失陷後的第五天，努爾哈齊又親率八旗大軍，向遼陽進發。遼陽城防守堅固，外有城壕，排列火器，環城又設重砲；但仍經不起八旗兵的奮死前進，到三月二十一日，小西門火藥起火，城內草場與各軍窩鋪各焚燒殆盡，守城士兵潰散，袁應泰見大勢已去，便在城東北的鎮遠樓頭，佩劍印，自殺身亡，後金兵遂取得了明代遼東的這座首府，多年來一直是政治、經濟、軍事與文化中心的遼陽。

　　瀋陽、遼陽失守以後，明代遼東的軍事更是不堪聞問了。幾天之間，金、復、海、蓋等州衛大小七十多處城池的官民，都先後剃髮歸降了後金。四月間，後金從赫圖阿拉遷都遼陽，但是不久以後，又因遼陽在戰火中殘破，乃在城東太子河邊另築新都，名曰東京。後金的領導中心從此由渾河上游遷移到遼瀋平原來了，為帝國大業又跨出新的一大步。

　　瀋、遼相繼陷落，明廷大震，再起用熊廷弼為遼東經略，王化貞為巡撫。熊、王二人在遼事的看法上不同，因而產生了所謂的「經撫不和」事件。王化貞由於有閹黨支援，擁兵十多萬，而負責軍務的熊廷弼卻只能指揮兵勇幾千人。熊廷弼再任經略時已是後金兵臨廣寧的前夕了，熊氏主張以三方佈置策對付後金未來的攻擊，即陸地以廣寧為中心，堅守城池，沿遼河西岸築堡，用騎兵防守，另在海上各置舟師於天津、登萊，突襲後金後方的遼東半島沿海地區，使後金有後顧之憂。王化貞則認為沿遼河搭窩棚，步騎兵一字排開的駐守，而且對熊廷弼的主守不以為然。王化貞又想李永芳可能作內應，而蒙古兵也會調四十萬人來助攻，明軍可以不戰而勝。經撫的意見相左，結果朝廷中張鶴鳴等人作王化貞奧援，因而熊廷弼的策略不為採用。

　　明天啟二年（後金天命七年）正月十八日，後金兵出發，二十日渡遼河，直逼西平堡，守將黑雲鶴輕敵出城戰死，明軍雖分三路來援，但均被擊潰，西平失陷後，八旗兵便奮勇的作奪取廣寧之戰了。二十

二日，八旗兵入廣寧，王化貞棄城而逃，狼狽不堪的到大凌河而再向山海關退走了。

廣寧之戰，正如熊廷弼所料的，敗得「一營潰，諸營皆潰」，充分證明了王化貞戰略的錯誤。但是後來朝廷論廣寧失陷罪時，熊、王二人一同革職下獄，三年之後，正是魏忠賢當道之時，誣陷熊廷弼貪污賄賂等罪，殺了廷弼並傳首九邊，而當時適逢滿洲遷都瀋陽，努爾哈齊正在歡欣的慶祝呢！

廣寧失陷以後，八旗兵又連克義州、平陽橋、西興堡、鐵場、錦安、鎮遠等四十多處城堡，並取得無數的糧食、軍器、火藥、馬牛、布匹等財富，以及為數可觀的人口，因此更增加了後金的國力。王在晉曾就當時遼東局勢作了如下的看法：「東事一壞於清、撫，再壞於開、鐵，三壞於遼、瀋，四壞於廣寧。初壞為危局，再壞為敗局，三壞為殘局，至於四壞則棄全遼而無局，退縮山海，再無可退。」可見廣寧之失，遼東已無局可守了。

王在晉就是在熊廷弼、王化貞因廣寧戰敗後來接任遼東經略的，他見遼東已無可作為，主張放棄關外，加上朝廷高官葉向高等人的無果斷，乃有退守山海關的決定。但是「機敏膽壯」的袁崇煥卻反對王氏的想法。曾經說過「予我兵馬錢穀，我一人足守此」的袁崇煥當時雖只是寧前兵備僉事，可謂官卑職小；然而兵部尚書孫承宗卻看重他，不久後王在晉被調任南京兵部尚書，孫承宗自請督師，袁崇煥從此可以實現他「以遼人守

圖 12：袁崇煥

遼土，以遼土養遼人」的戰略了。孫承宗與袁崇煥在關外艱苦經營了四年多，在繕修城堡、整頓軍備、訓練營兵、拓地開屯等方面，成績

非常良好。然而到明天啟五年，閹黨控制了兵權，以高第為兵部尚書，孫承宗被罷職，袁崇煥的處境困難了。高第根本是不知兵的人，因為諂附閹黨而得到邊疆重任，他迎合當時一般人苟安的心理，決心採取只守山海關的消極防禦策略，盡撤關外戍兵，實行大撤守的工作了。袁崇煥力爭不可退棄，認為「兵法有進無退」，退守會「示敵以弱」，並令「關門失障」；但是高第仍持原議，盡驅屯兵、屯民入關，拋棄了糧食十餘萬石，人民哭聲震野，死亡載道，弄到「民怨而軍益不振」的地步。袁崇煥卻抗命不撤軍，並且說：「我寧前道也，官此，當死此，我必不去。」他留在孤城寧遠整軍佈防，激勵士氣，準備迎接即將來臨的大戰了。

　　天命十一年（天啟六年，1626 年）正月十四日，努爾哈齊親率大軍十三萬，號稱二十萬，攻打寧遠，二十三日在離城五里處安營佈陣，次日大舉攻城。後金兵仍以楯車、雲梯、騎兵，蜂擁進攻，萬矢齊發，冒死猛攻；但是寧遠城守軍則以與城共存的決心抗戰，並以砲火助陣，「一炮殲虜數百」的穩定了局勢，後金兵懼怕威力強猛的火砲，攻城的兵都「僅至城下而返」，直到二十六日後金將領們見城不能克，而又有「大頭目」被砲擊傷的情形下，全部回師了。清官書裏說：「帝（努爾哈齊）自二十五歲征伐以來，戰無不勝，攻無不克，唯寧遠一城不下，遂大懷忿恨而回。」努爾哈齊不但是為寧遠一戰「大懷忿恨」而已，據說他是在這場戰爭中被砲火打傷，而可能是在同年八月

圖 13：寧遠之戰

間「癰疽發病而死」的。

　　第二年五月，努爾哈齊的繼承人皇太極，也就是後世所稱的清太宗，率兵進攻明人防守的錦寧防線。後金兵渡過大凌河，圍攻錦州，明將趙率教堅守，八旗兵後又轉向攻寧遠，袁崇煥又以紅夷砲重創旗兵，瓦解了後金的攻勢。這次「寧錦大捷」在論功行賞時，魏忠賢建議朝廷「文武增秩賜蔭者數百人，忠賢孫亦封伯，而崇煥止增一秩。」不久後又指「不救錦州為暮氣」，逼迫袁崇煥含憤辭職，使很多人為袁崇煥呼不平。所幸天啟七年八月明熹宗病逝，思宗繼位，年號崇禎，殺魏忠賢，「削諸冒功者」，再度起用袁崇煥，督師薊遼，天下人心為之一快，明廷似乎又有新氣象了。

　　袁崇煥一向認為對遼事「守為正著，戰為奇著，和為旁著」的，因此在寧遠戰勝後，努爾哈齊去世時，他曾特派蒙古李喇嘛去後金弔喪，以示親善友好之意，並藉窺後金實情。皇太極對弔唁使禮遇優厚，也派使臣護送李喇嘛歸明，又攜帶皇太極書信，表示願與明廷和好。當袁崇煥再鎮遼東時，雙方表面上不斷謀和，甚至崇禎二年這一年中，後金的來信常不書天聰年號，並連續七、八次的致書求和。袁崇煥基本上是「以和為辱」的，「姑以和之說緩之」。後金也「假退步以求前進」的，可以說雙方各有打算，各自加強戰備，因此直到袁崇煥死後，和議始終是沒有結果的，而袁崇煥卻在這期間被後金的反間計冤殺了，皇太極則爭取到了時間，征服了朝鮮，控制了蒙古，統一了東北。

　　袁崇煥的「主守」戰略並不為多數廷臣所贊同，而「忌能妒功」的人又很多，特別在他殺了毛文龍以後，閹黨對他就更憎惡痛絕了。清太宗天聰三年（崇禎二年）十一月，後金汗皇太極親率大軍，取道蒙古，從喜峰口入關，先陷遵化，再進而包圍北京，袁崇煥見京師緊急，便急從山海關外領兵入援，皇太極便利用此一機會，在華北散佈謠言，說後金旗兵入關，與袁崇煥有密約。明思宗從被俘而又放回來

的太監報告中，得悉袁崇煥勾引金兵入關之事，並「信之不疑」，京中人士也認為袁崇煥有縱敵深入之嫌，一時「怨謗紛起」。第二年，思宗下令拘捕袁崇煥入獄，閹黨也乘機興大獄，指出殺毛文龍與擅主和議都是與後金私通的確據，袁崇煥便在百口莫辯下被殺了。思宗中了皇太極反間之計而冤殺袁崇煥的事，直到《清太宗實錄》成書時，才公諸於世。

天聰十年四月，皇太極改國號大清，年號由天聰改作崇德，同年九月，大舉進兵入關，直指保定以南，連克十二城，掠人畜十八萬口而還。崇德三年皇太極又命多爾袞、岳託等統率大軍攻明，分左右兩翼毀邊牆攻入，第二年會師通州，長驅直入山東，攻陷濟南，計克城五十三、降城八，俘獲人口四十六萬二千三百餘人，出青山關而回。崇德五年至六年間，清軍再攻錦州，明廷派薊遼總督洪承疇率軍十三萬往援，結果遭到敗績。洪承疇與巡撫邱民仰退守松山堡，雙方又大戰半年，城中食盡，清兵攻下松山，邱民仰等戰死，洪承疇降清，從此明代東北關外，除寧遠城由吳三桂駐守外，全為清軍所有了。同時清兵自從錦州、松山戰勝後，又不斷幾次由內蒙入關，深入河北、山東地界，縱情劫掠，在華北地區的人力物力大受損失。

崇德八年（崇禎十六年，1643 年）八月，皇太極病逝，清廷經過政爭後由皇太極幼子福臨繼位，明年改元順治。福臨年僅六歲，由叔父多爾袞、濟爾哈朗攝政。福臨即位的第二年正月，李自成於西安建立政府，國號大順。三月間連陷太原、大同，後抵北京，明思宗自縊煤山，北明遂亡。

流賊進軍京城時，吳三桂曾自關外率兵入衛，但軍行豐潤時得悉李自成已入京，乃又領兵回山海關，後拒絕李自成的招降，迎清軍入關，從此開啟了滿洲入主中原的新頁。

第三節　滿洲入關前後與蒙古的關係

整個明代，北疆的蒙古勢力依然強盛，到努爾哈齊崛起遼東時，蒙古勢力至少可分為三大部分：一是漠南蒙古，一是喀爾喀蒙古，另一是厄魯特蒙古。由於各部蒙古活動的地區有別，實力各異，對滿洲與明廷的關係也不同，因此努爾哈齊對他們的態度也是不一樣的。大體說來有以下幾種的策略：

㈠**通婚**：漠南蒙古族眾生活在蒙古草原東部、大漠以南，與後金最為接近，因而與滿洲的關係發生的也最早。漠南蒙古的科爾沁部，駐牧在嫩江流域，萬曆二十一年，他們參加了葉赫為首的九部聯軍，合攻滿洲，結果戰敗，乃有第二年遣使來通好滿洲的事。其後雖在萬曆三十六年，又與烏喇部合兵，抵抗滿洲，但在未接戰之前便撤兵，並請求與滿洲聯姻結好，努爾哈齊便同意與之通婚，在萬曆四十年先娶該部明安貝勒女，四十三年又娶科爾沁部孔果爾貝勒女。他自己不但與蒙古部族通婚，他的兒子也不斷與蒙古各族女子結秦晉之好。如在萬曆四十二年這一年中，他的次子代善即娶扎魯特蒙古鍾嫩貝勒女為妻，第五子莽古爾泰娶同部納齊貝勒妹為妻，第八子皇太極娶科爾沁部莽古思貝勒女為妻，第十子德格類娶扎魯特部額爾濟格貝勒女為妻，第十二子阿濟格娶科爾沁部孔果爾女為妻，天命年間，第十四子多爾袞也娶桑阿爾寨台吉女為妻，此類頻繁的聯姻事實，當然減少了後金與科爾沁等部的衝突，也破壞了蒙古部族間的合作關係。

努爾哈齊父子等人除了迎娶科爾沁蒙古等部的女子以外，滿洲族內的女子也有嫁給蒙古諸部的。如天命二年（1617 年）努爾哈齊將舒爾哈齊第四女巴岳特格格嫁給了喀爾喀蒙古的恩格德爾；天命十年舒爾哈齊第四子圖倫的女兒也下嫁於科爾沁的台吉奧巴。舉凡此類婚姻，

都使滿洲與蒙古諸部增進了友好關係，也清除了不少滿洲的成功阻礙。

(二)會盟：努爾哈齊用以聯絡蒙古的另一種方式是會盟。喀爾喀蒙古在科爾沁之南，西連察哈爾蒙古，南近廣寧。滿洲興起時他們分為五部，並不團結，尤其貝勒介賽統領的一部，堅持對抗滿洲，天命四年努爾哈齊攻打鐵嶺時，介賽曾助明與滿洲作戰，結果大敗，介賽被俘，兩年後喀爾喀部以牲畜萬頭贖介賽，努爾哈齊便「刑白馬祭天」，與介賽會盟。天命四年努爾哈齊又命大臣庫爾纏、希福等人與喀爾喀部蒙古的二十七位貝勒、台吉會盟，殺白馬祀天，刑黑牛祭地，又設酒、肉、土、血、骨各一碗，以示滿蒙聯合，一致抗明。天命十一年，努爾哈齊又親自與科爾沁奧巴台吉會盟，雙方對明朝與察哈爾蒙古頗有責難，因而在渾河岸邊，焚香告天，締結盟好。滿蒙會盟時都有一篇充滿神秘色彩的誓詞，而相信凡背盟誓的都會「濺血、蒙土、暴骨以死」，因此努爾哈齊的會盟蒙古政策也產生了良好的效果。

(三)征伐：在滿洲發展壯大的途程中，雖然科爾沁與喀爾喀蒙古被滿洲的通婚與會盟政策籠絡或撫綏住了，但是漠南蒙古的察哈爾部卻是滿洲的死敵。一方面察哈爾的林丹汗祖先曾是漠南、漠北蒙古的共主，林丹汗想效法他的七世祖達延汗重振往日聲威，另一方面明朝為了對付後金，不惜以增加歲幣為條件，利用林丹汗抑制後金的發展。

林丹汗原本勢力很大，「帳房千餘」，加上有明廷作後援，對努爾哈齊的態度極為蠻橫，他曾經致書給滿洲，自稱是「四十萬蒙古國主」，而指努爾哈齊只是「水濱三萬滿洲國主」，並囚械了滿洲來使，令努爾哈齊萬分惱怒。然而在努爾哈齊有生之年，只在察哈爾兵攻打科爾沁時，滿洲派兵支援而令林丹汗初嚐敗績。皇太極繼承汗位之後，在遼瀋地區以及朝鮮威脅解除後，乃向察哈爾林丹汗發動攻勢。天聰六年（1632 年），皇太極統領滿洲八旗大軍與投順滿洲的科爾沁、喀爾喀、扎魯特、敖漢與奈曼等蒙古軍，大舉進攻察哈爾部，直到西喇

木倫河，林丹汗兵敗西走，兩年以後，病死青海大草灘。天聰九年，多爾袞等再率兵追擊察哈爾殘部，俘獲林丹汗之子額哲等人，並取得元代的傳國玉璽，促使皇太極改元崇德，建立大清。

㈣**宗教**：清入關前利用西藏喇嘛教來聯絡並控制蒙古，也是值得一述的。滿洲人本來不信奉喇嘛教，清太祖努爾哈齊首先對喀爾喀蒙古推薦來的高僧「敬謹尊師，倍加供給」。當這位高僧斡祿打兒罕囊素死後，努爾哈齊還決定收其舍利建塔供奉，因而奠定了日後滿洲與喇嘛教的良好關係基礎；不過努爾哈齊也訓誡他的子孫，不要像蒙古人一樣的迷信喇嘛教，以致帶來部族衰弱的後果。皇太極繼立之後，初則在歷次戰爭中降諭保護喇嘛廟與眾喇嘛，並經常贈送僧人銀兩或賜宴，以示聯絡。但是對於犯清規無誠潔之心的喇嘛則加以管束，甚至勒令還俗。這也是貫徹努爾哈齊以來信佛而不佞佛的主張，不蹈蒙古的覆轍。其後皇太極又在擊敗察哈爾蒙古後興建實勝寺於瀋陽城西三里外，供奉元代八思巴以來代表至高信仰的哈嘛噶喇金佛，使蒙藏世界承認滿洲為喇嘛教的護法地位，也令黃教世界的信徒歸心於滿洲。最後在崇德七年（1642 年），皇太極又以空前的熱忱接待達賴喇嘛的來使伊拉古克三胡土克圖訪瀋陽，五日一宴，歷時八月，並讓特使團一行在滿洲廣衍教法，更增強了滿洲在喇嘛教世界中的護法地位，也為日後達賴喇嘛五世與滿洲帝王歷史性的會談預作了安排。清初皇帝為什麼如此的優禮喇嘛教呢？日後清高宗說的最清楚了：「蓋中外黃教，總司以此二人（按指達賴與班禪），各部蒙古一心歸之。興黃教，即所以曳蒙古，所繫非小，故不可不保護之，而非元朝之曲庇番僧也。」總之，滿洲在遼東地區的戰爭勝利、朝鮮的征服、大清朝的建立以及日後入主中國等等的大事業，都多少是因為不受蒙古與黃教世界的威脅而完成的，也就是滿洲因能與蒙古和平相處而得以專心對付朝鮮與明朝了，這當然歸功於利用喇嘛教的政策。

蒙古諸部先後被滿洲以通婚聯繫，以會盟撫綏，或以宗教控制，以武力征服，尤其是察哈爾林丹汗的敗歸大漠，明代政府可說是完全失去了北邊的屏障，北方邊防因而不可聞問了。誠如《明史》中說的：「明末亡，而插（按指察哈爾）先斃，諸部皆折入於大清。國計愈困，邊事愈棘，朝議愈紛，明亦遂不可為矣！」

第四節　滿洲入關前後與朝鮮的關係

中韓兩國，在歷史關係上極為悠久，在地緣關係上尤為密切，因此我國遼東地區的各種活動與事務，向為韓國所關切，對明末滿洲部族的興起壯大，當然也不例外。當萬曆二十一年九部聯軍被努爾哈齊擊敗之後，朝鮮更重視滿洲的動向，而在兩年後便派出使臣申忠一等人去滿洲老寨探訪實情並聯絡關係了。雙方談到和好問題、越界採捕問題、歸還逃人問題、貿易贈禮問題等等，幾乎像似締約一般，只因朝鮮忠誠事明，這些事都是在秘密中進行的。

努爾哈齊建立後金汗國以後不久，便對明朝發動了著名的薩爾滸山戰爭。如前所述，朝鮮增援軍隊作戰無心，終於投降了滿洲，大元帥姜弘立也被後金俘獲，作為與朝鮮談判的資本。一般看來，努爾哈齊只想與朝鮮締約結盟，以解除後金在對明戰爭中的後顧之憂。然而朝鮮視明朝為君父之國，在大夫無私交的春秋大義下，不能也不敢與滿洲公然締結盟約，因而採取拖延戰略，婉轉解釋，盡量周旋。所幸後金忙於對明戰爭，努爾哈齊也較為保守，在朝鮮不來侵犯的情形下，也就不急於解決雙方的關係問題了。天命十一年，努爾哈齊病逝以後，年輕氣盛的皇太極繼承了後金的汗位，由於毛文龍駐軍韓境所引起的紛爭，朝鮮人韓潤兄弟的來歸滿洲願作嚮導帶領滿洲征韓，以及朝鮮對清太祖的逝世未作任何哀悼的表示種種原因，終使皇太極發動了第

一次的征韓戰爭，也就是韓國史書上所謂的「丁卯胡亂」。

天聰元年（1627 年）的征韓之役，滿洲兵銳不可當，朝鮮當局只好締約求和；但是在漢城方面的滿洲將帥與朝鮮官員先訂立了〈江都盟約〉，而在北部作戰的阿敏又在平壤與朝鮮人另訂了一個〈平壤之約〉。兩者內容略有不同，前者為互不侵犯的平等條約，後者則似為後金專享權利而朝鮮只盡義務的不平等盟誓，這也是日後滿洲與朝鮮紛爭的部分原因。

從天聰元年到天聰九年，雙方雖有盟約，但關係極不和諧。例如：

㈠**在互通使節方面**：朝鮮是被逼訂約的，對明朝又有「君臣天地」的大義關係，因此通使的事是在隱瞞明朝的情形下偷偷的與滿洲進行的。春秋兩次遣使經常誤期，贈禮的事也不能如滿洲所想的送些需要的物品，態度與禮節上當然更不能使朝鮮待滿洲如對明朝一樣的恭謹，甚至連通函時朝鮮在文字上都小心研究，不願令君父之國的明朝顏面無光，因此常使滿洲感到異常憤怒。

㈡**在互市貿易方面**：無論是遣使時的貿易，或者是邊界上的貿易，朝鮮官方與商人都因為無利可圖，而且滿洲人窮凶極惡的需要物資，甚至在「恐嚇百端」與「無異奪掠」的情形下進行，使朝鮮官民怨聲載道，只得在萬般無奈下勉強應付，根本談不上互通有無。

㈢**在逃人交涉方面**：滿洲對朝鮮也是非常不滿的，因為歷年來從遼東渡江逃到朝鮮的漢人、蒙古人以及被滿洲俘獲的朝鮮人，數量不少，朝鮮政府對這些逃人都不予調查，有些漢人被送返明朝，朝鮮人則讓他們回家團聚。滿洲人不斷的追究這些逃人，因而成為當時雙方交涉上的大難題。

㈣**在越界採捕方面**：雙方在訂約時都同意「各守封疆」，「兩國人民有私自越境捕獵者，宜嚴察禁止」；但是人參、獸皮這類昂貴的特產是雙方邊境上居民所渴求的，利之所趨，冒死越境採捕的大有人在，

尤其朝鮮人違約的更多，頗令滿洲方面不滿。總之，在後金的天聰年間，滿、鮮雖約為兄弟之國，但名實不符，雙方關係並不和睦，爭執仍多。到天聰十年多爾袞得到了元朝的傳國玉璽以後，滿蒙漢人都擁戴皇太極改元崇德，建號大清，惟獨與滿洲約為兄弟的朝鮮不願前往慶賀，新舊怨恨積聚起來，因而使皇太極決定了第二次的征韓行動。

　　崇德元年（1636 年）十一月，皇太極祭告天地，整理甲兵，頒佈軍令，不久發兵征韓，十二月大軍渡江攻破義州、定州。月中先鋒隊伍抵漢城，朝鮮國王李倧逃往南漢山城，當時皇太極也親身抵韓，並渡漢江參與包圍南漢山城戰役。李倧固守山城，又以蠟書八道，令諸道出兵勤王，並遣使告急明廷。然而事與願違，明廷正因流寇大興，無法分兵援助，而朝鮮東南部諸道勤王之師，也相繼被清兵擊敗，朝鮮王妃、王子暨宗室多人又被滿洲人俘獲，李倧見大勢已去，加上皇太極有盡屠朝鮮人的恐嚇言詞，乃出城降清。

　　清帝向朝鮮提出的投降條件極多，如去明朝年號、奉大清正朔、以長子為人質、以事明朝禮節事清朝、出兵助清征明、不得擅建城垣、每年進貢金銀方物若干等等。清太宗皇太極親自主持受降禮，並在所設降壇的三田渡地方建碑，刻記一些「皇帝班師，活我赤子，哀我蕩析，勸我穡事」以及「萬載三韓，皇帝之休」等感謝清太宗恩德的文字。

　　朝鮮戰敗後，明朝失掉了東方的屏藩，清廷從此無後顧之憂，而能專力西攻南進了。

第四章　清人入關與統一中國

第一節　入關之役

　　天聰年間，後金在征服朝鮮並擊敗蒙古以後，不少投降滿洲的漢人都建議皇太極進攻山海關，直指北京。如寧完我就上奏說：「寧錦八城，攻取為難；山海一區，圖謀較易。」而且認為取得山海關後，不但可以進逼明代首都，而關外的錦州等重鎮也會變得孤立無援，可算一舉兩得之事。又如馬光遠也說：「越山海而不攻……是明損聲勢，暗失機會。」可是皇太極沒有接受他們的建議，還是採取率大軍繞道破邊牆進圍北京，甚至南進山東等地，從事劫掠的軍事行動。皇太極所以如此，可能與攻打山海關這一堅固城關所付代價不輕，而掠取財物可增加汗國力量，以及漢人文化與民族方面的實力足以同化滿洲等因素有關。同時，自熊廷弼、孫承宗、袁崇煥等人督師遼東以來，一直重視山海關外的層層防衛，如寧遠、錦州、松山、杏山，乃至中後所、前屯衛等處，在在設置重兵，也就是袁崇煥所主張的「守關當於關外守之」。所以善於用兵的皇太極了解攻打山海關並非易事。到崇德改元以後，主客觀形勢都有了變化，關外的重鎮有一些已被清軍攻陷了，尤其到崇德六、七年間（1641～1642年），錦州、松山、杏山、塔山等地都為清人所有，「控斷山海」的主張在清廷幾乎成為很多大臣的一致意見；然而皇太極仍堅持其「北京如大樹，不先削其兩旁，何能傾仆」的看法，直到第二年他逝世之前，始終沒有改變他的這一觀念。

這種穩紮穩打，俟機而動的作法，確是符合「知己知彼，百戰百勝」道理的。

明崇禎十七年（1644 年）三月十九日，思宗自縊殉國，李自成入北京，鎮守關外的吳三桂本來奉詔入關援救京師的，聽到李自成入京的消息，於是就在山海關一帶暫駐了，關外寧遠諸城便為清軍不戰而得。吳三桂原本也與李自成有了聯絡，準備與他合作；然而李自成卻未給吳氏父子以高官厚祿，也沒有派大軍去山海關接收，而留在京城中敲索故明官員，享受帝王生活，只派降將唐通與吳三桂接觸，以致貽誤了戎機。後來更因陳圓圓等的原因，致使吳三桂「為紅顏」而「衝冠一怒」的降清了。

吳三桂自同年三月底據山海關，四月初擊敗唐通以後，與李自成決裂的態度已明顯了。四月十三日，李自成率劉宗敏等數萬人馬，離京赴通州，十五日抵密雲，十八日已有部分軍隊與吳三桂守軍發生了戰鬥。李自成可能存有吳三桂可以被招撫的心理，因此他把三桂的父親吳襄以及明代皇室子孫多人帶在軍中。然而吳三桂則先派了屬下親信多人來詐降，以延誤李自成的攻勢，而爭取時間與清軍聯絡。

清軍的領導人多爾袞早在四月十三日就與洪承疇等人商定了策略，決定改變以前掠奪打殺的作風，「不屠人民，不焚廬舍，不掠財物」，並「布告各府州縣，有開門歸降者，官則加升，軍民秋毫無犯。若抗拒不服者，城下之日，官吏誅，百姓仍予安全。有首倡內應，立大功者，則破格封賞。」同時對李自成的勢力作了仔細的估量，也擬定了未來對李自成作戰的計畫。兩天以後，吳三桂的專使副總兵楊珅等來求援了，帶著吳三桂的

圖 14：多爾袞

乞師函件，說流寇逆天犯闕，先帝蒙難，李自成等人的罪惡已極，實令天人共憤。「三桂受國厚恩，憫斯民之罹難，拒守邊門，欲興師問罪，以慰人心。」希望多爾袞能派兵援助，共滅流寇這批亂臣賊子，事成以後，「我朝之報北朝者，豈惟財帛，將裂地以酬，不敢食言。」有人甚至說吳三桂開出的條件是「黃河為界，通南北好。」多爾袞得信以後，一方面下令在錦州的漢軍，加緊帶著紅夷大砲，向山海關進發。一方面回信給吳三桂說：「予聞流寇攻陷京師，明主慘死，不勝髮指，用是率仁義之師，……期必滅賊，出民水火。」不過多爾袞在信中卻又聲明：「今伯若率眾來歸，必封以故土，晉為藩王，一則國仇可報，一則身家可保，世世子孫，長享富貴。」可見多爾袞採取了主動的立場，不是為「裂地分封」來打流寇的，而是以一國之主的口氣，希望吳三桂「率眾來歸」，將來分封三桂土地，晉升他為藩王。吳三桂當然了解多爾袞的意思，可是時間急迫非常，李自成的軍隊已經到達山海關下了，他只好又派了郭雲龍等送信給多爾袞，並說：「今三桂已悉簡精銳，以圖相機勦滅，幸王速整虎旅，直入山海，首尾夾攻，逆賊可擒，京東西可傳檄而定也。」沒有談到是否接受清方封土為王的條件。可是多爾袞並非泛泛之輩，軍隊雖調動直奔山海關，但戰鬥的參預並不十分熱中，以逼使吳三桂就範。

　　李自成的大軍在四月十八日就已到達了離山海關僅一百五十里的永平，但在四月二十一日以前並未發動攻擊，這可能是三桂部將詐降的效果。後來由於詐降的將官們在陣前逃脫，才曝露了真相，也使李自成立即進攻山海關，石河大戰於是展開了。

　　山海關除縣城以外，四面分別是東、西羅城，和南、北翼城。南翼城偏近大海，西羅城面向關內，前有石河，李自成的大軍便是由此進攻山海關的，吳三桂等率軍應戰，起初守軍不利，西羅城幾乎不守，後來吳三桂等又以偽降緩和了來軍的攻勢，並用火砲助陣，終於局面

轉安。李自成的部下也有進攻北翼城與東羅城的,雖經「日夜狠攻」,但是由於山海關副總兵冷允登與當地鄉紳們指揮作戰成功,抑止了連波的攻勢。至於唐通率領的一軍,在關外名叫一片石的地方與滿洲大軍相遇,交戰之後,唐通敗走,多爾袞所領的清軍於是更近山海關了。

吳三桂與李自成的兩路大軍,在惡戰一天之後,雙方互有死傷,但都沒有獲得決定性的勝利,而吳三桂受到的壓力更形加大。據說他曾派了使者與當地鄉紳們「往返八次」的去會晤多爾袞,請清兵入關援助,最後甚至於他自己也出城去與多爾袞談判,這才決定了多爾袞與吳三桂的對天盟誓,並要吳三桂部下在臂上掛上白布,以示區別的等等細節,吳三桂引清兵入關,至此成為事實了。

四月二十一日唐通敗歸以後,李自成也得知清軍參戰的情形,他雖想在多爾袞入關前先攻下山海關,但守軍在清軍入援消息傳來後,士氣大振,李自成只好在關內石河西列陣,「北至山,南至海」的排成一線,希望擊潰守軍。然而吳三桂在阿濟格與多鐸各率領的一萬多人於兩側協攻下,再加上多爾袞的主力大軍又從關門進入,趕赴石河西戰場,李自成的敗陣命運似乎由此已經注定了。

根據清代官書的記載,四月二十二日這天氣候不佳,大風狂吹,塵土飛揚,甚至到達對面不見人的情況。李自成幾次想包圍殲滅吳三桂的守軍,但因清兵的南北兩端嚴守而不能如願。同時李、吳大軍在大半日的苦戰以後,傷亡甚多,而且體力大損,這時多爾袞的精銳部隊猛衝出來,李自成的部下當然不能支持,立即潰敗。李自成見勢乃下令撤退,清軍則乘勝追擊四十多里,獲得駱駝馬匹緞幣很多。

綜觀這次大戰,李自成先被吳三桂詐降所騙,延誤了行程與軍機,使吳三桂有時間與多爾袞談判。同時清兵的入援是李自成事先不知的,即至唐通戰敗,了解清兵入關,在軍略佈署上也未能及時加強與改正。更重要的是雙方兵力懸殊,當時清軍參戰的約有十二萬人,吳三桂在

山海關一帶的兵數有五萬之眾，誠如朝鮮人所說的：「胡兵似倍於流賊」，戰力既相差如此之多，成敗當然也可以明顯的看出了。

山海關這次戰役，對李自成而言，是肯定了他敗亡的命運；對吳三桂而言，是確定了他是歷史的罪人；對多爾袞而言，則不僅為他個人功名地位寫下了新頁，也為滿清代明有國入主中原奠定了成功的基礎。

崇禎十七年，清順治元年五月初二日，多爾袞統領下的滿洲大軍到達了北京，李自成和他的僚屬與軍隊已於四月底離京西竄，明朝文武百官聽到清朝「義師」的來臨，都到城外五里處迎接，據清朝官書裏記：多爾袞進朝陽門的時候，百姓焚香跪迎，「內監以故明鹵簿、御輦，陳皇城外，跪迎路左，啟王乘輦。王曰：予法周公輔沖主，不當乘輦。眾叩頭曰：周公曾負扆攝國事，今宜乘輦。王曰：予來定天下，不可不從眾意。令將鹵簿向宮門陳設，王儀仗前列奏樂，拜天，行三跪九叩頭禮，復望闕行三跪九叩頭禮。畢，乘輦入武英殿，陞座，故明眾官，俱拜伏呼萬歲。」以上這段記述，也許有些誇張，但是北京城裏在李自成搜括、拷打、戮殺的恐怖統治之後，儘管為時僅僅四十多天，相信舊明的官民們對清軍的到來是歡迎的，加上多爾袞的治術高明，措施頗能安撫當時的興情，難怪在大亂之後，在一般人還沒有了解真相之前，不少人是「有更始之慶，而無亡國之痛」的。

第二節　南明抗清活動

明朝自從北部京城淪陷、思宗殉國以後，南方的漢人，紛紛擁立明朝的宗室，奉明正朔，以期恢復。參加當時復明運動的人，除了宗室諸王以外，還有遺將孤忠，山野遺民，他們前後踵起，不可勝計，這是大家感到種族淪陷在即，因而奮戈興起，想重建中原。首先在南

方建立反清政權的是福王。

　　福王是思宗的從兄，當流寇北犯時，他避難南來到了淮安，不久思宗自縊死，而太子又陷入賊手，在南京的大臣們就商議立新君的問題了。由於福王於倫序當立，但他的行為平素不佳，因而引起大家「立親」與「立賢」的爭論。兵部侍郎呂大器等主張「立賢」，認為世系較疏遠的潞王合適。鳳陽總督馬士英則力主「立親」，因為福王昏弱，便於利用。兩黨互爭不下，兵部尚書史可法也有意立賢，不過馬士英等掌握兵權，頗占優勢，立賢派不得已，終於迎立福王，於崇禎十七年（清順治元年）五月，在南京即位，改元弘光。馬士英等以擁戴有功入閣，而史可法則被命令督師江北，開府揚州了。

　　福王在南京的政權，由於黨爭的關係，一直不能號召全國，抗阻清兵，反而朝廷中的黨爭日趨劇烈。馬士英等擅權無忌，大量進用私人，並且力圖報復，凡是崇禎朝的閹黨，他都歡迎，甚至啟用了閹黨中的巨魁阮大鋮。於是正人君子如張慎言、呂大器、劉宗周等都先後引退而去，一時朝中盡皆敗類，貨賂公行，秕政交作，所以當時有「掃盡江南財，填塞馬家口」與「職方賤如狗，都督滿街走」的俚謠。加上福王本身又不知振作，日事聲色，深居禁中，士英乃獨操大權。其時清兵南下，勢如破竹，福王仍荒淫無道，甚至抱怨梨園子弟，無一佳者，其昏庸可知，而偏安江左之局，當然由此也可以看出為時不久了。

　　弘光朝臣當中，只有史可法等忠心為國，提兵往來江淮之間，聯絡各地將帥，力圖興復。清朝攝政王多爾袞曾經派人送信給他，說：「《春秋》之義：有賊不討，則故君不得書葬，新君不得書即位；所以防亂臣賊子，法至嚴也。」又說他們清朝的「撫定燕京，乃得之於闖賊，非取之於明朝也。」最後又利誘史可法說：「諸君子果識時知命，篤念故主，厚愛賢王，宜勸令削號歸藩，永綏福祿。朝廷當待以虞賓，

統承禮物,帶礪山河,位在諸王侯上……。」可是史可法不為所動,回信中歷引漢光武、昭烈帝、晉元帝、唐肅宗、宋高宗等中興故事,說明福王並非自立。同時他又義正詞嚴的責備清朝:「乘我蒙難,棄好崇讎,規此幅員,為德不卒,是以義始,而以利終,為賊人所竊笑也。」不久清軍攻取山東,得海州、宿遷,連下江北州縣。可法馳疏告急,馬士英竟不予置理。當時明朝在長江一帶的軍隊中,以左良玉與高傑的兩部最強。良玉等鎮守長江上游的湖廣,高傑則被可法的忠義所感動,聽命可法調遣。可法乃進駐徐州,沿河築防,專力抵禦清兵南下。可是不久以後,高傑被清軍施計殺害,部兵大亂,而清朝宗室多鐸率領的大軍在順治二年春天也由陝西分道東來,會於歸德,所過州縣都望風迎降,江北所受威脅日益加重。另一方面,左良玉因為馬士英裁減他的軍餉,惱恨之餘,傳檄遠近,以清君側為名,沿長江而下,南京戒嚴,可法奉詔入衛,但剛渡江時良玉已在九江病逝,可法又折回原防,抵禦清軍,時清軍已破盱眙,揚州情勢危急。四月間,清軍攻揚州,可法率眾堅守,歷七晝夜,最後可法與城共存亡,總兵劉肇基也不屈巷戰,力盡而死。史可法為人廉潔而重信義,他與部下共甘苦,督師揚州時,經常行不張蓋、食不兼味、寢不解衣,日以報仇雪恥為念。他每次寫奏疏時,都會循環誦讀,聲淚俱下,聞者無不感動悲泣。歷史家常把他比作文天祥。

　　揚州既陷,多鐸繼續引兵攻鎮江,南京城內人心驚恐萬分,福王帶著宦官宮眷走蕪湖,馬士英與阮大鋮也先後走杭州,其餘文武勳戚很多都相率迎降,多鐸遂入南京,隨即分兵追擊明軍。福王在蕪湖依江北四鎮之一的黃得功,得功誓死翼衛,但不幸中流矢死於陣中,明總兵田雄便擁福王出降,江南至此淪陷,不久長江流域,西自湖北,東至大海,南到浙江,大都為清軍所有。

　　南京政權是在順治二年五月顛覆的,六月間明太祖的十四世孫魯

王以海便稱監國於紹興，領有浙東，以張國維等督師錢塘江上，劃江而守。順治三年三月，清軍進次杭州，魯王乃走台州，六月清軍數萬逼攻，魯王軍隊連遭敗績，只得航海避走廈門，浙東很多地區為清軍所得。

　　魯王監國於紹興後不久，到閏六月，鄭芝龍、鄭鴻逵兄弟又奉唐王聿鍵稱帝於福州，建號隆武。唐王好學，通典故，不過鄭芝龍專權擅國，不能有所作為，幸賴何騰蛟收撫流寇數十萬，分十三鎮，佈列湖南湖北，與清軍屯駐武昌、荊州的相持，而楊廷麟在江西募兵與清軍在南昌激戰，常戰敗清軍。何、楊二人都效忠唐王，受爵命，因此，唐王領土自福建、兩廣、雲南外，兼有湖南及江西、湖北的一部分。唐王矢志以復仇復國為務，布衣疏食，不御酒肉，比福王不知賢能多少倍，不過在天時與地利等方面，他比福王就差多了，而監國的魯王又與他勢不相下，不能合力抵禦外侮，閩浙衝突，減弱不少復明反清的力量。

　　不久以後，清朝大將博洛攻下浙東，閩中大震，鄭芝龍又暗中通款於洪承疇，盡撤關隘水陸防兵，仙霞嶺一帶的二百里間，防線空虛，清軍於是長驅入境，唐王倉卒走汀州，後來被清軍擒獲，王不屈而死。鄭芝龍投降清朝，其子成功則不從父命，據廈門以抗清。楊廷麟等在贛城戰死，於是福建、江西次第失守。只有何騰蛟還能屬兵保境而已。

　　唐王死難於隆武二年（清順治三年）八月，同年十月，明朝廣西巡撫瞿式耜、總督丁魁英等擁立神宗孫由榔於肇慶（今廣東高要），改元永曆，亦稱桂王。呂大器等先後趕來，認為王統系正，賢而當立，何騰蛟也奉表支持，一時頗有一番新氣象。不過，明朝內閣大學士蘇觀生又別立唐王弟聿鐭於廣州，南明政權再現不統一，而永曆帝兼用閹黨太監，更引起日後的黨爭，這都是明朝注定不能恢復的徵兆。

　　同年年底，清兵由福建入廣東，取潮州、惠州，再攻廣州，蘇觀

生等防備不足，廣州城陷，王被擒拒食，並對清兵說：「我若飲汝一勺水，何以見先人於地下？！」後自縊死，蘇觀生等也自殺身死。桂王因清兵壓境，避走廣西，不久由於瞿式耜與何騰蛟等招撫李自成舊部，收復廣東、湖南、江西、四川部分地區，降清的明將又有不少再反正來歸的，桂王乃還駐肇慶，兵勢復振。

永曆三年（清順治六年），清兵大舉南下，再取湖南、江西，何騰蛟壯烈陣亡，所幸盤據雲南的前流寇賊帥孫可望、李定國適於此時來歸桂王，永曆朝局勢才轉安。第二年，清軍陷南雄、韶州（今廣東曲江）、廣州，進陷桂林，瞿式耜壯烈殉國。桂王自肇慶奔梧州，再走潯州（今廣西桂平市）。永曆五年，桂王奔南寧，不久清軍克南寧，桂王又走土司中，窮蹙無奈，依靠孫可望於安隆（今廣西隆林各族自治縣）。可是孫可望陰有篡國之意，但為李定國牽制，不敢明目張膽的發動，到永曆十一年（清順治十四年），孫可望終於投降了清朝，桂王兵勢益顯單薄，只有依賴李定國獨撐危局。

永曆十二年，清朝命宗室羅託、降臣洪承疇出湖南，吳三桂自四川，都統趙布泰等由廣西，三路攻明，不久清軍會師貴州。翌年，雲南方面，明清會戰，李定國與吳三桂大戰於怒江，明軍大敗，李定國率領殘部脫走，自此與桂王相失，桂王始由騰越（今雲南騰衝市）逃入緬甸。清朝宗室班師，留吳三桂鎮守雲南，李定國有幾次想迎桂王出緬甸，但都被緬人所阻，不能如願。此時吳三桂包藏禍心，想永據雲南邊區，於是在永曆十四年（清順治十七年）四月上書清廷，說：「滇南負國有年，一朝戡定，獨逆渠李定國等挾偽永曆遁出邊外，是滇土雖收，滇局未結，邊患一日不息，兵馬一日不寧。……因再三籌劃，竊以為……惟有及時進兵，早收全局，誠使外孽一淨，則邊境無伺隙之慮，土司無簧惑之端，降人無觀望之志，地方稍得甦息，民力略可寬紓，一舉而數利存焉。……」清廷讚賞他的忠誠，乃命大臣愛

星阿為定西將軍，到雲南協助他會攻緬甸。翌年八月，清兵自騰越出邊，嚴責緬人，命令他們獻出桂王，年底，據說桂王派人致書吳三桂說：「將軍新朝之功臣，舊朝之重鎮也。世膺爵秩，藩封外疆，列皇帝之於將軍可謂厚矣！……奈何憑藉大國，狐假虎威；外施復仇之虛名，陰作新朝之佐命？……將軍忘君父之大德，圖開創之豐功，督師入滇，覆我巢穴。僕由是渡沙漠，聊藉緬人，以固吾圉；山遙水遠，言笑誰歡？祇益悲哉！既失世守之山河，苟全微命於蠻服，亦自幸矣！乃將軍不避艱險，請命遠來，提數十萬之眾，窮追逆旅之身，何視天下之不廣哉？豈天覆地載之中，獨不容僕一人乎？抑封王錫爵之後，猶欲殲僕以邀功乎？……不知大清何恩何德於將軍，僕又何仇何怨於將軍也！將軍自以為智，而適成其愚；自以為厚，而反覺其薄。奕禩而後，史有傳，書有載，當以將軍為何如人也？僕今者兵衰力竭，煢煢子立；區區之命，懸於將軍之手矣！如不欲僕首領，則雖粉身碎骨，血濺草萊所不敢辭。若其轉禍為福，或以遷方寸土仍存之恪，更非所望。倘得與太平草木同沾雨露於聖朝，僕縱有億萬之眾亦付與將軍，惟將軍是命！將軍臣事大清，亦可謂不忘故主之血食，不負先帝之大德也。惟冀裁之。」這封信雖然文詞悲切，但並未能打動吳三桂的心，緬甸人最後交出了桂王及后妃幾十人。第二年康熙元年，桂王在雲南被三桂以弓弦絞死，桂王的太子才十二歲也同時死難，據說太子死時還大罵三桂說：「我朝何負於汝？我父何仇於汝？乃至此耶？！」難怪後世史家評論三桂是一現實勢利的奸惡之徒。李定國當時逃亡在孟臘（雲南思茅東南），聽到桂王殉國的消息，他也痛不欲生，而在兩個月後憤懣病逝，明朝宗室政權的抗清勢力，至此全被消滅，只有鄭成功的子孫在臺灣還遙奉永曆正朔，而從事反清活動二十多年。自清朝世祖順治入關福王即位南京，到桂王被俘，前後十八年，史稱南明，以別於明思宗以前的明朝。

在南明諸王抗清期間，也有一些降清復叛將領與江南民兵抗清的事跡值得一述。

明朝將領金聲恆與李成棟投降清朝以後，分別為清廷建功取得江西與廣東；但是清朝並不能信賴他們，給予高官厚爵，所以後來他們都又投誠於桂王。順治五年正月，金聲恆先舉兵，以江西歸桂王，李成棟後來也以廣東反正。各有兵眾十多萬人，使得桂王的聲勢一時驟然增強。順治六年，聲恆、成棟雖先後敗死，但是比起吳三桂來，他們似乎還稍勝一籌了。另外當聲恆、成棟反清時，大同鎮將姜瓖也舉兵反正於山、陝，一時從山西到陝、甘，明朝的遺臣宿將，有很多人起兵響應。順治六年，清廷動員大軍配合吳三桂北上之軍，才把山、陝反清勢力平息，姜瓖在大同一直戰到城中食盡陣亡為止。

江南民兵的抗清運動更是可歌可泣，他們多由讀書人領導，未經訓練，起事又倉促，餉械不足，所以多半是一兩月間就被清軍打敗了。如吳易的守吳江，黃淳耀的守嘉定，閻應元的守江陰，個個忠肝義膽，從容就義。尤其閻應元在江陰死守了八十多天，最後知道事不可為，他還坐在東城上，寫下「八十日帶髮效忠，表太祖十七朝人物。十萬人同心殺賊，留大明三百里江山」的句子，然後上馬與清兵格鬥，力盡而死，他的忠烈精神，真可以照映日月。

總之，南明的抗清史事是悲壯慘烈的，恢復事業雖然沒有成功，但是遺風餘波，卻是歷久不泯，這也是後世清朝若干動亂的根源所在。

第三節　鄭成功反清復明史事略述

鄭氏三王的抗清活動，以鄭成功時代的最為壯烈，最值得一述。

當清兵南下浙閩，鄭成功父親鄭芝龍變節通款清方以後不久，成功的生母在閩南故鄉因清軍無道而死節，他最感恩的唐王也走死汀州，

真是國恨家仇，接踵而至。成功在此劇變時刻，毅然棄文就武，擔起反清復明的大任。

　　成功起事之初，才有數千眾，後來他以中興明室的大義為號召，很多宗室遺臣和忠心勤王的人陸續歸心於他。在順治四年至七年（永曆元年至四年）的這一段期間，他只在泉州、漳州、同安等地進行游擊戰，雖然一度攻下同安，但不久又為清兵所克服。直到他以廈門為根據地以後，形勢才大為改觀，逐漸成為東南義師的砥柱。順治八年中，成功除在崇武、漳浦等地用兵順利，大敗清兵，獲得大批的馬匹與輜重以外，他又先後成立大軍十營及設局督造藤牌、火箭等武器，戰力大為增加。第二年，成功進占海澄，並在長泰大敗閩浙總督陳錦的幾萬步騎大軍，積屍遍野，陳錦僅以身免，鄭軍獲得衣甲輜重馬匹無數。後來又連續擊敗清將馬進寶由浙江來的援軍以及清朝政府特派來的平南將軍金礪的萬餘騎兵，逼得清廷改變「征剿」的政策，而採用「招撫」的和議。順治九年十月，清世祖在上諭中先認定鄭成功的反清是地方官員「行事乖張」以及多爾袞生前政策不當所引發的，所以他現在願意以優厚條件，引誘成功接受和談。成功的抗清是為了恢復明室，當然不會為清廷的利祿所誘，但是他父親鄭芝龍等家人在北京做人質，為了他們的安全，他不便堅決的拒絕，只回信說「今騎虎難下，兵集難散」，像似在條件上有所要求。第二年五月，清廷見成功議和的態度不積極，便又由金礪在福建發動戰爭，攻打海澄，結果成功的部下用命，在「大小銃炮數百號、日夜連擊、無瞬息間斷」的激戰中，仍然打敗了金礪，清兵在盡埋火藥的城壕裏，「一盡燒死，委填河內」，這是著名的海澄之役。桂王聽到捷報以後，特派人來封成功為延平王，敕書裏有：「惟移忠以作孝，斯為大孝；盡忘家而許國，乃克承家。銘具金石之誠，式重河山之誓」等語，稱讚成功的忠誠為國。海澄戰後，清廷又重新進行和議的工作，而成功也「將計就計，權措

糧餉以裕兵食」了。

清廷總以為以名利誘成功，和談必會有所成的。因而先下令封鄭芝龍為同安侯，鄭成功為海澄公，成功的叔叔鴻逵、芝豹也分別加封官爵，並且派了朝廷重臣和成功的表親黃徵明等人，帶著「海澄公印」南下福建，專辦和議之事。成功對於清廷的謀略是洞悉無遺的，他不讓清世祖完全絕望，但給他父親卻寫了一封義正詞嚴的長信。信中特別提到「自古大義滅親，從治命不從亂命」的原則，也談到當初清朝允「以三省王爵」給他父親，以作投降的酬庸，但結果並未實踐諾言。而他現在有「兵數十萬，勢亦難散，散之則各自嘯聚，地方不寧；聚之則師旅繁多，日費巨萬。若無省會地方錢糧，是真如前者啗父故智也。父既誤於前，兒豈復誤於後乎？兒在本朝亦既賜姓矣，稱藩矣，人臣之位已極，豈復有加者乎？……」

清朝政府看到這封強調春秋大義，揭露清人引誘行為，但仍有談判餘地的信以後，幾經會商，終於研究出了一個讓步的辦法，就是將泉、漳、潮、惠四府地方由成功管轄，作為安置兵丁與籌餉之所，並且又頒給他「靖海將軍敕印」，以為如此可以滿足成功的「貪欲」了。可是成功則提出「兵馬繁多，非數省不足以安插。和則高麗朝鮮有例在焉」，這裏又發生了剃髮與不剃髮的問題了。

清廷無奈，又派了內院學士葉成格帶著成功的弟弟鄭世忠到閩南來，想以家人手足之情打動鄭成功。起初清廷使者的態度還相當強硬，派人到廈門傳話說：「不剃頭不接詔；不剃頭亦不必相見。」成功怒斥來人，雙方形成僵局。後來葉成格只好讓鄭世忠去見成功，兄弟見面之後，世忠跪地涕泣淚漣的說：「父在京，許多斡旋。此番不就，全家難保。」乞求成功勉強接受詔書。成功說：「爾凡子，未知世事。從古易代，待降人者，多無結局。……父既誤於前，我豈蹈其後？我一日未受詔，父一日在朝榮耀。我若苟且受詔，削髮，則父子俱難料也。

爾勿多言，我豈非人類而忘父耶？箇中事，未易！未易！」當然這次和談是不可能有好結果的。在清使與鄭世忠北歸的時候，成功派人偷偷的送了一封信給世忠，其中有：「兄弟隔別數載，聚首幾日，忽然被挾而去，天也！命也！弟之多方勸諫，繼以痛哭，可謂無所不至矣！而兄之堅貞自持，不特利害不能以動其心，即斧刃加吾頸，亦不能移吾志，何則？決之已早，而籌之熟矣。……吾弟善事父母，厥盡孝道，從此之後，勿以兄為念。」可見成功的忠貞志節是利害不能動，斧刃不能移的。為了國家民族的大義，他只有強忍家人生離死別的悲痛了。

和議既然不成，清廷乃又改變策略，決以武力解決，世祖特任世子濟度為定遠大將軍，統率滿洲大軍入閩，準備與成功決戰。然而成功在葉成格等返京後不久，即已在同安、南安、惠安、仙遊等地徵餉進擊清兵，得到助餉銀七十五萬多兩。

順治十二年夏天，濟度帶了滿漢大軍三萬多人到了福建，成功命將士撤回廈門基地，擬與清軍作一殊死之戰。濟度兵抵泉州時，仍希望成功接受和議，保證一定「越次擢用」他，當然成功是無動於衷的。雙方乃積極佈防備戰，到第二年四月，發生了著名的「圍頭之戰」。圍頭之戰是在海上遭遇的，天氣極為惡劣，清軍不耐眩暈之苦，以致各船在風雨中顛倒散亂，相互擊撞，潰不成軍，成功又一次的獲得大勝利。

圍頭海戰之後，雙方在戰略及形勢上都有了大變化。清朝知道以武力一時不能解決問題，乃以「海禁」與離間誘降成功的軍官以打擊分裂鄭軍的陣容，並流放、族誅芝龍一家人，以作為對成功的報復。成功則全力準備北伐，以報君父之仇，繼續復明大業了。

成功決心北征南京的行動，本來在順治十三年就開始了，但是後來發生一連串不幸的變故，如大將黃梧等人的降清、閩安重鎮的失守、羊山海面遇風等等，延誤了北征行程，直到順治十六年五月，才進入

長江，實現多年來的夙願。雖然鄭軍在瓜州與鎮江兩次戰役戰果輝煌，給江南人民燃起無限的希望，各地忠義之士，無不欣喜若狂；但是南京一戰，慘遭敗績。成功飛帆出海，逕返閩南，瓜州、鎮江也棄守不顧，功敗垂成，實在令人可惜。北征失利的原因固然很多，但是有幾件事值得我們注意：

第一、成功計畫大舉北伐，正是桂王入滇的前後，也就是西南反清勢力日漸不振之時。成功想乘閩海大捷的餘威，北上長江，利用清兵專重西南之際，取得南京，挽回桂王在西南的頹局。可是出師之後，可謂意外重重，延誤了兩年的寶貴時光，等到大軍連克瓜州、鎮江之時，清兵早在雲貴一帶獲得重大的勝利，孫可望投降了清朝，李定國兵則潰散，而桂王遠奔緬甸，整個局勢起了變化。不少清兵已班師北返，及時趕來援救南京之圍。就時機而言，成功已由原先有利的情勢而變為不利了。

第二、成功自興師反清復明以來，他之所以能生存壯大，主要是他一直採取穩健的以海為進退的兩棲攻勢戰略。海上進軍雖如「行於無人之地，千里而不勞」可以「固本蓄銳，近取遠略」；但是終究只能侷促於一隅，有著不能離海而戰的缺失。因此多年以來，成功的軍隊無論在戰略環境及兵將性能方面，或是裝備、兵源、兵餉方面，都已經定了型，受著若干的限制。瓜州、鎮江之勝利，多少與忠義的銳氣有關。到南京攻守戰發生時，清軍有了強大的騎兵參戰，機動靈活，使得成功部將有「疑為天降」的驚恐，利於守海的鄭氏軍隊，在守陸的戰役中無法取勝了。

第三、就南京之役而言，成功的軍隊在時間上沒有能掌握先機，在心理上多少有些輕敵與驕滿之氣，在戰略上常有判斷不確的錯誤，在指揮上有失之過嚴的缺陷，這確實令人感嘆的。

南京之役的失敗，也有人批評鄭成功不聽甘輝的建議而鑄成大錯

的；或是認為戰敗之後仍可堅守瓜州、鎮江，不必即刻離開長江，歸師閩南，也許還有重振旗鼓的機會。我倒以為《小腆紀年》裏有一段話是可以一讀的：「……成功江寧之敗，論者惜其拒甘輝坐守瓜鎮之言……恃銳輕進，以喪其師，此事後成敗之論耳！……就使坐守瓜鎮，而山東之師衝其左，江楚之援掣其右，金陵郎廷佐、梁化鳳搗其中堅，豈能全師返哉？……違眾獨斷，孤注一擲，成功非無所見哉？」這種說法如果正確，則成功當時的飛帆南下是有遠見的決定了。

其實後人批評鄭成功的還不止這一點，例如有人以為他「用法峻嚴，果於誅殺」，甚至連他叔父都有被他殺了的。可是細想之下，就事論事，他的叔父鄭芝莞是成功南下勤王時負責基地廈門留守的，結果清兵突襲，芝莞竟不戰而走，並且席捲自己珍細家產逃遁，成功家中及很多官兵的私蓄都被清兵掠走，事後成功只有「誅不顧親」，否則士氣與軍心都會瓦解，因為成功屬下不少是「以海盜之智，習無君之俗」的不法分子，是他父親以前的老部下，不以大義滅親的非常手段是不能威鎮三軍的。

也有人對成功的一直不出兵援助桂王有些微詞，其實證諸史實，我們也可以看出他不能勤王的真正原因。例如順治七年（永曆四年）第一次南下粵海勤王，師船已經出發，後來因清兵突襲廈門基地，將士們聞訊無意南征，成功只好中止了行程。第二年也派兵南下，卻在廣東洋面遇風「蓬索損壞」，「船各飄散」，無法航行。順治九年李定國又約成功會師，而當時閩海戰火高漲，海澄、長泰、漳州等大戰役都在這年中發生，成功實在心有餘而力不足。順治十一年則又因和議影響，清使在泉州，延誤了時間。總之，成功不能與定國會師都是有特別原因的，而成功與定國的不能謀面，更是千古憾事，因為他們兩人生前的奮鬥精神與死後的浩然氣節，都足以流芳百世。

成功自北征失敗返回金廈以後，進取之志，大為挫折，於是便轉

而謀據臺灣，以為他日之圖了。順治十八年三月二十三日，成功率領戰船四百艘，自金門出發，東征臺灣，約一星期之後，登陸鹿耳門，經與荷蘭守軍水陸作戰後，大敗荷軍，荷軍退守城堡。荷軍長官請求成功退兵，願送勞師銀十萬兩，並逐年納稅。成功斷然拒絕，他向荷人表明，臺灣是中國領土，師行目的，端在復土。荷人求和不成，乃決心抗禦。直到同年十二月，荷軍因連連戰敗，而城堡水源切斷，遂投降成功。

成功既得臺灣，在島上即著手建設的工作，值得一述的，至少有以下幾項：

㈠設置府縣：臺灣一島雖然早已有漢人來墾荒，明末顏思齊與鄭芝龍等部眾到北港一帶經營，創制度、築城堡，更進一步的帶來內地文化。鄭成功來臺以後，先改赤崁地方為東都明京，設一府二縣，以府為承天府，縣為天興縣與萬年縣，使臺灣具備了內地地方行政區的規模，也由此奠定日後漢人在臺灣開拓有成的基礎。

㈡施行屯墾：為了解決復臺初期的糧食問題，積極實行屯墾是必需的。成功「命左先鋒紮北路新港仔竹塹……命中衛、義武、左衝、游兵諸鎮，紮南路鳳山、觀音山屯墾。頒發文武官照原給額各六個月俸役銀，付之屯墾。」同時成功對諸將士說：「臺灣乃開創之地，雖僻處海濱，安敢忘戰。暫爾息兵，留勇衛、侍衛二旅，以守安平、承天二處，其餘諸鎮，按鎮分地，按地開荒。」據說不久以後，各鎮兵士，「各擇地屯兵，插竹為社，斬茅為屋，圍生牛，教之以犁，使野無曠土，而軍有餘糧。」

㈢設法移民：臺灣原是海上荒地，人口不多。明末鄭芝龍曾因福建沿海饑荒而有組織的移民臺灣。成功來臺時，追隨他同來的官民將士人數不少，尤其在清廷實行「海禁」「遷界」令後，他大力招致大陸沿海流離失所的居民，據說前後來臺的人數高達十多萬人，這些移民

在西部沿海居住的為多，而以臺南一帶為主。來臺移民增多，也就增強了生產的力量。

㈣**開發山地**：成功戰敗荷軍以後，赤崁附近的新港、加留灣、麻豆諸番社頭目，都來迎附，彼此關係極為融洽。第二年，掌理戶部事務的楊英發現當時臺地原住人民，耕種不得其法，收割時不知道用鉤鐮的便利，耕地也不用犁耙，費力費時，而收穫又少。所以他向成功上書改革農耕方法，而使山地農業進步發展。到康熙中期郁永和來臺時，他看到新港社、麻豆社等地，「雖皆番居，然嘉禾暢茂，屋宇完潔，不減於內地村落。」可見自成功以來山地農業有了精進的事實。

此外，在修兵備、完法制、建學校、訂科舉等等方面，成功有了周詳的計畫；可惜他蒞臺只有一年就病逝臺灣了，很多生聚繁榮寶島的構想，只有留待他的子孫繼續努力實現。

第四節　清初治漢政策

我國的民族思想一向很發達，自居主位，而以其他種族於客位。早在先秦時代，就有「尊王攘夷」之說，從此夷夏之防，根深蒂固。清朝入關，是以塞外民族入主中原，在統治之初，由於本身原是一小民族，文化程度也不高，突然併合一個極有深度文化的大民族，一時有著茫無際涯，不勝其任之感。一方面怕漢人反抗，使新朝廷發生根本動搖的危險；一方面又憂慮滿洲民族被漢人同化，而使原有的精神消失於無形，所以在制定初期統治政策的時候，頗費思慮。大體說來，當時所定對待漢人的政策，相當成功，除對矢志反清的人士予以鎮壓或消滅外，其餘一切治術，多以體貼人民心理，緩和反對情緒為依歸，寬猛相濟，以致收到良好效果。

在李自成攻下北京的前夕，不少投降清朝的漢人就看出明朝覆亡

在即了。范文程就向多爾袞上書說：「……明之受病種種，已不可治。……為今日計，我當任賢以撫眾，使近悅遠來。……是當申嚴紀律，秋毫勿犯，復宣諭以昔日不守內地之由及今進取中原之意。而官仍其職，民復其業，錄其賢能，恤其無告……自翕然而向順矣。」洪承疇也說：「……今宜先遣官宣布王令，以示此行特掃除亂逆，期於滅賊，有抗拒者，必加誅戮，不屠人民，不焚廬舍，不掠財物之意。仍布告各府州縣，有開門歸降者，官則加升。……有首倡內應立大功者，則破格封賞。法在必行，此要務也。」可見當時清廷已在研究規取中原的計畫。等到吳三桂致書多爾袞乞師時，范文程等則又建議「兵以義動」的號召，以安撫漢人的輿情。多爾袞乃與諸將誓約：「此次出師，所以除暴救民，滅流寇以安天下也。今入關西征，勿殺無辜，勿掠財物，勿焚廬舍，不如約者罪之。」並向明人宣告：「義兵之來，為爾等復君父仇，非敵百姓也。今所誅者為闖賊，官來歸者復其官，民來歸者復其業。」於是清兵入關所過之處，人民逃散的不久即歸鄉里，反抗的不如迎降的多，因而順利的進入京師。李自成西竄以後，降清的官員們多提出大動亂後救濟的措施，如戶部官員郝傑條陳四事：「勸農桑以植根本，撫逃亡以實戶口，禁耗贖以除苛政，嚴奢侈以正風俗。」順天巡撫宋權則獻治平三策：「請議崇禎廟號，以彰我朝厚德；禁革加派弊政，以蘇民生；廣羅賢才，以佐上理。」另外也有人提出賑助貧生、優卹死節等等的，多爾袞認為他們的請求都有益於新政，件件採納，命令部院執行。這些革除明末弊政，撫順當時輿情的政策，對收拾人心發生了極大的作用。其中最令一般人民心服稱讚的有以下幾項：

　　㈠葬祭思宗：明思宗在煤山自縊殉國，李自成僅以宮門把他的屍體抬出，盛進柳棺，放置東華門外，這件事最為人民所痛恨。多爾袞進入都城，先下令「官民人等，為崇禎帝服喪三日，以展輿情」，並且

命「禮部、太常寺備帝禮具葬」。諭旨下達以後，官民大悅。後來更為思宗帝后建告陵墓，並派大學士祭明朝皇帝的陵寢，這些事都非常迎合明人的心理。

㈡諡爵明臣：明思宗殉國時，從死的大臣有幾百人。清廷為安撫民情，也表揚了這些忠義之人，給他們追贈諡號，如范景文曰文忠、倪元璐曰文貞、李邦華曰文肅等等，甚至連太監王承恩也都加諡號為忠節。另外對於投降的官員，則以爵祿羈縻他們，使得他們為清廷所用，而不致成為反抗的力量。

㈢搜羅賢才：多爾袞入關以後便下令：「山澤遺賢，許所在官司從實報名，當遣人徵聘，委以重任。」當時地方官有舉薦士紳而使之任官的，不過都是品流不高的讀書人，因為賢俊高士重夷夏之防，不願出任異朝官職。然而就清朝收拾人心政策言，已經收到效果，他們並不一定要真正達到招隱攬賢的目的。

㈣救濟民生：明季以來，人民生活困苦非常，清人入關後除廢除三餉苛捐之外，又注意其他民生方面之救濟。如命令州縣官調查地方鰥寡孤獨以及街市乞丐等謀生無計的人，政府給與錢糧恩養。擬定《賦役全書》，以防止貪官污吏漁肉小民。嚴懲官吏與民爭利及奸棍土豪作惡，以保護一般人民的權益等等。雖然終順治之世，由於干戈蹻起，供應增多，國庫都未見盈餘，人民生活仍極艱苦；但是清廷在扶弱抑強，賑貸貧苦的原則上卻已盡心盡力了。

此外，滿洲自入關以後，因與漢人直接接觸，各方面的衝突也就增多了，對於安撫漢人情緒，收拾漢人人心來說這是不利的。在入關之初，有些滿洲親貴，以勝利者自居，加上漢人中害群之馬的助惡，常有霸占市場，強行貿易的不法事件。又如清廷為了政治與軍事上的原因，在華北地區圈出一大片土地，構成旗人網，侵占了漢人的不少田園，引起了「圈地」的風波，造成滿漢之間的仇恨。官場中當然也

存在著滿漢的不和，也是清初政壇上的一大問題。總之，這類種族方面的事端，都能引起彼此感情的惡劣，日久必定釀成不幸。清廷有鑑於此，盡量設法調和彌補。順治元年八月即頒降諭旨：「一應滿漢人民，或商或買，各聽其便。倘市易不平，致行搶奪，以及虧直勒買等項，地方官即執送京師治罪。」這是為解決滿漢在商務上問題的措施。圈地的事則以「撥補」土地來補償漢人損失，或以「分居」以減少糾紛，最後則停止圈地，永久杜絕禍患。至於官場的種族界限則以籠絡漢人為手段，當然重滿輕漢仍然不能避免。總之順康之時，融合滿漢的意見，常見於皇帝的詔書，而臣下據實廷對的，也不以為非。甚至殿試全國貢士的題目，都問出：「今欲聯絡滿漢一體，使之同心合力，歡然無間，何道而可？」滿洲人之所以遷就忍讓至此，主要是因在鼎革之際，人心不靖之時，想將反清力量減少到最低的程度。

收拾人心的工作是清人入關初期的一項重要政策，但這只是消極方面的，在積極方面他們還重視政權與軍權的掌握，不能讓漢人所有，不然清廷的統治就發生問題了。為了維持絕對的統治權力，他們也制定了一些特別的政策以對待漢人，如：

㈠嚴禁謠言與武裝反抗：明清之際，華北及江南地區因為流寇未平，外族入主，人民不免有亡國滅種之痛，謠言繁興與地方騷亂當然不能避免。如北京有清人將捲甲東歸、搶殺屠民等等的謠傳，以致人心惶惶，社會不安。多爾袞在順治元年六月及八月先後諭令京城內外人民安心生活，他大力闢謠，說明絕無遷都關外及放搶屠民之事，並飭令各部嚴緝奸細，從重治罪。後來世祖雖然入京，中樞有了君主，但仍有北方土寇為害與南方反清志士的活動。清廷不得不先開自新之門，許以更新之路，甚至對為盜之人自首的不加罪刑，並將賊贓酌量議賞，條件不能說不寬。但是對於矢志反清的，他們則先予招撫，招撫不成，則以大軍征伐，直到反對勢力投降或平息為止。順治五年八

月，為了抵制江南民兵，朝廷竟下令：「……除任事文武官員及戰士外，若閒散官富民之家，不許畜養馬匹，亦不許收藏銃砲甲冑槍刀弓矢器械。……有不遵禁諭，隱匿兵器者，是懷叛逆作賊之心，若經搜獲或被首告，本人處斬，家產妻孥入官，鄰右十家杖流。……」

㈡挫辱官紳士子的聲氣：自明朝末年以來，結黨鬥爭的風氣極盛，因而縉紳學者，聲勢隆盛。明亡以後，學士大夫從事民族反抗運動的也轟轟烈烈，尤以東南各省起兵死義的尤多。清廷知道漢人士大夫與一般的百姓或土寇不同，因而對待的政策也不一樣。例如地方上的紳豪，凡有「壓奪田宅，占取貨財，凌暴良善，抗逋國課」的，必予嚴懲，以剷除地方的惡勢力。順治年間，京師富紳李三的伏誅以及江南抗糧案的嚴辦，最足以說明清廷摧挫士氣而抑制紳權的政策。

李三是北京的富豪，他勢通王公，廣招賓客，家中修造房屋，甚至也分照六部，以辦理事務。世祖責問大臣：「李三一小民耳，廷臣畏憚，不敢舉發，其故何也？」大學士陳之遴回答說：「如訐奏其事，皇上睿明，即行正法，誠善；倘宥其罪，則訐奏之人，必隱受其害，是以畏而不敢言耳。」陳名夏也說：「李三廣通線索，言出禍隨，顧惜身家，亦人恆情也。」又說：「都城五方雜處，如李三者，尚不乏人。今日一李三正法，明日又一李三出矣。」李三雖然被捕殺了，但是當時劣紳的惡勢力之大，廷臣對他們的懼畏以及政府為之注目，都由此可知，清廷為了防止他們有異謀，當然採取非常的手段了。

地方上的士紳，雖然不如李三的可怕，但是明末遺風尚存，他們的驕橫仍然可觀。清廷乃借江南士紳欠稅的事，給予他們一次無情而嚴酷的羞辱。順治十七年，江蘇巡撫朱國治將蘇、松、常、鎮四府欠賦士紳一萬三千五百多人列名斥革，加罪「抗糧」，即使是只欠一文錢，也不能免。一時「鞭扑紛紛，衣冠掃地」，崑山探花葉方靄就因欠稅一錢而被黜罰，當時民間有「探花不值一文錢」之謠。清廷如此的

小題大做，實在是別有作用的，想藉以挫辱紳豪們的聲氣而已。

　　另外對於一批讀書的士子，清廷為防止他們有東林的舊習，特別採取若干辦法，以削減他們的士氣，防患於未然。在這些辦法之中，舉行科舉是最有效的一種。科舉自隋唐以來就是人民做官的惟一正途，明朝人迷信八股，迷信科舉，到亡國時而尤甚。其實這種取士的方式，束縛了文人的思想才智，阻礙了政治文化的進步。滿洲人看清了這一點，為了牢籠漢人優秀子弟，入關後即連歲開科，以利祿誘人，但不讓他們有發揮高尚理想的機會，終於變成不事生產的「祿蠹」。而且以嚴刑峻法，大興科舉獄案，以燼消士氣。如順治十四年，因主司房考官員與士子作弊，誅殺或遣戍了很多人，甚至有兄弟叔侄連坐而同科的。這一年的科場案蔓延幾及全國，其中以順天、江南兩闈最為嚴重，河南、山東、山西等地次之，同時並舉，而且殺戮甚慘，當然是別有用意的了。

　　除了科舉以外，還用規定教條與禁結盟社兩種辦法，對士子加以約束。規定教條就是在各直省學校明倫堂之左，立置臥碑，碑文的開始有：「朝廷建立學校，選取生員，免其丁糧，厚以廩膳，設學院學道學官以教之，各衙門官以禮相待，全要養成賢才，以供朝廷之用。諸生皆當上報國恩，下立人品。……」等語，至於教條則不外教訓生員們立志做清官，居心忠正，不交結勢要，不奔走衙門，不可武斷鄉曲，要尊敬師長，勤苦讀書等等。這是因為教育事業是士大夫思想寄託所在的關係。禁結盟社是有鑑於明末黨爭之禍而起，順治十七年正月，給事中楊雍建奏：「朋黨之害，每始於草野，而漸中於朝寧，拔本塞源，尤在嚴禁結社訂盟。……請敕部嚴飭學臣，實心奉行，約束士子，不得妄立社名，糾眾盟會。」世祖同意他的看法，立即下令嚴行禁止。由於清初的豪紳被懲治，士氣被減消，所以明代官橫士驕的風氣，一掃而空。

㈢**防止軍政大權的侵奪**：為使統治漢人的地位不致動搖，軍權政權一定不能被漢人侵奪。因此在入關之後，清廷選擇全國各行省中，山川險要或名都大邑，遍設滿洲駐防軍隊，以防制漢人的反側。至於文職官員，清初雖大量任用漢人，不過重要機關都是滿漢並設，而且漢人任重而品低，滿人則品貴而權重。外省撫司以下的官員，偶爾以漢人任職，但總督則幾乎都是滿人。此外清代為集專制政體之大成，一切事務，不分京中外省，最後決定大權操在皇帝之手。漢人想奪取軍政大權是絕不可能之事。

綜合以上所述，我們可以了解：清初對待漢人的政策，一方面盡量遷就，安撫輿情，以收拾人心；另一方面則以高壓手段或技巧方法，消滅反抗勢力，防止軍政大權的被奪。這種寬猛相濟，亦鬆亦緊的政策，鞏固了清朝入關後的國基。

第五節　三藩之變與臺灣內附

順治初年，在清廷對抗反清復明的戰役中，曾以大學士洪承疇為五省經略，又派遣降將孔有德負責廣西軍務，尚可喜、耿仲明二人聯合去鎮守廣東，吳三桂主持平定川、陝、黔、滇各省。由於這些降將的戰功很高，清廷早就封了他們王爵。順治六年七月，耿仲明道死於江西吉安，由其子繼茂襲封靖南王。順治九年，孔有德在攻打李定國以後，自裁於桂林。因為孔有德無子，定南王一爵也就被除去了。後來南方局勢安定以後，洪承疇和一些滿清宗室率八旗兵回返京師，而平西王吳三桂等則留鎮南部中國各省。其中尚可喜以平南王駐廣東，耿繼茂不久死後其子精忠嗣鎮福建，吳三桂以平西王守雲南，是為「三藩」。三藩之中，耿、尚二人所屬旗兵各有十五個佐領，綠營兵則各有六、七千人，丁口約兩萬之眾；而三桂則藩屬旗籍兵五十三佐領，綠

營有一萬二千人，丁口不下五、六萬，所以在三藩之中，以吳三桂的兵力最強。此外由於三桂有引清兵入關破流寇、執殺桂王於緬甸等功，因而清廷對他的禮遇也最隆重。如他剛到雲南之初，中央政府給他便宜之權，雲貴兩省的督撫，受他節制，當地的人事任命權也由他任意行使，可以不受吏、兵兩部的約束，時人有「西選」之說。同時雲貴的財政稅收也由三桂主持，戶部不得稽核，他儼然成為雲貴一方之主。三藩不但在各自管轄區內廣徵關市之利，不解送錢糧，同時還需要中央撥發軍費，據說「天下財賦，半耗於三藩」，實在成為清廷的負擔了。

　　吳三桂權尊威重，因而有人參劾他。他的幕僚建議他造園亭，多買歌童舞女，使朝廷不疑。於是他在雲南造安福園，歷時三年才完工，又從江南買得年幼歌舞女伶多人，竭盡奢靡之能事。不過他通使西藏達賴喇嘛，又向蒙古購買大批戰馬，開礦鼓鑄，潛積硝石，散財結士，並訓練諸將子弟，以為日後將帥之選，這些都是別有用心的。他在雲貴邊區日練兵馬，遍置私人，購置戰具等不法行為，早為清廷注目。順治十八年，世祖逝世，三桂入臨，朝廷恐其為變，命令他在京城外搭廠設祭，禮成後而去。康熙六年（1667 年），聖祖親政以後，正想進一步集權中央，適有南明福王遺臣查如龍上血書勸三桂反清，血書尚未送達，查氏就事敗被捕了。皇帝對三桂的疑心便更為增加，所以在這一年的七月間，三桂上奏詭稱目疾，請辭節制雲貴兩省事務來試探中央時，聖祖毫不猶豫的批准了他的請求，這是清廷表示有心撤藩的第一步。康熙十二年，在廣東的尚可喜因不堪他兒子尚之信的忤逆，上書聖祖，自請歸老遼東。當時皇帝正值英年，熟知中外事務與前朝藩鎮的利害得失，早想對三藩有所處置。現在正好尚可喜上書請求歸老遼東，皇帝便採納了大臣們的意見，認為「可喜歸遼，之信仍帶官兵居粵，則是父子分離；而藩下官兵，父子兄弟宗族，亦至分離」，實有不便，下令尚可喜帶領全部人馬遷徙遼東，以收回廣東的統治權於

中央。吳三桂與耿精忠聞訊，也都疑懼自危，先後上書，請准撤藩安
插，以窺清廷態度。

清廷經過一番會商，雖然有主張撤藩的；但也有人認為茲事體大，
不宜滋發事端的。皇帝心意堅決，看清三桂等人蓄謀已久，其勢已成，
撤亦反，不撤亦反，不如早日除之，以免將來貽為大患，因而立即批
准三藩盡撤，並且派出大員，到南方與他們洽商安插事宜。吳三桂因
弄巧成拙，騎虎難下，乃陽為恭順，陰作準備，終於在同年底反清了。
第二年，耿精忠也在福建附三桂，占據全閩，反而最初請求安插的尚
可喜卻仍在廣東，守清臣節。三桂反清之初，先以復明為號召，數月
之間，雲貴川湘桂閩諸省，紛紛響應，為其節制。後來在廈門、臺灣
等地反清的鄭經也出兵相助，陝西提督王輔臣更舉兵遙為支持，頓時
半壁河山，成為反清反滿的勢力範圍。

康熙十五年，尚可喜死，其子尚之信也以廣東附三桂，三藩之變
形成，聲勢相當浩大。然而清聖祖在吳三桂自稱天下都招討兵馬大元
帥，蓄髮易冠，聲稱要為明室復仇之後，他鎮定堅決，除在陝鄂等省
置以重兵，阻止三桂等北上之外，並調發主力進向江西，西攻長沙，
以切斷吳、耿聯合路線。他又將吳三桂留在京師的兒孫處死，拒絕三
桂和談的建議，決心與吳三桂作戰到底。三桂則暮氣已深，在進入湖
南以後，觀望不前，很想與清廷劃江為界，戰略戰術上都發生問題，
而他本人反覆無常的行為又不足以號召天下。清廷則用兵神速、籌劃
周詳、賞罰嚴明，所以到康熙十五年中，陝西的王輔臣與福建的耿精
忠都先後投降了清朝。第二年，尚之信又因不勝負擔三桂的軍費而通
款清軍，脫離了三桂。三桂為了集合人心，乃於康熙十七年稱號自重，
建國日周；不過時不我與，回天乏術了。不久三桂暴斃，其孫世璠繼
立。康熙十九年，清軍在四川、廣西、貴州等地連戰皆捷，世璠退走
雲南，翌年自殺，為時八年的三藩之亂，至此結束。清聖祖這次能平

定三藩之變，確實是「守成而兼創業」的再興事業，非尋常軍事行動可比。戰爭之勝利，實應歸功於聖祖的策略與決心。誠如魏源所說的：

> 一則不蹈漢誅鼂錯之轍，歸咎於首議撤藩之人。二則不從達賴喇嘛裂土罷兵、苟且息事之請，力申天討。三則不寬王、貝勒老師養寇之罪，罰先行於親貴。四則諭綠營諸將等，以從古漢人叛亂、止用漢人剿平，豈有滿兵助戰。

由於以上諸因，聖祖乃能成就此一宗大事業。藩亂平定以後，聖祖除了消滅耿、尚兩家殘餘勢力，盡撤藩兵之外，他又免除雲、貴、閩、粵各省的苛捐雜稅，與民休息，並將三藩的財產入官，充作軍餉，在南方要地設立八旗駐防大軍，由福州將軍、廣州將軍等管轄，從此地方割據局面不存在了，中央集權，也接近到了完成的階段。

三藩之後，只有孤懸海外的臺灣鄭氏仍奉明正朔，繼續從事反清復明的工作。清聖祖要想統一全國，當然就必須解決鄭氏的問題了。

鄭成功收復臺灣以後，曾經制定了一系列的開闢臺灣的計畫，可惜他不久就病逝了，這些宏偉的大事業也就由繼承他的鄭經努力實現了。鄭經的果敢嚴毅雖然遠不及他的父親，生活言行也比成功放逸很多。因此他的繼承之事便發生家族中的內訌，最後因為多數將領擁護鄭經，鄭經才得由廈門來臺灣繼統。但他維護名教，仍用永曆年號，不墜他先人的孤忠志節，此一特立風概，實足留芳青史。

鄭經繼承父業以後，不久魯王以海與張煌言等忠義大臣先後死亡，荷蘭人又與清軍勾結力圖金、廈，而鄭經叔侄爭繼又影響前線若干守軍叛降清廷，結果迫使鄭經暫時放棄外島，專心建設臺灣了。

鄭經在臺灣的建設經營，無論是在改制政區、加速屯墾、撫綏土民、發展貿易等方面，都有可觀的成績，現在略述如下：

(一)**政制方面**：永曆十八年（康熙三年），鄭經改東都為東寧，陞天興、萬年二縣為州，又設南北路及澎湖安撫司各一，以分理庶務。這些行政區分，終明鄭之世未再改變。又東都初建時，極為簡陋，鄭經依陳永華的建議，開始建築圍柵，砌蓋衙署，又分承天府為東安、西定、寧南、鎮北四坊，下分二十四里，政區規模大備。明鄭的官制，在鄭成功時，中央有吏、戶、禮、兵、刑、工六官。鄭經之世，又復置諮議參軍、察言司、承宣司、審理司、中書科等職。地方官制，則府有府尹、縣置知縣、安撫司置安撫使，可謂內地傳統官制被陸續移植臺灣了。

(二)**屯墾方面**：臺灣氣候溫和，土地肥沃，待墾的荒地很多。早年鄭芝龍曾移漳、泉一帶人民來臺，鄭成功復臺時又帶來兩萬多的官兵與眷屬，而開荒的人力仍然不足。鄭經時代，先招引大陸沿海人民赴臺，康熙三年他又帶來部屬三萬多人。清廷嚴令「禁海」，實行「遷界」政策後，大陸人民紛紛偷渡入臺的也很多，使臺灣居民總數高達二十萬人之紀錄。生產勞動力增加，屯墾的成就當然也大異從前了。鄭經在諮議參軍陳永華的輔助下，大行「拓地招墾」的政策，獎勵官兵種植稻穀、甘蔗等農作物。稻米一年可以兩熟，有的一歲三熟，產量與種類都大增。糖業的發展更是成績斐然。臺灣蔗糖除供應大陸以外，並還遠銷日本與波斯。鄭經治臺期間，也改變了手工業的落後狀況，煮鹽方法不再用原始形式，卻修建鹽埕，引海水曝曬，因而使鹽的產量與品質都提高了很多。此外森林的利用、造船業的發展、燒炭、燒瓦技術的進步、樟腦出口的劇增等等，也都是鄭經治臺期間的政績。

(三)**貿易方面**：鄭成功時代便非常注意對外貿易，鄭經繼承以後更進一步的「差兵部都事李德駕船往日本，鑄永曆錢，並銅熕、腰刀、器械，以資軍用。戶部都事楊賢監督洋船，往販暹羅、咬𠺕吧、呂宋等國，以資民食。」另外又加強與日本、越南、印尼、英國等國的通

商貿易，把臺灣的鹿皮、樟腦、硫磺、蔗糖等土產運銷國外，以換取鉛、銅等物品回臺，對當時臺灣的軍需日用多所助益，也促進了臺灣經濟的繁榮。

㈣**文教方面**：鄭經在傳佈中原文化來臺灣的貢獻也是值得一提的。康熙四年（1665 年），他採納了陳永華的建議，在臺灣建孔廟、立學校，並延聘大陸的博學儒師來臺教授課業，連山地同胞的子弟也以鼓勵的方式勸他們入學，並給予山地家長以減免部

圖 15：全臺首學

分賦稅的優待，因而使當時的臺灣成為海外有禮教的樂土。

總之，臺灣這一荒島，經過明鄭二十多年的辛苦經營，無論在人文政治方面，或是社會經濟方面，都有長足的進步。正如施琅後來所說的：臺灣已經「備見沃野土膏，物產利溥，耕桑並耦，漁鹽滋生，滿山皆屬茂樹，遍地俱植修竹，硫磺、山藤、蔗糖、鹿皮以及一切日用之需，無所不有。」富庶景象，可謂畢宣紙上。可惜鄭經為響應三藩反清，慘遭失利，消耗了巨資，也嚴重的影響了士氣。鄭經自兵敗東歸以後，變得心灰意懶，終日不問政事，只沉溺酒色之中，康熙二十年（1681 年），他也病逝於臺灣了，享年也只有三十九歲。

鄭經死後，原本由世子鄭克𡒉為「監國」，但權臣馮錫範襲殺了克𡒉，另立鄭經的兒子鄭克塽為延平王，克塽是錫範的女婿，政權乃由錫範獨攬，明鄭內部的紛爭，愈演愈烈，覆亡也為期不遠了。康熙二十二年（1683 年），清廷利用了大好時機，派施琅率三萬水師，渡海征臺，鄭軍大敗於澎湖，鄭克塽等見大勢已去，便歸降清朝了，從此滿清達成了統一中國的願望。

第五章　清初宮廷疑案略述

　　滿洲人在明朝末年由一個微小的部落開始發展，先則統一女真諸部，繼而征服朝鮮、蒙古，最後更戰敗明朝，入主中國，這其間的歷程極為艱辛，部族裏的紛爭也層出不窮。入關以後，又因滿漢文化背景不同，加上漢人的夷夏之防牢不可破，因而清宮若干疑案，不斷傳出。人有好奇天性，尤其漢人常懷種族成見，對早年滿洲的宮廷慘禍與醜事緋聞，更加強化，甚至時至今日，人們還是津津樂道，信以為真。本書擬就清初有關事件，在此略作說明。

第一節　太祖幽子殺弟

　　綜觀古今中外的歷史，我們不難發現在一個新政權成立之後，領導階層之間常會產生鬥爭情事，甚至演出慘殺悲劇。滿洲部族在創建龍興大業的時候也不例外。

　　清太祖努爾哈齊的妻妾很多，原配佟佳氏為他生子二人，長褚英、次代善。褚英生於明萬曆八年（1580 年），在努爾哈齊的眾多兒子當中是嫡而居長的。萬曆二十六年他就因征伐安楚拉庫小部落有戰功，被賜美號「洪巴圖魯」（滿語作 hong baturu，日本學者認為「洪」是蒙文演變來的「天鵝」之意。「巴圖魯」是滿文，作「勇士」解，實際上也可能從蒙文借來，如「拔都」。總之，這是阿爾泰民族的舊俗，凡有功績的人都加上美號，有戰功的加「巴圖魯」，戰功特高的則以專稱美號來表示，如褚英被稱為「天鵝」的「勇士」即是此例。）萬曆三

十五、三十六年（1607～1608 年）間褚英又因征討烏拉立了大功，努爾哈齊為獎勵他又改稱他的美號為 「阿爾哈圖土門貝勒」 (argatu tumen beile)。滿文「阿爾哈圖」有「計謀家」之意，「土門」原是百千萬的「萬」字，此處可作「眾多」解，所以新賜的美號可以說是讚美他是一位「計謀多端的貝勒」，這也是後來清代官書中稱他「廣略貝勒」一名的由來。努爾哈齊的鍾愛褚英，不僅是表現在這些美號方面，他在萬曆四十年左右竟然授命褚英掌理國政了。滿洲部族舊俗中不採行嫡長繼承的制度，所以褚英的秉政大為其他弟兄們所不滿，加上褚英的局度褊狹，對待與努爾哈齊一同打天下的「五大臣」以及擁兵權的其他弟弟們都很刻薄，於是引起了一場政爭。根據古老的滿文檔案記載，在萬曆四十一年三月間有這樣的一段密聞，現在約略的試譯如下：

　　……四個弟弟和五個大臣就相議說了：「我們目前的苦境，汗父是不知道的。假如告訴汗父的話，執政的阿爾哈圖土門一定就畏懼了；假如他畏懼的話，那麼我們也就有生命的危險了。但是到汗父去世以後，我們則更無所依恃。我們既苦而又不能安生，何不告訴汗父以後再去死呢？」於是便把這些事告訴大汗了。汗說：「你們以口頭告訴我這件事，我怎麼可以記得著，寫個書面的東西來。」後來四個弟弟與五個大臣都各寫了一份報告，自述他們的苦情，奏呈給大汗。汗就以大家的報告給長子說：「這些是你的四個弟弟與五個大臣列舉你的惡政的報告，你可以拿去看看，假如你有理由的話，也可以寫報告來答辯。」長子說：「我一點答辯的話也沒有。」汗說：「你如果真的沒有話答辯，那麼錯就在你了。我雖然年紀大了，但還沒有到不能作戰、不能斷事、不能執政的地步，這個國家的大政也還沒有

完全交給你呢！我以長子執政，原先就怕國人會發怨言的，只是我以為國人即有所聞，也許不會太非難我的，所以我才委政於你。掌理國家政務的人，對他的國人應該以寬涵為度，大公為心。現在你對待你同父所生的四個弟弟及你父親任命的五大臣如此刻薄寡恩，那你怎麼可以治理國家？……」

褚英因為失寵而在這場政爭中失敗了，其後滿洲大軍再征烏拉的時候，褚英便令留在後方城裏，不得隨太祖去征討作戰並派人在後方監視他。褚英在家鬱鬱不樂，曾經和他的屬僚說：「假如我死了，你們能為我殉死嗎？」幕友們都說：「能夠。」於是褚英便作書詛咒出征離家的群臣，並焚書祝天。後來有人把此事告訴了太祖，太祖大怒，便把長子褚英幽禁在一個高大牆垣的房子裏了。一說到萬曆四十三年努爾哈齊終於下令將褚英處決了，朝鮮人當時也有長子「紅破都里」（按係「洪巴圖魯」的音轉）「為奴酋（按指努爾哈齊）所殺」的說法。

努爾哈齊禁錮了長子褚英，解決了一場鬥爭。他與胞弟舒爾哈齊之間也因爭權而發生不快，終致骨肉相殘，這件事也是一般清代官書中語焉不詳的，我們在當時明代、朝鮮以及滿文的記錄裏，看到了一些蛛絲馬跡。

舒爾哈齊從最初就與努爾哈齊一起參與各方的征討戰役，而且也多次的和他的兄長「赴京朝貢」，所以在明人與朝鮮人當時的文獻中他們兄弟往往是並稱的。從現存的資料上可以看出：舒爾哈齊的實力不如他的兄長，在明代、朝鮮以及蒙古人的眼中，他的地位也顯然低於他的兄長。不過他總是想和努爾哈齊分庭抗禮，例如他穿的「服飾與其兄一樣」，年節慶賀宴會時，「諸將進盞於奴酋（按指努爾哈齊），皆脫耳掩，舞時亦脫；惟小酋（按指舒爾哈齊）不脫。」甚至他還向朝鮮使臣說：「日後你僉使若有送禮，則不可高下於我兄弟。」這是明萬

曆二十三年時朝鮮使者申忠一親身觀察所記下的文字，當時努爾哈齊領有萬名戰卒，戰馬七百多匹；舒爾哈齊則約有他兄長一半的實力。他們兄弟間鬥爭的表面化，可能與烏拉貝勒布占泰有關。布占泰娶了舒爾哈齊的女兒額實泰，而舒爾哈齊則娶了布占泰的妹妹滹奈（滿洲人早年的婚姻是不重輩分尊卑的），這份親事使他們的關係變得親密了。萬曆三十五年，滿洲大兵征伐烏拉時，舒爾哈齊在烏碣岩一役作戰不力，遲緩發兵，努爾哈齊在戰後怒責領兵的將領，並命將舒爾哈齊屬下兩大將常書、納齊布論死。舒爾哈齊對他兄長說：「若殺二將，即殺我也。」這才使努爾哈齊改「宥其死，罰常書銀百兩，奪納齊布所屬人民。」當時明朝人就說舒爾哈齊「私三都督」，意指祖護布占泰，可見他們兄弟間已離心了。自此以後，努爾哈齊「不遣舒爾哈齊將兵」，到萬曆三十七年，兄弟間的爭吵更嚴重了，舒爾哈齊常發怨言，甚至說出「我就怕一死嗎？」終於率領部眾，搬到黑扯木地方住了一段時候。努爾哈齊乃沒收了舒爾哈齊留下的家產，殺死了舒爾哈齊的族子阿西布，並將他屬下的部將烏勒昆吊在樹上燒死。舒爾哈齊後來雖然又回到他哥哥的老寨裏了，但兄弟間的感情並未見好轉，而且在褚英被幽禁的時候，舒爾哈齊也大為抱怨他哥哥，努爾哈齊一怒之下，又一次的「奪取了他的屬人、將佐等產業。」

　　舒爾哈齊的死亡時間清官書裏說是在萬曆三十九年；不過褚英幽禁時（萬曆四十一年）他既然還向他哥哥表示抱怨，顯然當時他尚在人間。萬曆四十七年朝鮮人李民寏在滿洲部族中拘留將近一年時間以後說：舒爾哈齊「有戰功，得眾心，五、六年前為奴酋所殺」，可能是比較可靠的說法。對於舒爾哈齊死前的情況，明朝人則有如下的描述：「酋疑弟二心，佯營壯第一區，落成置酒，招弟飲會，入于寢室，鎯鐺之，注鐵鍵其戶，僅容二穴，通飲食，出便溺。……」也有人直截了當的記著：「奴酋忌其弟速兒哈赤兵強，計殺之。」朝鮮人也說努爾

哈齊「殺弟而併其兵」，所以清太祖手刃胞弟的事並非空穴來風。

第二節　太宗「奪立」汗位

滿洲自興起以後，勢力雖日漸壯大，疆域也不斷擴張；然而到建立後金汗國前夕，族內爭權之事已十分明顯，到達了白熱化的程度。努爾哈齊先後幽子殺弟，解決了一些問題，不過未來汗國的前途、汗位的繼承等等仍是有預見的危機。他一度意屬次子代善，並說出「俟我百年之後，我的諸幼子和大福金交給大阿哥收養」的話。「諸幼子」是指多爾袞兄弟等人，「大福金」則是指富察氏袞代，「大阿哥」就是次子代善。這件事似乎是公開的事實了，因為朝鮮人李民寏在滿洲部族中小住後也如此認為：「酋死之後，則貴盈哥必代其父。」「貴盈哥」是「古英巴圖魯」的轉音，是代善當時的美號。不過在天命五年（萬曆四十八年）時發生了大福金袞代與代善、皇太極等人陰謀結合，經常聚會，甚至有代善與庶母間曖昧關係的傳聞。努爾哈齊憤怒之下，下令休妻，將占有大福金要位多年的富察氏離棄，逼歸娘家，代善的繼承地位也因而動搖了。所以在第二年，即天命六年初，努爾哈齊便召集諸子侄長孫多人在一起，對天地神祇，焚香發誓，說：「吾子孫中縱有不善者，天可滅之，勿令刑傷，以開殺戮之端。」希望「懷禮義之心」的諸王，能對汗位有野心的人，「化導其愚頑」。當然努爾哈齊也知道諸子中確有覬覦汗位的人，發誓未必能收實效的。在他兩次想預立儲君失敗之後，決心以子侄等共治的方法來安排繼統問題。天命七年三月努爾哈齊向他的子侄們頒佈了八大貝勒共治國體的諭旨，文中有：

　　繼朕而嗣大位者，毋令強梁有力者為也。以若人為君，懼其尚

力自恣，獲罪於天也。且一人縱有知識，終不及眾人之謀。今命爾八子，為八和碩貝勒，同心謀國，庶幾無失。爾八和碩貝勒內，擇其能受諫而有德者，嗣朕登大位。若不能受諫，所行非善，更擇善者立焉。至於八和碩貝勒共理國政，或一人心有所得，言之有益於國，七人宜共贊成之。……若八和碩貝勒中，或以他事出，告於眾，勿私往。若入而見君，勿一、二人見，其眾人畢集，同謀議以治國政。

　　努爾哈齊的這一諭令不但提高了諸王貝勒的地位，限制了未來繼承人的權力，同時也規定「八家共治」的大原則。然而權位是所有野心家所樂於追求的，在天命十一年努爾哈齊病逝以後，繼統的政爭終於發生了。明朝方面得到的消息是「四子與長子爭繼未定」，「四子」是指皇太極，也就是後來的清太宗，「長子」當然是代善了。朝鮮人的消息可能比較靈通，據說努爾哈齊臨終時曾安排多爾袞繼位，但由年長的哥哥代善攝政。其後由於代善是個「庸人」，個性「寬柔」，又「以為嫌逼」，終致讓皇太極登上大汗寶位了。

　　清太宗皇太極的繼統可能有些問題，從滿洲舊俗方面來看，通常阿爾泰族政治領袖的地位是由嫡子繼承的，但不是漢人的嫡又居長的世襲制。努爾哈齊的嫡子，也就是由大妃所生的兒子，在天命十一年時共有代善、莽古爾泰、德格類、皇太極、阿濟格、多爾袞、多鐸七人，其中皇太極的母親葉赫納喇氏是否擔任過大妃最是問題，如果她沒有當過大妃，也就表示皇太極是根本沒有資格繼承汗位的。按皇太極母本名孟古哲哲，萬曆十六年與努爾哈齊成親，萬曆二十年生皇太極，三十一年病死，其生存時代是富察氏袞代當大福金（即大妃），袞代被休棄之後，多爾袞的母親得寵，升為大妃，其時孟古哲哲已逝世多年了。清代史書裏找不到她曾經任大妃的記錄，只有皇太極登極後

才說他母親是太祖的「皇后」，所以從身分上看，太宗的繼承是令人生疑的。

　　皇太極稱他母親為「皇后」是崇德元年（1636 年）十一月十五日《太祖實錄》告成時對外公開的。當時的實錄全名被稱為《承天廣運聖德神功肇紀立極仁孝武皇帝、孝慈昭憲純德貞順承天育聖武皇后實錄》，從這位皇后的諡號上用字可以確知是指皇太極的生母孟古哲哲。滿洲人為先皇修實錄是仿照漢人制度的，而中國歷代從不見有過皇帝與皇后合稱的實錄或其他官書，這顯然是太宗刻意強調他生母是皇后（大妃），他的合法繼承地位也因此可以確定的。

　　其次在努爾哈齊死後，皇太極等人隨即強迫多爾袞的生母殉死，說她「心嫉妒，每致帝不悅」，「留之恐後為國亂」。多爾袞的生母烏拉納喇氏「雖欲不從，不可得也」，終於在三十七歲的盛年，留下三個年幼的兒子，含恨也無奈的被活埋了。實際上太祖晚年很鍾愛烏拉納喇氏，並把自己大部分的產業分給了她所生的三子。多爾袞以聰睿見稱，太祖遺命讓他繼承不是絕對沒有可能的。

　　多爾袞生母與皇太極等人之間的鬥爭，可能在早年就發生了，清朝史料中記有：「太祖時，墨爾根王（按指多爾袞）之母及阿布泰夫婦欲陷太宗，所行諸惡事，臣等盡知。」可見他們彼此間的衝突由來已久。

　　皇太極是位熱中汗位的野心家，他又「勇力絕倫，頗有戰功，所領將卒皆精銳」，加上兼領兩紅旗的代善也倒戈相向，兩藍旗的莽古爾泰與阿敏支持他，以龐大的兵力對付寡婦孤兒，繼承汗位當然會是順利的。

　　不過，在繼位之初，他確是「雖有一汗之虛名，實無異整黃旗一貝勒」，有關部族內軍民事務，仍然由大家共治共管。據《清實錄》說在天聰元年後金汗國的情形是：「大貝勒代善、二貝勒阿敏、三貝勒莽

古爾泰，以兄行命坐於上左右，凡朝會，三大貝勒皆與上列坐，從不令下坐。」這段記載說明了太宗當時對兄長們的尊重，也反映了他即位之後確是四人合議的時期。

皇太極在情勢穩定以後，便開始加強君權與集權中央的工作了。一方面仿行明朝官制設立六部，使中央制度日益完備來擴張君權；另一方面則以「一切機務，輒煩諸兄經理，多有未便」為由，改為三大貝勒以下諸小貝勒「代理值月之事」，以削弱三大貝勒的實權。最後則更展開慘烈的鬥爭，以徹底消滅異己或不服從他的貝勒們。天聰二年，他先以些微的罪狀加諸於二貝勒阿敏身上，結果使阿敏得到一個革爵下獄的下場。朝鮮人來通使的時候看到朝會時由四人列坐而變成三個人了，所以有稱為「三尊佛」時代的。天聰五年，他更以三貝勒莽古爾泰悖逆犯上為詞，削去他的大貝勒名號，並罰銀萬兩及馬匹甲冑等物。同年十二月，皇太極依禮部官員的建議，將朝賀時各大貝勒與皇太極並坐的體制，改為皇太極一人南面中坐，「以昭至尊之體」，代善、莽古爾泰則退居皇太極之下。第二年，莽古爾泰暴斃之後，皇太極又不斷的大治其黨族。天聰九年，代善也被指為不遵制令、悖亂多端了，幾乎被革去大貝勒爵位，至此，皇太極的君權已經無以復加了，第二年，便改元崇德，建立大清，他做起真正的大皇帝了。

崇德八年，皇太極病逝，這時多爾袞權重兵強，於是又引起一場繼承的紛爭。清太宗屬將有人支持皇太極長子豪格繼位，多爾袞與豪格有隙，逼使豪格說出「福小德薄，非所堪當」的話，而在大家集會討論之時，竟有太宗部將們佩劍而前聲稱說：「吾屬食於帝，衣於帝，養育之恩，與天同大。若不立帝之子，則寧死從帝於地下而已。」代善怕惹禍上身，便說：「吾以帝兄常時朝政，老不預知，何以參於此議乎？」即起去。其他貝勒親王也有離席走避的，多爾袞則說：「汝等之言是矣。虎口（按係豪格轉音）王既退讓去，無繼統之意，當立帝之

第三子，而年歲幼稚，八高山（按指八旗）軍兵，吾與右真王當其半，左右輔政，年長之後，當即歸政。」多爾袞一言九鼎，大家便在誓天之後如此的決定了六歲的福臨為繼承人了，當然真正的統治者則是多爾袞。

福臨就是日後稱為清世祖的滿洲皇帝，年號為順治。順治元年（1644 年），清人入關，統治了中國，此後七年為多爾袞的攝政掌權時期，福臨只是一個名義上的君主。順治七年底多爾袞病逝，福臨追尊他為「誠敬義皇帝」，對他似乎敬禮有加；但是第二年春天，鬥爭多爾袞的政治風暴便掀起來了，說他生前有「謀篡大位」的行為，並公然宣稱「太宗文皇帝之位，原係奪立」；而且他在攝政之時，曾下令史館官員剛林、祁充格等人，改動太祖實錄，將「武皇后」的名稱除去，又將「太宗史冊，在在改抹。」加上其他的多項罪名，多爾袞終於遭到削爵、撤廟享、財產入官、平毀墓葬的命運。當然多爾袞的黨羽們也有不少人被整肅的，貶革的貶革，處死的處死，極為悽慘。其實這次政爭，可以視為太祖死後汗位「奪立」的餘波，而多爾袞的歷史地位直到乾隆四十三年（1778 年）皇帝下詔昭雪後才獲得平反與肯定。

乾嘉時期，代善的後人昭槤著有《嘯亭雜錄續錄》，續錄卷二有〈明人論先烈王〉一文，其中說：

> 嘗讀全謝山《鮚埼亭集》，載明人夏吏部允彝言曰：「東國乃能恪遵成命，推讓及弟，又能為之捍禁邊圉，舉止與聖賢何異？其國焉得不興？」蓋謂先烈王讓國事也。

「先烈王」指代善。這段話固然是代善後人美言其祖先的，但是當年的事應該是不假，朝鮮人的說法似乎也不能視為子虛之談了。太宗「奪立」的事從這裏也找到一些線索，看出一些端倪來了。

第三節　孝莊太后下嫁

　　清太宗皇太極的后妃多人，其中有一位姓博爾濟吉特氏，出生於蒙古科爾沁部，是當時貝勒寨桑的女兒。她在天命十年嫁給了皇太極，崇德元年建立大清時她被封為永福宮莊妃。崇德三年她生皇九子福臨，福臨後來當了皇帝，她被尊為太后。她的孫子玄燁繼統以後，年號康熙，尊她為太皇太后。由於「下嫁」之事，傳說發生於順治朝，所以本節以「太后」為稱。

　　太后下嫁的緋聞，不始於民國以後，也不是從民間流傳開的。在順治朝當時，在清朝的宮廷當中，就有一些令人生疑的事發生，並足以使人聯想到太后是可能下嫁給多爾袞了。現在把這些有關的事，一一解析如後，並說明太后下嫁的真相。

　　多爾袞死後兩個月，鬥爭多爾袞的活動就開始了。首先由中央發表了《多爾袞母子併妻罷追封撤廟享詔書》，肯定多爾袞生前確犯下了若干大罪。在這份詔書中，指他「親到皇宮院內」、稱過「皇父攝政王」，這些都是後人用作太后下嫁多爾袞的證據，以為到皇宮裏去就是指與太后有染，稱「皇父」更足以表多爾袞娶了皇帝母親。

　　不久以後，又有一位反清復明的聞人張煌言，寫了一首詩譏諷清太后再嫁的，詩文是：

> 上壽觴為合巹樽，慈寧宮裏爛迎門，
> 春官昨進新儀注，大禮躬逢太后婚。

詩中雖洋溢著婚禮歡樂之情，但也極盡諷刺，批評滿洲人的沒有體制倫常。慈寧宮是太后所居的地方，春官則是指禮部的尚書。

　　由於這裏提到禮部尚書進呈太后大婚新儀注的事，便有人想到乾隆年間下令銷燬錢謙益的《初學集》、《有學集》那一樁文字獄案，因為錢謙益在順治年間降清當過禮部的大官，太后大婚的新儀注應是他制定的，乾隆時燬掉他的著作必是想消滅文字證據的。

　　還有一點也是後人相信孝莊太后有下嫁可能的，那就是她死後沒有和她的丈夫皇太極葬在一起，而被單獨的葬在昭西陵，大家以為這可以作為她改嫁的一項旁證。

　　孟森先生曾經寫過一篇〈太后下嫁考實〉的文章，有深度的解析各項疑問，他認為「親到皇宮院內」一句雖然可疑，但最多也只能疑其曾瀆亂宮廷，何必一定指多爾袞與太后間有瀆亂之事呢？自稱「皇父攝政王」一事，他則認為「蓋為覃恩事項之首，由報功而來，非由瀆倫而來，實符古人尚父仲父之意。」至於張煌言的詩是「鄰敵之口語」，有成見人的詩文未必負傳信之實。錢謙益的進呈新儀注根本與史實不符，因為錢氏降清後只任職禮部侍郎，不是尚書，而且為官期間甚短，約在順治三年正月至六月之間，後來他以病乞歸，從此再沒有擔任過官職。多爾袞稱「皇父」是在順治五年，前後在時間上相差兩年多，所以把乾隆錢謙益文字獄案指認與太后下嫁有關應是無稽之談。孝莊死後沒合祔葬昭陵，孟先生以為這也不足為怪，因為順治年間尊為皇太后的有二人，一為太宗元后孝端，一為母以子貴的孝莊。孝端后死於順治六年，與太宗合葬奉天的昭陵。第二后不祔葬的，在清代也屢見不鮮。如世祖繼后孝惠后別葬孝東陵。世宗也只有一后合葬，連高宗生母也別葬於泰東陵。仁宗孝和后葬昌西陵。道光、咸豐、同治各朝也都有皇后不祔葬的事實，所以孝莊后的不與太宗合葬「不能定為下嫁之證」。總之，孟森先生以為孝莊后下嫁事多半出於文人學士的聯想，於史並無實據的。然而胡適先生讀了孟先生的大作後，「終不免一個感想，即是終未能完全解釋皇父之稱之理由」，「終嫌皇父之稱

似不能視為與尚父仲父一例」。孟先生對胡先生的問題又解釋：「如以太后下嫁彼為倫理上之污點而諱之，則必不以皇父之稱詔示天下」，既然「公然稱皇父，必不諱太后下嫁之事，則坦然稱皇父以仲父尚父自居，則亦無嫌，故有皇父之稱。」

　　孟森先生的大文可以說已經把孝莊后下嫁的傳說澄清了一部分了，只是不祔葬與稱皇父至今仍不能令大家心服。尤其孝莊后葬身的昭西陵，又建在清朝東陵的「風水牆」之外，有人就認為這是清聖祖康熙皇帝在孝莊后死後，對她下嫁的惡德醜事不滿，乃決定把她的墳墓摒棄在祖墳陵園牆外，罰她為子孫後代看守大門。其實聖祖年幼喪母，他是由祖母孝莊后一手帶大的，聖祖的繼統也是孝莊后安排成功的，無論是在康熙初年的四大權臣輔政時期或是三藩之變的緊張時刻，孝莊后都全力輔助她的愛孫。聖祖對他的祖母孝莊后也是崇敬非常，在康熙二十六年九月孝莊病重以後，聖祖晝夜不離左右，親嘗湯藥，精心侍奉，直到十二月底孝莊病逝為止。而在其後辦理喪事期間，聖祖所表現的至孝更是難得，所以說聖祖惡其行而罰她「看守大門」是不合情理的。再說聖祖若真的認為他祖母下嫁，遺羞子孫，必不會把她葬在皇家萬年吉地最引人注目的所在。而且又另建隆恩殿、陵園、碑亭等具有特色的建築，使其與太宗葬地昭陵屬於同一系統的。況且清官書裏還記著：孝莊后在臨終之前曾對康熙皇帝說：「太宗文皇帝梓宮，奉安已久，不可為我輕動。況我心戀汝皇父及汝，不忍遠去，務於孝陵近地，擇吉安厝，則我心無憾矣！」孝陵就是安葬順治帝后的陵墓，在河北遵化地方；太宗的陵寢則遠在瀋陽，後來康熙死後，葬地則稱為景陵。昭西陵、孝陵與景陵都屬於東陵墓群。另外一些清朝帝后葬在河北易縣地方，由於地理位置偏西，稱為西陵墓群。孝莊后葬在東陵，與順治、康熙同葬一區，而昭西陵在風水牆外，則有與太宗以及太宗子孫間作聯繫橋樑之意，這似乎與清官書中孝莊后的遺言

有關的。因此不祔葬之事不能與下嫁混為一談。

　　皇父攝政王之稱確是不易解釋的，不過我們若從滿洲舊俗上去探求的話，也許可以得到一個比較可信的答案。以下是我個人的看法：

　　在滿洲人入關以前所留下的滿文檔冊中，我們可以了解一項事實，即家庭親屬稱謂及人名的放置與官職稱謂及人名的放置頗有不同。如「祖父覺昌安」(mafa giocangga)、「父親塔克世」(ama taksi)、「伯父禮敦」(amji lidun)、「弟舒爾哈齊」(deo šurgaci)、「子褚英」(jui cuyeng)等等，都是親屬稱謂在前，人名在後。又如「額亦都巴圖魯」(eidu baturn)、「布占泰貝勒」(bujantai beile)、「萬曆汗」(wan lii han)等等的，則是人名或年號在前，職稱在後。由此可知：早年滿洲用以表示親屬稱謂的字必放置在人名之前。可是在老舊的檔冊裏我們又看到一些特別的寫記方法，如：

「taidzu　　genggiyen han i　uksun i　deo　wangšan ecike
　太祖　　英明　　汗　的 一族　的　弟弟　旺善　　叔父」

意即「太祖英明汗的族弟旺善叔父」，「旺善」是人名，人名之前的「族弟」當然是家庭親屬關係的稱謂，而人名之後又用了一個「叔父」，這個「叔父」就有類似官職或美號的意義了，所以滿洲舊俗中若干家庭親屬稱謂不必以漢人倫理的眼光來看，一定嚴格地解釋為家族中的關係名詞。

　　另外在現存的一件文書上，寫有順治二年二月初七日字樣，並蓋有滿漢合璧的「叔父攝政王寶」的大印，其中滿文部分，稱「叔父攝政王」為「doro（政事）be（把）aliha（攝理）ecike（叔父）ama（父親）wang（王）」。鄭天挺先生曾對此一發現說出極具啟發性的話：「世

人徒疑其後之稱皇父為可駭怪，不知在稱皇叔父時，早用『阿瑪』之稱矣。」「阿瑪」意為「父親」，既然用了 ecike（叔父），為什麼又用 ama（父親）一字呢？可見此處「父」字與太后下嫁是無關的。

滿文「阿瑪」一字不一定非作「父」字解，在萬曆四十年清太祖征烏拉時，烏拉大臣幾次稱太祖為「父汗」(ama han)，他們都不是太祖的兒子，但都稱呼太祖「父汗」，顯然「父」有尊稱地位崇高的人的意思。清太祖在天命十年五月裏叫親近的侍衛們和頭一等的大臣們稱他為「王父」(beile ama)，頭等大臣有些還是他早年一起打天下的老伙伴呢，絕不可能是他的兒子，這也是可以說明「阿瑪」有著尊稱之意的。從以上「叔父」、「父」、「父汗」、「王父」等等的用法可知，「叔父」與「父」是可以不必非指家族稱謂的，「皇父攝政王」的「皇父」又何必非指多爾袞娶了太后成為皇帝的父親才有的親稱謂呢？

又多爾袞在稱「皇父攝政王」之前，曾經在順治元年十一月以入關之役有大功勞封為「攝政叔父王」，或作「叔父攝政王」。現在就以「叔父王」一詞為例，再作深入探討一番。

與多爾袞同父同母所生的還有兄阿濟格與弟多鐸。順治四年七月初一日的《清實錄》中記：

> 和碩德豫親王剿滅流寇，底定陝西；殄福王，平江南；及擊敗喀爾喀部落土謝圖汗、碩雷汗；厥功甚懋，應進封為輔政叔德豫親王。

德豫親王就是多鐸，也就是多爾袞的胞弟。他由於大有戰功而在順治四年七月初被進封為「叔王」了。多鐸本來就是皇帝的叔叔，因功封為「叔王」，可見這是以功而不是以親的。兩年以後，在順治六年六月十六日的記事中，《清實錄》又記著另一段史事：

和碩英親王阿濟格遣吳拜、羅璽啟攝政王曰：「輔政德豫親王征
流寇至慶都而潛身於僻地；破潼關、西安而不盡殲其眾；追騰
機思而不取其國，有何功績？乃將其二子優異於眾。鄭親王乃
叔父之子，予乃太祖之子，皇上之叔，何不以予為叔王，而以
鄭親王為叔王？」攝政王使吳拜等答曰：「德豫親王，薨逝未
久，何忍遽出此言？初令爾統大兵往陝西，征討流寇，後令德
豫親王往征江南。德豫親王破流寇，克西安，平定江南、河南、
浙江，追騰機思，俘獲甚多，敗喀爾喀二汗兵，且叔王原為親
王，爾原為郡王。其一子吾養為子，一子承襲王爵，何為優異
耶？鄭親王雖叔父子，原係親王。爾安得妄思越分，自請封為
叔王，大不合理。」

由此更可了解：當時「叔王」封號是以功為準，不以親為據的。而且
根據上引文字看來，「叔王」是階高「親王」一等的，並且是位於親王
以後而再有功才能加封的。如果「叔王」只是表示家庭親屬關係，多
爾袞、多鐸既已封為「叔王」，他們的胞兄阿濟格當然應該封為「叔
王」，多爾袞說他「妄思越分，自請封為叔王，大不合理」，可見「叔
王」在當時並非因親而有的，而是有著特殊的意義。清初「叔王」稱
號是因功而授，「皇父」的稱號也未必非以親以齒而才進封的了。

　　總之，從滿洲舊俗我們可以窺知：郡王有功進封親王，親王再有
功則進封叔王，以此類推，叔王如再有功則必進封為父王了。多爾袞
的以「皇父」為稱，似可作如此觀。誠如鄭天挺先生對清初「叔王」
所說的：「凡遇親王建大勳者始封之，不以齒、不以尊、亦不以親，尤
非家人之通稱。」「皇父」的問題既然得到如此的答案，相信與胡適先
生有同感的人也必會同意尚父、仲父的說法是有其根據的了。

　　最後值得一提的是當時的朝鮮人認為「皇父」有「太上皇」之意，

西洋傳教士湯若望則解釋「阿瑪王」為「國父」，可見他們都沒有「皇父」一詞是因太后下嫁而起的想法與說法。

第四節　順治皇帝出家

清朝入關初期，宮廷裏可謂醜事頻傳，除了太后下嫁有瀆倫常的事以外，又傳說發生皇帝出家的兒戲行為，以傳統儒家的眼光看，滿洲人真是無文化、無禮教。

傳說順治皇帝出家的事，在當時，甚至到今天都還有些令人相信的地方，推究其原因，約有如下幾項：

㈠清世祖順治皇帝雖年幼即位，而登極後的前七年，又由乃叔多爾袞執政，早期可以說毫無政治建樹可言。然而這位聰睿的小皇帝，感情是豐富的，對外來的宗教是熱中探究的。他先對西洋天主教發生了濃厚的興趣，與湯若望成了忘年之交，有幾次竟然留著湯若望在大內徹夜談心，頗有皈依天主的意味。最後可能因為清教徒的生活令他無法接受，或者是與統治漢人的政治因素有關，使他轉向崇信佛教了。

福臨自從信佛以後，態度極其虔誠，常常延請高僧入宮講經說法，對木陳忞與玉林琇兩位大法師尤其尊敬。他甚至尊玉林禪師為師傅，取法號「行癡」，以示真心成為龍池祖法派「通」字輩玉林的弟子。他在諭旨中對木陳有「願志和尚勿以天子視朕，當如門弟子旅庵相待」的話，函中稱「木陳師兄」，並書《梵網經》及《蓮花解》，說明僧人不拜人君之旨。據說當時高僧在宮中「常不卸帽，不脫伽黎」，備受優待。

圖16：湯若望

福臨的崇佛，似乎不是外表的做作，而確是「本性所迷」的結果。由於佛法與禪師們的影響，他在順治十七年八月當鍾愛的董鄂妃逝世以後，萬念俱灰，一度有遁入空門的念頭，認為「財寶妻孥，人生最貪戀擺撥不下底。朕於財寶固然不在意中，即妻孥亦覺風雲聚散，沒甚關係。若非皇太后一人罣念，便可隨老和尚出家去。」另據西洋傳教士說他曾有落髮之意，後來被他的母后嚴斥阻止，才沒有逃禪成功。總之，順治皇帝生前確是好佛，董鄂妃的死更使他刺激頗深，出家正足以遂其志，一般人就以為他真是遁入空門以求解脫去了。

㈡同時代的人也有寫詩影射皇帝出家一事的，而且詩文是出自一位名作家，他的名字叫吳偉業，晚年自號梅村，他在明末翰林院裏做過官，也是復社的重要成員之一。順治年間被薦舉到北京，任國子監祭酒，著作很多，文詞清麗，是當時學界與文壇的聞人，死於康熙十一年。吳梅村寫過〈清涼山贊佛詩〉四首長詩，共八百八十字。詩句中有「可憐千里草，萎落無顏色」，讀者以為「千里草」影射「董」字，即指董鄂妃，這兩句詩是哀傷愛妃之死的。另外「南望蒼野墳，掩面添悽惻」與「微聞金雞詔，亦由玉妃出」四句也是與董鄂妃有關的，前兩句指貴妃有子不育，後兩句則是說貴妃死後，皇帝下令秋讞停決，為的是達成董鄂妃臨終的志願。這些事似乎都與當時的史實有關，而且相當符合。詩中還有「房星竟未動，天降白玉棺；惜哉善財洞，未得誇迎鑾」句，則似乎是說順治皇帝並未死亡；而「嘗聞穆天子，六飛騁萬里」即明顯的指出福臨「西行」出家了。不少人認為吳梅村在清朝中央做官，他把自己的所見所聞入詩，應該可以視為有可信度的一項史證。

㈢繼福臨為君的清聖祖在康熙年間，曾經多次陪同他的祖母孝莊太皇太后及母親皇太后駕幸清涼山（五臺山），後人以為這顯然是去看望出家的順治皇帝的。加上清朝末年又有一項傳說，說八國聯軍攻打

北京時，慈禧太后等人出塞避難，途中生活甚苦，地方官曾向五臺山佛廟裏借用若干器皿用物，而這些用具類似宮中大內的物品，因而更增加了人們對順治當年出家五臺山的可信度。

㈣順治皇帝死後，留下遺詔十四條，在在責備自己，而且從國本未臻、民生未遂、日趨漢化、事孝不終、誠悃未遂、諸王離心、用人不當、奢侈浪費、工程講究、重用中官、不聽忠諫、知過不改，說到未立儲嗣等等，條理不紊，口氣從容，不像一個病重的人在彌留時所說的話，「非生別似不能若此之深憾也」，因而有人以為這份罪己詔書，不是死別的留言，而是生離前經長時間定稿的文字，順治皇帝的死亡是值得懷疑的。

㈤順治皇帝臨終時，清朝官書中也記著有滿漢學士在養心殿內他的病榻旁寫記他的遺言，可能就是上述罪己的遺詔。其中漢人學士是王熙。王熙著有《王文靖集》一書，書中有〈自撰年譜〉一文，談到順治皇帝病逝前後以及他參與撰寫遺詔的事；但是清初有些文集中所記王熙傳狀時，則有「面奉憑几之言，終生不以語人，雖子弟莫得而傳」的話。這一記載又引起人的疑問，王熙最後與皇帝的談話，為什麼終生不向家人弟子傾說呢？除非是皇帝根本沒有死，而遺詔是假造的，否則他不至於如此緊張的。

以上種種都是多年來很多人認為順治皇帝是有出家可能的原因；但是史學家卻找到了不少文字的證據，證明順治皇帝沒有出家，而是死於痘症，並經火化後安葬的。在這方面孟森先生有〈世祖出家事實考〉一文，解析深入，其中所引可靠有力的史證，除清代官方的書檔外，最值得注意的有：

㈠《玉林國師年譜》中記：「順治十八年正月初三，中使馬公二次奉旨至萬善殿云：『聖躬少安。』師集眾展禮御賜金字《楞嚴經》，遠持大士名一千，為上保安。初四，李近侍言：『聖躬不安之甚！』初七

亥刻，駕崩。」

㈡《王文靖集・自撰年譜》中說：「元旦因不行慶賀禮，黎明入內，恭請聖安，召入養心殿，賜坐、賜茶而退。翌日，入內請安，晚始出。初三日，召入養心殿，上坐御榻，命至榻前講論移時。是日，奉天語面諭者關係重大，並前此屢有面奏，及奉諭詢問密封奏摺，俱不敢載。……初六日，三鼓，奉召入養心殿，諭：『朕患痘，勢將不起，爾可詳聽朕言，速撰詔書。即就榻前書寫。』恭聆天語，五內崩摧，淚不能止，奏對不成語。蒙諭：『朕平日待爾如何優渥，訓爾如何詳切，今事已至此，皆有定數。君臣遇合，緣盡則離，爾不必為此悲痛。此何時，尚可遷延從事，致誤大事。』隨勉強拭淚吞聲，就御榻前書就詔書首段。隨奏明恐過勞聖體，容臣奉過面諭，詳細擬就進呈。遂出至乾清門下西圍屏內撰擬。凡三次進覽，三蒙欽定，日入時始完。至夜，聖駕賓天，泣血哀慟。」

㈢張宸《青瑐集》中有：「辛丑年正月，世祖皇帝賓天，予守制禁中，凡二十七日。先是正月初二日，上幸憫忠寺，觀內瑠吳良輔祝髮。初四日，九卿大臣問安，始知上不豫。初五日，又問安。見宮殿各門所懸門神對聯盡去，一中貴向各大臣耳語，甚愴惶。初七晚，釋刑獄，諸囚獄一空，止馬逢知、張縉彥二人不釋。傳諭民間毋炒豆、毋燃燈、毋潑水，始知上疾為出痘。初八日，各衙門開印。予黎明盥漱畢，具朝服將入署，長班遽止之曰：『門啟復閉，止傳中堂暨禮部三堂入，入即摘帽纓，百官今散矣！』予錯愕久之。蓋本朝制度，有大喪則去纓，詎上春秋富，有此變乎？早膳後出門問訊，則人復訊予，無確音。時外城門俱閉，列卒戒嚴，九衢寂寂，惶駭甚。日晡時，召百官攜朝服入，入即令赴戶部領帛。領訖，至太和殿西閣門，遇同官魏思齊，訊主器，曰：『吾君之子也。』心乃安。二鼓餘，宣遺詔，淒風颯颯，雲陰欲凍，氣極幽慘，不自知其嗚咽失聲矣！」

㈣《湯若望傳》裏也寫道：「……如同一切滿洲人們一般，順治對於痘症有一種極大的恐懼，因為這在成人差不多也總是要傷命的。在宮中特為侍奉痘神娘娘，是另設有廟壇的。或許因為他對於這種病症的恐懼，而竟使他真正傳染上了這種病症。……在這個消息傳出宮外之後，湯若望立即親赴宮中，流著眼淚，請求容許他覲見萬歲。……湯若望又令內臣轉奏，皇帝陛下靈魂底永久福樂，現在是到危急，而令他不得不著急操心的地步。他至少願意請皇上把他親自帶來的文件閱讀一遍，文件上說的是人類死後的情形與天國的永生。皇帝深深地感嘆，當他讀了這文件時，他說：……如果他要再恢復健康時，他一定要信奉湯若望底宗教。可是現在他的病症是不容許他作這件事情的。……順治病倒三日之後，於一六六一年二月五日到六日之夜間駕崩，享壽還未滿二十三歲。」

以上這四則史證，有中國人記的，有外國人記的；有中央官員記的，也有出家方外人記的；但是大家一致的說順治皇帝是病死的，而且多半說他是患痘症（即天花）死的。同時這些人的記事都可以說是親身的見聞，偽造都不可能如此相符無差的。另外順治皇帝死後的大喪儀注，火化安位等事，他們之中也有人記述得很清楚，不可能作偽。例如《玉林國師年譜》中又記：「……初八日，皇太后慈旨，請師率眾即刻入宮，大行皇帝前說法。初九日，新天子登位矣。二月初二，奉旨到景山，為世祖安位。初六重掃笑祖塔，欲南還，禮辭祖翁耳。二月十五日，得旨南還。欽差內十三道惜薪司尚公護送，並賜千金到西苑，師力辭。……師乘御馬，至景山大行皇帝前，遶持楞嚴諸品神咒，問訊而出。」另在《五燈全書‧茆溪傳》中，記載了玉林禪師弟子茆溪森，在順治皇帝靈柩停放了百日以後，在壽皇殿前舉行焚屍火化的事。而主持董鄂妃屍骨火化的也正是茆溪森這位法師。

張宸的《青珚集》中對順治帝死後備極哀榮的情形則有詳盡的描

寫，他說：順治皇帝的遺詔宣布以後，「誠百官毋退，候登極。群臣惟
予輩及科臣就署宿，餘俱午門外露坐。……早，風日晴和，上陞殿畢，
宣哀詔於天安門外金水橋下。群臣有飢色，各退就本衙門守制。蕃募
哭臨九日，在喪二十七日，毋得歸私第。閱三日，輔臣率文武百官設
誓。……予是時始得入乾清門，仰觀內殿，蓋哭臨在宮門外，惟一、
二品大臣上殿哭，餘俱不能也。殿上張素幄，即殯宮所在。兩廡俱白
布簾，壼闈肅穆，非外廷可比。宮門外大場二，東釋西道，豎旛竿，
晝夜禮經懺。……十四日，焚大行所御冠袍器用珍玩於宮門外。時百
官哭臨未散，遙聞宮中哭聲，沸天而出，仰見皇太后黑素袍，御乾清
門臺基上，南面，扶石欄立，哭極哀。諸宮娥數輩，俱白帕首白衣從
哭，百官亦跪哭。所焚諸寶器，火焰俱五色，有聲如爆豆。人言每焚
一珠，即有一聲，蓋不知數萬聲矣，謂之小丟紙。自初八至十六，哭
臨畢，二十日，始票本發所繕制勅。……閱幾日，議諡號，應曰
『高』，而以為逾於太祖、太宗，故廟號『世祖』，諡曰『章』。……又
幾日，移殯宮於景山壽皇殿。先一日，陳鹵簿隊，象輦。象出東華門，
俱流淚簌簌不已，共異之。明日，微雪，黎明，百官排班自東華門至
景山，魚貫跪道左，予是時始見鹵簿之全。……隊中有散馬……背各
負數枕，備焚化。……駝數十匹，……皆負綾綺錦繡，及帳房什器，
亦備焚。……其後即梓宮，用朱紅綿袱蓋，諸王大臣乘馬執紼，蓋至
是不覺哭聲之愈高矣。……梓宮後為貞妃柩，上用紫花緞袱，蓋貞妃
者從先帝死，故賜號貞妃。……其後皇太后黑緞素服，素幔步輦送
殯。……各官隨至景山，梓宮啟東牆入。命婦在壽皇殿門內，百官在
殿門外，擗踊奠楮，焚前所載諸物，謂之大丟紙。禮畢而散。……又
三日，為二月初五日，二十七日之期已滿，百官至景山圓孝，各解所
繫素帶，彙而焚之，卒哭，易服而出，然後得退歸私第焉。」張宸當
時任內閣中書舍人，博學而詩工，他的記述逼真，使人有身入其境之

感，在時間與實況方面，也多與《玉林年譜》中所記的吻合，因此可靠性應該是很高的。

至於參與撰擬遺詔的王熙何以對當時情形「終生不以語人」呢？李秉新諸先生在《清宮八大疑案》一書中指出清世祖留下的十四條罪己詔中，「有些罪條可以明顯的看出不似福臨口氣或不合福臨本意。如排斥漢人，以至漢官偶掌部院印信，也列為罪己之一項，此意定出於諸輔臣無疑。當時漢族新服，滿族方張，所忌憚者在滿而不在漢，四輔臣又均非宗室，必先得到諸王貝勒不干預之誓言保證，方受權輔政，故遺詔中以皇太后為樞紐，四輔臣之將順宗親，敷衍滿族，與宗親滿族之自爭利益，皆昭然一呈。看來王熙撰擬遺詔時，事先大半為太后及輔臣所指，或由太后、輔臣改定所致。至於遺詔中追咎董鄂妃之祭葬踰侈，並非有所追奪，不過平議者之心，而弭其氣，於事無所出入，但也不像福臨之所欲言。將委用任使宦官列為罪己一項，也不似順治帝一向優容閹宦的舉動。……福臨死後不久，吳良輔即被處斬，並明諭將十三衙門盡行革去，內官永不錄用。由此可見所謂暱近閹宦，內寵踰制等，皆福臨生前所不能自克者，原詔文未必如此，定是出自孝莊授意而改。」其實西洋傳教士早就看出這些了，湯若望提到順治帝的某一位從兄弟繼承大位的事，這位從兄弟可能是指安親王岳樂。但後來因為太后等人的不同意，才由已經出過天花的第三子玄燁即位，這就是後來中外聞名的康熙大帝。皇帝的遺詔雖然「三蒙欽定」的一改再改，但最後內容卻改變了福臨的遺言，尤其是繼承人一事，沒有能按照皇帝的心意辦理，你說王熙敢對別人說出真情嗎？「終生不以語人，雖子弟莫得而傳」實在是有其不得已的苦衷的。

總之，順治出家一事雖然有些似是而非的「史證」，但是事實俱在，我們不能捕風捉影、附會聯想而相信清初歷史上確曾發生過這件事。

第六章　盛清宮廷疑案略述

第一節　康熙立儲廢儲

　　清聖祖康熙皇帝在位六十一年，是我國歷史上從秦漢以來享國最久的帝王。他的后妃貴人等有姓氏可考與他祔葬的計五十五人，共生皇子三十五人，皇女二十人，到他晚年，他的子孫曾孫同時及見的一百五十多個。不過，在他晚年並未享受到天倫樂趣，卻為諸子爭繼而使他痛苦萬分。

　　在康熙皇帝的眾多兒子當中，以惠妃納喇氏所生的胤禔為最年長，但不是嫡出。嫡而居長的是孝誠仁皇后赫舍里氏所出的胤礽。胤礽生於康熙十三年（1674 年）五月初三日，其母孝誠仁皇后因難產於同日逝世，聖祖極為悲傷，曾「輟朝五日」。第二年十二月十三日，聖祖以太皇太后命，冊立胤礽為皇太子，典禮非常隆重，並遣官祭天地、太廟、社稷。聖祖這一次立嫡立長，而且舉行祭告儀注，可以說完全是依循漢人古禮行事的。

　　聖祖為了培植胤礽成為一代令主，對他的生活與教育都特別的關懷。這位皇太子髫齡就讀中國古書，而且由他父親講授四書五經，另請張英、熊賜履、湯斌、耿介等名儒擔任老師，希望胤礽將來能成為一位品學兼優的儲君。聖祖有幾次南巡北狩時，也帶著他隨行左右，為的是增廣他的見聞。康熙三十五年，聖祖親征厄魯特蒙古，胤礽在京城裏受命處理政務。第二年兵臨寧夏時，也命胤礽留京理政。由此

可知，聖祖在當時對他的寵信是專深的。

然而到康熙四十七年九月間，禍出宮闈，聖祖突然以胤礽「不法祖德、不遵朕諭」、「肆惡虐眾、暴戾淫亂」等等的原因，垂淚宣佈廢儲。第二年三月，皇帝又認為胤礽的「語言顛倒，竟類狂易之疾」，「已漸痊可」，因而又復立他為皇太子。胤礽恢復皇太子身分後不到四年，在康熙五十一年十月中，聖祖又確認胤礽「乖戾如故，卒無悔意」，而且「狂疾益增，暴戾僭越，迷惑轉甚」，於是再行廢黜，並且予以禁錮。這種對儲君立而廢，廢而復立，復立而又復廢的事，在中國歷史上是罕見的。儘管清聖祖在第二次廢皇儲時說：「前次廢置，情實憤懣；此次毫不介意，談笑處之而已。」但是就此後的史實來看，聖祖確實為廢儲之事感到煩惱與傷心。在胤礽復廢到聖祖崩逝的這十年中，儲位一直虛懸，皇帝本人絕口不談建儲事，其間雖有王鴻緒、王掞、朱天保等臣工交章請立皇儲，以固邦本，聖祖則始終以「皇太子事未可輕定」，不予辦理。甚至還有大臣因建儲措辭不當而被充軍與斬首的，可見立儲廢儲是康熙朝的大事件，也是清朝歷史上的大事件。

清聖祖既然以漢人古禮立嫡立長，又知道預立儲君是可以固邦本的。為什麼他又不斷的立廢儲君呢？以往不少學者都從政治層面上來看這個問題，認為政治鬥爭是廢儲的主因。康熙四十七年第一次廢儲時，聖祖就說得很清楚，「從前索額圖助伊（按指胤礽）潛謀大事，朕悉知其情，將索額圖處死。今胤礽欲為索額圖復仇，結成黨羽，令朕未卜今日被鴆，明日遇害，晝夜戒慎不寧。」另據索額圖的傳記所述：索額圖是在康熙四十年以老乞休的，真正的原因可能與他的家人向皇帝告發他有關。聖祖起先給奏報留中未宣，到康熙四十二年才傳諭說：「爾家人告爾之事，留內三年，朕有寬爾之意，爾無愧悔之心，背後仍怨尤議論國事，結黨妄行，舉國俱係受朕深恩之人，若受恩者半，半即俱從爾矣。」可見索額圖已為皇太子與聖祖爭天下了。索額圖是

椒房之親，他是皇太子生母孝誠仁皇后的長兄，聖祖對他有「寬爾之意」，可能是看在姻親關係上的。然而索額圖是康熙朝的大強人，早年便與大學士明珠各立門戶，互相傾軋，形成兩大黨派。索額圖派下多滿人，由於他是皇家姻親，「生而貴，性倨肆」，有不附己的，強行斥去，極為專橫。明珠一黨則結合漢人大臣中不少有學無行之士，如徐乾學、李光地、高士奇、余國柱等人，以陰險手段，陷害異己，兩派相鬥，無有已時。

在沒有罷黜皇儲之前，由於胤礽是未來的國君，兩派參與黨爭的人當然都想爭取到胤礽。不過，索額圖是胤礽的舅父，親情所繫，關係自然不同。明珠一派為了日後長久之計，在無法交結胤礽的情況之下，也只有設法打倒胤礽一途了。由此可以想見：康熙一朝的黨爭，愈形複雜。皇太子既然捲入政治是非之中，而且又有「謀逆」對聖祖不利的事實，胤礽的被廢自是意料中事。

然而康熙一朝對皇太子廢立之事還可以從其他的角度去探討。例如：

㈠**從滿洲繼嗣舊俗方面來看**：滿洲繼承舊俗與其他阿爾泰民族是差不多的，即部族首長的財產由幼子繼承均分，政治地位則由宗親重臣公舉族長兒子繼位，這是與漢族農耕社會世襲制度不同的。如前所述：滿洲興起以後，汗位繼承一直是紛爭不斷的，推究其原因，不外與滿漢文化衝突有關。清太祖雖想仿效中原皇家家法，以嫡長子嗣位理政，但遭到族中舊傳統的反對，加以褚英、代善等人自身各有缺陷，終於由實力強大的皇太極繼統為君。太宗時代曾於崇德二年 （1637年）有意立儲君，可能是寵妃關雎宮宸妃所生的皇子，他雖不具嫡長身分，但有預立的意味，多少是受到漢化影響的。不過朝鮮人當時就記述「世子」不幸夭折，因而也無從繼位了。太宗死後，代善等人想立太宗長子豪格為君，卻被擁重兵的多爾袞等人擊敗，漢俗世襲制也

未能建立。清世祖寵幸董鄂妃，於順治十四年生崇親王，並許立為太子，可惜崇親王也不久去世，預立儲君的事也成為歷史的陳跡了。福臨死後，君位繼承完全由宗親重臣會議決定的，可以說仍是滿洲舊俗的勝利。總而言之，滿洲部族的皇位繼承問題，在入關前後，雖然一再的受到漢俗立嫡立長的影響，但是始終不能取代他們部族傳統的舊制，也就是說世襲制沒有採行，而世選制仍是當時族內大家公認的並是一再實行的制度。甚至到雍正皇帝繼承以後，他在創立儲位密建法的時候，也只依照漢人的習俗預立儲君；但所預立的儲君卻不以嫡長為限，可以說仍是以滿洲祖制選定合適繼承人的。因此我個人以為：儲位密建法是漢人世襲制與滿人世選制兩種不同文化融和後的產物，也是解決自清初以來繼嗣皇位紛爭的一個好辦法。康熙皇帝以純漢人古禮方式來建立儲君，在當時未必能為滿洲親貴們所接受，反對完全採行漢制的必有人在。即使到康熙四十七年聖祖廢儲之時，在親撰的告天祭文中還有如此的文字：「臣雖有眾子，遠不及臣」，顯見他本人也有不以嫡長為限的口氣。滿洲傳統繼嗣習俗對胤礽的廢黜，應該是多少有些影響的。

　　㈡從康熙皇帝漢化態度方面來看：一般說來，康熙一朝是清代漢化的重要時期，尤其在採行明代典章制度等方面。依照漢人古禮預立嫡長為儲君固然是漢化的明證之一，在設置中央衙門等方面尤能看出這位皇帝的漢化態度。例如內閣翰林院等機關，在順治時期時立時廢，內三院與內閣存廢正代表著滿漢勢力的消長。康熙九年仿行漢制確立了內閣，但卻是經過長期試驗而後產生的，而且閣權不重，又有滿漢官員並設的互相牽制作用，所以清政府雖在表面上設置了內閣與翰林院，但若與明代內閣翰林院相比，在權職上是大不相同的。又如起居注館的設置，直到康熙九年以後才成為事實，可是皇帝一再限制記注官員的行動與權限，甚至到康熙末年，聖祖認為記注官員中有將宮中

資料「妄行抄寫於人」的年少微員，記事又常「遺漏舛訛」，終於下令把這個機關裁撤了。還有由於明朝的太監專橫誤國，清人入關以後首先就不仿行漢制，而另立內務府來承辦皇家各種事務。後來順治親政，受到明代宦官的影響，一度恢復了明朝的十三衙門，撤掉了內務府，但仍附加了一些條件，以抑制太監的弄權為害。康熙以後，「十三衙門盡革，以三旗包衣仍立內務府。……收閹官之權，歸之旗下。」太監的機關可以說一點沒有「沾染漢俗」。從以上中央衙門設置情形看來，我們不難了解：清聖祖在康熙年間的若干漢化措施，是理性的，講求實用的，對清朝政府好的、有助益的才會仿行，對他們不好的、無益的則捨棄。建儲一事，原本不是滿洲的舊制，而仿行以後的效果又不佳，當然可以像起居注館衙門的設置一樣，立了可以再廢掉。康熙年間的立儲廢儲，我們如果從這個角度上看，相信會不以為怪的。康熙五十二年，當胤礽再廢之後，趙申喬曾上疏請立太子，聖祖回答他說：「我太祖太宗亦未預立皇太子。漢唐以來，太子幼沖，尚保無事。若太子年長，其左右群小，結黨營私，鮮有能無事者。……太子之為國本，朕豈不知？立非其人，關係匪輕。」可見清聖祖根本就沒有把預立儲君視為必行之事。我們若以傳統漢人世襲的觀念來估量康熙的必需立儲，那就犯了主觀武斷的錯誤了。

　　㈢**從胤礽本身缺陷方面來看**：清聖祖在兩次廢儲時曾先後提到胤礽的若干缺點，如「不法祖德、不遵訓誨、捶撻臣工、暴戾淫亂、攘截貢馬、賦性奢侈」等等。另外在其他場合也有提到這位皇太子所陳設儀仗與皇帝相同的僭越行為；祭奉先殿的典禮不遵定制；皇十八子胤祄生病時，胤礽「絕無友愛之意」；聖祖親征噶爾丹時中途病發，胤礽來營後「無憂色」以及後來結黨妄行，甚至想謀害生父等等。現在我們從一些新發現的文獻中，又看到了一些胤礽在個性與行為上的問題。例如在盛暑的六月，他讓「老病可憐」的老師耿介、湯斌等人，

全天侍讀，以致「不能支持，斜立昏眬」，有時甚至「顛仆倒地」。尤其他大大不該強令湯斌以硃筆圈點改太子寫仿的字，而使湯斌犯了「擅執硃筆」的不敬之罪，後經政爭的渲染，終使湯斌「降五級留任」，這位理學大師也因此在不久後銜恨而病逝了。胤礽也許是一位有「天縱之資，書法有法」而又對儒家學問有精深研究的人；但是真正理想的儒家應該是一位精勤博雅的學人，同時還有著溫良恭謙的品格才是。聖祖在教育子輩時顯然忽略了後者，以致日後皇子們的表現都令他大失所望。湯斌的事，皇帝不但沒有責備胤礽，康熙三十三年禮部尚書沙穆哈因祭奉先殿儀注事被革職，三十六年又因胤礽行為生活荒唐而殺掉膳房人花喇與茶房人雅頭，在在都可以說明聖祖對皇太子縱之太過，對師保臣工們終無禮敬可言，所以我以為胤礽的若干缺陷是與後天環境及教育有關的。胤礽既然有如此多的缺點，誠為聖祖說的：「若以此不孝不仁之人為君，其如祖業何？」

總之，康熙年間，清聖祖的立儲、廢儲，以及後來的再立、再廢，我們若從滿洲傳統繼承舊俗、聖祖的漢化態度、胤礽本人的缺陷以及當時政黨的鬥爭諸端方面去觀察，相信對康熙時期的這一重大歷史事件會了解得更深入、更透徹一些的。

第二節　雍正奪嫡疑案

自從康熙四十七年第一次廢儲以後，諸皇子覬覦大位的人很多，其中以八皇子胤禩的活動最為顯著。胤禩原本是聖祖鍾愛的皇子之一，七歲時皇帝就帶著他巡幸各地，十八歲時便封他為貝勒，是當時皇子中獲得此一頭銜最年輕的。康熙三十五年征噶爾丹時命他隨御營效力，胤礽被廢後更令他管內務府事，這一切都是對他極為有利的。然而他操之過急，首先製造時勢，令相命的張明德說他「丰神清逸，仁誼敦

厚，福壽綿長，誠貴相也」，使人相信他有著貴為天子的好命。他又讓人在江南買書，給人一個印象他是好學的好王子。其次他積極的發動朝中大臣一致擁戴他為儲君。康熙皇帝認為他的作法太「奸險」，而且他在封貝勒以後經常有「不孝」的行徑，所以當張明德的事件被揭發時，皇帝革去了他的貝勒爵位，因此胤禩謀取儲位的計畫也隨之失敗了。從當時胤禩的支持者看來，如禮部侍郎揆敘是明珠的兒子，王鴻緒是明珠當年門下的大將，可見明珠一派的人是希望胤禩能成為皇太子的。同時聖祖之兄福全、九皇子胤禟、十四皇子胤禵、大學士馬齊、領侍衛大臣阿靈阿等人都是胤禩的擁護者，所以他的實力在當時是很大的。

聖祖在初廢皇太子後，曾經下令：「諸阿哥中有鑽營謀為皇太子者，即國之賊，法斷不容。」可是皇八子胤禩竟露骨的公開的從事各種活動，因而觸怒了聖祖。康熙五十一年再立胤礽為儲君，也是不得已之事。從皇帝所說的：「朕前患病，諸大臣保奏八阿哥，朕甚無奈，將不可冊立之胤礽放出。」諸語可見當時情勢複雜，皇帝也沒有更好的辦法來平息諸子之間的紛爭，只好仍以嫡長為原則企圖解決問題了。

胤礽復立之後，誠如聖祖所言：「卒無悔意」，仍舊結黨謀取大位，特別集結了一批如步軍統領託合齊等具有實權的人物，這更令聖祖擔心，除了斥責他「無恥之甚」以外，並認為他「是非莫辨」、「斷非能改」，因而再度廢黜了他。根據史料研判，胤礽的再廢，多少也與胤禩黨人製造輿論，影響聖祖的視聽有關。如揆敘與阿靈阿等人「每於官民讌會之所，將二阿哥（按指胤礽）肆行污蔑」，可見胤禩的活動並沒有因他本人的革爵失勢而停止。等到胤礽再廢以後，胤禩一黨便更「結成朋黨，竭力鑽營，……巧行賄賂，收服人心，……專欲俟間乘時，成伊大志」了。聖祖對他這兩個兒子了解很深，曾說：「二阿哥悖逆屢失人心，胤禩則屢結人心，此人之險，實百倍於二阿哥也。」由此可

知：索額圖與明珠的兩大黨派之爭，後來演變成皇太子胤礽與皇八子胤禩之間的繼統之爭，而事態愈變愈嚴重。康熙四十八年王鴻緒等奏請改立皇太子，大力推許胤禩。聖祖降諭切責，並令他以原品休致。五十二年趙申喬疏請立皇太子，因為他並未確指何人，皇帝只退還了他的奏章，未予處分，實際上他是同情並支持胤礽的人。五十六年大學士王掞與監察御史陳嘉猷等人又密疏請立儲君，聖祖知道王掞是想「爭國本」，做「天下第一事」的，並且也了解王掞是希望立嫡長的，所以降旨駁斥了他，同時警告他不要為「名」而有此一舉。五十七年翰林院檢討滿洲人朱天保又上疏，並公開請求再立胤礽，說這位皇子「聖而益聖、賢而益賢」。聖祖震怒，斬朱天保。六十年是聖祖登極一甲子大慶之年，王掞等人又上奏請立儲君，並說「宜放出二阿哥」，聖祖認為他們藉此邀榮，處罰他們充軍到西北軍前效力。王掞因年老由其子奕清代往。以上史實足以說明聖祖在廢儲後不斷有大臣請求再立儲君的，如果上奏只以固邦本等理論而不指名何人應立的則不予處分，如果遇到疏請立儲而指名胤礽或胤禩的，則必予重罰，輕則丟官，重則充軍，甚至還有問斬的。這是皇帝深知索額圖與明珠兩大派系勢力深厚，黨羽眾多，任何一方擁立的人上臺，終必引起仇殺報復，導致大亂。

除了胤礽與胤禩以外，康熙末年也有其他皇子對皇位有覬覦之心。現在把他們的情形略述如後：

皇三子胤祉也是當時認為有資格被立為儲貳的，因為在皇長子胤禔與皇二子胤礽得罪之後，以倫序上看他是最有可能繼承的。他又得到不少文人學者的尊敬，如方苞、陳夢雷、何國宗等人都在他的領導下在武英殿中修纂過有關律呂、算法、曆法等等的專門書籍。皇帝一向自命是重視學術研究的君主，對這樣的皇子當然有可能意屬他為繼承人了。當時官場與民間不少人有此種想法，雍正皇帝後來甚至說胤

祉「居然以儲君自命」，這也許是指胤祉曾經斥責過大臣建議裁減皇太
子儀仗、冠服及應行禮儀等事有關。然而康熙對胤祉也有很多不滿，
如康熙二十九年皇帝發病時他也和胤礽一樣無憂戚之情，敏妃逝世不
滿百日他貿然薙髮等等，對於講求孝道的聖祖來說，這是絕對不能原
諒的行為。而康熙五十五、五十六年間，胤祉門下屬人孟光祖到各省
去送禮給高級長官以為聯絡的事，更令聖祖痛恨大怒，並興了一次獄
案。胤祉的政治前途至此也告終了。加上胤祉多年來忙著修書做學問，
沒有樹立門戶，結集黨羽。沒有強大實力人物作後盾，因此他的政治
活動成功率也必然不會高的。

　　與胤祉不同型的皇十四子胤禵（原名胤禎）在康熙五十七年以後
很被大家重視，甚至有人認為他就是聖祖指定的未來繼承人。他的年
紀很輕，依倫序根本談不上有資格，他的文化修養比胤祉也差得很多。
他之所以地位竄升，與他在這一年被任命為撫遠大將軍，負責西征軍
事重任有關。前輩學者指出：胤禵此次出征，以固山貝子的身分竟用
親王之禮舉行若干典禮，如旗用正黃纛，在太和殿頒給大將軍印信，
隨征的有王、貝子、公等十六人，而出發當日，京中諸王、貝勒、貝
子並二品以上大臣都送行，其隆重情形，實在是清初以來少見的。皇
九子胤禟曾說：「十四爺（胤禵）現今出兵，皇上看得也很重，將來這
皇太子一定是他。」胤禵本人也充滿自信的認為「這個差使想來是我
的了」。這裏的「差使」顯然是指繼承的事。而雍正皇帝的門下屬人戴
鐸在康熙末年也向他的主人當時的雍親王警告說：「恐怕西邊十四爺與
總督年羹堯有事！」這些事實與談話，在在說明了胤禵確曾被人認定
是有繼承的可能的。又據史學家研究，以為聖祖最後病發時曾下詔召
胤禵來京，但詔書被支持雍親王的九門提督（如今天的京城防禦司令）
隆科多所隱，胤禵不得來京，聖祖死後大位乃歸雍親王了。後來胤禵
返京叩謁聖祖梓宮時，雍正皇帝令年羹堯等接管了他的軍政，並解除

了他的大將軍職務。胤禵抵京後「舉動乖張，詞氣傲慢狂悖之狀，不可憚述。」他並沒有晉見他的胞兄雍正皇帝，反而先行文禮部，詢問會見皇帝的儀注。凡此種種都令後人生疑，認為雍正皇帝是以年羹堯控制了胤禵的軍事實力。返京後的駭異行徑，正足以表示胤禵早以繼承人自居了，一旦發現乃兄繼統，希望破滅，所以才對人君「詞氣傲慢狂悖」，先行文禮部問問他這位「儲君」應以什麼儀注去見「奪立」而成功的皇帝呢？這是多年來不少史家相信雍正皇帝繼位有問題的一項有力證據。

康熙末年，另外一位皇子對儲位有野心而終於成功登上寶座的是皇四子胤禛。胤禛的學問淵博，對儒釋兩家的哲理尤有專深研究。他是聖祖寵妻德妃所生，由皇帝在宮中親自撫育，不像若干皇子養育於乳母或親屬家的。他是一個城府很深、行事謹慎的人，這可能跟他受過禪宗默坐澄心的訓練有關。因此在聖祖廢儲以後，他的表現是大異於常人的。雖然他一再的說「並無希望大位之心」，「不特不與人結仇，亦不與人結黨」；但是他天性陰沉，結黨的事是在暗中進行的。從康熙五十一年再廢皇儲以後在外省各地為他奔走的雍邸屬人戴鐸與他通信文字看來，我們從而了解在諸王爭繼日烈的時候，戴鐸向他建議說：「當此緊急之時，誠不容一刻放鬆也，否則稍微懈怠，倘高才捷足者先主子而得之，我主子之才智德學，素俱高人萬倍，人之妒念一起，毒念即生，至勢難中立之外，悔無及矣！」胤禛回答他說：「語言雖則金石，與我分中無用。」可是後來的事實證明胤禛確是部分的接受了戴鐸的說法，而積極的從事若干活動了。

除了戴鐸在福建一省為他送禮給閩浙總督覺羅滿保以為聯繫外，並從武夷山一位道士處卜出一個「萬」字，以默符胤禛將為「萬歲天子」。戴鐸又在李光地被召上京時（一般推斷與立太子有關）對李說：「我四王爺聰明天縱，才德兼全，且恩威並濟，大有作為。大人如肯

相為，將來富貴共之。」可見胤禛的爭繼活動已被屬下人表面化了。

　　同時胤禛也很會矯飾其言行，當皇太子初廢時，他了解父皇對胤礽既愛又恨的矛盾心理，他假裝保奏胤礽，不像胤禩那樣公然角逐，以致皇帝稱他「性量過人，深知大義」，甚至還稱過他為「偉人」。康熙五十三年胤禩獲罪時，他又「獨繕摺具奏」，給人以識大體的感覺。他說自己從不結黨，實際上，在康熙末年他的藩邸舊人與黨羽如鄂爾泰、田文鏡、李衛、傅鼐、博爾多、諾岷、戴鐸、沈廷正、金昆、黃國材、常賚、官達等人，都各為督撫、提督或其他要員遍佈四方了。康熙末年皇儲被廢以後，胤禛的言行往往是不一致的。

　　聖祖晚年，因為諸子爭繼令他憂煩，他的健康一直不好，康熙六十一年十一月十三日崩逝於暢春園。據清代官書記載，皇帝在同月初九日生病時曾令胤禛代祀南郊大典，十三日因為病情惡化特召胤禛來暢春園，胤禛在未抵聖祖臥病之所前，皇帝就召集了皇子胤祉、胤祐、胤禩、胤禟、胤祥以及九門提督隆科多等人，向他們說出皇四子胤禛「人品貴重，深肖朕躬，必能克承大統，著繼朕登基，即皇帝位」的話，胤禛抵寢宮時，聖祖只對他談了「病勢日臻之故」，而他的被指定為繼承人是事後由隆科多轉述的。

　　多年以來，大家對胤禛繼統的合法性多有懷疑。例如：㈠胤禛在他父親死前趕到暢春園，聖祖還能告訴他「病勢日臻之故」，可見神智尚清，但卻沒有向他談到繼承之事，如此重大之繼承末命不提，是不合情理的。㈡傳說皇帝病重時，「皇上（按指雍正）就進了一碗人參湯……聖祖皇帝就崩了駕」，這是說明雍正皇帝毒死皇父。㈢遺詔的日期與內容文字都經改動，甚至可以證明聖祖死前未立遺詔。㈣胤禵的事留下很多疑問，除非是雍正搶了他的寶位才能解答合理。㈤隆科多是口授末命的關鍵人，年羹堯則是宰制胤禵兵權的主角，所以大家都認為雍正帝的繼統，內得力於隆科多，外得力於年羹堯。可是年、隆

後來都被整肅了，一個被賜死，一個遭禁錮。尤其隆科多還說出「白帝城受命之日，即是死期已至之時」的負氣話，顯然是雍正帝怕他們洩密，殺人以滅口為佳。㈥雍正帝上臺後，除了與他相好的少數兄弟以外，大多數的手足都被他以慘虐的手段清除了。這種弒兄屠弟的行徑顯係政爭的結果，也明確的反映了雍正奪嫡的事實。

不過，也有史學家不作如此想的，他們認為聖祖多年不准立儲，他既已向諸皇子宣布了胤禛即帝位的事，他就不需要當面再立胤禛為皇太子了，因為「這不符合他的做法」。人參湯害死聖祖的說法也不可信，因為皇帝在康熙五十七年就說過：「南人最好服藥服參，北人於參不合，朕從前不輕用藥，恐與病不投，無益有損。」所以用人參害他也難。遺詔確實是經改寫了，而且是後出的；但「倉卒之間，一言而定大計」，當然當時未預寫遺詔，而是後來史官修實錄時，才將後定的稿子中文字加以潤色改動。胤禵的問題確有很多，如傳說「改十四為于四，改禎為禛，固自易易。」反對這種說法的人認為關係重大的詔書中不可能只寫第幾子而脫掉「皇」字，所以改「十」為「于」而成為「皇于四子」也是不通的，同時「於」、「于」二字在清代未必能通用，尤其用在傳位詔書上。「禎」、「禛」雖字形相近，但即使改得巧妙，也難保不露痕跡。年、隆的獄案則因他們權力過大，而且驕橫過甚。即使年、隆是雍正帝篡位的同謀人，「他們有幾顆腦袋敢把它宣揚出去？」至於「弒兄屠弟」則是政爭的餘波，也是必有的結果。

除了以上的辨正以外，反對「奪嫡」說的人還提出幾點看法：第一、在胤礽、胤禔、胤祉先後失去儲君的資格以後，四皇子胤禛在倫序上說是應該繼承的，因為清聖祖一直重視漢人的傳長制度。第二、在康熙末年，諸皇子參與祭天祭祖祭孔等活動的人雖然不少，但胤禛卻是其中經常參與的一位。專家們根據史料統計，胤祉先後參加二十次，胤禔參加十七次，胤祺參加十五次，而胤禛則負責祭祀的大任為

二十二次。胤禎也曾有從戎的紀錄，處理囚禁胤礽的大獄、解決會試考生哄鬧事件以及清查倉糧等等政軍活動，在在都說明聖祖對他的重視。第三、所有政爭，尤其是繼位之爭，失敗的必定想報復而取得政權，得位的為保護政權，必有整肅慘殺之事；而一般人又多同情失敗者，加上雍正皇帝是個嚴厲的君主，大家對他的印象就很難變好了，「奪嫡」的事也就容易被人信以為真了。

不過，帝制時代宮闈中的事常是諱莫如深的，清世宗繼承大位至今仍有爭議，原因也就在於此。希望將來能有更多可靠的史料發現，史家可以從而寫出真相，寫出可以共信的歷史。

第三節 乾隆生母與出生地之謎

一、乾隆生母之謎

古代中國人家很重視血統，皇帝家族當然更是講求；然而就在著名而偉大的乾隆皇帝身上，多年以來，不少人懷疑他的血統是否純正的問題。有人說他是漢人家的兒子，根本沒有滿洲人的血統。有人則認為他是雍正皇帝與一個貧窮奴婢野合所留下的龍種，不具帝王高貴身分。這些對乾隆皇帝不利的說法，至今仍在民間盛傳不衰，包括不少歷史小說與歷史戲劇都言之鑿鑿的描繪乾隆原是漢人家的孩子，被偷龍換鳳的帶入宮中的，現在我們就來看看這所謂的「漢人說」吧。

在清朝末年，反清排滿風氣日盛的時候，有些文人也參加了行列，他們以野史方式，寫作了不少清宮的祕聞與醜聞，其中天嘏所著的《清代外史》中，有一節〈弘曆非滿洲種〉，就是首先提出本名為弘曆的乾隆皇帝血統有問題的文章，其中說：

浙江海寧陳氏，自明季衣冠雀起，漸聞於時，至之遴，始以降清，位至極品。厥後陳詵、陳世倌、陳元龍，父子叔侄，並位極人臣，遭際最盛。康熙間，胤禛與陳氏尤相善，會兩家各生子，其歲月日時皆同。胤禛聞悉，乃大喜，命抱以觀，久之始送歸，則竟非己子，且易男為女矣。陳氏殊震怖，顧不敢剖辨，遂力秘之。未幾，胤禛襲帝位，即特擢陳氏數人至顯位。迨乾隆時，其優禮於陳者尤厚。嘗南巡至海寧，即日至陳氏家，升堂垂詢家世，將出，至中門，命即封之，謂陳氏曰：厥後非天子臨幸，此門毋輕開也。由是，陳氏遂永鍵其門。

民國以後，許嘯天在《清宮十三朝演義》一書中，也說到乾隆原是海寧陳閣老所生之子，陳閣老就是指在雍正與乾隆時代擔任過山東巡撫與工部尚書的陳世倌，雍正妻子因生女而掉包將陳家男嬰換入胤禛家，乾隆皇帝後來從奶媽口中才知道真相，所以常借南巡江浙之名，去海寧探望親生父母，不過其時陳世倌夫婦已過世多年，乾隆只得到墓前祭悼，行人子之禮。由於許嘯天的文筆生動，他的《演義》一時洛陽紙貴，乾隆為浙江海寧陳氏子孫之事也隨之深植人心了。

喜歡寫八卦流言的人往往抓到一點資料就大肆宣揚，不加考證，甚至因資料太多，內容不一，而有矛盾現象。如燕北老人所寫的《滿清十三朝宮闈秘史》即是一例。他也說乾隆是海寧陳閣老之子，當時因雍正皇帝沒有子嗣，正好王府與陳家同時有人生產之事，王府就以所生女孩偷偷換了陳家的男孩，這和《清代外史》與《清宮十三朝演義》中敘述的差不多。但是燕北老人在同一書中，又採用了清末學者王闓運《湘綺樓文集》中的說法，認為雍正帝「肅儉勤學」，不好聲色。有一年夏天，雍正生病，福晉與側妃都不願常作看護，侍候這位親王丈夫，結果由一位卑的妾伴雍正，五、六十天的伴侍，於是得了

龍種，即日後的乾隆皇帝。同在一書，同在一人，而有兩種不同說法，可見傳說的不可信了。

然而人性裏有很多弱點，如幸災樂禍、偏好奇聞等等。辛亥革命推翻滿清之後，不少漢人對滿洲人懷有種族成見，對皇家的一切醜聞都信以為真，乾隆為漢人血統一事更是欣然接受，因為如此一來，無異是大清皇朝早就已是漢家的天下了。近幾十年來又被小說家，包括歷史小說、武俠小說家等人加油添醬，誇張渲染，民間幾乎把這荒誕不經的傳聞視為可靠的史實了。

不過，研究清史的學者卻認為「倒亂史事，殊傷道德」，「不應將無作有，以流言掩實事」，因此他們從史料堆中發掘證據，重建當年歷史。關於乾隆生父為陳世倌之說，清史名家孟森、郭成康等人，曾作專文，為之辨正。專家們對傳言不實之處，寫了以下的糾正文字：

第一、浙江海寧陳家確實是官宦世家，從明朝中期到晚清，三百年間，族人中舉人、進士的高達二百多人，康熙時曾有兩次會考，陳家族人竟有三人同榜高中的紀錄。清朝康雍乾盛世，陳家在京中歷任尚書、侍郎以及在地方任職巡撫等官就有好幾位，連同順治朝的陳之遴，「位宰相者三人」，而乾隆時任工部尚書授文淵閣大學士的陳世倌是第三位宰相，也是傳說中乾隆帝的生父。然而陳世倌在拜相後不久以「錯擬票簽」革職，皇帝在諭旨中還說：「自補授大學士以來，無參贊之能，多卑瑣之節，綸扉重地，實不稱職。」語氣極不客氣，就皇帝對大臣而言，如此革職評語也是尖刻了一點，可見皇帝與陳世倌的關係應該是一般的君臣關係。

第二、偷龍換鳳、以女換男的事是不是有可能？答案是不可能。因為雍正生乾隆的時候是康熙五十年八月，當時雍正還是雍親王，年方三十四歲。雖然早年出生的兒子中已有三人死去，僅有第三子弘時仍健在，虛歲八歲。雍親王後來還生子女多人，直到他五十六歲時，

即當了皇帝後的十一年,他仍生子弘瞻,可見他並沒有失去生殖能力。康熙五十年八月鈕祜祿氏為他生下弘曆,約三個月後妾耿氏又為他生下一女。雍正的妻妾都不斷的為他生兒育女,他有什麼理由要去抱陳家兒子回來為他作子嗣?再說當時正是廢皇太子、皇室大家惡鬥的時刻,康熙兒子們正從事爭奪繼承的鬥爭,雍正若把非滿洲血統的陳家男孩變作大清皇裔,罪行是非常重大的,他不但絕無繼承皇位的機會,恐怕連性命都不能保全。雍正是英明的政治人物,做這樣的事有必要嗎?

第三、陳家兒子換來的女兒,在陳家長大,必然也會有她高貴身分,不能就此淪為民間一般女子的。野史與小說裏有說這位金枝玉葉的「皇家公主」,後來嫁給了江蘇常熟蔣廷錫大學士的兒子蔣溥,蔣家為尊敬這位「皇女」,特為她在家鄉蓋了「公主樓」,讓她舒適的居住。後來更有說:蔣家藏有一本公主嫁來的《奩目》底稿,「為陳氏嫁女時故物,中有御賜金蓮花,此金蓮花非公主、郡主不能得」。這些傳說文字經史學家考證,「公主樓」純屬虛構,訪問蔣家後人與常熟本地人都說未聞有此樓,可見這是訛傳,或是後世好事作家的誇大說法;而金蓮花作嫁粧一事,遍查清宮嫁皇女檔冊及《內務府掌儀司則例》等資料,均無一件陪嫁物單上有金蓮花的,可見也是不足徵信的傳言。

第四、傳說還有談到乾隆六下江南,有四次到海寧駐蹕,並為陳家花園隅園改作安瀾園,又賜陳家「愛日堂」與「春暉堂」匾額兩塊,認為是乾隆有報答父母深恩之意。經學者考證,「愛日堂」匾是康熙三十九年皇帝應侍讀學士陳元龍之請而寫的,與乾隆皇帝無關,當時陳元龍向康熙奏請說:「臣父之閫年逾八旬,謹擬愛日堂恭請皇上御書賜臣。」足見是陳元龍有報答父親深恩之意。「春暉堂」匾是乾隆五十二年皇帝賜給陳邦彥的,邦彥母親黃氏守節四十一年,將邦彥撫養成人,皇帝知道此事後,書寫了此匾以褒揚黃氏對其子的慈母之恩,也與乾

隆出生陳家無關。至於改隅園為安瀾園的事，應該與錢塘江口海潮在
乾隆二十五年以後突然轉趨北面的海寧有關。我們知道，錢塘江大海
潮每年都會發生，明清時代都以築海塘來禦海潮，因為海塘一旦被沖
破，則蘇、松、杭、嘉、湖等一帶全國最富庶之區必遭水患，政府財
賦也會受到嚴重影響。因此從康熙統一全國之後就非常重視海塘工程。
乾隆頭兩次南巡雖渡過了錢塘江，登會稽山祭大禹陵，但沒有到海寧。
乾隆二十五年，海潮忽然北趨海寧，因此乾隆帝在三十七年第三次南
巡時便有海寧視察工程之行。另外自清朝入主中原後，江浙一帶士大
夫反清意識極強，海寧陳氏是江南大族，世代高官，姻親遍中外官場，
陳家又有「盤根數百年」的古梅，「鳥歌花笑」的隅園，皇帝為籠絡南
方文人，重視科舉出身的官僚，乃在陳家下榻，順道督察工程。乾隆
帝南巡詩中有不少談到海塘的，從而使人了解他對海塘的關心與對人
民生活的祈願。他對陳家隅園改為安瀾園，曾作過解釋說：「則因近海
塘」，願東海之安瀾也。事實上，乾隆六次南巡，雖曾駐蹕陳家，但沒
有一次召見過陳家子孫，「升堂垂詢家世」或到墓前祭悼等事，都是小
說家的臆測想像之言罷了。

　　其次，我們再來看看乾隆生母的「賤婢說」。提出這一說的是清末
詩人學者王闓運，他曾是曾國藩的幕僚，交遊很廣，聽到的各方傳聞
很多，在他所著的《湘綺樓文集》中，有一則〈今列女傳〉，其中說：

> 孝聖憲皇后，純皇帝（按指高宗乾隆）之母也。始在母家，居
> 承德城中，家貧無奴婢。……十三歲入京師，值中外姊妹當選
> 入宮，隨往視之，門者初以為籍中，既而引見，十人為列，始
> 覺之。主者懼，讉令入末班。孝聖容體端頎，中選，分皇子邸，
> 得在雍府，即世宗憲皇帝王宮也。憲皇帝肅儉勤學，靡有聲色
> 侍御之好，福晉別居，進見有時。會夏被時疾，御者多不樂往，

孝聖奉妃命，旦夕服侍維謹，近五六旬，疾大愈，遂得留侍，
生高宗焉。

　　根據上述，乾隆生母原是居住承德的一位貧家女，後來進京，誤
打誤闖的被選中秀女，分配到雍正的王府，後因伴侍雍正生病，終得
寵幸而生乾隆。到民國三十三年（1944 年），又有一位周黎庵先生，
得自遜清遺老冒鶴亭的說法，寫成了〈清乾隆帝的出生〉一文，內容
比王闓運的更富傳奇性，更引人入勝。他說：乾隆出自海寧陳家「其
所持理由，皆不充分，無足深辯。」冒鶴亭告訴他的才是信史。冒先
生的說法約有：㈠乾隆生母李佳氏，蓋漢人也。㈡雍正有一年隨父皇
康熙到承德打獵，射得一鹿，因飲鹿血而躁急不能自持，身邊無從妃，
「適行宮有漢宮女，奇醜，遂召而幸之」，不料這隨便發洩的露水姻
緣，乃種下了龍種。㈢第二年李氏女子臨產，康熙急召雍正來承德詰
問，雍正承認不諱，乾隆生後乃成為皇裔。㈣冒鶴亭還根據「當地宮
監」傳聞，確指李女在避暑山莊一處「傾斜不堪」的馬廄內生下乾隆，
日後清廷每年都列專款修理「草房」，正為重視乾隆出生場地之故。

　　由於此上兩家的文筆生動，內容曲折多奇，又加上後來有人考證
認為甚為可能，乾隆生母為承德李氏貧家女說也被不少人視為信史了。
不過「青史字不泯」，要想「對歷史肆無忌憚，毀記載之信用」也是不
可能的。以「賤婢說」而言，第一、清代選秀女的制度森嚴，不是隨
便可以冒名參選，更不可能臨時混入而被選中的。第二、清朝皇室成
員在《玉牒》上都有詳細記載，尤其新生嬰兒不僅即時報呈宗人府，
而且有一定的手續，生母與子女要想竄改登錄《玉牒》談何容易。第
三、乾隆生日為康熙五十年八月十三日，清宮多種檔冊都有明確記錄。
承德李姓醜女應在前一年九月中懷胎才是正常。冒鶴亭也了解這一點，
他說雍正去承德打獵時是「冬初」；可是康熙到承德山莊避暑，據史料

所記，是四十九年五月初一離京，九月初三回鑾，當年閏七月，因此
「冬初」之說不確，若說這一年雍正與李氏醜女在七、八月間野合懷
孕，則乾隆在生母腹中至少有十一個月，或是更長，這與一般生育情
形不合。第四、有人考證說在乾隆出生的康熙五十年七月，原先留在
京城的雍正，突然赴承德，認為一定是為了「有極重大事情需要請命
皇帝」，所以聯想到李氏醜女當時大腹便便待產，康熙急召雍正去面質
實情，雍正才有承德之行。然而根據現存的滿文檔案，我們可以看出：
當年雍正與他三哥胤祉確實留在京城辦事，不過到六月間，康熙手諭
他們留京的兄弟可以分批到承德去度假，留守北京的皇子胤祉、胤禎、
胤祹、胤䄅乃聯名上書，遵旨擬出兩項建議，請父皇康熙定奪。康熙
後來批示：「皇太后既在此，則准五阿哥留此，十二阿哥、十四阿哥回
京。換四阿哥、九阿哥在雨季前速來此，三阿哥不必來，可明年來。
俟朕回宮，再行明確編班降旨。」四阿哥就是雍正皇帝胤禎，可見康
熙是讓留京辦事的兒子們也輪班去承德「住夏」，並非因重大事務面質
的問題發生。第五、關於「草房」每年修繕的事，確是清廷重視這些
古老建築的表示，為什麼政府重視它們呢？原來草房為雍正時所建，
並為它們題過匾額。乾隆也曾幾度訪問過草房，還作過不少首詩。但
是詩文的內容不是為他出生或是懷念他的「醜女」母親的，而是強調
他父親雍正在世時節儉美德，並用以垂示子孫的。例如「草堂栖碧嶺，
樸構稱山林」、「岩屋三間號草房，樸敦儉示訓垂長」等等，都是說明
雍正造草房是訓示子孫要儉樸。乾隆生於馬廄一說顯係於史無據。

　　乾隆的生母究竟是誰呢？鈕祜祿氏應該是可信的。根據清代官書
所載，鈕祜祿氏的父親叫凌柱，高祖名叫額亦騰，由於家世不顯赫，
祖父吳祿是個白丁，父親凌柱是四品典儀官，所以她在雍正府一直以
「格格」為稱，比福晉、側妃的地位低很多。她生於康熙三十一年
（1692年），四十三年（1704年）選上秀女，以使女身分入侍貝勒胤

禎的府第。康熙四十八年胤禎晉升為雍親王，鈕祜祿氏仍稱為「格格」，第二年生下乾隆，地位也未見改變，直到雍正登基，在雍正元年（1723 年）才封她為熹妃。

　　鈕祜祿氏封為熹妃之後，其地位仍在皇后烏喇那拉氏、貴妃年氏以及齊妃李氏之後。雍正元年，乾隆已十二歲多了，也已被他祖父康熙暗指為未來儲君，父親胤禎在即位後不到一年，確將乾隆的名字寫下封存在乾清宮「正大光明」匾後，決定以「儲位秘建法」指定弘曆為繼承人了。鈕祜祿氏在康熙末年還被皇帝讚譽過是「有福之人」，為什麼她的地位一直不高呢？原來雍正當皇子時，父皇康熙為他娶了嫡妻烏喇那拉氏，雍正封親王時，她也隨著被康熙封為王妃，那拉氏家軍功很盛，她父親費揚古是一品高官，官位步軍統領，掌京師九門治安重任，是皇帝特簡的滿洲親信大臣。貴妃年氏是巡撫年遐齡之女，其兄年羹堯歷任四川巡撫、總督、川陝總督，後來更高升為撫遠大將軍，也是位高權重之人。齊妃李氏，是雍正妻妾中生子女最多的人，也是諸妾中侍奉雍正最早的人。滿洲人家重視政治地位，尊卑次序，乾隆生母鈕祜祿氏因為家世寒微，以「使女」入侍雍正，所以在府邸裏地位一直高不起來，而且多年來勤理勞苦家務，以「格格」為稱。

　　鈕祜祿氏為乾隆生母也可以從另外兩方面來作一探討：由於她家不是高官，而且從小入宮後便從事勤勞活動，所以鍛鍊成了她的強健身體，她不像那拉氏、年妃等人一樣都死在雍正之前，鈕祜錄氏卻活到乾隆四十二年，她享壽八十有六。乾隆年間她經常隨皇帝出巡，曾經三登五臺山、兩上泰山、四次下江南，多次到承德避暑山莊住夏，她每次出遊登山，健步如飛，不亞於年輕人。也因為她有這樣的好身體，她惟一的兒子乾隆皇帝也能活到近九十歲的高齡。比起他的同父異母兄弟來，他是壽數最高的。現代醫學試驗得知，人的壽命與遺傳基因有關，鈕祜祿氏與乾隆的母子關係多少由此得一旁證。

　　此外，乾隆事母極孝，像他要竭盡所能的讓母親享盡人間幸福，除了帶她出遊全國各地之外，也讓她得到最高級的物質享受，在飲食與遊樂方面都是應有盡有的供應，逢年過節，更是取悅母后的歡心。特別是鈕祜祿氏過大壽時，如乾隆十六年的聖母六十大壽、二十六年的七十大壽及三十六年的八十大壽，都大肆鋪張的慶祝，並為母后演大戲、建佛廟，無所不用其極的使老人家開心。乾隆四十二年正月二十三日，鈕祜祿氏病逝後，乾隆帝傷心欲絕，痛摧肺腑，當即剪髮、服孝服、住蓆廬，一天一夜水漿不進，終夜不眠的寫下不少挽詩與感懷之作，乾隆對亡母的哀思比起多愁善感的文人絕無遜色。清史學者郭成康說：「在乾隆看來，似乎非如此則不能補償生母那充滿辛酸的韶華青春，非如此更不能表達自己報恩之情切而後心安。」我個人非常同意郭先生的看法。

　　乾隆皇帝的生母是浙江海寧陳世倌夫人之說以及承德窮醜的李姓女子之說，既然史料不足，而且可以證實都是荒誕不經之言，當然就不能相信了。鈕祜祿氏之說則是清代多種官書的共認，應該是可以共信的。

　　然而乾隆生母為鈕祜祿氏這一被史學界共信多年的說法，最近又有新問題了。北京中國第一歷史檔案館中所藏的珍貴史料，被人發現有一道雍正朝的上諭，上諭全文如下：

　　　雍正元年二月十四日奉上諭：尊太后聖母諭旨：側福金年氏封為貴妃，側福金李氏封為齊妃，格格錢氏封為熹妃，格格宋氏封為裕嬪，格格耿氏封為懋嬪，該部知道。

　　熹妃原是鈕祜祿氏，是乾隆生母，現在又變成錢氏了，真是新發現。這一道上諭既是北京歷史檔案館的藏品，其可靠性與權威性應該

是不能置疑的，不過按照研究歷史學的方法，「孤證」也不能推翻所有其他的證物，所以還需要尋覓更多的史料證據做出結論才好。我個人終不免有一些想法，例如：㈠錢氏若真有其人，她是漢族還是漢軍旗人？雍正帝妻妾中有李氏、劉氏、宋氏、耿氏、武氏多人，似為漢族與漢軍出身，若再加上一錢氏，則其配偶幾乎全有漢人血統，在清朝極盛之時，皇位能不傳給純滿族人，而傳給帶有漢族血統的人嗎？㈡乾隆帝生於康熙五十年，當時正是廢皇太子的多事之秋，雍正帝敢以漢人生的兒子大力推薦給康熙帝，進而爭取到帝位繼承人嗎？在「首崇滿洲」的當時，以上二事都是對雍正不利的，也絕對不會被康熙與朝廷重臣們所接受。因此我以為此事應作深入探究，應再收集有關資料作證據才好，不能遽下結論。

二、乾隆出生地之異說

乾隆皇帝的生母是誰不但有流言異說，他的出生地點也似乎有問題。前者是清末以來好事文人不斷渲染而使傳說愈來愈多，愈說愈玄；後者則是乾隆當時就有人提出，而且經乾隆本人與他的兒孫否認、肯定再否認，弄得熱鬧一時，極為有趣。這確是想了解與研究乾隆的人應該深入探究的。

清朝最重要的官書之一《實錄》中記載乾隆的生地非常清楚：

> 高宗……諱弘曆……以康熙五十年辛卯八月十三日子時，誕上
> 於雍和宮邸。

這是《大清高宗純皇帝實錄》中的正式記載，文中「高宗」是乾隆皇帝死後的廟號，「雍和宮邸」是指雍正早年當皇子時的官邸，後來改名雍和宮的地方。

雍正皇帝在康熙三十七年被冊封為「多羅貝勒」，第二年分府居住，搬出皇宮。當時所分得的居所在「皇城東北隅」，這裏原是「明內宮監官房」，清朝入北京後一度劃給內務府作官用房舍，據說規模不大，如一般的「大四合院」；不過經過修繕整理，用作多羅貝勒皇四子胤禛官邸後，規制顯然不同了。由於主人是皇四子胤禛，所以當時也被稱為「禛貝勒府」或「四爺府」。康熙四十八年，胤禛又晉爵為「雍親王」，官邸當然也隨之改名「雍親王府」。康熙皇帝去世後，雍正繼承為君，當然他就搬進紫禁城居住了，「雍親王府」後來被升格為行宮，並由雍正皇帝親自賜名為「雍和宮」。雍正死後，乾隆皇帝又為了「安藏輯邊」，把雍和宮改建成喇嘛廟，至今北京雍和宮仍是著名的藏傳佛教藝術殿堂。

《清實錄》裏說乾隆於康熙五十年（1711 年）生於後來改名「雍和宮」的「雍親王府」，這應該是符合史實的。事實上，乾隆皇帝本人也不只一次的說他生於雍親王府，他有很多詩中都提到這件事，如乾隆四十五年寫的〈聖製新正雍和宮瞻禮詩〉云：

> 雍和宮是躍龍地，大報恩宜轉法輪。
> 例以新正虔禮佛，因每初地倍思親。
> 禪枝忍草青含玉，象闕蜂壇積白雲。
> 十二幼齡才離此，訝令瞥眼七旬人。

乾隆五十年正月初七（古人所謂的「人日」）皇帝又來雍和宮拜佛，曾作詩道：

> 首歲躍龍邸，年年禮必行。
> 故宮開訣蕩，淨域本光明。

書室聊成想，經編無暇橫。
來瞻值人日，吾亦念初生。

乾隆六十年〈御瞻禮示諸皇子詩〉也有：

躍龍池自我生初，七歲從師始讀書。
廿五登基考承命，六旬歸政祖欽予。
月長日引勖無逸，物阜民安愧有餘。
深信天恩錫符望，永言題壁示聽諸。

上引詩中的「十二幼齡才離此」、「吾亦念初生」、「躍龍池自我生初」
等句，都是說明乾隆皇帝自稱是在雍和宮中出生的，益發證明《清實
錄》中所述的不假。

　　但是乾隆四十七年正月初七日他照例至雍和宮禮佛，後來所作的
瞻禮詩中，卻有如下的文字：

從來人日是靈辰，潛邸雍和禮法輪。
鼉鼓螺笙宣妙梵，人心物色啟韶春。
今來昔去宛成歲，地厚天高那報親。
設以古稀有二論，斯之吾亦始成人。

乾隆四十七年正是皇帝七十二歲，所以他稱自己「古稀有二」，不過他
在「斯之吾亦始成人」一句之下加了一段自注文字說：「余實於康熙辛
卯生於是宮也。」同時在七十九歲那年，他也在年初去雍和宮拜佛，
同樣的也作了一首〈新正雍和宮瞻禮〉詩，其中有「豈期蒞政忽焉老，
尚憶生初於是孩」，表明了雍和宮是他誕生地，只是在這兩句詩文之

後，他又加了注語：「以康熙辛卯生於是宮，至十二歲始蒙皇祖（按指康熙皇帝）養育宮中。」乾隆一再強調他生於雍和宮，而且在四十七年的詩句注文中用了一個「實」字，顯然是有人說他不是在雍和宮誕生的了，否則又何必多餘的告訴大家他「實」在是生於雍和宮邸呢！

乾隆皇帝的這個「實」字也許還有別的意思，例如「實」在出生於康熙辛卯五十年。可能有人對他出生時間有不同說法，他用「實」字來證實辛卯年無誤，當然這一想法是不對的，因為乾隆的兒子嘉慶是在乾隆執政六十年後，父皇禪位給他的，乾隆又當了三年多的太上皇才過世，就在嘉慶即位後一年，即嘉慶元年八月十三日，太上皇過大壽時，嘉慶與王大臣們為乾隆祝壽，作詩誌事，嘉慶所作的詩首句是：

> 肇建山莊辛卯年，壽同無量慶因緣。

在這兩句文字之下，又出現了注文說：

> 康熙辛卯肇造山莊，皇父以是年誕生都福之庭，山符仁壽，京垓億秭，綿算循環，以怙冒奕祀，此中因緣不可思議。

按照嘉慶皇帝的這段解釋文字，大意是康熙建造承德避暑山莊的辛卯年（康熙五十年），乾隆也就在這一年出生於這塊諸福匯聚的山莊中，「此中因緣不可思議」。

第二年夏秋間，乾隆以太上皇身分又來避暑山莊住夏，那一年八月十三日嘉慶為使父親高興，又令諸王大臣們賦詩為太上皇祝壽。嘉慶自己在他寫的詩句下再一次作了如下的注釋：

> 敬惟皇父以辛卯歲誕生於山莊都福之庭，躍龍興慶，集瑞鍾祥。……

前後兩年嘉慶皇帝都作了同樣的說法，可見他是堅信乾隆誕生於承德避暑山莊了。再加上乾隆自己也在詩中用過「實」字來加重解釋他誕生於北京城裏的雍和宮邸，因此我們可以相信在乾隆晚年以及嘉慶初年，確實有不少人認定承德山莊是乾隆皇帝的真正誕生所在。

乾隆皇帝在嘉慶四年正月初三日逝世，五年之後，嘉慶的詩集第一種《清仁宗御製詩初集》出版，其中也刊載了上引的兩首為太上皇祝壽詩，文字未經更動，由此可知：作為乾隆兒子的嘉慶，一直相信他父親是在山莊出生的。

乾隆有沒有可能誕生於「都福之庭」的山莊呢？我們先來看康熙自從營建山莊之後，每年夏天與他的兒子來山莊的情形。

康熙的兒子很多，每年他來山莊時都會帶一些兒子與他們的眷屬同來，另外留一些兒子在京城裏辦事。以康熙五十年乾隆誕生的這一年為例，最初留在京城辦事的就有皇三子胤祉、皇四子胤禛、皇九子胤禟、皇十子胤䄉、皇十三子胤祥、皇十六子胤祿等人，後來康熙又命令在山莊與在京城裏的少數兒子作了調換，讓他們在工作與休閒上有些調劑，皇長子胤禔等人就回京辦事，而胤禛、胤禟與胤䄉就在七月間到山莊度假了。山莊開始建造在康熙四十二年，以後不斷擴建，到五十年左右，不少康熙的年長兒子都在山莊有了私人所屬的住處，像皇三子胤祉當時就擁有七十多間房屋的一處別墅。雍正皇帝胤禛當年擁有房舍多少，不能確知；不過他的獅子園別墅在山莊裏也是有名的。康熙皇帝平常住在山莊的皇帝行宮中，偶爾也去兒子的別墅中作客，他就幾次去過獅子園作客，甚至還有傳說雍正與乾隆後來能繼承皇位都與這座獅子園祖孫三代的一次歡聚有關。因此，雍正既然在康熙五十年七月間去到了承德山莊，乾隆在山莊誕生的事就大有可能了。

承德的避暑山莊中至今還保存著一件古物，就是在法輪殿後、五百羅漢山前，有一個玻璃罩，罩內放著一個木雕的須彌座，座上有一

個用紫檀木雕刻成精美的盆托，托內鑲著一只銅盆，據說這就是乾隆出生後三日洗澡用的「洗三盆」。乾隆的「洗三盆」放在避暑山莊，當然可以證明乾隆是生於承德了。

不過，這件事情並不能如此樂觀的下定論，因為在幾年之後，嘉慶皇帝顯然也改變初衷了，從以下幾則當時人的記述中可以了解當時的實況：

首先是一位滿洲工部侍郎名叫英和的，他在《恩福堂筆記》裏說：

> 丁卯歲，實錄館進呈聖訓，首載誕聖一條，仁廟即以為疑，飭館臣查覆。

「丁卯」是指嘉慶十二年；《實錄》是專記皇帝一生事功的編年史書；《聖訓》則是分類專記皇帝訓示的語錄；「仁廟」指嘉慶皇帝。英和在南書房裏參與機密，又當過翰林院掌院學士。他說嘉慶十二年修《實錄》的史官們在《實錄》與《聖訓》書中，把乾隆皇帝「誕聖」地弄錯了，令嘉慶生疑，因而命令「飭館臣查覆」。當時負責編纂《實錄》與《聖訓》的副總裁官是劉鳳誥，他急忙收集資料，主要的是乾隆皇帝自己寫的詩，英和也記述了這件事：

> 經劉金門少宰鳳誥奏：本聖製〈雍和宮詩〉，將聖集夾籤進呈，上意始解。而聖製詩註謂：余實於康熙辛卯生於是宮也。則知獅子園說，其訛傳久矣。

劉鳳誥字金門，當時官居吏部侍郎，故稱為少宰。他把乾隆的詩集《清高宗御製詩集》中有關出生雍和宮的注文都夾上了夾籤，以便嘉慶皇帝檢閱。嘉慶看了皇父親自所寫的小注，當然就開始了解，生於獅子

園說是訛傳的事，而且歷時很久了。劉鳳誥的證據使嘉慶改變了說法，而相信乾隆皇帝確實是誕生在雍和宮邸了。這也是我們今天在《實錄》中看到乾隆誕生於北京雍和宮的原因。

不過，嘉慶八年刊印成書的《清仁宗御製詩文初集》並沒有適時加以改正，其中祝賀太上皇萬壽的詩，注文仍印著乾隆誕生於承德山莊「都福之庭」的字樣，沒有想到這一疏忽竟掀起了政壇上一次大波瀾。

先說劉鳳誥因釐清乾隆生地之謎得到嘉慶的賞識，在《實錄》等書修成時特別加賞太子少保的官銜，另外其他同修《實錄》的官員如慶桂、董誥、曹振鏞等也都升官得到眷寵。不過，劉鳳誥後來因被御史彈劾在當考官時透露試題，接受賄賂，以致引起江南考生的鬧事，經過欽差大臣托津、盧蔭溥等人的調查，確認「請託屬實」，劉鳳誥因而被判到黑龍江充軍。後來雖被蒙恩釋回，但官運一直不振。而查案的欽差托津等卻在官場不斷竄升，官列大學士、尚書的高位，這令劉鳳誥嫉妒不已。

嘉慶二十五年，機會終於來了，這一年的七月二十五日，皇帝突然猝死在熱河避暑山莊。由於傳位人選一時不能確定，北京乾清宮「正大光明」匾後的金匣所藏人名無法得知，而國家又不能無君，於是隨行的王公大臣就在承德集會討論。從現存的史料看，當時與會的人似乎沒有分什麼黨派，只是有些大臣過分穩重，而發生了一些小爭論。最先發言的是宗室親王禧恩，他認為皇帝嫡后所生的二阿哥旻寧是正統，而且嘉慶十八年紫禁城裏大亂他平亂有功，得到「智親王」的嘉號，嘉慶生前意屬的人選，應該由他繼位。但是首席軍機大臣托津等人則說：二阿哥智勇雙全，眾望所寄，自當入承大統。不過金匣中的名單未見，萬一先皇硃筆親書的人名不是二阿哥，如何善其後呢？托津的考慮不能說沒有道理，但是聽在二阿哥耳中實在不是滋味。後來見到金匣中封藏的繼承人名果然是二阿哥，旻寧於是登上了龍椅，但

他對托津、戴均元一批大臣始終厭惡，對他們在山莊會議時的猶豫不能釋懷。

新皇帝就是大家俗稱的道光皇帝，他在運送死去皇父棺木返京城時便命軍機大臣們寫了一份嘉慶皇帝的「遺詔」，不知什麼原因，以托津、戴均元為首的擬稿人竟又稱乾隆的誕生地是承德避暑山莊。當道光抵達北京後，大學士曹振鏞等人就向新皇帝指出「遺詔」中的嚴重錯誤，而暗中策動這次告發行動的人則是劉鳳誥。

道光皇帝本來對托津等人就不滿了，現在正好有了正當的理由，於是先下令要托津等「明白回奏」為什麼犯此大錯？托津等回答他們是參考了《清仁宗御製詩初集》，也就是嘉慶皇帝在太上皇乾隆死前兩年所寫祝壽詩下的注文。道光說他們「實屬巧辯」，因為嘉慶皇父所說的「都福之庭」語意是「泛言山莊」，「並無誕降山莊之意」，而乾隆《御製詩》久經頒行天下，「不得諉為未讀」。因此道光皇帝下令「托津、戴均元俱以年老，不必在軍機處行走」，托津、戴均元就這樣被逐出了軍機處，另外還有盧蔭溥、文孚等人也受到降級的處分，軍機處與中央政府於是被道光寵幸的一批人曹振鏞輩把持了。

乾隆皇帝的出生地竟然在清代中期皇家以及君臣之間產生如此大的問題，甚至影響到中央政權的重組。曹振鏞等得勢後，在道光的命令下，把嘉慶皇帝御製詩注與遺詔都作了修改，內容統一的都寫成了乾隆生於北京雍和宮邸。

清朝官方與宮廷文書上的乾隆誕生地問題，雖然經道光初年的一番改動文字而解決了；但是民間傳聞依舊存在，特別是到了清末民初，更因反滿種族情緒的推波助瀾，乾隆出生地又扯上他生母的問題，承德貧賤李氏女之說隨之而生了。由於乾隆的生母若不是高貴的孝聖憲皇后鈕祜祿氏，則乾隆一支的子孫，包括嘉慶與道光在內，顯然在血統上都有了問題。他們的血統若有問題，得位之不正當然便是事實了。

專家們因此認為乾隆在自己詩註中強調生於雍和宮邸，嘉慶後來承認劉鳳誥等的查證屬實，以及道光不惜重組軍機處高階人事，都與皇位繼承與皇室血統這些重大問題有關。這一看法固然是不無道理，但我個人卻有不盡相同的看法。我覺得如果我們能先摒棄乾隆生母是海寧陳家漢人或是承德貧醜宮女等的成見，跳出野史家與小說家所製出的傳聞框架，也許我們就可能產生出一些如下的思維：

㈠乾隆與道光都確說「誕聖」地是北京雍和宮邸，只有嘉慶提出異說，是他在為父親太上皇祝壽詩中小註上說的：「康熙辛卯肇建山莊，皇父以是年誕生都福之庭，……此中因緣不可思議。」事實上，嘉慶的詩註是值得推敲的，他說承德山莊「肇建」於「康熙辛卯」，這一點就與史實不符，因為承德山莊「肇建」時間是康熙四十二年癸未，不是乾隆出生的五十年辛卯，兩件事不能相提並論。再說「此中因緣不可思議」，是不是與康熙六十一年，皇家祖孫三代歡聚於山莊獅子園有關呢？因為康熙當時對孫子乾隆極為喜愛，稱讚乾隆日後可登大位。我們知道：康熙一生服膺朱熹的理學，很重視道德形象，行事遵循儒家學理。乾隆若是貧賤宮女所生，在他看來必是不成體統的，必不會對乾隆有好感的，不可思議的因緣也就必不能發生了。總之，嘉慶皇帝為太上皇寫祝壽詩絕對是為諂媚的，沒有仔細考慮到時間準確與否的若干小節上面。

㈡嘉慶能繼承皇位實在是有一番曲折的。乾隆初年，皇帝一心一意的要立嫡立長，可是嫡后富察氏所生的兩個兒子永璉與永琮，雖然都被乾隆指定為屬意人選；但是這兩位皇子福小命薄，都在未成年時就先後夭折了。直到乾隆三十八年，皇帝六十三歲時，才密定嘉慶為儲君。當時乾隆只有七子存活在世：永璜是廢后所生，當然沒有資格為繼承人；永城足殘好酒，顯然不是理想人選；永瑆才華出眾，且書法極精，但是極重文人氣息，不適合理政；永璘等皇子年紀過小，學

識能力都不足為君；只有永琰（嘉慶本名）「治默持重」，喜怒不形於色，自幼喜讀書，十三歲即通五經，「上下三千年，治迹一目了然」，因此乾隆才以他為未來的皇位繼承人。永琰在密定為儲君後二年結婚，據說他還是「日居書屋，惟究心治法源流，古今得失，寒暑無間」，可見他整天尚友古人，對書本之外事知道不多，對他父親出生地或有所聞，可能也未能深究，無法確定，所以當實錄館官員檢出證據時，他也就相信雍和宮之說了。再說嘉慶為太上皇寫祝壽詩時已經三十多歲，思想早已成熟，乾隆出生地若與得位正不正以及血統事有關，他又何必妄生枝節，搬磚頭來打自己的腳呢？況且他自己的母親也可能是漢人冒充入宮的，而且還是一個出身不高貴的優伶或樂工，嘉慶能自揭瘡疤嗎？

㈢乾隆誕生於承德之說確實在乾隆末年已流傳了，不然皇帝不會在詩注裏用「實於康熙辛卯生於是宮（雍和宮）」來闢謠。然而當時的這項傳聞在乾隆與一般大臣看來必不嚴重，否則皇帝會下令徹查，甚至會大興獄案，嚴懲造謠生事之人，因為這是詆毀皇家的大不敬事件。乾隆朝因薄物細故不知發生過多少文字獄案，官民因犯大不敬之條的也不知被殺了多少人？如此惡意的「誕聖地」謠傳更是嚴重的罪行，豈有不嚴查嚴辦之理？嘉慶在劉鳳誥等官員提出文字證明後，也不再堅持「都福之庭」之說，甚至後來也沒有下令盡改他詩集中的注文，這也十足表明這是普通事件，不像後世人想像的那麼嚴重。道光重提舊事，完全是借題發揮，用以除去托津等軍機處重臣，純粹是政治鬥爭的問題。

以上只是我個人的想法，未必正確，希望將來能出現可靠史料確證乾隆出生於承德山莊，否則我們還是相信當事人乾隆說的為是了。

第七章　盛清三朝的內治

第一節　康雍乾三朝的治道與治績

　　從前專制時代，一切國家行政，都取決於皇帝，所以君主治事精神的好壞，常常是一國盛衰的關鍵所在。清代入關統治中國，前後一共歷時二百六十八年，而康雍乾三朝正好是一百三十四年，占了一半。這三朝是絕無僅有的興盛時代，在我國歷史上可以媲美漢唐，光延史冊。然而這三朝的皇帝，各有其政治主張，在內政方面也各有其成就。清高宗在乾隆初年曾經說過：「皇祖聖祖仁皇帝深仁厚澤，垂六十年，休養生息，民物恬熙。循是以往，恐有過寬之弊。我皇考紹承大統，振飭綱紀，俾吏治澄清，庶事釐正，人知畏法遠罪，而不敢萌徼倖之心。此皇考之因時更化，所以導之於至中，而整肅官方，無非惠愛斯民之至意也。皇考嘗以朕為賦性寬緩，屢教誡之。朕仰承聖訓，深用警惕。茲當御極之初，時時以皇考之心為心，即以皇考之政為政。惟思剛柔相濟，不競不絿，以臻平康正直之治。」可見清聖祖主張寬和，清世宗主張嚴厲，清高宗則折中其間，寬猛相濟。寬和近乎德治，嚴厲近乎法治，寬猛相濟，近乎文治，可以說各有千秋。

　　清聖祖是一位仁厚的君主，生平一切起居飲食，都有常規。對於政事的利弊，一定要確實求得原因所在。他惡虛文，尚實際。他的德治主張常在諭旨中宣示出來，例如康熙九年十月他說：「朕維至治之世，不以法令為亟，而以教化為先。其時人心醇良，風俗樸厚，刑措

不用，比戶可封。長治久安，茂登上理。蓋法令禁於一時，而教化維於永久。若徒恃法令而教化不先，是舍本而務末也。……朕今欲法古帝王，尚德緩刑，化民成俗。」康熙二十五年五月又說：「……書稱：『臨下以簡，御眾以寬。』……朕嘗心慕隆古，力行敦化。」這些都是聖祖的治道理論，不過流弊所及，就不免失之寬弛，所以清世宗繼承以後，政治主張為之一變。

圖 17：清聖祖

　　世宗的秉性嚴酷，不像聖祖寬厚，但他有綜核之才，對人情世態又深切了解，他為矯正康熙末年的鬆弛現象，便對一切政令，務求覈實。他即位之後，即頒降振肅綱紀的詔書十一道，訓飭督撫提督及其他文武官員。又甄別翰林、詹事等官員當中不稱職的，勒令他們解職。雍正元年他就強調：「為治之道，在於務實，不尚虛名。」四年七月又說：「居官立身之道，自以操守廉潔為本，但封疆大吏，職任甚鉅。洪範所稱有猷有為有守三者並重，則是操守者，不過居官之一節耳，安民察吏，興利除弊，其道多端。倘但持其操守，博取名譽，而悠悠忽忽，於地方事務，

圖 18：清世宗

不能整飭經理，苟且塞責，姑息養姦，貽害甚大。……朕深望爾等為明體達用之全材，而深惜爾等為同流合俗之鄉愿。」這是清世宗的法治主張，所以一時大小臣工，無不畏懼。然而皇帝如此的嚴厲任事，不免近於苛刻瑣碎，所以到清高宗即位以後，政治主張又為之一變。

　　乾隆元年，高宗降諭：「天下之事，有一利必有一害，凡人之情，有所矯必有所偏，是以中道最難。必如古聖帝王，隨時隨事，以義理為權衡，而得其中，乃可以類萬物之情，而成天下之務，故寬非縱弛之謂，嚴非刻薄之謂。朕惡刻薄之有害民生，亦惡縱弛之有妨於國事，爾諸臣尚其深自省察。」同年又說：「天下之理，惟有一中，中者無過不及，寬嚴並濟之道也。我皇考臨御之初，見人心玩愒，諸事廢弛，勢不得不加整頓，乃

圖 19：清高宗

諸臣誤以為聖心在於嚴厲，以致政令煩苛，每事刻覈，大為閭閻之擾累。皇考之意，果如是乎？朕即位以來，留心經理，不過欲去煩苛，與民休息，而諸臣又誤以為朕意在寬，遂相率而趨於縱弛。……此朕心所大懼者，冀自今務去偏私之錮習，各以大中之道，體朕辦理天下事務，永底平康之治也。」這都是清高宗明揭他寬嚴並濟之策的談話。總之，盛清三朝的君主，治道各有不同，寬嚴反覆而促進政治的進步，可惜乾隆末年，朝政諸多荒弛，而又鋪張揚厲過甚，政風政策都起了變化。

　　康雍乾三朝對於吏治的整飭都非常重視，因為皇帝們知道政治的得失全在任用官吏的得人與否與吏治的好壞而定，康熙十年以後，除少數外省藩臬官員偶爾奉旨推舉以外，一般官吏的任命之權，全歸皇帝。同時政府又規定郡守牧令，都需要引見，免得衰邁不能辦事的或年少輕浮的人也混入官場。甚至總督巡撫衙門裏的幕客，都不能隨便延聘。到雍正年間更命令要選擇「歷練老成，深信不疑」的人為幕賓，並且還要將他們的姓名開列具奏在先，這比康熙時更嚴格了。

　　督撫是地方官吏的綱領，也是一般官吏的表率。康熙年間，聖祖

常以加封、追諡、恩蔭等方法獎勵這批高級官員，如直隸巡撫于成龍的特加太子少保銜，陳璸的追授禮部尚書並立碑賜諡等等，都是例證，也說明了聖祖崇尚德治的主張。雍正以後，皇帝則不斷的頒降諭旨，訓誡臣工，並以種種方法留心訪察，一有不良官吏，即加懲處。高宗即位以後，則以為「督撫表率一方，而以廷臣糾察督撫，上下相承，內外相制，馭吏之法，乃簡而易行。」此外對於地方親民之官的知府、知縣以及地方衙門裏的胥役等人，盛清帝王也重視他們的一切；尤其是清世宗，在雍正年間他一再警告守令不能「苟且因循，貪位竊祿」而廢弛職掌，希望他們「不僅在於辦理刑名，徵收稅賦……而已，必須實盡父母斯民之道。」對於地方衙門的胥役人等，清世宗最了解他們「狐假虎威，無惡不作」的情形，所以他嚴飭督撫藩臬等長官，「約束於平時，訪察於臨事。不因熟悉條例而輕信其言，不因善承使令而誤墮其術，秉公駕馭，用意防閑，一有見聞，即加懲治，不存姑息之見，不留回護之心。如此則若輩雖欲舞弊而不能，雖欲玩法而不敢矣！」總之，盛清的三位帝王，對官吏的居官行事都很重視，只是在整飭的主張與方法上或有不同而已。

這裏應該附帶一述的就是清世宗另有一套統馭臣工的妙法，他利用與大臣們秘密書寫硃批和奏摺的機會，查訪大臣們的居官情形，並加以監視。例如他常在大臣呈奏來的報告上批寫一些某某人「未知勝任否」？或是直接地命令他們調查上級與同一地區服官同事的生活。甚至用「絲毫不可容隱，隨便奏來」與「再細訪，據實密奏！」等等的字句，收集各官工作的情報，因此他對各地的民風吏治與衙門的運作，都很清楚。

雍正年間，清世宗不但利用硃批諭旨收集大臣的情報，了解大臣們的人品操守與服務官場等情形；同時他也以臣工的奏報與他自己的御批作為迫使官員實心辦事與監視官員言動的一種統馭工具。他常常

下筆多言且文情並茂的寫些親切感人的話，使得大臣們不得不為他賣命的做事。例如他稱讚李維鈞說：「目今卿乃朕之第一個巡撫！」對李衛密薦按察使寶啟瑛時則批寫：「此等之奏可謂進獻真寶也，朕之所貪者，唯此一件耳！」甚至對一些大臣生病時的關切更是溫馨動人，難怪不少人會說出「不禁感泣涕零」、「無以上報皇仁於萬一」的話來。然而世宗有時也對某些大臣用些精嚴刻薄的批語，令大臣不敢不為他做事，像以「汝每多此虛浮之奏，朕甚不取焉。」「汝自到巡撫任以來，一切奏對，甚不協妥，似甚不勝任，……大負朕之至望！」「若再負恩，恐非汝福！」「無恥之極，難為你如何一筆書此一摺」等等，都是以權術御下而能收到實效的。

盛清時期，各級社會仍有不安的現象，距離康樂之境，相去還很遙遠，因此君主們都想以優良的政教措施來改造社會。根據史書的記載，當時對社會事業的整頓，不外滌除貪暴、改良風俗、維持治安與泯免階級等項。

土豪劣紳，常是社會之害，而不安現象多由此而起。雍正年間，特別重視這方面的整頓工作。世宗曾說：「地方之害，莫大於……地棍土豪之橫暴，巨盜積賊之劫奪，此等之人不能化導懲戒，則百姓不獲安生。」因此他強調要使社會安定，滌除貪暴是首要之務。乾隆年間，高宗雖然不如世宗的主張強烈，他想以懲一儆百的方法，以消除貪暴之風，他又提出「激濁揚清」的口號，希望能移風易俗，使得貪暴的能知有所戒而不誤蹈法網，可見他的懲治貪暴的用意與方法是略有不同的。

康雍乾三朝對於社會風俗的改良，都認為最要緊的是學風的整頓，因為讀書人是四民之首，所言所行，都影響到社會人士的言行生活。清世宗對當時的士風極不滿意，他說：「朕觀今日之士，雖不乏閉戶勤修讀書立品之人，而蕩檢踰閑，不顧名節者，亦復不少。或出入官府，

包攬詞訟；或武斷鄉曲，欺壓平民；或抗違錢糧，藐視國法；或代民交課，私潤家身。種種卑污下賤之事，難以悉數。」所以他對於地方教官的選任非常慎重，文章次之。他命令地方學臣要對士子們「往復訓勉，其有不率教者，即嚴加懲戒，不少寬貸。」盛清帝王之所以如此重視學風，主要的是因為怕讀書人的思想有問題，影響到他們的統治權。其實當時多數的讀書人，只是以讀書為科舉利祿的工具而已。此外邪說妖言也是有礙地方治安的，所以也在當時法令的禁止之列。

　　社會上的一切不正當行為，都會破壞秩序，影響地方的治安。盛清帝王都視這些不正當行為為大惡，明令嚴禁。清世宗以賭博是諸惡之源，他認為賭博不但「荒棄本業，蕩費家貲」而「鬥毆由此而生，爭訟由此而起，盜賊由此而多，匪類由此而聚。」他命令地方官嚴禁賭博，並且拏獲賭博之人以後，必定要窮究賭具的來源，不但處分製造賭具之人，同時也將生產賭具管轄地區的知縣革職，知府革職留任，督撫等官降一級留任，立法可以說極為嚴厲。乾隆時高宗則認為社會上有四大惡，即盜賊、賭博、打架與娼妓，而這四大惡，會劫人之財，破人之家，傷人之體，敗人之德，為善良社會之害，莫大於此。他通令守土之官，「有政令廢弛，使四惡復行於境內者」定予嚴懲，絕不輕貸。康雍乾三朝的地方治安尚稱良好，多少是這些帝王重視與立法森嚴的結果。

　　中國社會上階級之制，雖然很早就革除了，歷史上未見有平民貴族之爭；不過社會上卻有一些特殊的階層，他們世執賤業，不能與平民為伍，不僅沒有參政權、考試權，甚至連婚姻、產業都受到限制。盛清時代，如山西的樂戶、浙江的墮民、九姓漁民、江西的棚民、廣東的蜑戶等等，這些階層的人受到大家的歧視，有的規定他們穿衣戴帽不能和一般人民一樣，有人終身以船為家，不能登陸營生和居住，有的則被排斥在荒山中生存，不列他們入保甲。清世宗認為這是社會

相沿的惡習，應該削除，所以在雍正元年到八年之間，陸續下令取消這種不平等的賤籍，而開放賤民為良民。尤其對於廣東的蜑戶，他命令地方官協助他們在陸地上建屋搭棚棲生，並教授他們播種力田之法，而免除整日在海上飄盪靡寧之苦。可見雍正是想建造一個萬民平等的社會。

綜上所述，我們不難了解：大抵清朝在入關初期，因為南方兵事未息，順治一朝，忙於戎馬，治道治術還無法講求。康熙統治六十一年，三藩削平，全國統一，集權中央，專制權威雖然日漸隆盛，但是畢竟易姓未久，又標榜中國文化以制漢人，故特別示以寬大，崇尚德治，以收拾人心。不過長此以往，漸漸流於放任，乃至人心玩愒，諸事廢弛，到了「官吏不知公事，宵小不知畏法」的程度，加上康熙末年的皇子爭繼，因而世宗即位以後，每事苛刻，以嚴厲之威，矯正前朝積弊。乾隆朝又因時勢改用中庸之道，遂形成盛清三朝的治道不同。然而無論如何，康雍乾這三朝在吏治整飭、社會改進與民生顧惜等方面，清代君主的治績應該算是可觀的了。

第二節　康雍乾三朝的民生政策

政治的改良，必求於民生的樂利，清代帝王很能把握這一項政治原理，因此對人民的生計極為關心。不過盛清時代對於民生的顧惜，只能做到消極的救濟。清聖祖在康熙二十四年說：「欲使群生樂利，比戶豐盈，惟頻行減賦蠲租，庶萬民得霑實惠」，可見當時僅以減稅賑濟等方法來減輕人民的負擔。此外，盛清帝王也以不累民為施政的宗旨，以崇尚節儉來省除民間的供應。現在就將盛清時期養民厚生之道，分以下各點略加敘述：

一、減免賦稅

康熙年間，沿習前朝舊制，停免民間逋欠在三年以前者。康熙十年（1671 年）皇帝因為東巡遼瀋，免除所經過的各地本年租稅，這是清代「巡幸蠲免」的創舉。康熙十九年，又因為江南各地稅重，皇帝為體恤民間，下令免去十二年以前民欠。其後七、八年中，不斷下令免直隸、陝西、河南、湖北、四川、貴州、湖廣、福建等省應納之項，所謂「普免」之典，實肇於此。類似這樣的減免田賦，直到康熙末年，未嘗稍斷。清世宗即位以後，也舉行過聖祖曾巡幸之地的免租。雍正七年（1729 年）時，又以西藏、苗疆的平定，免甘肅、四川、廣西、雲貴等地次年田租。甚至又有所謂直隸首善之地、山東被水之區，而特別又免除民租。雍正十年又藉口平定臺灣生番，十一年剿平雲南猓亂，「兵戈所經，復加優免。」終雍正之世，這位以「凶殘」聞名的皇帝，卻不停的以減稅來顧及人民的生計。乾隆年間，由於高宗好施，登極以後不久，便詔免全國田租。第二年又全免甘肅錢糧，陝西省民也免繳半數。乾隆四年（1739 年），免直隸錢糧九十萬、江蘇百萬、安徽六十萬，為數也相當可觀。其後又有三年之內，輪免一周租賦之舉，計為數二千八百多萬兩。乾隆三十五年，皇帝降諭說：「國家全盛，內外度支，有盈無絀，府庫所貯，月羨歲增。因惟天地只此生財之數，與其多聚左藏，不若使茅簷部屋自為流通。且今年朕六十誕辰，明年恭逢聖母八旬萬壽，宜更沛非常之恩。著自三十五年為始，各省錢糧通行蠲免一次。」這是所謂的慶典蠲免，也說明了乾隆皇帝的好大喜功。清高宗在位六十年後內禪，減免人民賦稅的事時有所聞。總之，無論如何，這種消極的救濟，對人民仍然是有補益的。

圖 20：康熙南巡圖

二、革除浮糧

　　浮糧就是正項錢糧以外的各種攤派。清朝入關之後，革除明季三餉，一時頗得人心。康熙年間，先豁免各官詐報墾荒而致使人民賠累的負擔，二十六年又下令革除康熙十三年以後所加增的雜稅與廣東所屬高州、瓊州等地的荒糧。四十九年以後，又幾次革除江浙荒地銀。清世宗即位後，先停徵陝甘一帶備荒銀，因為這是徒有加賦之名，而無備荒之實的浮糧。雍正五年（1727 年），皇帝以江南的蘇松、浙江的嘉湖，賦稅多於全國各地，又將嘉興額徵的四十七萬、湖州的三十九萬，減十分之一。另外也有些地方官報升的淤地，實際上有糧無地，民間逋負累累，雍正九年時下令革除。乾隆年間，除陸續酌減地方浮糧外，又特定將若干地區的租賦革除，如洪澤湖的淤地租、臺灣風潮衝陷田園與山東潮鹹地的徵租、河南水衝地與山西水坍地徵租等，並准許雲南省山頭地角、水濱河尾地區，任聽人民耕種，一概不予升科。

凡此種種，都是為紓解民力而產生的稅制。

三、賑邮災害

　　盛清帝王對民間發生災害時非常關心，並施予賑邮。凡是地方上遇有水災、旱災、霜雹、地震、火災、風災等不幸災難，皇帝便下令賑濟。救災的方法約分蠲免、減徵、緩徵、借貸、或免一切逋欠等等，而視災情輕重，定蠲免之數。一般說來，盛清君主為表示愛養人民，往往對災區較重的都全免租賦，並下令地方督撫大官親往災區，率屬發倉先賑。遇到輪免省份，有時也命令在第二年按分補免；而巡幸的地區，則按例免稅十分之三，可謂竭盡寬大了。

　　災害的賑邮，有時不僅施行蠲免而已，又有貸賑的。貸賑有賑米與賑錢兩種，通常極貧的人賑米，次貧的人賑錢，完全以災情的輕重與民需緩急而定。康熙九年，淮、揚水災，每人給米五斗。後來又有分設米廠，每人分給米一升，三日一給的。乾隆時代，國庫漸充，賑災的費項更是寬列了，如乾隆七年（1742 年）黃河與淮河並發水災，江蘇、安徽兩省就共賑米二百四十萬石，銀七百四十萬餘兩，數字不謂不大了。借貸常分貸種籽、貸口糧，及折貸即貸現銀。凡平常民間向官府借貸時，遇荒歉之時免息；如係因歉歲而向官府借貸的則一定免其利息。雍正四年（1726 年），規定農民貸款時，田畝收成八分以上的，一石收息一斗；七分以上的免息；五、六分的，分兩年責償，這是常貸。乾隆十七年（1752 年），命令災民所貸糧食，夏災貸者秋後責入，秋災貸者來年麥收責入，都予免息，這是災貸。災民貸口糧時，大口三斗，小口一斗五升。貸種籽每畝給四升或五升；有時官府還賣牛給人民，以便耕種。這些賑貸的方法與標準，在清代官方的例案中都記載明白，可謂相當寬厚。

四、舉行平糶

盛清時期，各地舉行平糶的大約可分以下幾種：一是歉收之後地方政府發糶來救濟民食；一是在青黃不接時減價平糶來平衡市價；一種是因為食米不能久貯以出糶來以舊易新；另一種是因皇帝巡幸所經之地舉行特糶。以上四種平糶除荒歉濟民食的平糶之外，其餘多用本地的穀米，而荒歉時則常因本地倉儲不足向外地採買，甚至有撥運他省倉糧及截留漕糧的。例如康熙三十三年，密雲、順義一帶饑荒，皇帝下令每月發糶一千石，由戶部官員監視。其後京城附近被水，政府又發倉貯十萬石，三分賑濟，七分平糶。康熙四十七年，江南米貴，截江廣漕糧四十萬石以救急。雍正年間也常行平糶，如四年、七年與九年都在江南、浙江、直隸等地舉行。乾隆之世，平糶更是便民，如十六年命江浙運米，四路平糶，以就民便，並准許在公項下開銷運費。又如皇帝令主持平糶的官員，各省遇歉歲時不必拘於糶三的成例，可以視災情輕重而定比例。尤其在大荒歉的時候，往往幾種辦法兼行，主要的以急救人命為要務。

為了使人民得到平糶的實惠，盛清帝王也在平糶價格上與發糶的方法上不斷改進，以免官員與奸商從中取利。乾隆初年，皇帝即採納了官員的建議：「平糶之時令貧民各齎門牌驗糶，自無捏買之弊。每戶以一斗為率，則囤積之難；或未糶而缺米，已糶之無價，即嚴行追究。」盛清帝王對民間遇災後的救濟確是十分重視的。

五、減少供應

清代皇帝在官府服飾以及生活方面，一般說來，比明代節儉很多。康熙十八年時，史料中記：「本朝自入關以來，外廷軍國之費，與明略相彷彿；至宮中服用，則以各宮計之，尚不及當時妃嬪一宮之數，三

十六年之間，尚不及當時一年所用之數。」清宮的不侈飾、不冗費，由此可窺知一斑。對於外廷，也是盡量撙節開支的，光祿寺由歲用六、七十萬兩降為四、五萬兩；工部由歲支百餘萬變成僅費十五萬餘，所以到康熙末年，戶部積儲高達五千多萬。雍正年間，世宗也很節省，曾經下令少進錦線蟒袍與端節繡扇一類的物品，他認為都是「靡費於無益之地」的事。另外各地方官進方物，皇帝也飭令屬官厚給價買，或是停止呈進，如直隸狐皮、山西潞綢、四川楠木、福建香料以及其他瓜桃甘果、焚帛長柴等物，盡量節制供應。乾隆初年，皇帝也不斷下達禁奢的命令，常以江浙侈靡戒諭臣工，可是乾隆十六年初度南巡之後，情形變化，逐漸開始趨於繁華了。

六、革免徭役

清初丁口需要繳納丁徭銀，或稱徭里銀，意即丁與徭合一。康熙末年，有人捐社穀五石的就准免本身一年的雜派差徭，這是官員用雜派累民的一項明證。人民當然也就有不少人以「詭寄避役」了，這都是因為法制未備的緣故。雍正初年，立「丁隨地起」之法，即丁銀歸入地糧，於是丁徭與地賦合而為一，人民繳納了丁地之外，別無徭役。官方如果有興工的勞役，全由雇募民夫擔任，如此一來將宋元以降的力役弊端，悉予廓清。按清初以來，動用民力的工程也很多，如河工、堤工、城工等等，大都按糧均派。康熙五十五年（1716 年），皇帝特恩賞六萬兩，以助民工。雍正元年（1723 年），因為山東連年荒歉，皇帝下令免去挑濬運河工人的苦工，發政府的帑金雇募，以工代賑，實際上就是另給了這些苦力勞工們額外的津貼。乾隆即位以後，諭令各地歲修工程，如直隸與山東的運河工程、江南的海塘、四川的堤堰、部分黃河的河道工程等等，向例以民田按畝派捐的，全都改用政府的公費，當時就花費了十多萬兩。尤其修護城池的工程，各地常有，以

往最是擾民累民的，乾隆十年（1745 年），川陝總督慶復捐養廉銀修築城垣，皇帝下令不准，因為「各官養廉，原以資其用度，未必有餘，倘名為捐修而實派之百姓，為弊更大。不若名正言順，以民力襄事之為公也。……自古有力役之徵，小民有赴功之義，況城垣為地方保障，正所以衛民而使之安堵，即如人所居者廬舍耳，而必環以牆垣，此理易曉。且官民原為一體，上下所以相維，今則漫無聯屬，恐日久相忘，卒有用民之事，必且呼應不靈。朕思修建重大工程，小民力不能辦者，國家自不惜帑金，為之經理，至些小工程，修葺培護，便不致殘缺傾圮，則小民力所能為，而有司所當善為董率者也。」後來規定各省城工千兩以下者，酌用民力修築。不久以後，又有大臣奏請千兩以下的令州縣分年修補，土木小工，酌用民力，其餘的在公項下支修，皇帝也准行了。

據上可知：盛清時期，君主們對於人民的生計，民力的使用以及宮中的開支等等，都是特加注意的，真是難能可貴。

第三節　康雍乾三朝的文教事業

康雍乾三朝，雖然屢興文字大獄，以高壓政策消滅反抗言論與思想，銷燬若干書刊；但是在另一方面，君主們又獎勵學術文教事業，優禮文人，使清代成為中國的「文藝復興」時代，恩威並施的政策，運用得實在巧妙萬分。

康熙年間，聖祖不但勤政愛民，對中國文化也是仰慕之極的。曾國藩曾經說康熙帝「年十七、八時，讀書過勞，至於咯血，而不肯少休；老耄而手不釋卷，臨摹名家手卷，多至萬。」其實清聖祖的勤學並不是這幾句話所能形容的，就以讀書一事來說，他在接受大儒講學之初，是先聽政而後再臨經筵；可是不久之後，則改為先進講而後臨

朝聽政了，如是者十幾年。早年唸書是隔日進講的，康熙十二年他命令「日侍講讀」。他認為「學問之道，必無間斷，方有裨益。」三藩亂起，軍書旁午，日必數至之時，大臣們有以機務繁重，勸請隔日進講的，聖祖未予同意，他說：「軍機事情……非可限以時日，其仍每日進講，以慰朕倦倦嚮學之意。」康熙二十三年，在他南巡途中，有一天夜泊燕子磯，讀書到深夜三鼓，隨行的侍讀學士請他宜少節養，他說：「朕自五齡即知讀書，八齡踐祚，輒以學庸訓詁，詢之左右，求得大意而後愉快。日所讀書，必使字字成誦，從來不肯自欺。及四子之書既已通貫，乃讀《尚書》，於典謨訓詁之中，體會古帝王孜孜求治之意，期見於施行。及讀《大易》，觀象玩占，於數聖人扶陽抑陰、防微杜漸、垂世立教之精心，朕皆反覆探索，必心與理會，不使纖毫扞格，實覺義理悅心，故樂此不疲耳。」由此可見：聖祖不但為「求治理」而讀書，同時他也感到經史的「義理無窮」，而使他「樂此不疲」，因此他的勤學雖以功利求治道為出發點，但也有興趣的成分在。聖祖學問的興趣是多方面的，除宋儒理學他有特別喜好外，其他如天象、地輿、曆算、音樂、法律、醫學、語文等等，無所不習。

清世宗在位僅有十三年，臨朝可謂短暫，他每天又忙於批改奏章，寫些「圖治之念，誨人以誠」的大道理，不過他對孔孟之學仍有專深研究的，而且對於中國書法也很重視，他曾經向岳鍾琪說：「逐日隨手批寫奏摺，總無暇作書，字法甚不及從前矣！」他也在老師嵇曾筠的一份報告中寫道：「回憶書房課讀，倏忽十有三年，……書法至今未進，慚愧！」可見他對我國這項藝術的熱心學習。高宗在位六十年，他一再強調「讀書所以致用，凡修己治人之道，事君居官之理，備載於書。」他在日理萬機之暇，經常作詩，禪位之後，當他整理詩集的時候，竟然發現他前後寫過近五萬首詩，作品之多，是唐代三百年二千家的總和，他自己也誇耀博雅多產，認為是文壇佳話。

　　總之，盛清帝王，不但推行文治政策，他們也以身作則，個個勤學多才，因而使得當時的文教事業呈現蓬勃的景象。

　　除了帝王們自己對學問研究有興趣以外，他們對人才的獎勵與羅致也是不遺餘力的。康熙初年，由於海內初定，遺臣遺老以逸民自居的很多，聖祖為了禮遇他們，曾經在康熙十二年發出薦舉山林隱逸的詔諭，結果成效不佳。十七年又下令薦舉博學弘儒，「凡有學行兼優，文詞卓越之人，不論已仕未仕，令在京三品以上及科道官員，在外督撫布按，各舉所知，朕將親試錄用。」內外大臣遵旨推薦，結果有曹溶等一百四十多人，由戶部月給俸廩；不過這些人都不是負重望的大師，而且多半是已在清廷任職的降人。不久以後，聖祖又令開明史館，再度延攬人才，這次非常成功，通才碩彥如湯斌、朱彝尊、毛奇齡、潘耒、尤侗等人，都因為愛戀故國文獻，出而與清廷合作了。聖祖南巡之時，又常召試諸生，隨時授予官職，地方高官也真以推舉人才為榮，到處延訪，做到「澤野不遺」。

　　乾隆初元，也仿照康熙故事，詔開第二次博學弘詞科，初取劉綸等十五人，各授翰林院官。十四年又下詔舉經學大儒，得吳鼎等四人，授以國子監司業。此外高宗巡幸江浙、山東、天津等地時，先後都召諸生試詩賦，不少人因而得官，乾隆朝得人之多之盛，較康熙朝實有過之。由此可知：盛清君主對人才很重視，在發掘與延請方面都非常努力。

　　歷代帝王在開國立業之後，都會垂意於搜訪圖書文獻，以作為文治的基礎，清朝也不例外。從康熙到乾隆末年，一百多年之間，求書之詔，真是累世不絕，所以搜羅資料的多，遠比以前各代為豐富。康熙二十五年四月，聖祖對翰林院官員說：「自古帝王致治隆文，典籍具備，猶必博採遺書，用充秘府，以廣見聞而資掌故，甚盛事也。朕留心藝文，……因思通都大邑，應有藏編，野乘名山，豈無善本，宜廣

為收輯。」同年他又諭禮部：「……今搜訪藏書善本，惟以經學史乘，實有關係修齊治平助成德化者，乃為有用。其他異論陂說，概不准收錄。」可見當時搜求資料並無銷燬反動言論之意。結果進呈經史書籍的人很多，其中尤以徐乾學進呈的為出色，計有宋、元版本《易傳》、《尚書》、《詩經》、《周禮》、《通鑑》專編等數十種。

　　乾隆六年，也在一份給內閣的諭旨中說：「從古右文之治，務訪遺編目，今內府藏書，已稱大備，但近世以來，著作日繁，……雖業在名山，而未登天府。著直省督撫學政，留心採訪，不拘刻本抄本，隨時進呈，以廣石渠天祿之儲。」到乾隆中期，為了編纂《四庫全書》，高宗又降諭內閣說：「朕稽古右文，……是以御極之初，即詔中外搜訪遺書。……今內府藏書，插架不為不富；然古今來著作之手，無慮數千百家，或逸在名山，未登柱史，正宜及時採集，彙送京師，以彰千古同文之盛。其令直省督撫會同學政等，通飭所屬，加意購訪。……其歷代流傳舊書內有闡明理學治學，關繫世道人心者，自當首先購覓。至若發揮傳注，考覈典章，旁暨九流百家之言，有裨實用者，亦應備為甄擇。……在坊肆者，或量為給價，家藏者，即概行進呈，其有未經鐫刊，止係鈔本存留者，不妨繕錄副本，仍將原書給發，並嚴飭所屬，一切善為經理，毋使吏胥藉端滋擾。」根據有關史料，我們從而了解：當時搜求圖書，在進呈的時候，都把藏書人的姓名寫在書的扉頁上，並註明進到的年月，以便將來發還。清廷對於進呈書籍的人，又定了一些獎勵的辦法，如進呈五百種以上的「獎書」，賞給《古今圖書集成》一部；一百種以上的，賞《佩文韻府》一部。另一種獎勵辦法是「題詠」，就是凡進呈書中有精醇版本的，清高宗親自為這部書來評詠，題識在書首，並且命四庫館優先發還。還有一種辦法是「記名」，凡私人進書在百種以上的，這人的姓名就被附記在各書提要的後面。本來政府出面搜集資料，彙編全書，而又有多種獎勵辦法，應該

是容易辦妥，收藏家也不會過於吝惜的；不過當時的文字獄太怕人，人民怕招來禍害，所以對這種於己無損、於國有益的事並不太熱心，所幸皇帝再三戒諭，甚至公開保證「必不以此加罪」，這樣民間遺書才稍稍出現。

盛清帝王對於文教事業，還有一件事非常熱心的，那就是對於圖書的編纂與出版。政府編纂典籍，本來是一種表揚學術、振興教化的盛事。像唐代的《藝文類聚》、《北堂詩鈔》；宋代的《太平御覽》、《冊府元龜》；明代的《永樂大典》等等，都是鉅著。清代盛世也大興編纂圖書的工作，成就之高，不亞於前朝。雖然有人以為清代的倡修大類書是「借此銷磨我漢人革命復仇之銳志」的；不過無論如何，康雍乾三朝對我國古籍的整理編纂以及出版，貢獻與影響還是正面的為多，這是不容否定的事實。

清聖祖既博學，清高宗又好文，所以清代的編纂事業以康乾之間最為發達。當時政府刻書之多，在中國過去歷史上是少見的。如武英殿刻製的「御製」與「欽定」的書，著名的如經類計有二十六部，史類有六十五部，子類有三十六部，集類有二十部。加上方略、紀略、《八旗通志》、《萬年曆書》等等的，數量極為可觀。而康熙間完成的《古今圖書集成》以及乾隆間成書的《四庫全書》，更是空前的大著作。

《古今圖書集成》是規模宏大，內容豐富的類書，全書共有曆象、方輿、明倫、博物、理學、經濟六個彙編，其下又分三十二典，總計六千一百零九部，共一萬卷，五百七十六函。

《四庫全書》則自乾隆三十八年起編，約花費十年的時間才告成全書一份，後來分鈔各份，又費去十年左右的光陰。參與這套鉅著的工作人員很多，計有總裁官、總校官、提調官、繕寫、分校、繪圖、收掌等等共約三百六十多人，而其中大半都是當時的飽學之士，如戴

震、邵晉涵、姚鼐、朱筠、翁方綱、王念孫等等，堪稱一時之選。尤其紀昀擔任總纂，前後歷時十幾年，始終其事，全書的體例，都是他一手定製的，更是難能可貴。《四庫全書》共計三千四百五十一部，七萬九千多卷；存目六千七百多部，九萬三、四千卷。書成以後，分別貯藏在「內廷四閣」（北京文淵閣和文源閣、瀋陽文溯閣、熱河文津閣）及「江浙三閣」（揚州文匯閣、鎮江文宗閣、杭州文瀾閣），供學者閱覽鈔錄，對學術研究實有很大的貢獻。《四庫全書》的結集是以儒學為中心，就像「釋藏」與「道藏」一樣，《四庫全書》可以說是一部「儒藏」。

　　《四庫全書》雖是一部偉大的鉅著，是清代文教事業史上燦爛的一章；但是若干中華典籍的被禁燬也是國史上的千古憾事。在開館修書時，表面上是以編修為務，事實上就藉著搜求全國資料而在其中尋找有牴觸違礙或與清朝主張不合的著述了。當時特派總裁官英廉主持查辦之事，英廉又指定蔡廷衡、王春煦、孫希旦等十三人，將明代以後的書逐一詳加磨勘，分別簽注，再上呈給英廉會同總纂官紀昀、孫士毅等覆核，最後請旨定奪。在磨勘的過程中，蔡廷衡等只得小心翼翼，苛細達於極點，不但對於書中似乎有觸犯干礙與涉及明末邊疆事務的，不予存留，就連文字中有駁雜、略近荒誕，甚至意寓感慨與憤激的，也放到抽燬之列。尤其怪異的就是遇到書本中有挖空字面、墨塗字樣、缺行空格的，也怕會有問題，全都予以燬盡。有些書中因為片詞隻字、薄物細故，遭到刪洗無遺，當然對於像屈大均、吳偉業、呂留良、錢謙益等人的著作，更是檢查得無微不至，無孔不入，或竄改或刪節，務使任何牴觸的文字或含意不佳的一掃而盡。

　　磨勘的結果，查出有牴觸違礙問題的書籍幾千種，其中以浙江、江西等省的占多數。乾隆四十一年江西巡撫海成奏稱：「各種蒐買及民間繳呈應燬禁書，前後共有八千餘部。」浙江省自乾隆三十九年到四

十六年，前後繳書二十四次，一共五百三十八種，一萬三千八百六十二部。其他各省繳燬的不如江西與浙江的多，大概是地方官「辦理不力」的緣故。不過，還是有不少的著作在這樣有計畫的大肆搜羅之下被燬掉了。

　　乾隆五十三年五月，已是《四庫全書》第一份完成後七年光景，清高宗還降諭說：「……安徽尚非大省，應禁之書，歷年猶未能搜羅淨盡，江蘇、江西、浙江省份較大，素稱人文之藪，民間書籍繁多，何以近來總未據該督等續行查繳？豈該三省於應禁之書，業已搜查淨盡，抑係該督撫於此等事件，視為無關緊要，竟不飭屬認真查辦耶？」可見高宗時期禁書燬書是歷時長久的，銷燬數量是極其可觀的。

　　總之，盛清時期，帝王對於文教事業，極為熱心，除以身作則，造成風氣以為提倡外，並對人才的羅致、資料的搜求、類書的編纂等事，都不遺餘力，因而造成國史上少見的文治鼎盛時代。可惜《四庫全書》的編纂，銷燬了不少我國祖先文化的遺珍、竄改了不少歷代聖賢的真跡，也算是我國文化史上的一場浩劫了。

第四節　康雍乾三朝的文字獄案

　　文字獄案，不始於清代，司馬遷、魏收等有名的史學家可以說都是文字獄案的犧牲者。明太祖時代的文字獄則更為酷烈，往往以文字誤疑殺人，真是不勝其冤。這一類的文字之禍，多由於專制淫威，出於君主一人之喜怒，受害者僅涉及當事人，而無牽連之事，更不會影響學術的進步或是抑制民族思想的發展。可是清代的文字獄則與以前的朝代不同，為禍之烈，影響之深，都是我國有史以來少見的。

　　清人入關之初，由於戎馬倉皇，根基未固，一切的大政都以籠絡人心為主，所以對於抱有故國思想的，或是把孤忠孤憤形諸文字的，

往往採取不聞不問的態度。所以順治之世，文字獄案不多，更少有牽連殺戮的事。甚至如王夫之在《讀通鑑論》中說：「即使桓溫輩成功而篡，猶賢於戴異族以為中國主。」或是有人寫詩：「掃除胡種落，光復漢威儀」等等，都毫無禁忌。清聖祖即位以後，一般說來，也是以懷柔手段來對付有民族思想的遺老遺臣，諸如他詔舉山林隱逸、開辦博學鴻儒、復明史館等，都是想藉以羅致節義之士，潛消他們民族思想的。所以若干因文字不當，詩詞犯忌不嚴重的，都從輕發落，像鄒流騎的《鹿樵紀聞》案、陳彭年的〈虎邱詩〉案等，都未興大獄，而且皇帝還說：「詩人諷詠，各有寄託，豈可有意羅織，以入人命！」可見聖祖態度的開明。不過清廷統治漢人的政策是有原則的，他們的正統地位是不容否認的，所以康熙朝有兩件大文字獄案則採取了威脅刑誅的手段，而牽累殺戮之多之慘，實在令人心寒。一件是莊廷鑨《明史》案，另一件是戴名世《南山集》案。

　　莊廷鑨是浙江湖州人，他雙目失明，有志效法左丘明編纂史書。他的父親莊允城為他買回來一套《明朝諸臣列傳》的稿本，並延聘了一批學士文人增訂改修，而以廷鑨的名字刊印成書，書中有指斥滿洲的文字，有直呼清太祖名諱的，有不寫清朝在關外年號而用隆武、永曆等正朔的。康熙二年，已遭罷官的歸安知縣吳之榮，向杭州將軍松魁及巡撫朱昌祚告發，因為莊家富有，以重金賄賂了大官而了事。可是吳之榮又告到刑部，終於興起了一場大獄。當時廷鑨已死，詔戮其屍，其他莊家兄弟子孫以及作序的、校對的、刻書的、販賣的，甚至購買了這部書的人，很多遭到殺身之禍，家小妻女發配邊疆，一說死了七十多人，一說死了二百二十一人，真可謂淒慘絕倫，牽累之深，也是前史少見的。

　　戴名世的《南山集》案發生在康熙五十年。名世是安徽人，他並無強烈的反清意識，因為康熙四十八年他已是五十七之時，還參加了

清朝的會試、殿試，並考中了一甲二名，授翰林院編修職位，可見他不是復明的節義之士。不過他自幼就喜歡讀史書，對修史體例尤有研究。他認為按照春秋之義，漢昭烈帝在四川，南宋末帝在崖州殉國前，正史中都備書其事，所以清朝「當以康熙壬寅元年為定鼎之始，世祖雖入關十八年，時……明祀未絕，若循蜀漢之例，則順治不得為正統。」這些議論和他老友方孝標所著《鈍齋文集》與《滇黔紀聞》二書，後來都被收入他所著的《南山集》中。右都御史趙申喬參奏他說：「妄竊文名，恃才放蕩。前為諸生時，私刻文集，肆口游談，倒置是非，語多狂悖。……為不經之亂道……」經過九卿會鞫以後，認為《南山集》一書，「多屬悖亂之語，罔識君親大義，國法之所不宥，文理之所不容」，因為清朝定鼎燕京，「得天下之正，千古之所未有也」。戴名世應該以大逆罪名處分，判決他本人「寸磔，族皆棄市，未及冠笄者發邊。」其他作序、捐資刊印以及藏板的有關人等，都該分別治罪，一時牽連了幾百人。據說清聖祖看了這份判決書也起了惻隱之心，覺得株連太多，便下令改為處斬名世，其他的很多人從寬免死，有人說「得旨而全活者三百餘人」。可見康熙朝的兩次文字大獄都是與清朝正統地位有關的，不是普通字句上的小問題。

雍正朝的文字獄顯然在性質上有些改變，皇帝注意的似乎並不完全在種族問題上，而都和當時的政治鬥爭有關，文字問題只是一種藉口而已。清世宗的繼承大位至今仍是懸案，很多學者都還以為他是以非法手段取得的，因此在他即位以後，和他爭繼而沒有成功的兄弟們在失敗怨望之餘，流言四起，甚至以文字之著述，發為不平之鳴。世宗除慘酷的對待親藩兄弟、幽死政敵大臣以外，並對他們的黨羽全數的加以整肅。不少當時的文字獄都是因此而起的。例如：

㈠**年羹堯的奏本案**：年羹堯原是椒房之親（年羹堯的妹妹嫁給世宗為妃），世宗的即位據說與他在西部邊疆，宰制皇十四子胤禵的軍力

很有關係，可以說他是一大功臣。不過後來他恃功而驕，而且又與世宗的政敵皇子胤禩等人關係不斷，因而引起皇帝的不滿。在年羹堯的若干大罪中，有一條是因奏本裏字跡潦草及錯字而被認為犯了大不敬之罪。清朝官書中說：雍正三年三月年羹堯所上奏書字畫潦草，並且將「朝乾夕惕」誤寫成「夕陽朝乾」。臣子事君，應該必誠必敬，這樣的錯誤，絕非無心，都是「自恃己功，顯露不敬之意」所致，結果年羹堯在同年底被賜自盡了。

(二)汪景祺的《西征隨筆》案：汪景祺是浙江人，他曾為年羹堯的幕僚，從軍青海，因作《西征隨筆》一書，書中有〈致年大將軍書〉，盛讚羹堯功高，並且又為羹堯作〈功臣不可為論〉的文章一篇，對時政多有怨言。年羹堯死後，查出《西征隨筆》這本書，因而興獄。在大逆不道的罪名之下，「汪景祺立斬梟示，其妻發黑龍江給與窮披甲之人為奴，其期服之親兄弟親姪，著革職發遣寧古塔。其五服以內之族人見任及候補者，俱著查出，一一革職，令伊本籍地方官約束，不許出境。」這完全是年羹堯一案的餘波，牽連也算很廣了。

(三)查嗣庭試題案：雍正四年，查嗣庭以禮部侍郎為江西正考官，結果所出題目被皇帝認為「心懷怨望，譏刺時事」，因而又大興了一次文字之獄。嗣庭所出的題目有兩種說法，一是他以君子不以言舉人二句、山徑之蹊間一節為題，顯示他不滿當時國君之用人不由正道。另一說法是他出了《大學》裏的「維民所止」教考生們發揮申論，而題中的「維」字與「止」字，正是「雍正」二字的上半段去掉了，隱有「雍正無頭」之意，因而犯了大不敬之條。實際上查嗣庭是隆科多的黨羽，世宗對隆科多進行整肅，當然波及到了查嗣庭，這也是一宗政治案件，不是單純的文字之禍。查家當然被整得家破人亡，連累的人也很多。

(四)陸生柟的《通鑑論》案：廣西人陸生柟，因軍功得官江蘇吳縣

知縣，後留京以主事任用。雍正四年因被指為隆科多黨人，發往邊疆效力。第二年，陸生柟因在邊疆細書《通鑑論》十七篇被告發，其中對封建、立儲、兵制、人主等幾篇，充滿抗憤不平之語。雍正七年世宗諭內閣說：「……陸生柟素懷逆心，毫無悔悟，怙惡之念愈深，姦慝之情益固，借託古人之事幾，誣引古人之言論，以洩一己不平之怨怒，肆無忌憚，議論橫生，至於此極也。……誠不知天命而不畏，小人中之尤無忌憚者也。陸生柟罪大惡極，情無可逭，朕意欲將陸生柟於軍前正法，以為人臣懷怨誣訕者之戒。」九卿大臣當然望風承旨，都說：陸生柟「猖狂恣肆，悖逆已極……即於軍前正法。」陸生柟既趨附隆科多在先，又倡言封建，主張破壞統一在後，他的處決是不能免了。此外錢名世作詩歌頌年羹堯平定西藏的功德，徐冠卿詩文稿中有悖亂之言，先後受到懲罰，也都是與當時政爭有關。至於太常寺卿鄒汝魯在〈河清頌〉中的悖逆之語，謝濟世注《大學》批評世宗之用人不當，曾靜、張熙師徒的選文之獄，則都從寬結案。尤其曾靜、張熙這些重夷夏思想，想推翻滿清的人，竟然釋放還鄉，未被處死，真是不可思議之事，也足以說明雍正一朝文字獄的重心所在了。

　　清高宗即位後，雖然標榜寬猛並濟的中道，但是他在處理文字獄案時則竭盡高壓之能事，因而凡文字中有指摘誹謗的都興大獄，層出不窮。甚至有些人因擇詞不精，引用不當，或無意中發出牢騷抑鬱的，一經告發，都會弄得家破人亡，清代文字之禍，至此可謂慘烈到了極點。現在舉出一些例子，作為說明。

　　乾隆二十年，罷官的內閣學士胡中藻，刊刻了他以前和同僚好友們唱和的詩，定名為《堅磨生詩鈔》，其中頗有指摘文字。當時高宗正在不滿朝廷中大臣結黨，乃挑出詩中文句，指為有意譏謗，遂興大獄。如詩鈔中有「一世無日月」，「日」、「月」二字合是暗指「明」朝。「一把心腸論濁清」是在國號「清」字之上加「濁」字來侮辱。「老佛如今

無病病，朝門聲說不開開」，是說皇上生病不開朝門不預政事之意。另外「直道恐難行」、「世事於今怕捉風」等等，都是批評朝廷用人或是抒發胸中怨望之語。結果胡中藻處斬，與他唱和的鄂昌賜令自盡，作序的學政張泰開革職，胡中藻死去的老師鄂爾泰也受累而被撤出賢良祠，不准入祀。

乾隆二十年，高宗南巡，路過河南、江蘇，地方縉紳因縣令賑災不周，向皇帝陳情。結果查得曾任浙江布政使的彭家屏家中收藏明末野史，並在纂修的家譜中對明神宗年號萬曆的「曆」字，與乾隆皇帝的御名「弘曆」的「曆」字，都沒有敬避改寫成「歷」字，犯了大不敬罪。而彭家屏的河南同鄉段昌緒家中，也被搜出一份吳三桂當年的反清檄文，因而處死了彭、段二人，並懲辦了部分有關的人犯。

乾隆三十二年，蔡顯所著的《閒閒錄》，被人摘出其中一些詩句，如「風雨從所好，南北杳難分」等，指為「隱約怨誹，情罪甚重」，結果蔡顯遭處決，他的學生二十多人以及蔡顯的妻子都被充軍邊外。

乾隆三十四年，已經逝世了百年之久的錢謙益，由於他所著的《初學集》與《有學集》兩書，被人指控其中多有憤激詛罵之語，因而又興了一場文字獄。他的〈飲酒雜詩〉中有：「不辨科斗文，神官為我讀。」〈西湖雜感詩〉有：「青衣苦效侏僂語，紅粉欣看回鶻人。」被認為是譏諷滿洲語文的。又如：「先祖豈知王氏臘，邊人不解漢時春」以及「歌舞夢華前代恨，英雄復漢後人思」等等，則被認為是詆毀清朝之作。結果錢謙益的書及板片被下令銷毀，幸虧謙益已身死骨朽，否則一定不僅於毀書毀板了事的。不過，這一獄案說明了對死去的人也同樣要清算的。

乾隆四十二年又發生江西王錫侯的《字貫》案。王錫侯他刪改了《康熙字典》，另刻《字貫》一書，認為「字猶散錢，貫之以義，以便檢閱。」結果他犯了兩大錯誤，一是大膽的刪改了康熙御製的字典，

二是在序文凡例中直書康雍乾三朝皇帝的御名，結果被認為是大逆不法，毫無尊君親上之心。高宗盛怒之下，不但將王錫侯及其子孫都並處重刑，連兩江總督高晉、江西巡撫海成、布政使周克開、按察使馮廷丞等地方高官，全都以失察罪名革職，治罪有差。

　　乾隆年間還有很多文字獄案，如全祖望《皇雅篇》案、屈大均詩文案、金堡、陳建等著書案、王爾揚墓誌案、徐述夔《一柱樓詩》案、沈德潛詩文案、李清著書案等等，都是吹毛求疵，或是因告訐爭端而起的，一字之微，薄物細故，都常引發牢獄之災，十分可怕。

　　康雍乾三朝的文字獄，雖然有因為歷史正統觀念而生的，也有為政爭而起的，更有防漢人藉文字反清的；不過這三朝的文字獄對於日後學者的言論思想有束縛力，對漢人的民族精神起了箝制的作用，而這些影響非常深遠，不但志節之士蕩然無存，同時也使得有思想才力的人，不能自由研究學問，而終身埋首故紙堆中，皓首窮經，做些不干犯時諱的工作，這實在是我國民族史上與學術史上的大不幸事。

第八章　盛清的武功及其與鄰邦的關係

第一節　蒙古的經營

　　清朝自興起、入關，到乾隆末年，其間經過的戰役，大小不下百餘次，而乾隆一朝，戰事尤多，武功特著，不但服外蒙、闢新疆，西藏、青海以及苗瑤諸族都次第平定或歸流，這對我國疆土的開拓、種族的融和，都有很大的貢獻。現在就將有關領土經營事項，分述如後。

　　首先略述外蒙古的經營。清太祖時期，由於平定了女真諸部，奄有遼河流域，與沙漠以南的蒙古諸部有了和戰的關係。科爾沁首先降附了滿洲，察哈爾則與滿洲成互爭雄長的局面。清太宗繼承汗位以後，逼著察哈爾的林丹汗走死大漠之中，不久後並征服察哈爾的殘餘勢力，擒獲了林丹汗的妻兒，結束了自成吉思汗以來的蒙古帝國。不過，清朝雖然建立了，後來更入關定鼎中原，而蒙古各部的勢力並未徹底消滅，當時還有幾處力量存在，如：㈠沙漠以南的蒙古殘存力量：這一支蒙古雖然與滿洲建立了親善關係，但仍有其小規模的活動，並不是被清朝完全兼併。㈡漠北的喀爾喀部：這一支蒙古在清初可以說是漠北蒙古的領袖，他們經歷了一段沒有戰亂的時期，勢力相當強大，而且與清朝有著良好的關係。㈢喀爾喀部西鄰的厄魯特蒙古：這一支蒙古是明代瓦剌的餘裔，又稱為衛拉特，在蒙古諸部降清或與清朝建立友好關係時，他們是獨立的，清初這一部分蒙古人又分為四部：一是

土爾扈特蒙古，位近南俄，有駐牧在伏爾迦河口一帶的；一是杜爾布特蒙古，他們住在阿爾泰山故居地區；一是和碩特蒙古，他們入據青海；另一部分是準噶爾蒙古，他們住在天山北路準噶爾盆地，是厄魯特蒙古中勢力最強的。㈣貝加爾湖周圍的布里亞特蒙古：這一支蒙古人後來漸漸被俄國征服，成了沙皇的附庸。

在以上眾多的蒙古部族中，喀爾喀部在清太宗時就已經與滿洲有了很好的交往，並介紹西藏達賴喇嘛的使者去瀋陽。後來又與清朝訂了「九白之貢」，雙方互派使臣，互贈禮物，關係極為親密。厄魯特部族中的和碩特一支，因為入據了青海，勢力常延伸到西藏，而當時西藏內部有宗派之爭，黃教喇嘛想藉他們的力量斥逐紅教徒，於是和碩特部長固始汗在其他厄魯特首領的支援下，在明崇禎十六年，出兵西藏，襲殺藏巴汗，占領了東部的喀木（今四川省境）土地，和碩特汗便以青海為根據地，遙握西藏兵權，這是青海蒙古之始。厄魯特的準噶爾部原是四部中力量最強的，康熙初年，部族中因首領爭產發生變亂，後來在西藏當喇嘛的噶爾丹返回部中，平息亂事，而自立為可汗。噶爾丹素來就野心很大，常想恢復成吉思汗時代的光榮，他在西藏時又與藏中有權勢的第巴（政務官）桑結相好，而桑結對和碩特汗的控制西藏深表不滿，因而想藉噶爾丹的力量挫制和碩特，由於這種種原因，清初西疆動亂便起了。

噶爾丹統一天山北路蒙古部族後，又平服天山南路的若干回部的城市，威令達於青海西藏一帶。康熙二十七年（1688年），噶爾丹率勁旅三萬，越杭愛山，突襲東鄰的喀爾喀部，喀爾喀部土謝圖汗不敵，部眾多被俘殺或逃走，宗教領袖哲布尊丹巴呼圖克圖的居帳也被洗劫一空，器物駝馬牛羊損失無數，土謝圖汗乃向清廷告急求援。清聖祖聞訊大為震怒，遣使責問噶爾丹交戰理由，噶爾丹禮遇欽差，卻說戰事乃土謝圖汗挑釁而起。清廷雖從中調停，但無結果。

康熙二十九年六月，噶爾丹又引兵二萬餘，以追捕喀爾喀為名南下，清聖祖知噶爾丹無和解意，乃決意親征，兩軍大戰於烏蘭布通（內蒙古赤峰市西），噶爾丹以駱駝臥地結為駝城，但終被清兵強大砲火所敗，這次戰爭是噶爾丹不用騎兵之長而作駝城之守的戰略錯誤，以致大敗而回。清聖祖了解噶爾丹不會就此罷休，乃於康熙三十一年下令建火器營，決定以火砲取勝。康熙三十四年，噶爾丹再度東侵，並發兵攻向滿洲發祥地東北地區。第二年聖祖下詔親征，兵分三路，先設糧臺，改車為駝以利沙地行軍，並先出兵斷噶爾丹歸路，晝夜出擊，噶爾丹原以為西藏桑結與俄國都會派兵來援，結果未能如願。聖祖大軍在昭莫多（蒙古烏蘭巴托南境）乃大敗噶爾丹軍，清朝記述這次戰役「斬數千級，降三千人，獲駝馬牛羊帳器械無數。」噶爾丹西奔逃竄，聖祖又施計利用噶爾丹兄子策妄阿拉布坦叛變，與清軍夾攻噶爾丹，噶爾丹終於在眾叛無援下，於康熙三十六年三月十三日病死逃亡途中（舊說仰藥自殺事不確）。從此喀爾喀部返漠北牧地，朔漠動亂暫告平息。

噶爾丹死後，兄子策妄阿拉布坦因助陣有功，自立為準噶爾汗，他的野心不亞於乃叔，曾侵略西藏，引起清廷派兵。雍正五年，策妄阿拉布坦死，其子噶爾丹策零立，屢次興兵寇邊，策動西藏及青海之亂。雍正七年，世宗命川陝總督岳鍾琪為寧遠大將軍，進屯巴里坤（新疆巴里坤哈薩克自治縣）為南路，以領侍衛內大臣傅爾丹為靖邊大將軍出兵科布多為北路，原定翌年兩路並進，以會攻伊犁。然而準噶爾遣使來報，謊稱將進獻羅卜藏丹津以歸降，世宗乃大違用兵本旨，下令前方大軍緩進，並擬調回兩軍元帥至京會議，以致為準部所乘。科布多一路傅爾丹軍被誘深入，大敗於和通淖爾，損兵折將極多。不久以後準噶爾部又東侵喀爾喀部，所幸當時喀爾喀部土謝圖汗境內三音諾顏郡王額駙策淩，以善治軍名聞漠北，他以伏兵擊敗準噶爾軍。清

廷封策淩為和碩親王，並以三音諾顏升為獨立部落。

當傅爾丹兵敗時，準噶爾也同時派兵攻岳鍾琪，鍾琪以車騎營失利，世宗以張廣泗代之，步騎兼用，成效顯著，鍾琪不久削職逮獄。準噶爾軍見清方新換南路將領，料想不會進兵突襲其後方，於是再集大軍，北向進攻外蒙古，於是乃有額爾德尼昭（亦稱光顯寺）之役。這一戰役清軍方面的大將軍錫良敵進不阻，敵敗不追截，而另一路大將馬爾賽則退縮不前，不敢分兵出戰，所幸三音諾顏部策淩回兵大敗準部於光顯寺，才挽回清軍的頹勢。準噶爾部於是遣使乞和，由於疆界問題，終未定議，這些都是雍正十一年間的事。雙方為疆界的爭執一直到六年以後，也就是乾隆四年才獲得解決，議定以阿爾泰山為喀爾喀部與準噶爾部的分界。乾隆十年，噶爾丹策零死，諸子爭繼，國勢乃大不如前。乾隆十九年（1754 年），策妄阿拉布坦的外孫阿睦爾撒納率領所部降清，第二年，清高宗乃命令將軍班策等，會阿睦爾撒納之軍西征，平定了準噶爾。阿睦爾撒納向清廷請求為準噶爾汗，而高宗意欲分準噶爾為四部，以免結合力強。阿睦爾撒納要求未遂，乃舉兵反清，經兩年苦戰，到乾隆二十二年，清將兆惠才擊破其眾，阿睦爾撒納走死俄國境內，準噶爾部亂事平定。新疆既入版圖，中國西北疆域賴以得安者近百年。

當清廷歸降或征服內外蒙古以後，為減少其日後反抗勢力，乃限制其力量，並為易於徵集蒙古軍隊起見，因而仿效滿洲八旗組織的辦法，給蒙古諸部先後加以編組，而實行盟旗制度。所謂盟旗制度，就是將蒙古各部劃分為若干旗，旗設札薩克（即旗長），封以親王、郡王、貝勒、貝子、鎮國公、輔國公、頭等台吉等爵位，世襲罔替，此為一般情形。至於總管旗，則不設札薩克而設總管，由朝廷任命而非世襲，如察哈爾八旗的總管就是非世襲而由政府任命的，因為林丹汗當年抗清而被征服，不設旗長也有寓懲罰之意。

圖 21：清廷平定準噶爾圖

　　旗為地方行政單位，旗與旗間的界限，都是依天然的山川或祭神的「鄂博」（堆石而成的）予以劃定。各旗旗民的放牧，都需嚴守界限，以本旗為活動範圍，不得逾越。又在各旗之上，按道路的遠近及地勢的情況，規定時間（普通三年，青海蒙古則是二年），指定某數旗在某處會盟，以檢閱軍實、編查戶口，因而有所謂「盟」的名稱。盟設盟長及副盟長，非世襲，由所轄的各旗札薩克互推之，有時也推不管旗的閒散王公充任。最初任會盟時的盟長是不設機關的，後來因事務日多乃有盟長公署的設置。

　　清廷在蒙古各地推行盟旗制度，由來已久，自清太祖天命年間札賚特部與科爾沁部歸順時起，至清太宗天聰之世收服察哈爾及鄂爾多斯諸部，整個內蒙都在清廷統治之下，先後建立了呼倫貝爾的八旗，東四盟（哲里木、卓索圖、昭烏達、錫林郭勒）、西二盟（烏蘭察布、伊克昭）的四十九旗，察哈爾部的八旗等。到乾隆年間，準噶爾部既

平，清廷除設置伊犁將軍外，並將阿爾泰山以南天山以北的蒙古，劃為巴圖塞特奇勒圖、烏納恩素珠克圖、青塞特奇勒圖三盟、三十四旗（日後有變動），盟旗制度至此推行到了西北極邊。

綜計清代自太宗天聰八年，到高宗乾隆二十五年，前後一百二十餘年中間，蒙古內外各部幾乎全被統治，並普遍的建立了盟旗的制度。《大清會典》中記：「大漠以南曰內蒙古⋯⋯為旗四十有九。踰大漠曰外蒙古，喀爾喀部四，為旗八十有六。環青海而居者曰青海蒙古，⋯⋯為旗二十有九。賀蘭山之陰曰河套厄魯特，額濟納之陽曰額濟納土爾扈特。錯立於金山天山之間者曰杜爾伯特、土爾扈特、和碩特⋯⋯為旗三十有四。」盟旗制度的建立，可以說到乾隆時完全成功。

關於這些盟旗的統馭，清廷除在中央設有理藩院外，並先後在各地設有很多衙門，如熱河都統衙門、察哈爾都統衙門、綏遠城將軍衙門、寧夏將軍衙門、庫倫辦事大臣衙門、定邊左副將軍衙門、西寧辦事大臣衙門、伊犁將軍衙門、盛京將軍衙門、吉林將軍衙門、黑龍江將軍衙門等等，管理各地漢蒙或單純蒙古事宜。

清廷對於蒙古建立的盟旗制度，在安定邊疆的意義上看，實在收到了相當的功效，從乾隆平定準噶爾以後的一百五十多年間，盟旗方面沒有發生大動亂，可作明證。

第二節　西藏與青海的經營

西藏舊稱吐蕃，唐朝時代喇嘛教傳入，後來逐漸干預政事。元代崇奉喇嘛教，賦予喇嘛對吐蕃的統治權，於是吐蕃成為政教合一的國家。當時吐蕃又稱烏斯藏，烏斯指前藏，藏指後藏，到清代才稱為西藏。最初喇嘛都穿戴紅色的衣冠，所以稱為紅教。明朝初年喇嘛宗喀巴另創黃教，於是喇嘛教分裂為紅、黃二教，紅教據後藏，黃教據前

藏。宗喀巴死後，其弟子達賴與班禪繼掌黃教，世世以化身轉世承襲，到達賴二世時便控有前藏政教大權。明朝末年，黃教首領達賴五世在位，紅教首領藏巴汗攻入前藏首府拉薩，達賴五世得厄魯特蒙古和碩特固始汗的幫助，驅逐紅教，統一西藏。固始汗以達賴主前藏，班禪主後藏，割喀木為和碩特部牧地，兼治西藏政事。

　　清朝興起時，達賴喇嘛五世曾遣使到瀋陽奉表，清廷也透過喀爾喀部派人去報聘。順治時達賴五世曾經親自到北京與世祖相會，受清朝冊封，禮遇極隆。聖祖康熙二十一年（1682 年），達賴五世圓寂，第巴桑結圖謀專政，秘不發喪，而暗中與準噶爾的噶爾丹往來，煽惑他作亂。噶爾丹死後，桑結失掉了奧援，當聖祖責問他達賴五世死事時，他不敢再隱瞞事實，便擁立了達賴六世，而專斷如前。後來他又想謀害和碩特部拉藏汗，但反為拉藏汗所殺，清朝遂以拉藏汗兼鎮其地。拉藏汗奏請清廷廢去桑結所立的假達賴六世，而別立一個新達賴六世，清廷允許拉藏汗的請求，並將假達賴六世獻送京師。但是拉藏汗所立的達賴六世，若干蒙古人與西藏人又以為是假的，青海諸部又

圖 22：達賴五世覲見順治帝

奉裏塘（四川理塘縣）人為真達賴六世，迎至青海，因而發生了真假達賴六世之爭。噶爾丹的姪子策妄阿拉布坦見西藏內爭，乃發兵入藏，殺死了拉藏汗，拘捕了拉藏汗所立的新達賴，西藏情勢大亂。清朝所派出的援兵，也被準部打敗。康熙五十九年，聖祖命都統延信率領西寧的軍隊出青海，又派年羹堯屬下的川軍出打箭爐，分道入藏，驅逐策妄阿拉布坦軍。其時西藏人也認為青海所立的達賴為真的，藏中以前立的是假的，所以大家擁立青海所立的新達賴。準噶爾軍又屢戰失利，西藏亂事乃平，真假達賴喇嘛之爭也因而獲得解決。

　　清世宗繼統以後，以前入藏平亂的軍隊中有兩千人留守西藏，以拉藏汗的舊臣貝子康濟鼐掌前藏事，台吉頗羅鼐掌管後藏，並令將軍延信駐守。雍正二年，康濟鼐被噶卜倫（大臣）阿爾布巴所害，並勾結準噶爾部落，意圖獨專西藏政權。後藏的頗羅鼐率兵進攻前藏，在前藏各寺廟喇嘛與清軍的贊助下，平定了亂事。阿爾布巴等被擒後由清廷處死，頗羅鼐也因戰功詔封為郡王，總管前後藏事務。清廷另外派令率兵入藏的大學士僧格為駐防大臣，領川陝兵二千人駐藏，是為清廷設置駐藏大臣之始，西藏也因此而得到了約二十年的安定局面（清朝《文獻通考》中記駐藏大臣初設於康熙年間，本係一員。雍正時增幫辦大臣，清代在藏主權才實質建立。）

　　乾隆十二年（1747 年），頗羅鼐去世，其次子珠爾墨特襲為郡王，總理藏事。不久，珠爾墨特「以駐藏大臣不便於己，先奏罷駐防之兵，陰通書準噶爾，請兵為外應。」乾隆十五年駐藏大臣傅清在發現珠爾墨特陰謀驅逐清兵及大臣時，計殺珠爾墨特，但傅清等也被珠黨包圍而殉難。清高宗乃下令四川總督策楞等率兵入藏平亂，受到達賴喇嘛及僧侶人民們的支持，很快就消滅了動亂。

　　在珠爾墨特之亂平息的同一年，清高宗下令說：「辦理噶卜倫之人，權勢不可使太專。」「若仍照從前頗羅鼐故事議設藏王，是去一珠

爾墨特那木扎勒，又立一珠爾墨特那木扎勒矣！」於是降旨廢除「汗王制」，並廢去一切郡王、貝勒等封號，實行駐藏大臣、達賴、班禪的「參議制」，由達賴管理康（喀木）、衛（前藏）兩地，班禪管理藏（後藏）、阿里兩地，在達賴下面設置噶廈（議事官），於噶廈公所「分設噶隆（大臣）四員公同辦事」，「遇有軍要事務，秉知達賴喇嘛與駐藏大臣，遵其旨而行。」因此駐藏大臣的地位與職權都提高了，而達賴喇嘛的受中央皇朝冊命一事也表示了清廷對西藏事務有直接控制的權力。同時永禁西藏與準噶爾往來，以杜絕一切禍亂的源頭。

乾隆中期，清廷與西藏的關係極為融洽，尤其是乾隆四十五年（1780 年）班禪六世在高宗七旬萬壽時到熱河承德朝見皇帝一事，更是傳為美談。皇帝預先在承德避暑山莊以北修建了與後藏扎什倫布寺形式一樣的「須彌福壽」之廟（藏語「扎什倫布」漢文意為「須彌福壽」），供班禪休息與講經之用，招待更是無微不至。後來班禪到了北京，皇帝又賜他玉冊、玉印，以增進彼此間關係。不幸的是班禪不久在京師裏患天花病逝了，清廷將班禪的舍利（骨灰）金龕送回西藏，皇帝並親自點香送行，據說高宗先後賞賜班禪的禮物，「其徒擁之歸者，無慮數十萬金，而寶冠、瓔珞、念珠、晶玉之鉢、鏤金之袈裟、旃檀、華幡、磁茗、采帛、珍瓖不可勝計。」

當班禪六世的骨灰與高宗賞賜的珍寶運回西藏以後，班禪之兄弟為爭財寶而發生了內鬨。沙瑪爾便由後藏進入廓爾喀（今尼泊爾），聯絡了受英國煽動的廓爾喀王，於乾隆五十五年大舉興兵進攻西藏，清廷後來派了福康安等人入藏反攻，終於打敗了廓爾喀軍，恢復了西藏的秩序。清高宗為了進一步鞏固西藏的邊防並防止西藏貴族的權勢擴張，乃又推行了幾項改革的政策。其中重要的計有：第一、乾隆五十七年（1792 年）頒行「金奔巴」（藏語「奔巴」意為「瓶」）制。由於以往西藏的達賴、班禪與其他的大小呼土克圖（活佛）「靈童」轉世制

度，是由西藏一些權貴操縱的，他們擅權行私，隨意指派本族親貴出任，這也是多年來一直內爭不斷的一項主因。清高宗在解決沙瑪爾聯合廓爾喀進兵事件之後，決定在西藏大昭寺內供存一只金奔巴，當達賴、班禪與其他大小活佛死後選定新繼承人時，將呈報出的「靈童」指出數名，由駐藏大臣將其姓名、出生年月日，用滿、漢、藏三種文字寫在簽上，放進金奔巴內，誦經七日，然後在駐藏大臣的監督下，抽籤決定，再呈報皇帝批准，才算有效。如此解決了多年轉世的弊端與問題，也加強了清廷對西藏的控制權。第二、乾隆五十八年，清廷又頒佈了〈欽定西藏章程〉，詳細規定了西藏的政治、宗教、經濟、軍事、司法、對外關係等方面的最高法條。章程中除了明確規定金奔巴掣簽制以外，還詳細的規定「駐藏大臣督辦藏內事務」，由駐藏大臣掌握四噶隆組成的行政會議，其地位「與達賴喇嘛、班禪額爾德尼平等」；自噶隆以下各級地方官員及管事喇嘛都屬駐藏大臣管轄，「事無大小，均應稟明駐藏大臣辦理」；大小官員的任命，「統歸駐藏大臣會同達賴喇嘛揀選，分別奏補揀放」。駐藏大臣又有統轄軍隊、部署邊防之權。至於對外貿易、鑄造錢幣、發給外商執照等等，駐藏大臣也大權在握。總之，經過這次各種制度上的大改革，清廷在西藏的控制與守衛能力大為加強了。

　　青海地方，自唐代以來，世為吐蕃屬境。明朝中期才被蒙古人所據有，而成為我國甘肅西寧的邊患。明末固始汗襲有其地，分部眾為左右兩翼。清太宗崇德年間，固始汗曾遣使通好清廷，後來又陪同達賴喇嘛專使奉表。清人入關以後，清廷賞賜過他們甲冑弓矢，並封固始汗名號。順治十三年（1656年），固始汗逝世，其裔分兩支，一駐西藏，一部分則分牧青海及河套。到噶爾丹強盛時，河套青海都被他殘破，部眾因而離散。噶爾丹敗亡以後，康熙三十七年，固始汗的第十子達什巴圖爾率領部族投降清朝，聖祖詔封達什為親王，其餘的首

領也有被封為貝勒、貝子、公等爵位的，於是青海乃成為我國的外藩。

康熙末年，西藏之役，青海部眾從征入藏，因而不少部長都因功而晉封為王公的。當時達什巴圖爾的兒子羅卜藏丹津襲他父親的親王爵位。他自以為青海與西藏從前都是和碩特的屬土，而他又是固始汗的嫡孫，他應當恢復先人的霸業，有意獨立，總長諸部。其時正逢清世宗初立，羅卜藏丹津遂於雍正元年誘盟諸部，下令不得稱用清廷的王、貝勒等爵號，而自號達賴渾台吉，以統治部眾。同時他又暗中與厄魯特蒙古的策妄阿拉布坦聯絡，請為後援。由於青海與準部的聯合達成，而遠近游牧的喇嘛二十多萬也同時騷動，西藏地方一時變得危急了。

羅卜藏丹津自立的時候，同族的郡王額爾德尼與親王察罕丹津不從，額爾德尼等先後率領部眾內奔。當時清廷兵部侍郎常壽領兵駐西藏，向世宗報告地方不靖情形，皇帝下詔傳諭羅卜藏丹津罷兵，否則即予嚴懲。羅卜藏丹津詭言額爾德尼等謀據西藏。清世宗察知他的詐術，乃決意出兵征討。雍正元年十月，皇帝命川陝總督年羹堯為撫遠大將軍，駐西寧，以四川提督岳鍾琪參贊軍務。羹堯分兵防其內犯，並南守巴塘、裏塘等地，斷其入藏之路。又奏請皇帝派兵屯吐魯番等地，以絕其與準部的交通，而岳鍾琪自松潘至西寧，沿途相機剿撫，於是西部邊疆數千里地區，烽火肅清，青海的反抗勢力為之氣奪。羅卜藏丹津所派出攻打西寧的部眾又先後敗歸，於是只得惶懼請罪，這是雍正元年十二月間的事。

第二年正月，清世宗乘羅卜藏丹津窮蹙之際，命年羹堯進兵，以期徹底消滅叛眾。年羹堯想集兵二、三萬，由西寧、松潘、甘州等地會攻，並決定在四月草生時前進。岳鍾琪則認為青海土地廣漠，叛眾又不下十萬人之眾，分攻不是良策。他主張乘春草未生之際，以精兵五千、馬一萬匹，兼程突襲。清廷壯其膽識，詔授岳鍾琪奮威將軍專

任西征之事。二月，岳鍾琪率兵出發，直搗羅卜藏丹津帳幕，擒獲羅卜藏丹津母、弟、妹等多人，羅卜藏丹津則穿上番婦衣服逃走，直奔準部策妄阿拉布坦處求庇護。清軍這次出兵，前後僅十多天，皇帝因為「古來用兵塞外，未嘗有神速如此者」，乃下詔進封年羹堯為一等公，岳鍾琪為三等公，青海亂事，從此完全平定。其後清廷分其地給厄魯特蒙古中不附羅卜藏丹津者，而在西寧設置大臣，以統轄其地。

第三節　回部的經營

西北天山南路地區，是我國維吾爾同胞聚居之地。早在兩千多年以前，漢武帝派張騫出使西域以後，即與中原關係密不可分。降至元代，天山南路是元太祖次子察哈臺所轄的土地。明末回教始祖穆罕默德第二十六世裔孫瑪墨爾來中國傳教，後來即在天山南路定居、蕃衍，逐漸的排斥了察哈臺後裔的勢力，天山南路也因此成為信仰回教的地區了。清代文獻中稱天山南路為回疆，稱維吾爾族人為回部。

清代初年，聚居南疆的維吾爾族人口約有數十萬，有大小城鎮數十，村落則以千計。康熙間厄魯特準部作亂，噶爾丹的部眾騷擾回疆頗甚，並將維族領袖阿布什特囚禁於伊犁。噶爾丹敗死以後，清聖祖下令釋放阿布什特，並派官兵護送他到哈密，讓他回葉爾羌城重掌大權，治理南疆回部地區。阿布什特死後，其子瑪罕木特又遭準部策妄阿拉布坦侵略，戰敗後他與兩個兒子博羅尼特與霍集占等人同被押往伊犁，強迫他們在伊犁統率回部數千人為準部貴部墾荒交稅。乾隆二十年（1755 年），清軍征討準噶爾勝利後，回部首領瑪罕木特已身故，清高宗諭令釋放博羅尼特兄弟，並安排讓博羅尼特回葉爾羌統領回部，留霍集占暫居伊犁，統領遷居伊犁從事農耕的回部人民。

乾隆二十年代，當清軍掃平準部阿睦爾撒納叛亂後不久，博羅尼

特與霍集占兄弟竟妄圖獨立，發動反清戰爭。由於維吾爾族信回教，回文稱聖裔為「和卓木」，所以博羅尼特與霍集占這兩位穆罕默德後裔發動的反清之役，歷史上又稱為「大小和卓木之役」。

清軍自平定伊犁準部，想以戰勝之餘威，羈縻南路，乃派遣侍衛託倫泰前往定賦額，但是未得要領。這時霍集占已自伊犁遁歸南疆，與他兄長博羅尼特密商反清大事。博羅尼特起初想「集所部聽天朝指揮」，小和卓木霍集占則認為：「今幸強鄰已滅，無逼處者，不以此時自立國，乃長為人奴僕，非計。中國新得準部，反側未定，兵不能來；即來，我守險拒之，饋餉不繼，可不戰挫也。」大和卓木終於同意反清，舉行獨立儀式，一方面又傳檄各城，使戒嚴以待清兵。一時回戶數十萬爭起響應，只有庫車、拜城、阿克蘇三城城主了解清朝兵威強盛，不可輕敵，同時小和卓木的殘忍又著聞回疆，他們都率其部眾，投奔伊犁，依靠清軍名將兆惠。

兆惠當時正奏請派任副都統阿敏圖為招撫使，庫車城主鄂對既來投靠，便命令他陪同阿敏圖一齊率領二千軍隊往南疆徵收糧草。他們在中途得悉庫車已駐守重兵，而鄂對的親屬也全被殺害，鄂對便主張回伊犁集合大軍再南下，阿敏圖不從，結果被誘入城，終於遇害。鄂對與扈從軍士還伊犁，兆惠見形勢嚴重，乃急報朝廷，而有庫車之役。

清高宗得悉回疆亂起，由於兆惠仍在搜剿厄魯特蒙古殘部，不暇南征，於是任命都統雅爾哈善為靖逆將軍，負責征討回部之任。乾隆二十三年五月，清軍一萬多人，自吐魯番進攻庫車，博羅尼特兄弟引軍數千越大戈壁來援，六月間，兩

圖 23：兆惠

軍戰於托和奈、鄂爾根（烏恰克河）兩地，清軍兩戰皆捷，大小和卓木最後只剩了殘餘兵將八百多人進入庫車城固守。雅爾哈善以為大軍圍城可以奏效，鄂對雖然建議他於要隘設兵，以防大小和卓木逃脫，但雅爾哈善不聽，且不親自督軍，結果使垂手可擒的敵人出險遠颺，經北山口逃走。圍城期間，綠營兵一度曾暗掘地道，想藉以突襲入城，但被守城兵發覺，清兵死於地穴者六百多人。同年八月，守城回軍頭目阿布都又乘夜逃離，餘下叛軍開門投降，雅爾哈善最後只奪得了一座空城。

清高宗聞訊大怒，下詔將雅爾哈善及以下屬將處死，以整軍紀，並命令兆惠移師南疆，負責平定回部大任。另一方面，博羅尼特兄弟自庫車奔出之後，曾在阿克蘇與烏什兩城請求援助，但遭兩城主拒絕。大小和卓木乃分別走據喀什噶爾與葉爾羌二城，東西犄角以為背城一戰之計。

兆惠得旨後便檄調各路兵馬，準備在兵多糧足後大舉進攻，但是皇帝諭令催促，他不得已先率領騎兵四千出發。十月六日大軍抵葉爾羌城東，隔葱嶺南河面陣。其後兆惠又分兵八百人使副都統愛隆阿扼喀什噶爾援路，因而兵力益見減弱。葱嶺南河又稱葉爾羌河，蒙古語作「喀喇烏蘇」，意為「黑水」，故當時有稱兆惠大軍駐地為「黑水營」的。黑水軍既然為數不多，不能主動攻城，只能引誘回兵出城野戰，兆惠便令部下擾劫城南牧場；但是回部大軍一萬五千人大舉出城，清軍不敵，且戰且退，所幸富德、愛隆阿等陸續率兵前來增援，而巴里坤參贊阿里袞又領兵南來，幾經戰鬥，終於解圍，兆惠乃得安抵阿克蘇城。

大小和卓木一則因久居伊犁，與南疆回部族人略有疏遠之感。再則發動與清兵戰事以後，賦稅加重，且供給稍遲的人，立遭破產之禍，因而回民逐漸解體。到黑水戰役發生時，清軍以三數千人，抗五倍之

眾，戰守數月不敗，回兵士氣因之大減。乾隆二十四年，清兵自各地匯集阿克蘇，新舊兵達三萬人，駝馬糧草也次第運達。兆惠乃於乾隆三十五年六月分道進兵，他自己的一軍由烏什攻取喀什噶爾，富德則率兵由和闐取葉爾羌，每路各有一萬五千之眾。當時大小和卓木兄弟都住葉爾羌城，聽到清兵大舉來攻消息，不敢迎戰，而攜妻孥親從，越蔥嶺西奔，想到巴達克山保命。清軍則一方面約束降眾，收喀什噶爾與葉爾羌二城；另一方面則以輕騎追蹤博羅尼特兄弟，一直窮追到巴達克山界。巴達克山國王以為大小和卓木擁眾而來是攻襲他們，於是陳兵拒戰，擒殺博羅尼特兄弟，並獻其首級與清軍，清軍遂於第二年二月班師。

　　回部平定以後，清廷以喀什噶爾為參贊大臣駐所，節制南疆諸城，並在諸大城設辦事大臣，小城則設領隊大臣，以軍事統治，大臣都以滿洲人任職。但各城又設「伯克」（回部官吏），治理民刑諸事，以回人擔任。各地租地，改減收準噶爾或博羅尼特兄弟時的二十分之一，

圖 24：巴達克山使者獻博羅尼特兄弟首級

使維吾爾族人得以休養生息。其後雖因滿洲辦事大臣懵不治事、客民魚肉土著等因而引起乾隆二十九年的烏什之變，但不久即告平息，南疆回部經營至此也進入一新階段。

第四節　西南之開發與屬國之綏附

盛清武功，除在蒙古、新疆、青海、西藏等地有大成就外，對我國西南的開發以及屬國的賓服等方面，也有可觀的貢獻。現在再作簡單的敘述如下：

我國西南邊境川廣雲貴之間，自古苗族雜處，中央政府法令不能遍及。當地人民的語言風俗與內地不同，所以一向以土司、土官就地治理。到雍正年間，貴州東南境，有苗族所占領的一大片區域，以古州為中心，環寨有一千三百多個，周圍幾千里，名曰「苗疆」。另外有東川、烏蒙、鎮雄三個土司，在行政區分上，屬於四川；但在地理位置上，則距離成都約兩千里，而距離雲貴首府較近，所以四川總督的統治力因遙遠不能實施，而雲貴督撫又以職權不屬，不便管轄，因而苗民跋扈，苗疆多事。雍正四年，鄂爾泰為雲南巡撫兼總督，他向世宗上奏說：「雲貴大患，無如苗蠻。欲安民必先制夷，欲制夷必改土歸流。而苗疆多與鄰省犬牙相錯，又必歸併事權，始可一勞永逸。」他建議應重劃行政區，不能再用以夷制夷的老辦法。清世宗採納了他的計畫，就以東川、烏蒙、鎮雄三土司改隸雲南省。以鄂爾泰主其事，鄂爾泰又用游擊哈元生專辦烏蒙、鎮雄方面的事；石禮哈負責搜討貴州生苗；知府張廣泗招撫古州，結果開闢了苗疆二、三千里，威震緬甸。從雍正四年到九年之間，改土歸流的政策對三省邊防很有安定的作用。不過，後來由於鄂爾泰調回中央，張廣泗也由雲南升任湖廣，這幾位重要官員的他遷，對苗疆的影響很大。雍正十年以後，便有貴

州臺拱九股苗的不斷滋事，到雍正十三年，苗疆的官吏徵糧不善，武將殺戮太慘，因而引起大動亂，而且蔓延很快。清廷下令滇、蜀、楚、粵等六省兵前往會剿，以哈元生為將軍，刑部尚書張照為撫定苗疆大臣。哈、張等主事大員意見不合，因此大軍雖雲集多時，但曠久無功，苗亂更為猖獗，甚至使張廣泗與鄂爾泰都引咎表示以前建議改土歸流的失策，也有人倡言棄地以求無事的。這時正好世宗崩逝，高宗繼位了，這位新君主以張廣泗為七省經略，節制諸軍，罷哈元生、張照等人，情勢為之一變。張廣泗先分兵攻九股、清江各寨，連獲勝利。乾隆元年春天，又增兵分為八路進剿，到夏秋之間，一共焚燬了一千兩百多個苗寨，斬殺苗人數萬，亂事才平定。後來在苗疆設了九個衛，屯田養兵戍守，但不准徵收苗民錢糧，有民刑案件也以苗俗處分，這樣才完全解決當時苗疆的問題。不過，十多年以後四川大、小金川的問題又起了。

　　大、小金川在四川金沙江上游，以山有金礦得名。清初頒給他們部落首長印信，治理地方。大金川的土司官莎羅奔在乾隆十一年（1746 年）攻侵小金川，乃引起亂事。四川巡撫紀山派兵往征，結果大敗，高宗乃命張廣泗治四川，以治苗之法治川。張廣泗率領了四萬大軍，分南西兩路，七小股圍攻，希望在半年中一鼓得勝。但是四川地形多險，土人又長於防禦工事，築石碉死守，清軍雖用火攻，終不見效。高宗後來又以大學士訥親為經略，增調陝甘雲貴兵一萬多人，又起用岳鍾琪，但仍無結果。高宗盛怒之下，斬張廣泗，後又賜訥親死，另以大學士傅恆為經略，與岳鍾琪兩路進兵，改變圍碉戰略而以直搗巢穴，並以大砲助攻，大兵同時並舉，莎羅奔於是恐懼請降。康熙末年岳鍾琪征西藏之役時，莎羅奔曾是鍾琪屬下，因此鍾琪單騎赴敵營，終於說服莎羅奔於乾隆十四年二月向傅恆投降。高宗封傅恆為一等公，岳鍾琪為三等公（雍正末年岳因征準噶爾蒙古敗績下獄，削

公爵，此後再封為三等公），歷時二年，調師七省，殺掉兩大將帥的第一次金川之役才告結束。

　　乾隆二十年，一方面清廷戰後治理政策的不善，另一方面也是大、小金川桀悍難制，小金川又受到侵略了。四川總督黃廷桂集土司公斷，暫時息兵。乾隆二十三年莎羅奔的侄子郎卡繼任土司，再侵小金川，高宗下令不再介入他們的紛爭，但是紛擾不斷。乾隆二十八年，川督阿爾泰聯合九個土司合攻大、小金川，郎卡退兵息戰。阿爾泰令大、小金川聯婚，以為如此可以敦睦和解，沒有想到卻伏下了日後大、小金川聯合作亂反清的基因。

　　乾隆三十五年（1770 年），小金川土司由僧格桑繼任，侵略鄰近土司。第二年他又與大金川新任土司索諾木勾結，攻擊清軍，高宗乃下令剿滅大、小金川，但是戰事極不順利，尤其三十八年夏間，大、小金川乘夜偷襲清軍大營，提督董天弼、大學士定邊將軍溫福都中槍戰死，其他官兵陣亡的四千多人，高宗都說：「我朝用兵，從無如此挫折者！」可見失敗之慘。後來任命阿桂為定西將軍，統兵七萬多人，直到乾隆四十一年正月才蕩平全境，地雷、火彈、大砲等武器都「用盡無遺」，可謂勞師動眾，而前後一共花了三十年的時間才成就這「十全武功」中的大、小金川之役。

　　我國四鄰，東有朝鮮，南有安南、暹羅、緬甸、廓爾喀，西面則為中亞細亞諸國。清朝初興時，由於根據地東北與朝鮮很近，除了逃人、貿易以及邊界上的若干爭端以外，朝鮮又忠於明朝，對滿洲造成極大威脅，因此清太宗時代，兩次征伐朝鮮，使朝鮮臣服，奉大清正朔、三大節及慶弔等事，都要行貢獻禮。朝鮮既服，清朝無後顧之憂，得以專力南下爭雄，終於統一中國。到盛清之世，由於西南土司改為流官，乃逐漸與後印度半島諸國發生關係，而新疆的戡定，又因叛軍逃亡之故，與葱嶺以西諸國次第接近，交兵之後，都來朝貢。現在就

將盛清在西南亞方面的武功，作一簡要的敘述：

一、中亞諸國的賓附

自從天山南北兩路平定，我國國威震於葱嶺以西，於是北面的吉爾吉思部落，南方的巴達克山、敖罕、阿富汗等國，都派使臣來通好朝貢，或者仰賴我國保護。當時吉爾吉思部落有哈薩克、布魯特等大小部族，都是因為準噶爾的滅亡影響而臣服清廷的。魏源說：「方王師戡定準回，已拓版圖，周二萬餘里，豈尚有意貢譯於聲教不通之區，臣妾於葱嶺以西之部？而天時人事，輾轉輻輳，若有意，若無意，不鞭而就我銜勒，不招致而附我藩庸。布魯特及葱嶺以西諸國，即以兩和卓木之逋而臣貢。」所以當時亞洲很多國家的賓附，並不是清朝主動用兵的結果。吉爾吉思部落之南的敖罕國與阿富汗，也是因為新疆回亂平定以後才與清廷建立臣屬關係的。乾隆二十八年前後，阿富汗國主遣使入貢，清朝便將他們列為諸屬國之列。敖罕也畏我強大，頗奉約束，清廷也每年用金幣賄賂他們的國主，使箝制回教國家，因而天山南路，得奏鎮定之效。

二、緬甸的賓附

緬甸是後印度半島的強國，明代一度為中國藩屬，神宗以後，朝貢久廢。清朝初年，因為吳三桂追逼桂王，清軍曾一至其地，並無正式關係，僅民間商務稍有往來而已。乾隆初年，雲南人吳尚賢獲開礦權於緬甸東部的卡瓦部，頗有成績。尚賢又遊說緬甸，使入貢中國。乾隆十六年緬甸遣使入貢，不過不久以後，緬甸內部發生內亂，而吳尚賢又因中飽銀廠之案死在獄中，中緬關係為之一變。

是時緬甸內部不相融洽，南方的擺古部聯兵攻陷國都亞瓦，木疏部又起兵建新緬甸，又有木邦、桂家（桂王官屬後代的勢力，握有銀

礦）等部，與之對抗，情勢極為紊亂。乾隆二十七年，桂家部因不敵木疏部攻擊，被逼居雲南邊境，滇督吳達善乘機向桂家部勒索，因為未能滿意，而驅逐桂家，後來甚至殺了桂家部長，奪其資產，這件事頗為緬甸人責難。後來緬甸統一了，因雲南官吏的措置失宜，就以邊界土司舊事為辭，舉兵犯境，吳達善為免擴大事端，下令官兵不與戰鬥，緬甸因而兵勢益張。不久吳達善調任川陝總督，劉藻繼任，他先發官兵防戰，三路皆敗，一時督撫以下，束手無策。乾隆三十一年，高宗命令大學士楊應琚督滇，劉藻因侵緬失利以及索財等事革職，不久畏罪自殺。楊應琚對緬事不熟習，加上屬下謊稱「緬甸新造，木邦蠻莫諸部，皆願內附，緬酋勢孤易取。」便命屬員與緬甸聯絡，結果緬甸詐降，而應琚不察上奏冒功，後來事敗解京自盡。乾隆三十二年三月，高宗命伊犁將軍明瑞移師雲貴，任總督兼征緬將軍，集雲貴當地軍隊二萬多人，又調滿洲三千人，出發攻緬。起初戰事順利，不戰而克木邦，後來乘勝深入，卻因道路不明，糧餉不繼而戰事轉逆，次年二月，明瑞及其部下萬餘人被緬軍擊潰，受創極重，明瑞戰死。高宗乃命大學士傅恆為經略，以阿里袞、阿桂為副將軍，增調精銳部隊，並配以火器兵，準備大舉進攻。不過當時緬甸又與暹羅發生戰爭，很想與清朝休戰，就縱還被俘清兵歸國，上書呈請罷兵。高宗不允，傅恆曾有意約暹羅夾攻，但因交通受阻而未果。清兵發動攻勢以後，雖連番奏捷，但主帥傅恆後竟染疾，軍士也多因觸暑雨而僵病的。高宗最後下令認為這種水土惡劣的瘴癘之鄉，不值得再用兵征討，同意進行和議。其後又因大、小金川用兵事急，征緬之事就緩辦了。到乾隆四十一年，金川事定，高宗又命阿桂赴雲南勘邊，增兵籌餉，而這時緬甸本身又發生內亂，暹羅戰事也未停，緬王在恐懼之下，於乾隆五十三年入貢遣返俘虜。乾隆五十五年，高宗八旬萬壽，緬甸特派貢使到北京，因賜冊印，封為緬甸國王，定十年一貢之制。

三、暹羅的賓附

　　暹羅自明初受封，世貢金葉表。然暹羅與緬甸為世仇，時有戰爭。清乾隆時，緬軍攻入暹羅國都猶地亞，逐走國王。當時我國華僑鄭昭在暹羅做官，頗得眾心，他結合同志，為暹羅復仇，光復猶地亞，驅走緬甸守軍，遷居民於盤谷，建為新都。鄭昭既再造暹羅，悉復舊時領域，也被群吏推為首長，他便遣使航海到中國告捷，使節於乾隆四十六年（1781 年）抵華，而鄭昭則在前一年被怨家所殺，其養子鄭華討賊而繼位（一說繼位的是前暹羅王族）。乾隆五十一年，暹羅遣使入貢，清廷封為暹羅國王，於是暹羅成為我國之藩屬。

四、安南的賓附

　　明朝末年，安南分裂為大越、廣南二國，大越為黎氏所建，都河內；廣南為阮氏所建，都順化，時南阮北黎有互爭之勢。清朝康熙五年（1666 年）黎氏內附清廷，冊封為安南國王。清高宗乾隆三十八年（1773 年），廣南土豪阮文岳、阮文惠兄弟興兵攻廣南王族，是為新阮，以別於廣南阮氏（舊阮）。後來阮文惠又率兵攻陷河內，滅黎氏。安南遺臣有逃到廣西省境請求清朝援助的，高宗乃於乾隆五十三年（1788 年）命兩廣總督孫士毅率兵征討，先勝後敗，而阮氏也自知國力不敵，阮文惠遂更名光平，奉表乞降，不久高宗即冊封為安南王，於是安南也臣屬我國。

五、廓爾喀的賓附

　　廓爾喀就是現在西藏邊境尼泊爾的一部。乾隆三十二年，廓爾喀部起兵攻加德滿都，盡屠士民中抗命的，而成為尼泊爾王，從此實行擴張政策，侵略鄰邦。而當時西藏宗教領袖又起內訌，有投奔廓爾喀

唆使廓人入侵西藏的。乾隆五十三年，廓爾喀乃以商稅、食鹽等問題進兵入侵後藏。清廷駐藏大臣慶麟一面派兵抵禦，一面遷班禪於前藏以保安全。其後清軍與廓爾喀雖有戰事，惟至乾隆五十五年，廓爾喀遣使入京納貢，高宗封為廓爾喀王，成為中國屬邦，這是乾隆「十全武功」中的第一次廓爾喀之役。翌年，廓爾喀因西藏同意付給的金飾未能送到，所以再興兵攻藏，陷後藏首府，飽掠而去。清廷遂派川督鄂輝往征，不利；再派福康安等前往，深入廓境七百多里，後因大雪封山而陷入苦戰。乾隆五十七年，廓爾喀因英國援兵未至，而錫金、不丹等部又想乘機報復，遂投降清朝，成為中國藩屬，這是第二次廓爾喀之役。盛清武功，極為隆盛；不過清朝的賓服諸國，只在廣播聲教，與後世帝國主義所懷抱的野心不同，這一點應該注意。

圖 25：廓爾喀使臣入京朝覲乾隆帝

第九章 清代的制度與學術

第一節 中央政府的組織與制度

　　清朝中央官制，大抵沿襲明朝，只有少數因種族上的環境或實際需要而作增減的，值得注意的不同處有：㈠清朝初年曾改大學士為正一品，使成為名副其實的丞相。㈡併給事中於都察院，奪其封駁之權，與御史同為諫官。㈢先後增設理藩院、內務府、軍機處、總理衙門等機關，都是明代所沒有的。㈣清人以異族入主，為防止漢人奪權，中樞官員大都是滿漢並設，甚至有些機關如內務府與理藩院，全用旗人。現在就將清代中央政治組織分述如下：

一、中樞部分

　　內閣：掌贊理庶政，奉宣綸音聖旨。

　　軍機處：掌參贊機務，書述諭旨，議大政、讞大獄、兵馬錢糧之
　　　　　　事，皆得參與。明代中央無此機關，清雍正朝始設，以
　　　　　　後漸吸收內閣實權，成為清代中央最高權力機構。

　　六部：吏部──掌中外文職銓敘勳階黜陟等政事，釐飭官常，以
　　　　　　贊邦國政治。

　　　　　戶部──掌全國戶口土地之籍，一切經費出入也皆為戶部
　　　　　　統理。

　　　　　禮部──掌吉、凶、賓、軍、嘉五禮及學校貢舉之法。

兵部——掌中外武職官員銓選、簡覈軍實及蔭襲軍功、鎮戍郵傳等政令。

刑部——掌全國刑名讞斷等政事。

工部——掌天下營造、購置材料等政事。

都察院：掌風憲以整飭綱紀，凡政事得失、官方邪正、有關國計民生者，皆可上言。大獄重囚，也可與刑部、大理寺共同審理。

大理寺：掌審讞平反刑獄等政事，如今日的最高法院。

理藩院：明朝無此機關，清初在關外時即設立。掌內外藩蒙古、回部及諸藩部封授、朝覲、貢獻、黜陟、徵發等政事。清初亦兼辦對俄國之外務交涉。

翰林院：掌制誥文史著作，並備帝王顧問。

通政使司：掌內外章疏臣民密封申訴之事。

國子監：國學政令的機關，掌成均之法，在國子監入學的有貢生、監生及八旗官學生等。

欽天監：掌觀察天文定氣象、編曆書的機關。

二、帝室部分

宗人府：掌皇族屬籍，並纂修玉牒等事。

內務府：掌內府財用出入、祭祀宴饗，饍饈衣服、賜予刑法工作教習之事，故太監之事亦在管理之列。清入關初期，廢明代太監之二十四衙門，一度精簡為十三衙門，後仍以內務府為掌管宮廷事務之機關。明朝無此機構。

詹事府：原係輔導東宮太子之機關，康熙以後，不依嫡長之制立儲君，因而詹事府成為「文學侍從」或掌理「經史文章之事」。

太常寺：掌祭祀禮樂之事，即負責壇廟祭祀禮儀等事的機關。

光祿寺：掌饗祭宴勞酒禮饍饈之事，即負責關於典禮預備筵席及
　　　　供應官員食物的機關。

太僕寺：掌國家馬政牧地等事的機關。

鴻臚寺：掌管朝會與國家宴會、贊導吉凶禮儀的機關。

太醫院：掌宮廷及貴族高官醫療之事。

從以上所列舉的機關衙門來看，明清兩代的情形似乎差不多；但是就專制政體的實質而言，清代比明代在組織上更完密，在控制上更有效。明朝的官驕士橫，加上太監干政，所以君主權力很受限制，甚至大權旁落，形同傀儡。清代情形則不同，官員無權而士子靜止，君權高漲達到極點。先以中央的內閣與軍機處這些重要機關來說，原本這些機關是中央政府的重心，職權應該是很大的，但是內閣的大學士也好，軍機處的軍機大臣也好，他們都是滿漢並設的，互相有著牽制與監督的作用，而且不論是內閣或是軍機處，都沒有特別獨高的長官，他們都不能向中央各部院或地方各省的督撫，直接發號施令，他們的最高長官是皇帝，能向所有官員直接發號施令的人也只有皇帝一人。再就六部的情形來說，六部雖說是中央重要的行政機關，對於各省的政務，可以核議準駁，說起來權力是很高的。但是六部的長官卻沒有向地方督撫直接發佈命令的權力，要向地方督撫發命令必須以皇帝的諭旨行之，才合體制。同時六部中的長官尚書與侍郎，各有向皇帝上奏的權利，尚書與侍郎意見不合時，他們只有請皇帝裁決，也只有皇帝能夠裁決。因此就中央與各省而言，六部不能視為全國的行政首長，就尚書與侍郎而言，各部也沒有一個真正能統率全機關的長官，真正的、惟一的長官是皇帝。還有都察院衙門，原是監察機關，除監察政治得失之外，凡是重大政事交給九卿討論的，都察院都有權參加議奏。重大案件，刑部也要會同都察院、大理寺公審定斷，所以都察院像是

一個很有權力的機關。都察院的堂官左都御史也是從一品的高官，其地位與六部的尚書一樣。院裏的屬官有給事中與監察御史數十人，給事中監察京內官府，分為各科；監察御史則監察地方，分為各道。他們雖因處理事務上及地域上設有分界，但他們的監察權在性質上並無限制；任何階級的官他們都可以彈劾，任何性質的事他們都可以舉發或反對；按法理上說，他們的權限甚至可以拒駁皇帝的諭旨，當然一般官員的陳奏，他們是絕對有權指摘的。總之，都察院的官員可以監察國家政務的全部以及國家所有的官員。可是都察院的監察官員們，並不是有特別保障的終身職位官員，沒有行政經驗的人或專業知識的人同樣也可以選任為監察官，而他們的升遷改任也是隨時受一批有權勢的親貴高官干涉或操縱的，所以監察官在當時要理想的盡職，是極為困難的事。尤其重要的，他們的報告或建言，完全由皇帝的意旨為斷。皇帝高興時，即使是誣告亂參、風聞入奏，也可能採信，而不怪罪這些監察官；如果遇到皇帝不喜愛時，即使是確實貪贓枉法大罪，也可能置之不問，所以皇帝是一切的主宰。綜上可知：明清中央的組織雖大致相同，但政權的歸屬與運用卻頗不相同，清代的一切政權都操在皇帝手上，不論是法理上或是實際上都是一樣的。

　　另外還有一點也是明清中央制度與組織上不同的，那就是官員用人的問題。鄒容在《革命軍》一書中寫過：「……今試以京官滿漢缺額觀之，自大學士、尚書、侍郎滿漢兩缺舉列外，如內閣衙門則滿學士六、漢學士四；滿蒙侍讀學士六，漢軍漢侍讀學士二；滿侍讀十二，漢侍讀二；滿蒙中書九十四，漢中書三十。又如六部衙門，則滿郎中、員外郎、主事缺約四百名，……其餘各部堂主事，皆滿人無一漢人。……是六部滿缺司員，幾視漢缺司員而三倍。……理藩院衙門，則自尚書、侍郎迄主事、司庫，皆滿人任之，無一漢人錯其間。其餘……衙門缺額，未暇細數，要之皆滿額多於漢缺。」鄒容的話雖然

有些革命宣傳的目的，然而清朝用人，表面上常是滿漢並用，實際上漢人任重而品低，滿人品貴而權重，則是事實。

第二節　清代中央幾個特設機構

清朝早年就成立了六部等機構，所以在入關前已有了相當完備的中央政府組織。雖然體制方面大約模仿了明朝，但也有因種族關係而新創的。定鼎中原之後，又因鑑於明代制度的弊端，用兵機密的需要以及西方侵略等原因，清代中央又設立了一些明代沒有的機構，這方面的變通與損益，讀明清歷史的人應該了解，值得在此一述。

一、理藩院

清太宗在建立大清、改元崇德後不久，便把專門管理蒙古諸部事務的蒙古衙門，在崇德三年（1638 年）改為理藩院，合六部與都察院為當時的八衙門。八衙門中只有理藩院不是明代的舊制，而這個特設的機關在入關以後也未經改變，一直到清末立憲才稍加改革。它的存在幾乎是與清朝相始終的。

理藩院的職掌是「掌外藩之政令，制其爵祿，定其朝會，正其刑罰。」所謂「外藩」是指內外蒙古、青海蒙古、新疆之厄魯特部、回部與西藏喇嘛所屬各處。康熙以後，清朝在以上這些地區分派將軍、都統、大臣等駐防，直接管理各族事務，但是綜理這些外藩事務的中央機關則是理藩院。

理藩院又掌管一部分屬國及其他外國交往事務，如對俄國的交涉事務早期就是由理藩院負責的。因為當時清朝政府認為俄國是「北藩」，在蒙古之北，所以一切交涉都由理藩院辦理，直到清末總理衙門成立後，才改歸總理衙門管理。

　　理藩院的內部組織，有旗籍、王會、典屬、柔遠、徠遠、理刑六個清吏司，以及管理行政事務的滿檔房、漢檔房、司務廳、當月處、督催所、銀庫、放銀處等單位，官員多由宗室、滿洲及蒙古人擔任，所有外蒙的疆域、封爵、會盟、俸祿、朝貢、賞賜、刑罰，以及回部、土司的政令，俄羅斯的交涉等等，都在這個機關的職掌之內。此外理藩院還有幾個附屬單位，如招待藩部人員來京居住的內、外館；安置俄國人在京師小住的俄羅斯館以及培養熟諳蒙文、藏文等人才的蒙古官學、唐古特學等。

二、內務府

　　這個機關是清朝入關定都北京後設立的。設立的原因有兩點：一是滿洲人在關外有「包衣」的制度，就是八旗貝勒家中都有奴隸，這些奴隸是在歷次戰爭中俘獲的人口分屬八旗編成的。皇帝自將的鑲黃、正黃、正白上三旗的「包衣」是「奉天子之家事」的，相當於明朝宮廷裏太監所作的若干工作。這批人是皇室的當差舊人，入關後仍是需要他們。另外一個原因則是滿洲人深切的了解明朝太監的為害之大，甚至認為「明朝亡國，亦因委用宦寺」，所以「以三旗包衣立內務府……收閹官之權，歸之旗下」，免得重蹈明朝覆轍。

　　內務府是掌管「宮禁」事務的機關，凡皇家的衣食住行各種事務，都由內務府承辦。這個衙門分「內務府堂」（又稱「堂上」或「本府」），及所屬「七司」與「三院」等單位，總機關應該稱為「總管內務府衙門」，衙門裏的最高官員叫「總管內務府大臣」，後來是正二品官，員額不定，少時二、三人，多時四至六人，由滿洲文武大臣中簡任，或王公、內大臣、尚書等官兼任。總管內務府大臣之下，有堂郎中一人，又稱「坐辦堂郎中」，掌管內務府文職官員的銓選，並查核所屬各司處承辦事務。另有主事、筆帖式等官，分掌內務府各項事務。

內務府直屬機關中，以「七司」最為重要，「七司」的名稱與職掌是：

㈠**廣儲司**：是內務府掌管府藏及出納總匯的機構，正如外廷的戶部一樣。這個司裏有銀、皮、瓷、緞、衣、茶六個庫，以及銀、銅、染、衣、繡、花、皮七作，帽、針線二房。

㈡**都虞司**：「都」是總其事，「虞」是山澤之官，「都虞」是總山澤之事的意思。內務府的都虞司是掌理所屬武職官員的銓選任用與打獵捕魚等事，清朝初年曾經稱為「採捕衙門」，原因即在於此。都虞司與上三旗包衣各營的關係最為密切，因為這三旗包衣的訓練、遣調與稽核俸餉，都是由都虞司掌管的。至於獵捕則是指在吉林、松花江等處採果子、松子、蜂蜜、捕魚等事。

㈢**掌儀司**：掌內廷禮樂之事，並考核太監品級。凡在內廷的祭神、祭天及奉先殿、皇壽殿祭祖與內廷朝賀之禮，都由掌儀司預備各項儀節，或會同禮部辦理，筵宴之禮，也都由掌儀司奏辦。

㈣**會計司**：是管理內務府帑項出納及莊園田畝之事的機構，初名「內官監」。所管莊園分在畿輔、盛京、錦州、熱河、歸化城等處，共有七百八十一個莊。此外選用宮女與太監的事，會計司也參與其事。

㈤**營造司**：猶如外廷的工部，是掌管宮廷修繕工程事務的。各宮殿、庭園除重大工程會同工部辦理外，尋常歲修工程都由營造司承辦，不過規定費用超過二百兩以上，營造司就不能舉辦了，以免超過工部權限。

㈥**慶豐司**：掌牛羊畜牧事務的，在京城內外、張家口、盛京等處有牛圈、羊圈多處，管理牛羊的孳生蕃息。各處所養牛羊，多供作各項祭祀、筵宴及取乳食用。

㈦**慎刑司**：像是中央的刑部，掌理審擬上三旗及太監之刑獄案件的機關。不過犯罪重大到徒罪以上及杖一百以上或枷示刺字的，就送

交刑部定案了。

　　三院是上駟院、武備院與奉宸院，分別掌管御用馬匹、御用武備與管理皇家園庭等事務的機構。內務府中還有很多附屬機關，其中敬事房是專門管理宦官的，清代太監自入宮到老死，終不能逃出內務府的樊籠，敬事房的功用很大，這一點值得我們注意。

三、軍機處

　　這是在清朝雍正年間創立的一個新機關，確實創立的時間不詳，專家們研究結果有雍正四年、七年、八年等不同的說法。不過創設這個機關的主要原因則是對西北準噶爾用兵的關係。清世宗以為內閣中堂人多雜亂，且距離內廷過遠，為了防止軍機外洩，乃有內中堂與外中堂之分，而「軍機房即內中堂辦事處也」。雍正十年（1732年）正式改名為軍機處。從雍正年間設立軍機處，一直到宣統三年（1911年），前後一百七十多年當中，軍機處吸收了內閣的大權，成為清代中央最高權力機關。

　　軍機處最初又稱軍機房與軍需房，所掌之權僅限於軍務，所謂「只承廟謨，商誠略而已」；不過以後因為清朝皇帝要進一步的集權獨裁，因而擴大了軍機處的職權，變得「軍國大計，莫不總攬」了。

　　軍機處的官員重要的有軍機大臣與軍機章京等人。軍機大臣又叫大軍機，或者稱為樞臣；軍機章京則稱為小軍機，或是樞曹。軍機大臣與軍機章京都是兼職的人員，他們沒有固定的名額，也沒有固定的薪水。他們都是中央其他機關的大臣或職官，薪俸是從本職機關裏領取的。軍機大臣通常是由滿漢大學士、六部尚書、侍郎的堂官中特簡，或是由軍機章京升任的，而且被任命為軍機大臣的親王常是軍機大臣中最重要的領袖人物，稱為「領班」。軍機大臣雖是兼職，但是他們的職責超越大學士，所謂「大學士非兼軍機處不得為宰相」，就是說軍機

大臣之地位與權力是特殊的。滿漢軍機大臣在雍正年間只有三人，以後有增為五人的，清末咸豐時期有七人的紀錄，最多曾高達十一人，完全看政務繁簡需要而定。

軍機章京是由軍機大臣從內閣中書及六部的司員中選取出來任用的，他們的條件除了是軍機大臣的親信以外，常是「人品端方」、「年富力強」、「字畫端楷」與下筆敏捷的幹員。雍正年間，據說由鄂爾泰帶了中書六人，張廷玉帶了中書四人來入值，幫同繕寫。乾隆時分滿漢兩班各八人，每班有領班、幫班各一人。清末軍機章京增加到四班三十二人之多。

軍機處是清代中央「掌軍國大政，以贊機務」的重要機關，處裏大臣與章京的具體任務，可以分為以下幾方面來說明：

㈠皇帝每天有因國家事務主動需要頒降諭旨的，也有因為大臣上奏章請示辦事而降旨指示的。這些諭旨都由軍機處的大臣們承皇帝之意，先寫出文稿，呈送皇帝閱定。軍機大臣每天都需進見皇帝議事請旨，參與機密；軍機章京則沒有資格每天與皇帝見面，他們只在軍機大臣的領導下，在名為「值廬」的辦公室中，代擬諭旨以及辦理一些處裏與其他機關往來的文書等類事務。

㈡凡是遇到重要政事皇帝不能裁決的時候，常交給軍機大臣們議奏或密議回覆，也有交軍機處會同有關部院衙門一同研究的，所以軍機處的主要工作之一是辦理皇帝交議的大政。

㈢軍機處的官員，每年要審辦一些大獄案件，有時與刑部會同九卿等官會訊，有時則會同大學士們一起辦理。

㈣每逢舉辦考試所需的主考官、閱卷官、各省的學政以及稅關的監督等等官有應升應補的時候，都由軍機處呈遞名單與缺單，向皇帝請旨任用。另外任職邊疆的參贊大臣、辦事大臣等等，在每三年換防時，也由軍機處請旨更換，所以軍機大臣操有若干用人的實權，吏部

變得權輕了。

㈤國家有大典禮或是有軍事行動時，由軍機處匯集有關舊檔及行軍山川道路等資料，呈送皇帝審閱參考。

此外，在乾隆以後，每次有大軍功告成時，都要修「方略」成「紀略」，以記載平定亂事的始末。軍機大臣照例要擔任方略館的總裁官，軍機章京則兼充纂修等職。

由此可知，清代軍機處的職權既重要而又廣泛，軍機大臣的地位尤其是崇高的。不過軍機大臣的苦處也多，大凡能被皇帝特簡擔任軍機大臣的人，絕大多數都是年高位高的了，這些年逾花甲的老人，每天都要在一大清早去面聖，有時候一天中被召見數次，每次與皇帝密議大政，都需跪著與皇帝講話，痛苦不堪。軍機大臣的收入並不多，而當皇帝賜宴、賜書畫、賜聽戲等等場合，身為軍機大臣的賞費必多。另外他們又常常需要陪著皇帝巡幸、謁陵、駐園等等，各項費用皆得自備。因此清代軍機大臣多少都有攬權納賄之事。

清代軍機處有幾件小故事，值得在此一提：

㈠軍機處的關防，原先刻有「辦理軍機事務」字樣。乾隆十四年改作「辦理軍機事務印信」。這顆印章不藏在軍機處，而由內奏事處的夸蘭達太監掌管（夸蘭達是滿洲語，意為「眾武官舉為首長」的人）。凡要用印時，由值班章京以長二寸、寬半寸、厚一分，上刻「軍機處」的金鑰匙向內奏事處請出銀印，用畢立即繳還。

㈡軍機大臣每天進見皇帝時，太監不得在旁邊參與，向例由軍機大臣中最後一位進入宮殿的挑下門簾，使門裏門外隔絕，以免洩密。這位最後進門的軍機大臣，常是領班親王的親信，他被稱為「挑簾軍機」。

㈢早期軍機處辦公室是不准人窺探的，處裏用的聽差的也揀選十五歲以下，不識字的兒童充當，以防機密外漏。

㈣軍機大臣向來不回拜別人，大家對他們的作為也不視為倨傲無禮；這也是表示軍機大臣不可多與人接觸。

以上的這些小故事都足以說明軍機處是一個講求慎密的機關。

清代還有一個中央機關是明朝沒有的，那就是清末專辦對外交涉事務的總理衙門。有關這個機關的建立與職權等問題，限於篇幅，這裏不擬贅述了。

第三節　地方政府的組織與制度

清代地方行政區域，大體沿襲明朝，也有因種族或其他原因而稍作改變的，現在就分別略述如後：

一、行省與特區

清世祖順治時，改南直隸為江南布政使司。康熙時改全國布政使司為行省，簡稱為省，並調整行省轄區。到乾隆之世，劃全國為直隸、山東、山西、河南、陝西、四川、江西、浙江、福建、廣東、廣西、雲南、貴州、甘肅、湖北、湖南、江蘇、安徽十八行省。清光緒八年（1882 年），增建新疆省；光緒十一年，又增建臺灣省，二十一年甲午戰敗後割臺灣與日本。光緒三十三年又在東北地區建奉天、吉林、黑龍江三省，號稱東三省。至此，除臺灣外，全國有二十二行省。

清朝在各省設總督、巡撫，以總理一省的政務，其下置布政使、按察使，分理財賦刑獄。省下有府、州、縣以及其他廳、道等官，各有專司。總督一般總管兩省或數省的軍政與民政。巡撫則為一省的地方長官，同是封疆大吏。大致上是以軍事歸總督，民事歸巡撫。一省的政務，又分給布政使司、按察使司及各道，分負專職，以督率府、縣各官，總其成於總督、巡撫。司、道官都是監督府縣的，所以稱為

「監司」。司、道的地位在督、撫之下，但是他們的權力也很高，並且可以直接向皇帝奏事，他們也各有自己的辦公衙門。

總督為正二品官，加尚書銜的為從一品。掌理統轄一部分地區文武、軍民，總理戎政、保衛邊疆等事。凡是文職道府以下，武職副將以下的人，都由總督奏請升調免黜，總督到清末又有對外交涉之權。清廷在全國原設總督八人，計為直隸總督（管轄河北及內蒙古一部分地方）、兩江總督（管轄江蘇、安徽、江西三省）、閩浙總督（管轄福建、浙江及清末建省的臺灣）、湖廣總督（亦即湖南湖北總督）、陝甘總督（管轄陝西、甘肅、新疆三省）、四川總督、兩廣總督（管轄廣東、廣西及海南諸島）、雲貴總督（管轄雲南、貴州兩省）。清末又增設東三省總督。雍正年間，清世宗又特為田文鏡而設河東總督，不過那是因人而設的曠典，不久就廢掉了。

巡撫是從二品官，總管一省地方的政務，照例兼任都察院右副都御史，意思是也有監察本地方政務之權的。巡撫都掌有考察一省地方官員之權，關稅、漕政也都總其成於巡撫。遇到地方有戰爭之事，巡撫則督理糧餉。省區每三年舉行鄉試時，例由巡撫督試，武科也有由巡撫主考的。各省巡撫，也像總督一樣，各有直屬的軍隊。總督所轄的叫「督標」，巡撫所轄的叫「撫標」。且有巡撫兼一省最高軍事長官提督銜的，以節制本省各鎮總兵。巡撫的職權僅略遜於總督，但無總督的省份，則巡撫便是最高地方文武長官了。

布政使司布政使，又稱為「藩司」或「藩臺」，或稱為「方伯」，因為他們表率各府州縣，就如古代的藩鎮的緣故。清朝的布政使官階是從二品，品級與巡撫相同。掌一省的行政，司全省財賦的出納。另外國家的政令也由布政使宣佈於各府州縣，所以有「承宣布政使司」之稱。布政使每十年應將全省戶籍、稅役、民數、田數等事匯報於戶部。一省的重要政務，則報告於總督、巡撫來議行。全國各省的布政

使多為一人，也有一省設二人的。

　　按察使司按察使，又稱「臬司」或「臬臺」，是司法之意。清朝的按察使是正三品官，地位比布政使略低，他「掌一省刑名按劾之事，以振風紀而澄吏治。」遇到重大案件，布政使與他會議辦理。按察使又是鄉試的監試官、大計的考察官、秋審案件的主稿官，並兼一省驛遞的事務，按察使每省只設一人。

　　布政使與按察使之下有輔佐官稱為道員，道員有「守道」與「巡道」之分。清初設布政使左右參政、參議，駐守在一定的地方，叫做「守道」，每省有一定的名額。又設按察使副使、僉事，分巡某一些地方，叫做「巡道」。道員中也有不限地區的專職人員，如糧儲道、鹽法道、河工道、驛傳道、屯田道、茶馬道、兵備道、海關道等等，這些都是因事設置，而就他們的職務為名的。

　　在司道之下，清代的地方行政衙門有府、直隸廳與直隸州，府之下有散廳、散州與縣。府是宣佈國家政令的主要衙門，府的分防單位為廳，直屬布政使司的分防單位則為直隸廳，一般的散廳，或屬將軍，或屬道、府。一般的州，是府屬單位。直隸府是直屬布政使司的。縣則為地方基層行政單位，有屬府的，有屬直隸州的。

　　府的長官是知府，掌一府的政令，總核所屬州縣賦役、訴訟等事，匯總於藩臬二司，是承上啟下的地方長官。初為正四品，乾隆十八年（1753 年）改為從四品，據清末統計，全國計有知府一百八十八人。

　　廳在清代，本來不是固定的行政單位，因為清初知府的佐貳官同知、通判多派出分防，專管某地方，他們辦事的處所名之為「廳」，因而以後就慢慢地形成固定的行政單位了。又有在比較特殊的地方，如邊疆地區或者像臺灣噶瑪蘭，設州設縣都不相宜，於是也成立一廳，派同知或通判為長官，分掌督糧、清軍、捕盜、水利等事。

　　州是府屬的行政單位，或因地特設，或以繁要的縣改設。直屬於

布政使司的州為直隸州。不論是一般的州，或是直隸州、散州，其長官都稱知州，官階有正五品與從五品之分，清末統計全國共有直隸州七十三個，散州一百四十五個。

縣的長官是知縣，一縣地方的賦稅、訴訟、文教等事，都由知縣親自辦理，所以稱為「親民之官」。清末全國共有知縣一千三百四十人。

各省地方機關，除管理一般軍政、民政的督、撫、司、道之外，還有學政、漕運、鹽務、河道、關稅等衙門。學政是督察各府、廳、州、縣儒學事務的。漕運是由水道運送糧食到京師一帶的，其長官叫漕運總督。管理鹽務的最高長官叫鹽政。河道總督則是治理河道的長官。稅關的長官是監督，或海關道。這些主管，或特簡任，或由地方官兼任。

其次再來談談特區：順天府與奉天府。清人入關以後，也照明朝制度，將京師及附近州、縣劃為順天府。原在東北老家京城盛京（瀋陽）則特設戶、禮、兵、刑、工五部，作為「留都」，並以盛京及其附近府、州、縣為奉天府，比照順天府制度，與一般內地行省的府不同，成為清代地方的特區。順天府與奉天府都定為正三品衙門，比內地各省的府（從四品）高了幾級，其地位幾乎與各省巡撫一樣，可以直接向皇帝奏事，不必呈由總督、巡撫轉奏。

順天府是順治元年設置的，長官是府尹，管京畿地方之事。雍正元年以後，皇帝特簡大臣一人兼管府尹事，由六部尚書、侍郎內簡用。奉天府則改置於順治十四年，設府尹一人，管盛京地方之事。乾隆二十七年規定由盛京將軍節制，三十年改派侍郎兼管，到光緒二年（1876 年），又改由盛京將軍兼管，府尹則加二品銜以右副都御史行巡撫事。總之，這兩個府在清代地方機關中是比較特殊的單位。

二、藩屬與土司

　　行省與特區之外，清代地方又有藩屬與土司。行省的督撫，滿漢參用，藩部如蒙藏等地，則不設漢官。藩屬分為北藩與西藩兩部分，北藩為內外蒙古，西藩則為新疆、青海與西藏。內外蒙古的各部落被分為盟，盟又分旗，旗有札薩克統治其事。各部盟長，爵位分為親王、郡王、貝勒、貝子、鎮國公、輔國公六等。又有汗、台吉等，都無定額。札薩克以上，清朝特設防駐大臣統馭他們，如定邊左副將軍、定邊參贊大臣、都統、副都統等等。

　　新疆本來是準部與回部占有，乾隆時平定天山南北路，創立經制，築城置官。不過這塊新闢土地，關於軍政方面，由中央簡特將軍、大臣去管理，並無直接理民的文官，仍然任用當地原有的伯克與札薩克等自治機關，統轄各部落。直到光緒改建新疆為行省，官制才與行省略同。

　　青海各部，也分為旗，設辦事大臣，駐甘肅西寧統治。西藏本來政教之權，全由達賴、班禪與喇嘛統治，而以第巴司兵刑財賦。雍正年間，設辦事及幫辦兩大臣，分駐前後藏。

　　雲貴四川廣西等僻野苗猺之區，清朝也沿襲明制，設兩類官屬，一為土官，分其領土為府州縣，選擇酋長子孫世襲為土知州、土知府、土知縣。另一類為土司，是以苗「猺」酋長歸降而有戰功者任之，世襲制度與土官一樣，職位較高。

　　以上是清代地方政治制度的一些大略情形。

第四節　清代的兵制

　　清代的兵制大體上可以分為旗兵與漢兵兩大類：旗兵是滿洲人未入

關前的原始兵制，漢兵則是滿洲人入關後收編明代降人所編組而成的。

　　現在先來談一談旗兵：旗兵最初據說設立於明神宗萬曆二十九年，當時只有四個旗，分為黃、白、紅、藍四色。後來清太祖要建元稱帝了，便把原有四旗擴大編制為八旗。原先成立的四旗稱為正黃、正白、正紅、正藍，後增的則稱為廂黃、廂白、廂紅、廂藍（本為「鑲」字，俗寫為「廂」）。正色的旗是純一色的，鑲色的旗是在原純色旗的周圍，再用別種顏色鑲個邊，黃、白、藍三色的，都鑲上紅色邊，紅色的則鑲以白邊，合起來稱為「八旗」。最初是以滿洲人為主的，俘虜的漢人與蒙古人也都被編在滿洲八旗之內。後來由於降滿洲的漢人與蒙古人日漸增多，到清太宗天聰九年，將蒙古降人從滿洲八旗中剔出來，編成蒙古八旗。在建立大清朝以後，清太宗又逐漸編組漢軍為八旗，到崇德七年完成。所以八旗兵應該廣義的指滿、蒙、漢各八旗共二十四旗的兵而言。

圖 26：乾隆檢閱八旗兵

八旗的基本單位，最初稱為「牛彔」，「牛彔」是滿文「大箭」的意思。每一牛彔為三百人，統領的官員叫「牛彔額真」，「額真」意為「主子」。五個牛彔成為一個「甲喇」（共為一千五百人），「甲喇」有「一部」、「一段」、「一節」等意，統領官員叫「甲喇額真」。五個甲喇便成為一個「固山」，即七千五百人，「固山」的意思是「旗」，統領官員叫「固山額真」。在「固山額真」之下，並分設左右「梅勒額真」二人，「梅勒」原意為「肩」，這是旗長的副貳官員。

以上這些八旗的長官名稱，後來都逐漸的改變了。如天聰八年時，梅勒額真與甲喇、牛彔的額真，都被改為「章京」，「章京」可能是漢語「將軍」的轉音。入關以後，從順治到雍正年間，經過幾次更改，終於定固山額真的漢文名為「都統」，梅勒章京為「副都統」，甲喇章京為「參領」，牛彔章京為「佐領」。

八旗的軍隊在入關前與明軍作戰時，充分的表現了優良的制度與強大的軍力。入關以後則以擔任禁旅、保衛京師以及駐防各地、防止叛亂為主要任務。旗兵的數目，時有增減，清末時統計駐在京城內外的共有十二萬人，駐防各省的有十萬零五千人，八旗兵共為二十二萬五千人左右。擔任京城禁衛的旗兵重要的單位有：

前鋒營：前鋒為前哨兵，是選拔最精銳的滿洲、蒙古兵別組為營，叫做「前鋒營」。遇到皇帝檢閱，列為前隊，出巡駐蹕時，他們在御營的前後一、二里外立前鋒旗，以作為門戶，縶營帳守衛。

護軍營：是擔任守衛宮禁的軍隊，由八旗滿洲、蒙古兵內挑選精銳，別組為營，叫做「護軍營」。他們平時守衛宮殿門戶，稽察出入。皇帝出巡時，他們則擔任扈從，在出巡途中皇帝留駐的地方，護軍營是保護皇帝安全的主要衛隊。

圓明園護軍營：是從在京八旗官軍中選拔出來，專門擔任圓明園守衛之責的。皇帝駐園時或由京城到園的途中，他們都要保衛皇帝的

安全。

步軍營：是由九門提督統領的一支軍隊，是專門保衛皇城的，其中一部分是八旗的步兵，也有一部分是京城綠營的馬步兵。

其他還有火器營、健銳營以及成立於清末的神機營等等的，其中多有駐京的旗兵參加。

八旗的兵是世籍兵，與綠營兵由招募而來的情形不同。駐防在外省的旗兵則視地理的重要性而定，分別派駐將軍、都統、副都統以及職位更低的官，如在廣州、江寧、福州、西安、成都、荊州、杭州、寧夏府及盛京、吉林、黑龍江等處置將軍；在鎮江、青州、歸化府、涼州、乍浦等地則置副都統。大小駐防官員所率領的兵以滿、蒙八旗為主，多的地方有駐防旗兵幾千人，少的地方則只有一、二百人不等。

現在再來談一談漢兵：漢兵又可分為綠營、鄉勇與新軍。綠營是清朝入關以後收編漢人所組成的。統領綠營兵的，計有總督、巡撫、提督、總兵、副將、參將、游擊、都司、守備、千總、把總、外委等官。

綠營的最高組織為「標」。由各省總督統轄的，稱「督標」；由巡撫統轄的，稱「撫標」；由提督統轄的，稱「提標」；由總兵統轄的，稱「鎮標」；由將軍統轄的，稱「軍標」（只有四川與新疆有軍標）；由河道總督統轄的，稱「河標」；由漕運總督統轄的，稱「漕標」。

「標」以下設「協」，以副將統之。「協」以下設「營」，由參將、游擊、都司、守備分別統之。「營」以下設「汛」，由千總、把總、外委分別統之。

以上各「標」、「協」、「營」、「汛」，分佈在全國各地駐守，並備臨時徵調之用。全國的綠營兵額，以嘉慶年間最多，約有六十六萬多人，以後常常裁減，到光緒年間，只有四十六萬多人了。

在各省的綠營武職官員當中，值得一提的是提督。提督的官階是

從一品，比文職巡撫還高一級，與加尚書銜的總督同級，為各省綠營的最高長官，管理一省軍政，與督撫並稱「封疆大吏」。

清朝初年的征伐，多以旗兵為主，不過不久以後，旗兵日漸腐化，喪失戰鬥能力，到康雍時代，作戰都以綠營為主力了。綠營後來也百弊叢生，在乾隆末年的地方動亂如川楚教匪等事件當中，綠營就不足任事，甚至有不堪一擊的了，只有依賴地方鄉勇來維護地方。太平軍興，清廷全靠湘軍與淮軍等的地方自衛武力來戡平大亂。

咸豐、同治以後，勇營先後成立，而與八旗、綠營鼎足而三，清朝末年的內外動亂，全靠勇營。八旗與綠營，早年是用刀矢弓矛為利器，火槍不是主要武器，勇營略有改進，但是仍然不全恃火器。太平軍事件的末期，李鴻章在上海，開始以外國人協助，組織常勝軍，採用西洋武器，擊敗洪楊。後來淮軍平捻亂，也多以洋槍取勝，這是清末軍隊武器改變的重要起點。同治末年，李鴻章任直隸總督，模仿西法練兵，購買西洋槍砲船艦，設立軍事學堂，使清代軍事進一步的西化。不過當時所學的只是外國軍事的一些皮毛，而守舊勢力的反對、將士的驕惰以及大清帝國的暮氣沉沉等原因，遂有光緒二十年中日甲午戰爭的大敗。甲午戰後，清廷以袁世凱練兵於天津附近的小站，號稱新建陸軍。八國聯軍以後，袁世凱任直隸總督兼北洋大臣，加意練兵。數年之間，袁世凱所練的新軍，頗有成效。新軍的編制，以軍為最高單位，每軍兩鎮，每鎮兩協，每協兩標，每標三營，每營四隊，每隊三排，每排三棚。各級軍事長官則是軍有總統官，鎮有統制官，協有協領官，標有統帶官，營有管帶官等等。每鎮官兵共有一萬二千五百十二名。清廷本想置三十六鎮的，但限於經費，未能實現計畫。以上軍隊的編制，就是民國以後軍、師、旅、團、營、連、排、班編制的由來。清末雖因立憲改制，在軍制方面如併練兵處與兵部為陸軍部，北洋各鎮的軍權歸陸軍部管轄；但是袁世凱始終穩操大權，一直

是新軍的領袖。因此，他能利用新軍的實力，逼迫清室退位，繼而攫取了民國總統的地位。

第五節　清代的科舉與學校

一、科舉制度

　　清朝在入關以前就舉行過考試，清太宗天聰、崇德年間，即有考試生員舉人之制，分滿洲、蒙古、漢文三類考試。入關以後，順治二年開科取士，則沿用明朝制度，分天下為十五榜。不過，清朝以滿族入主，所以也有滿科等與明朝不同的地方，現在就將清代各種考試情形，略加說明如下：

　　㈠鄉試會試殿試朝考：清朝的鄉試、會試、殿試都與明朝的舉辦方式一樣，三年大比。考取人員的功名名稱與授官情形也和明朝一樣，試文的程式也相仿。不過清朝的殿試到雍正、乾隆年間有些小節目上的改進，例如以往常在二月間舉行殿試，但二月天寒，硯池會結冰，對考生的書法極為不利，因此有時命令在殿內多處地方設置火爐，增高氣溫，後來改為四月舉行。另外乾隆年間，皇帝下令殿試交卷，日入為度，免得考生連宵達旦，更長人倦之苦，這也是一種改進。還有清初選庶吉士，都是保舉的多，雍正二年則改在殿試之後選庶吉士，加以御試論、詔、奏、議、詩五題，這就是清代的朝考。

　　㈡滿科：滿洲科舉，始於順治八年，吏部認為：「先帝在盛京，作養人材，已有成例，今日正當舉行。」於是皇帝命令八旗子弟通文義的，取入順天府學，合滿洲、蒙古、漢軍，以三百人為名額。滿洲人又有翻譯考試，到雍正年間，幾乎成為滿洲人的特設做官途徑。乾隆初期，更舉行翻譯會試，以主事等官錄用。滿洲宗室，從康熙三十六

年起又特為舉行科舉，嘉慶六年以後，與鄉會試並行，成為常例，總之，滿洲人由科舉入仕的機會比較多些。

㈢**恩科**：清代科舉取士，三年大比，是經常的定制；但是也有因特殊事故加恩澤的，如加科、廣額，或者又加科又兼廣額的。順治三年平定江南，十六年收復雲貴，為了慶賀，都增加舉辦考試，以示嘉惠士林。乾隆年間，凡是太后與皇帝的萬壽之期以及皇帝踐位周甲，先後七舉恩科。這些都是所謂的「加科」。廣額之典，也常舉行，如雍正元年、二年，不拘省份額數，會試中別取七十多名。其他凡與皇帝登極，常有加科，並增錄取名額。

㈣**武科**：清代武科鄉試，也是從順治二年開始的。康熙時定考取的發各標效用，若是弓馬嫻熟的，得補為千把總官。武科也有命題試士的，孫吳《司馬兵法》為命題的主要依據書。

㈤**特科**：清朝取士，也有未立專科而臨時舉辦的，如康熙年間，發現明朝遺臣常常慨然有故國之思的，朝廷為了羅致他們，乃有博學弘詞科的興辦。雍正元年，皇帝下詔特舉孝廉方正，賜六品章服，以備召用，也是特科的一種。乾隆年間，除再開博學弘詞科外，又命大學士九卿推薦有「直樸之風，而復明通內外政治」的人，「不拘資格，列名封奏，量加錄用」，也有古代立直言極諫科的意思。

清代的各種考試，除了給予滿洲人若干入仕的機會以外，恩科、特科以及定制的科舉，多有籠絡漢族人士、銷鎔漢人民族意識的作用在。尤其沿用明代八股制義方法，實阻礙了政治文化的進步。清末光緒年間，以策論等代替八股，後來更廢科舉取士而代之以學校，但是不久以後，清朝也覆亡了。

二、學校制度

關於清代的學校制度，可分以下幾點簡單說明：

　　清代的學制，京城裏有國子監，地方有府州縣學，和明代的情形差不多。不過，京師除國子監以外，另設有宗學以教育宗室子弟，覺羅學以教育皇家較疏遠貴族子弟，八旗官學以教育八旗子弟，景山官學以教育內府子弟。

　　國子監的生徒分為貢生與監生兩大類。貢生又有七種，即歲貢、恩貢、拔貢、優貢、副貢、功貢、例貢。歲貢是取自府州縣學食廩年深生員挨次升貢入監的；恩貢是國家有慶典以正貢入監的；拔貢是品學兼優的生員經遴選入監的，每十二年選拔一次；優貢是文行都好的廩生與增生經選拔入監的，每三年選拔一次；副貢是鄉、會試取得副榜而入監的；功貢是隨征有軍功的廩生而入監的；例貢是廩生、增生、附生或俊秀監生援例捐納而入監的。監生則分五種，即恩監、蔭監、優監、例監、舉監。恩監是八旗官學等生員或聖賢後裔入監的；蔭監是品官子弟特許入監的，又分恩蔭與難蔭；優監是文行兼優的附生經選拔入監的；例監係俊秀援例納捐而入監的；舉監是各省舉人入監的。其中歲貢、優貢、拔貢都完全承襲明代的舊制。

　　至於清代地方府州縣學的制度，也大致與明代的相同。

　　如前所述，書院是私人講學的地方，宋元以後，日漸興盛。明代初年因官學盛而一度稍衰，中葉以後，明代學者如王守仁等都提倡講學，書院因而再度發達。到明末因政治腐敗，魏忠賢盡燬全國書院，書院因此由盛而衰。清朝初年，滿洲帝王怕書院講學會培養民族意識，因而不許建立私人書院，後來改由官方主辦，主持人選由地方官推薦出任，不致有思想問題，也便於控制，書院於是又興盛起來，不過在性質上已不同於宋明時代了。清末因內外情勢的改變，書院也有私人創辦的，不過為數不多。凡是官立的書院，都由政府發給帑銀，置產收租，以充師生生活等費用。也有地方政府酌撥經費並由富紳捐助部分款項的。書院的主持人，明清時代都稱為山長，地位很高，為時人

所重，多是當時的名儒。清初的書院，仍以講求理學與制義為主，乾隆時期阮元等在杭州創立詁經精舍，倡導以樸學代替八股為課程的內容，書院風氣與學術潮流至此又有重新結合的趨勢。後來阮元又在廣東的廣州創立學海堂，課程更有新的改進，院中制度也隨之革新，書院乃逐漸成為有影響力的學術機構，全國各地的書院也紛紛有不課制義，而專重經史實學的改變。

第六節　清代的學術略述

清代的學術可以從以下幾方面作一簡要的敘述：

一、理學與經學

由於宋明理學流於空疏浮偽，清初學界乃激起了反動，不少人主張學問應與重視國計民生有關的才好，而不是習靜談性求頓悟的心性問題研究。所以明清之際的大儒，都以博學為務，以復古為志，以經世致用為最終目標。如當時北方的學者孫奇逢、李顒、顏元以及南方的王夫之、黃宗羲、顧炎武等人，他們都對王學大為不滿，或作修正，或作抨擊。孫奇逢雖以陽明之學為宗，但後來以程朱之學為調和。顏元根本否認讀書說理為學問，而以實用實踐為宗旨。王夫之則力闢致良知之說，大力推崇實踐之學。黃宗羲也主張窮理格物而歸本於實踐。顧炎武則以經世致用為依歸。

由於王學到了清初已為學界所詬病，程朱一派的理學又代之而興了。加上清初帝王的著意提倡，並以朱子所注四書為取士標準，所以當時有不少的理學家都宗仰程朱。特別是康熙一朝，為了進行反清漢族士大夫思想教育，乃不遺餘力的強調三綱五常等的倫理道德規條。如朱熹說過：「君臣父子，定位不易，事之常也。君令臣行，父傳子

繼，道之經也。」這些理學家的理論，正是帝王們統治天下人民所亟需的，也就是《宋史・道學列傳》中說的：「後之時君世主，欲復天德王道之治，必來此取法矣！」清聖祖自己也說：「至於朱夫子，集大成而繼千百年絕傳之學……朕讀其書，察其理，非此不能知天人相與之奧，非此不能治萬邦於衽席，非此不能仁心仁政施於天下，非此不能內外為一家。」他提倡理學的政治目的，可謂溢於言表了。

清聖祖對朱夫子有著特殊的崇敬，並認為「孔孟之後，有裨斯文者，朱子之功最為宏鉅」，因此他命令大儒先後編纂理學名著多種，如《朱子大全》、《性理精義》、《周易折中》等等，甚至有些還有滿洲文版本的。儘管如此，到乾隆以後，由於文字獄的影響，考據學興盛了，理學日漸衰微。清朝末年雖然仍有理學大師，如曾國藩等人，但他們僅僅在慎言篤行上下功夫，而不能在思想上有大的發明。

明朝的讀書人大都致力科舉，埋首研究八股文，對於經學可以說沒有卓越的成就。清朝由於王學的反動以及文字獄案的多種原因，學術思想的主流著重於經史的考據訓詁，這種學風萌芽於清初，如顧炎武大倡捨經學無理學，教人脫離宋明理學，直接反求之於古經。閻若璩辨偽經，喚起「求真」的觀念。胡渭攻河洛，反對游談無根的學說，清代學問的規模由此建立了起來。其後到乾嘉時代，惠棟、戴震、段玉裁、王念孫、王引之等名家輩出，他們根本不重視宋學，也不強調通經致用的主張。他們為考證而考證，為經學而治經學。其治學方法在「實事求是，無徵不信」；其研究範圍以經學為中心，而旁伸到小學、音韻、史學、天算、地理、金石、校勘、典章制度等等，而引證取材，多達於兩漢。漢學的名稱也就因此而生了，這是清代學術的全盛時期。

道光以後，清代學術研究的方向又有了新的轉變，這可能與清代中衰以及外國列強入侵有關。原來乾嘉時代的經學，是遠承東漢的古文諸經學家，著重文字的考據訓詁，而不重思想的探求。莊存與以及

後來的龔自珍、魏源等學人，他們都認為研究經學實在應當尋求經書中的微言大義，不必斤斤計較於名物的考究。到清末光緒年間，康有為作《孔子改制考》及《新學偽經考》等書，認為孔子是主張變法改制的人，古文經是王莽與劉歆所偽造。他想以孔子來幫助他推行維新變法的運動，並以古文經為偽經來打倒盛極一時的漢學。康氏的轉變學術研究方向具有過濃的政治色彩，說法也有些離奇；不過他的主張與學說對近代辨偽疑古的學風，仍是有倡導之功的。

　　從以上簡要的敘述，相信可以看出清代理學與經學研究情形的一斑了，實在是多彩多姿，而又是千變萬化。然而理學自乾嘉以後已大衰，而給予學界與社會之負面影響也很大很深遠，此事將在第十章清代中衰原因略析一節中申論。清代經學的研究，近代學者陳寅恪也有若干的看法，例如說清代經學「其材料往往殘闕而又寡少，其解釋尤不確定；以謹愿之人而治經學，則但能依據文句，各別解釋，而不能綜合貫通，成一有系統之論述，以誇誕之人而治經學，則不甘以片段之論述為滿足，因其材料殘闕寡少及解釋無定之故，轉可利用一二細微疑似之單證，以附會其廣泛難徵之結論，其論既出之後，固不能犁然有當於人心，而人亦不易標舉反證，以相詰難；譬諸圖畫鬼物，苟形態略具，則能事已畢，其真狀之果肖似與否，畫者與觀者兩皆不知也。」這是說清代經學家的若干結論未嘗十分完美，有些流於廣泛難徵，有些則是片段紛紜。此外他又說到清代經學特盛而史學不振的，以為「往昔經學盛時，為其學者，可不讀唐以後書，以求速效，聲譽既易致，而利祿亦隨之，於是一世才智之士能為考據之學者，群舍史學而趨於經學之一途。其謹愿者，既止於解釋文句，而不能討論問題；其誇誕者，又流於奇詭悠謬，而不可究詰；雖有研治史學之人，大抵於宦成以後，休退之時，始以餘力肆及，殆視為文儒老病銷愁送日之具，當時史學之地位之卑下如此。由今思之，誠可哀矣！此清代經學

發展過甚，所以轉致史學之不振也。」這種說法大有商榷的餘地，因為清代經學發展很盛是一回事，甚至文字獄案也影響到了當時史學的研究；但是清代史學的成就仍是很可觀的，以下事實可為說明。

二、清代的史學

　　清代史學的地位實不亞於此前各朝。杜維運教授曾謂清代歷史考據學之成績新穎處很多，如治學方法之客觀而精密，充分利用歷史輔助學問以及利用治經之方法治史等等，因此無論在注釋舊史方面，或是補充舊史方面，都有輝煌的成就。至於清代史學的撰述，也有值得稱述之處：如黃宗羲的《明儒學案》、全祖望的《宋元學案》，是中國學術思想史的專著；顧炎武的《日知錄》、趙翼的《廿二史箚記》等，是分析歷史上治亂興衰緣由的鉅著；馬驌的《繹史》、崔述的《考信錄》，是客觀謹嚴的古代史書；魏源的《元史新編》、洪鈞的《元史譯文證補》、屠寄的《蒙兀兒史記》、柯劭忞的《新元史》，是蒙古研究的創新作品；顧祖禹的《讀史方輿紀要》、張穆的《新疆識略》、《蒙古遊牧記》、何秋濤的《朔方備乘》，是地理方面的創作；魏源的《海國圖志》、徐繼畬的《瀛環志略》，是國人寫作世界史地的先河；黃宗羲的《南雷文約》、《南雷文定》、邵廷寀的《思復堂文集》、全祖望的《鮚埼亭集》等等，則又以碑傳為史傳的名著。總之，清代私家撰述的史書很多，而且水準也很高。除此以外，在官修史書方面，《明史》歷百年而成書，在二十五史當中，至今仍為人稱道。至於清代官修的本朝史則有自太祖至清末帝王的實錄四千多冊。自康熙至宣統的起居注冊數千冊，而且實錄與起居注冊等書都是有滿漢文不同版本的。清朝國史館也修過國史，有紀、傳、表、志四大部分，現藏故宮博物院內。乾隆年間又設館纂修《續通典》、《續通志》、《續文獻通考》等政典的專書。還有官修的方略一種也是清代特有的記錄。成書最早的是《平

定三逆方略》，專記平定吳三桂等三藩變亂的，後來凡有用兵之事，都會開館修方略或紀略，記述戰役的始末。從康熙到光緒之間，清廷所修的方略近二十種之多，包括與俄國的戰爭、準噶爾之役、臺灣林爽文事件以及太平軍動亂等等，無一不記。一般說來，清代史家由於文字獄的影響，大多是不談當代史的；不過蔣良騏於乾隆年間以任職史官之便，摘鈔檔冊史料而成《六朝東華錄》（清國史館在東華門內，故名之），其後王先謙在光緒年間增飾蔣氏《東華錄》而成《十朝東華錄》。朱壽朋又自撰光緒一朝《東華錄》。這些東華錄有官書不記或不詳的資料，很值得參考。道光以後，清朝國勢衰微，文字獄的文網也漸疏了，寫當代史的專書才稍稍出現，魏源的《聖武記》、夏燮的《中西紀事》、王闓運的《湘軍志》等，都是一時佳作。清代史學著述之多、內容之精、種類之繁，相信從以上略述中可以見其梗概了。

三、文學、方志學與族譜學

清初文學家承明朝餘緒，古意深濃。早期古文以侯方域、方苞等人特別注重義法，乃成為清代桐城派的開山祖師。乾隆時期，劉大櫆、姚鼐也以善作古文著稱，劉、姚都是桐城人，因而桐城派地位更形建立。清末曾國藩等以中興名臣兼擅古文，對桐城派又極為推崇，於是一時文章，莫不仿效方、姚。不過光緒以後，由於世局的影響，文體也發生了變化，如梁啟超的文章介於文白之間，平易暢達，他辦的《新民報》擁有廣大讀者，所以有人稱他的文體為「新民體」。另外嚴復仿諸子文體，翻譯西書；林紓則以桐城古文譯西洋小說，都風行一時，也為清代文學史添了新頁。清代詩學的成就則遠過明朝，清初有吳偉業、錢謙益等聞人，乾隆之世，名家輩出，袁枚、鄭燮都是才思橫溢的大家，時稱性靈詩派。清末詩壇實在乏善可陳，比較可觀的詩人只有鄭珍、黃遵憲少數幾位。王闓運、陳三立等多模仿古人，對於詩學

發展無大貢獻。清代的詞在詞學發展史上有復興的跡象，不過詞的時代早已過去，清詞的發展也只是量的擴張而已。清代名詞家有納蘭性德、朱彝尊、厲鶚以及晚期的譚廷獻、鄭文焯、朱祖謀等人。在戲曲與小說方面，清代倒也占有比較重要的地位。明末清初，傳奇文學又興起了，如王世貞的《鳴鳳記》、湯顯祖的《牡丹亭》、洪昇的《長生殿》、孔尚任的《桃花扇》等，都是名作。明清小說是由宋人話本演變而來的，其結構大致是將每書分成若干回，所以又稱章回小說，清代這類小說以曹雪芹的《紅樓夢》、吳敬梓的《儒林外史》等為最著名。

宋元以後，中國方志學已從簡略的圖經演變成內容兼記史地各事，並具經世教化功能的專書了，而且在名稱與體例方面又不斷的創新，成為「以志為史」的地方文獻總匯。到了清代，隨著經濟、文化的繁榮與發展，方志學又到達了另一個興盛的時期，以下事實，值得一述：

㈠**政府的提倡**：清朝政府雖是異族入主，但是帝王們都知道方志是「輔治之書」，因而大加提倡纂修的工作。在康雍乾三朝，各省的通志就先後修成了十六種，而《大清一統志》又在乾嘉時代經歷三次編修。政府更為各地修方志頒定通行體例格式，甚至還規定各州縣志書每六十年一修之例。由於政府對修志的重視，現今存留的清代方志數量極為可觀，約占現存我國古方志總量的百分之八十。清代上自全國性的一統志和各省通志，下至府州縣鎮鄉，旁及土司衛所等地，無不有志。甚至連剛內附的臺灣地區，清朝統治期間，竟也先後修成各地方志三數十種，不可謂不多了。

㈡**學者的參與**：清代各地修志風氣很盛，與學者們的參與也有關係。由於明末王學的空疏與盛清文字獄的大興，不少學者捨棄經學與史學的研究，轉而注意到方志的修撰工作上了，而且強調表章人才與美化風俗之事，這是清朝政府所願見的。大儒如黃宗羲、顧炎武、章學誠、洪亮吉、李兆洛、杭世駿、段玉裁、姚鼐等等都修過方志，而

且內容極為可觀，他們的著作可以躋身於學術論著之林。也有人對古地志資料輯佚方面做了很多的工作，如王謨的《漢唐地理書鈔》、馬國翰的《玉函山房輯佚書》等等，都是具體的成就。

清代文字獄對方志的內容是有一些影響的，因為地方官要重修志書時，往往事先須詳報，修成後由督撫核明具奏，候旨發回，再行刊佈。同時對一些被認為有反清思想的人物，規定不得刊登他們的傳記，在名勝、古跡、藝文等項中如有記寫他們詩文、著作目錄的，一併加以刪削，這當然是方志學演進的阻力；不過，清代因修方志而發生的文字獄雖有數起，都不嚴重，而方志修纂前後報准與送審的規定為期也不長，執行的也並非嚴格，因此清末各地仍大修方志，產量極多，由此可證方志的出版與研究都沒有受到文字獄太多的影響。相反地，考據學的盛行，卻使方志內容「無徵不信」，因而不少志書的水準與可信度大大的提高了。

族譜學自宋元以降也在「國之有史，猶家之有譜」的潮流中發展，到清初修譜的人常懷為睦親族、化風俗而修譜的宗旨。文字獄對族譜也有些影響，因為修譜的人在用字遣詞上都得很小心，以免犯忌而遭禍。不過，這並不妨礙清代族譜學的正常發展，而且受考據學派的學風影響，學者修譜變得謹嚴起來了，一掃過去攀附華冑的習氣，主張求真求實，善惡並書，這是比以前各朝更進步的了。因此在眾多的清代族譜著作中，雖然出於俗師之手的俯拾皆是，內容實無可取之處；但是也有不少名家所修的族譜，如宋犖、紀昀、郭松燾、朱次崎等人，他們不僅考證精詳，同時也以平實可信為主，在我國族譜學發展的過程中，清代的譜學與譜書，也是有著特殊地位的。

第十章　乾嘉時代與清代的中衰

第一節　淺論清高宗乾隆皇帝

　　清高宗乾隆皇帝在位歷時六十年（1736～1795 年），加上內禪以後又做了三年多的太上皇，享國之久，在我國歷史上是不多見的。在他近九十年的生命中，家族中五代同堂，他曾經六次巡幸江南，成就「十全武功」，並有五萬首的詩文創作，實在可謂多姿多彩，沒有虛度一生。他在歷史上的功過，以往兩百年間，雖然有不同的評價，但有幾點應該是多數人公認的、肯定的，現在先就好的方面作一簡述。

　　清人入關以後，平定南明反清勢力，消滅三藩並逼使臺灣內附，使中國形成統一國家；但是邊疆地區仍不平靜，而國內動亂也非絕無發生。乾隆一朝就是很好的例證。他在位期間，先後兩征大小金川，推行改土歸流，使西南疆域內地化。兩平外蒙準噶爾，加強了我國西北的邊防。消滅大小和卓木叛亂，鞏固回疆治權。建立金奔巴制度，改善了清廷對西藏的有效控制權。臺灣林爽文之亂的平定，重建了王師在海外的威信。這些守成而兼創業的戰役，不僅完成了清初以來清代帝王未竟的事業，同時也更加強了中央的集權，從而進一步鞏固和發展了我國統一的多民族國家，使清帝國的領土大為擴張，成為一個從外興安嶺到南沙群島，從庫頁島、臺灣到巴爾喀什湖、葱嶺的大帝國。所以清高宗對我國民族的融和與疆域的增大是有肯定貢獻的。

　　國土的擴增固然是可喜的大事，但是如果增多的土地不被利用則

就是遺憾的事了。根據清代史料的統計，順治年間，全國耕地數字為兩百多萬頃；康熙間增加到六百萬頃左右；乾隆十八年耕地增到七百零八萬多頃，乾隆三十一年則為七百四十一萬多頃；嘉慶間則為八百萬頃上下了。這些數字還不包括很多官田、隱地以及邊疆上的「夷地」、「番地」、「猺田」、「苗田」、「土司田」等等的，所以乾隆朝耕地面積的增加快速是無疑的事實。

　　乾隆時代雖然憑藉武功擴張了疆土，但耕地面積的大增實又與獎勵墾荒與大興屯田的政策有關。墾荒政策在康熙時代即已推行，特別在四川、雲貴、湖廣、東北等地廣人稀的地區，放寬墾荒土地起科的年限，並由政府借給資金、耕牛、種子，甚至以墾荒成績作為地方官的考核項目或用任官作為富人去邊疆雇工開荒的獎賞。清高宗繼續執行此一政策，並嚴格考核那些「名為開荒，而實質加賦」的弄虛作假省區，因而有了進一步的成果，使我國耕地面積增加很多，尤其是邊疆地區，如奉天各屬的旗地民田在雍正年間共約八萬五千三百餘頃，到乾隆四十五年已達十五萬六千七百多頃了。乾隆十三年吉林各屬的民地只有一千五百八十多頃，到乾隆四十五年則變為一萬一千餘頃了。此外熱河、察哈爾、寧夏等地也有新增的墾地，連郭爾羅斯游牧處所都開墾出熟田二十六萬五千多頃。臺灣的情形也是一樣，乾隆年間解除了渡海的禁令，閩粵人民才大批來臺墾荒，正如蒙古、東北、西南地區同樣的結果，漢人得以大量的移居邊區。乾隆時期又在新疆、青海、西藏等地大規模的興辦屯田，有兵屯與民屯兩種方式：兵屯是綠營兵屯田，使部分軍隊操練，部分屯墾，以供給邊地駐軍的糧餉。民屯則包括由內地遷入邊疆的民戶與商戶，向國家領取土地屯田。以天山北路而論，乾隆三十一年軍屯地有十七萬七千多畝，民屯地十四萬七千多畝；然而到乾隆四十二年，該地區的軍屯地增至二十二萬七千多畝，民屯地則增為二十八萬多畝，增加的幅度與速度都不能說不快。

總之，開荒與屯田確實使耕地與農產物品大為增加，對邊疆地區的社會經濟發展也有積極促進的作用，而最重要的，這些政策的成效是表現在鞏固國防與我國多民族的經濟、文化以及血統的交流與融和等方面。

乾隆時期不但對疆土擴展與耕地增加方面作了貢獻，他對人民生計的顧惜與對工商業的發展也極為關心。他在位六十年間，仿照康雍時代的舊例，常常蠲免或減省各地人民應繳的稅款，例如為了他的登基、六十壽辰、聖母八十壽辰，以及禪位給仁宗嘉慶皇帝等喜慶場合，都曾下詔「將各省應徵錢糧，通行蠲免一次」，或是將各地以前人民「積欠錢糧，悉行豁免」。當然遇到民間有水旱蟲災，或是民貧土瘠等事，也會減免人民的賦稅。盛清帝王的這些顧惜民生措施，不只是減輕了一般廣大農民的負擔，免於貧民的走險叛亂，同時也使土地所有者獲得更多的益利，而更願意與政府合作，因此減免稅收與賑濟災荒，所得的效果是多重的，乾隆帝的「聖恩浩蕩」形象也因此而生。

然而他在財稅政策上的另一成就是繼續執行雍正時期所新創的「丁隨地起」稅法。清朝早年稅制中有田賦、丁銀等大項目。康熙五十一年（1712 年），皇帝為了施恩廣大貧民，實行「盛世滋丁，永不加賦」政令，就是從這一年以後增加的人丁戶口不再增加租賦。但是全國人口不斷的變化，滋生的人丁既不加賦，舊有丁戶有因死亡等因而人丁減少的仍照原數徵收，這是不盡公平的。因此雍正二年（1724 年），世宗正式下令：「各省將丁口之賦，攤入地畝，輸納徵解，統謂之地丁。」這就是廢除了人口稅，只收土地稅，所以有「丁隨地起」或「攤丁入畝」之稱。這項改革不只是稅制上的一大創新，同時也有著劃時代的重大意義，因為從此地多者納稅多，地少者納稅少，是公平的稅制，對貧富不均的情況有著緩和的作用，也提供了一般人民改善生產與生活的條件。由於乾隆皇帝在統治的六十年中，持續的實行

此項財稅政策，終使當時的中國在社會經濟上出現了變化。人口統計數字的大增是最明顯的事實，根據清代官書的記載，康熙五十年（1711 年），全國人口僅登錄為一億二千三百一十萬，雍正十二年（1734 年）則增為一億三千多萬，乾隆二十年變成一億八千多萬，而到乾隆六十年（1795 年）時，竟突破了三億的大關。當年的人口調查統計不一定十分正確，而人口的突然大增除了生活安定人口繁衍容易外，大量原先脫稅隱報與流亡的人口回到地面之上、回到家鄉應是數字直線上升的一因，人口的增加與回歸地面，對精耕細作與荒地開墾都是有幫助的；但是耕地的增加與人口的增加不能成正比，因此農村過多的勞動力便流向都市，因而促進都市手工業與商業的發展，政府也從農業、工業與商業中獲得了大量的稅收，所以乾隆一朝國庫的存銀始終有增無減，原因即在於此。

　　乾隆朝在對外關係方面也有不錯的表現，他對英國的種種要求一概堅決拒絕，雖然有人批評他閉關自守、不識外務；不過就當時人的知識與觀念而言，他確是在保護國家主權與領土的完整，維持天朝大國的顏面。俄國人在乾隆二十年代以用武來威脅清廷允許他們在黑龍江上的航行權，高宗也不予同意，並命令邊防官兵隨時「照私越邊界辦理」，可以擊殺。俄國又在西北一帶「造屋樹柵」，越界耕作，高宗則指令烏里雅蘇臺將軍前往拆毀屋宇與木柵，並每年查邊，以防侵犯。對於亞洲的鄰邦如朝鮮、琉球、緬甸、越南等國，清高宗基本上是以和平友好的態度對待的，即使緬甸、越南、廓爾喀等國一度與清朝發生過戰爭，但戰後仍是友好相處的。

　　清高宗個人以及乾隆一朝的政事並非完美無缺的，現在就再來談談當時不理想及有問題的地方。

　　乾隆皇帝繼康熙、雍正兩朝之後為君，他是在承平歲月中長成的。所謂「十全武功」不少是反映國家發生問題與清代由盛而衰的徵兆，

但是在他強大優勢兵力的鎮壓下都先後被平定了，這使他變得更為自滿自信，相信武力可以解決一切問題。加上當時國庫豐盈以及他個人本性上的貪喜逸樂，因而產生了好大喜功與奢侈浪費的風氣。以「十全武功」而言，十次戰爭中真正得到絕對勝利的戰役並不多，有幾次是勉強結束戰爭而已，真不知何武功之有？他一生據說寫成的詩有五萬首，他自認為唐朝三百年間二千多位詩人著作的總和比不上他，可謂文壇佳話。其實他的詩作中有很多是別人為他捉刀的，也有很多是不工整的打油詩，以多產的名詩人自許是不切實際的。諸如此類，都是好大喜功的明證。大臣們望風承旨，一時蔚為風氣，這對國家行政是絕對有害的。奢侈浪費可以在他六次南巡與若干項宮中慶典裏窺知，他雖然表面上在諭旨中一再要求官員節儉，禁止官場請客送禮，特別是向皇帝獻禮，但是他只是說說而已，並沒有採取嚴厲措施，嚴格執行。上有好者，下必有甚焉，因而清代若干官員的浮華不實、窮奢極侈之風也因而增長。過奢華生活是需要大量金錢的，乾隆後期的吏治敗壞、貪風大行，正是浮誇浪費風氣的惡果。清高宗自己也知道「各省督撫中潔己自愛者，不過十之二、三，而防閑不峻者，亦恐不一而足。」我們現在從乾隆後期御史們彈劾貪官的奏章多於前朝，以及密記檔中貪官自認罰款事多發生在乾隆末年，便可以證實當時貪污盛行的實狀。

官員貪污揮霍，真正被剝削的還是人民，因此乾隆年間儘管社會生產力發展較快，國庫頗有餘裕，皇帝不斷免稅賑災，但是民間遇到自然災害侵襲或官員過分壓榨時，民變就發生了。小則農民抗糧、工人「齊行叫歇」，大則如山東的王倫起事、甘肅的蘇四十三等人的起事、臺灣林爽文、莊大田等人的起事，便在一夕之間出現了，而且是在全國各地發生的，可見大清帝國真正的有問題了，以下我們就乾嘉時代的大事作一簡要觀察並略析清代中衰的主要原因。

第二節　乾隆年間的政軍實狀

　　乾隆初年，由於皇帝寬嚴並濟，明罰飭法，政壇風氣還算不差，即使官員們有苞苴請託之事，也都只敢在暗中進行，可以說人人尚知畏法。然而自乾隆二十年以後，貪風漸起，如山西布政使蔣洲竟虧空公帑兩萬餘兩，經審訊得實後，蔣洲等人都處了死刑。乾隆三十五年，貴州巡撫良卿也因婪贓被殺。這些人固然都是政風轉壞、官吏貪瀆的實例，不過，若與乾隆四十年以後相比，真是小巫見大巫了。因為當時和珅專寵用事，中外多為他的私黨，上下貪財嗜貨，相率成風，以致吏治敗壞得不可收拾。現在先舉山東巡撫國泰的案子，作為說明。國泰是和珅的私人，他任山東巡撫時勒索屬員，並虧空藩庫銀兩達數十萬兩。在上的巡撫虧空，各州縣也靡然從之，多有虧空達幾萬兩的。山東布政使于易簡本是管理地方財稅的專職官員，他不但沒有上奏實情，反而與國泰朋比為奸，縱情收取賄賂。乾隆四十七年，御史錢灃據實呈奏，皇帝召對之後，決定由和珅前往勘查。錢灃以為不可，皇帝最後同意他與和珅同往。錢灃拜命以後，先行到了山東，並微服查出和珅派出的信差，後來又在這個差人身上搜得國泰給和珅的私函。和珅知事洩，加上參與查案的欽差大臣還有左都御史劉墉，也是當時清正無私的大臣，所以在審案時和珅不敢有所瞻徇，結果國泰、于易簡等都問斬，其他有關連的官員，也有被革職拿問的。清高宗曾為此案降諭說：「近年侵貪案件，屢經敗露。……今又有山東國泰之勒派屬員，婪索多贓，而屬員中亦有虧空者，豈水懦民玩，遂致僥倖身試，愍不畏法者多耶？」可見當時疆吏之貪瀆如國泰的，尚大有人在。此外甘肅捐案的穢亂，更是驚人，連皇帝都說是「從來未有之奇貪異事」。這件貪案爆發於乾隆四十六年，皇帝發現曾任甘肅布政使王亶望

竟捐銀五千兩協助辦理海塘工程，而與王亶望同在甘肅服官的王廷贊也奏繳積存廉俸四萬兩，以資助兵糈。皇帝認為他們僅僅是個藩司，家產何以如此豐富，於是便派大學士阿桂與陝甘總督李侍堯查辦。原來甘肅一帶出產米穀不多，為了邊地倉儲的充實，乃有當地布政使司收捐監糧之條，行之日久，弊病也發生了。據阿桂初步調查後向皇帝報告說：「甘肅收捐監糧，係王亶望任藩司時，慫恿勒爾錦（按係當時陝甘總督）奏請開例。且一面奏立規條，一面即公然折色包捐，故王亶望得擁厚資而去。」折色就是不繳糧穀而改繳銀兩。後來據王廷贊供稱：「甘肅糧價較賤，折色定數，以五十五兩買補還倉，足敷定額。又因捐生多在省城，改歸首府收捐，仍將銀兩發給各州縣購買糧石，補填倉儲，按季申報。」清朝政府認為捐監收糧，原本是為倉儲賑濟的，何以能公然的定數折色呢？況且甘肅省每年報災需要中央賑濟，糧價一定是昂貴的才合理，以五十五兩的數目是絕對不夠採買的。現在又稱說糧價不貴，則必然是豐收的結果，如此則捏災冒賑就是顯然的事實了。王亶望等人「既私收折色於前，復勒買冒銷於後，上下一氣，通同營私，不可不徹底嚴查。」皇帝於是下令將王亶望拏交刑部嚴審，並諭令阿桂將歷任道府對冒銷賑濟案中勒買分肥的情形，一一參奏。經過嚴查會審以後，結果將勒爾錦、王亶望、王廷贊、蔣全迪等人處死，其餘地方各級官員牽連犯法的程棟、陸煒、楊德言等二十二人也「立坐死」，這是當時轟動全國的大案之一。

　　乾隆朝末年官吏貪瀆案件，為數很多，經發覺而治罪的固然累牘皆是，若干未經發覺，或經人指摘而事先彌補不成犯罪案件的，數量更多，以上國泰與王亶望二案只是諸案中比較顯著的。當時還有伍拉納、浦霖的贓款累累，富勒渾、黃梅等婪索層層，在乾隆五十年至六十年間，陸續爆發，喧騰全國。另外江蘇句容書吏的侵盜漕糧、高郵糧書的私印冒徵，侵漁款項動輒數十百萬兩，而官司屬員，合通一氣。

不但一省如此，很多省區亦復有類似貪案發生。吏風之轉敗壞，國勢之變衰微，由玩法比比的現象可以窺知其大概了。然而清高宗仍不自覺，反一味粉飾，當乾隆五十五年內閣學士尹壯圖奏稱：「近有嚴罰示懲，而反鄰寬縱者，如督撫自蹈衍尤，不即罷斥，罰銀數萬，以充公用，因有督撫等自認應罰若干萬兩者。……是罰項雖嚴，不惟無以動其愧懼之心，且潛生其玩忽之念。」尹壯圖又說：「各督撫聲名狼藉，吏治廢弛，經過各省地方，體察官司賢否，商民半皆蹙額興嘆，各省風氣，大抵皆然！」皇帝不信其報告，認為他空言籠統，乃派員與尹壯圖往各省查驗，經過山西、直隸、山東、江南各省，由於大多事先彌補，以致無一虧短。尹壯圖乃以造作虛假，革職交刑部治罪。直到嘉慶四年，太上皇病逝，和珅伏誅以後，清仁宗再起用尹壯圖，並說當年盤查時，「各該督撫等冀圖蒙蔽，多係設法挪移，彌縫掩飾，遂致以陳奏不實，降調回籍，此皆朕所深知。」可見高宗晚年的若干作為已不能為他的兒子苟同。尹壯圖的冤屈雖遭洗雪，但是清代中衰的命運已無法挽回了。

　　乾隆中期以後一般吏治政風敗壞如此，不少史家認為與和珅得皇帝專寵一事有關。和珅是滿洲正紅旗屬下人，由於他聰敏過人，遇事機牙肆應，尤其會揣測人君的喜怒心意，所以由一個官學生充鑾儀衛校尉，而在短期內陞為副都統、侍郎，終於入軍機、拜大學士，不但貴為首輔，爵封上公，連他的兒子也娶了公主變為駙馬，在當時的八旗大臣中，他受到的寵眷是罕有其匹的。由於高宗皇帝對他倚庇甚篤，中外高官也就對他敬畏有加了。和珅是個貪得無厭的人，專以聚斂自豐為職志，當時各省督撫司道都怕他陷害，不得不奔走其門下，結為奧援，即使朝廷中很多權貴高官，也有鑽營其門下的，所以一時鬻爵賣官，招權納賄，和珅無所不為，權勢之隆，真是無以復加。傳說宮中某處陳設有碧玉盤一只，直徑一尺，是高宗所最愛的古玩，一日被

七皇子不慎打碎，七皇子極為駭怕，想到請和珅幫忙，和珅乃從家中取來一個色澤比打碎的更好的玉盤，而直徑竟達一尺五寸，如此才為七皇子解決了問題。又說孫士毅從越南回京，攜來一個大如雀卵明珠造成的煙壺，和珅一見喜愛，想要孫士毅贈送給他。孫士毅故意說已向皇帝奏明，必須呈進。過了幾天，孫士毅在軍機處的值廬中與和珅相遇，和珅對孫士毅說：「昨亦得一珠壺，不知視公所進奉者若何？」孫士毅一看，正是他日前進呈的寶物。至此才知道四方進獻的珍玩，很多上品都到了和珅家中，次等的才入宮收藏。這雖是野史傳聞，但從後來和珅被殺，由抄家的清單上看來，金銀珍寶竟列有一百零九號之多，看來有關他的這些傳言似乎也並非全無根據的了。而且和珅的宅第有「園寓點綴，竟與圓明園蓬島、瑤臺無異。」在蘇州還為他自己預造了陵墓，可比皇陵，被稱為「和陵」。這樣專擅不法、貪婪自斂的權臣，掌權竟達三數十年之久，國家政事吏治焉得不壞。因此，乾隆時期儘管社會生產力發展得很快，人口滋生了很多，國庫也很豐裕，社會上呈現太平的景象，但人民實際的生活並沒有改善多少，若遇上天災人禍的發生，民間的動亂就隨時發生了。

　　一般的民間動亂是可以靠政府的軍隊平息的，乾隆末年各地民變此起彼落，有些竟需費時多年而且動員大量兵力才能平定，這就暴露了當時政府中的另外一個問題，那就是軍事方面的弊病。

　　乾隆朝軍政敗壞與軍備廢弛的實情我們可以從「十全武功」的某些戰役中看得出來。在平定準噶爾的戰役中，班第、鄂容安等人已明知阿睦爾撒納謀反心意，清高宗也指示他們「宜乘其未發，誅之。」阿睦爾撒納突然率部眾從額爾濟斯河小道往北逃遁，並煽動外蒙諸部叛亂，終使班第與鄂容安二人被叛軍圍困自殺身死。高宗聞訊後震怒，命策楞為大將，玉保、富德、達爾黨阿為參贊，從巴里坤出發進剿。玉保一軍正在急速西進時，準部叛軍忽來報稱阿睦爾撒納已被他們擒

獲，準備前來呈獻。玉保不加調查，信以為真，立即向策楞報告，策楞也不問究底，立即向皇帝奏呈捷音。誰知停軍數日之後，阿睦爾撒納已遠逃到哈薩克去了，策楞等這才知道中了他緩兵的騙計。策楞、玉保因此革職，任達爾黨阿為將軍，這位將軍也不懂軍務，聽取不實的情報而信以為真。當時清軍已追到哈薩克邊境離阿睦爾撒納僅二、三里的山谷時，哈薩克人又來謊報即刻獻上逃酋，達爾黨阿於是停軍等待，結果讓阿睦爾撒納安全的逃回伊犁，殺害此前被騙的策楞、玉保，達爾黨阿還在邊界屯兵，等待不費一兵一卒的擒得要犯立大功呢！

又如在對回部的戰爭中，乾隆二十三年時清領隊大臣愛隆阿的大軍幾乎打垮了叛亂的回軍，大小和卓木兄弟最後只帶領了殘兵敗將八百人竄入庫車城死守。清廷任命的靖逆將軍雅爾哈善以為庫車一城可以圍而殲之，只要使大小和卓木彈盡糧絕，最後必會投降。於是將軍們只在營內飲酒作樂，不作任何應急的準備。忠於清軍的回民降將鄂對曾勸諫過雅爾哈善，認為「賊必不株困危城，勢必遁。遁有兩道，一由城西渭干河涉淺渡，一由北山口向阿克蘇戈壁，請於兩要隘各伏千兵以待。」但是雅爾哈善不以為然，仍然整日下棋、飲酒，不作任何佈署，結果大小和卓木終於在一個夜晚，乘黑突圍，經北山口出逃。守衛的清軍副都統順德訥聞信，推託夜黑不發兵追擊，第二天一早也只派出騎兵一百追擊，當然毫無結果而還。

金川之役，清軍將領們的表現更值得一述。乾隆十三年，金川動亂初起，張廣泗在險阻的地勢中用兵無成效，高宗乃命訥親為經略，訥親不熟悉軍事，卻狂妄自大，「持其才蔑視廣泗」，企圖急取勝利，強令清軍於三日內攻克石碉，「將士有諫者斬」，結果清軍總兵任舉、參將賈國良及士兵多人戰死，傷亡極為慘重。訥親遭此敗績後，「懾伏不敢出一令，每臨戰避帳房中，遙為指示，人爭笑之，軍威日損。」張廣泗對於這位氣盛而膽怯的訥親，極為輕視，「陽奉而陰忮之，諸將

無所稟承，率觀望不前。」由於經略與總督不和，軍心渙散，據說「有三千軍攻碉，遇賊數十人，闃然下擊，其軍即鳥獸散。唯日乞增兵轉餉，至有欲乞達賴喇嘛、終南道士為之助戰。」難怪皇帝大怒，立褫其職，令往邊塞效力。無獨有偶的，在乾隆三十八年金川動亂再起時，溫福被任命為定邊將軍，而溫福又是一位剛愎自用，不聽將士意見的統帥，竟然襲用過去訥親以碉逼碉的戰略，造成極大損失。但是溫福還存著易勝輕敵的想法，逗留大軍於木果木，不作進攻之舉，而提督董天弼又常與諸將飲酒作樂，終致木果木大敗而溫、董等人身亡。定西副將軍明亮事後也說：「溫福乃狃於易勝，不復調檄各路兵馬，惟日與董提督天弼輩，置酒高宴。額駙色布騰巴爾珠爾屢勸阻，溫反劾其惑軍心，高宗召還額駙。時護軍統領伍岱，遼東驍士也，見溫所為，嘆曰：『吾聞速拙，未聞遲巧，焉有屯兵賊境，而日以宴會為務，吾固遼東健兒，未審有若此能致勝者。』溫大怒，以他罪遣戍。……人心益懈。」大、小金川的戰役最後是在阿桂、海蘭察、明亮等苦戰後獲勝的，不過還是靠了「健銳」與「火器」二營的火力致勝的，《聖武記》中說「有征伐則皆以此勁旅制勝」。然而到嘉慶四年，經略勒保向皇帝上奏：「健銳、火器兩營京兵，不習勞苦，不受約束，征剿多不得力，距達州七十里之地，行二日方至，與其久留糜餉，轉為綠營輕視，請全撤回京，無庸續調！」清朝精銳部隊的實力衰微，至此已暴露無遺。

　　明亮又提到在金川之役木果木戰敗之後，溫福被擒殺，全軍潰散的情形，他說：「自相踐踏，終夜有聲。吾方結營美諾，見潰兵如蟻，遣人止之，兵少安。適有持銅匜沃水者，誤落地，驚曰：追者至矣！群起東走，勢不可遏，其喪膽也若此。」根據上述，則健銳、火器二營以及綠營軍都已暮氣沉沉了。其實不僅健銳、綠營如此，乾隆三十二年高宗巡幸津淀，當天風大，水師操練極不成功，都統指揮官為奉

義侯英俊，他已年老力衰，所傳號令都不正確，水師技藝不佳，隊伍陣形又紊亂，而且喧譁不絕，以致皇帝不樂，諭令降革英俊等人職務。津門附近海口水師是雍正時為守禦京畿海口而設立的，三十多年的光景就腐敗得如此不堪，可見軍備敗壞的梗概了。

乾隆末年，軍事廢弛，其原因很多，如營伍奢侈、糧司侵餉等也是其中最顯著的事實。據當時從軍的宗室副都統東林說：「軍中糜費甚眾，帑餉半為糧員侵蝕，濫行冒銷。有建昌道石作瑞，侵蝕帑銀五十餘萬兩，延諸將帥會飲，多在深菁荒麓間，人跡罕至之所。魚蟹珍饈之屬，每品用五、六兩，一席多至三、四十品；而賞賜優伶，犒賚僕從不與焉。有某閣部初至，石饋珍珠三斛，蜀錦一萬匹，他物稱是。」這些說法也許略嫌誇張，但軍營的奢侈與侵蝕確是不爭的事實。有人以為軍中風氣的變易，福康安應負一些責任，因為這位才能不足為將帥的人，卻因家世關係，在乾隆一朝中屢膺重任，參加了不少戰役，而且都出掌兵符。他經常妄作威福，到處婪索，每天羅食珍異，飲酒作樂，開營伍奢侈之端。這也是後世人評乾隆末期政治之衰敗，乃內壞於和珅、外壞於福康安的原因所在。

乾隆時期的政軍實狀已略述如上，相信我們也從而可以窺知清代自乾隆末葉而中衰的一些緣由來了。

第三節　乾隆南巡略論

乾隆皇帝在位六十年中，常常把「西師」和「南巡」列為他政績的兩大成就。「西師」是指對準部、回部以及大小金川叛亂的歷次戰爭而言，這些史事已在前幾章敘述過了。「南巡」是他六次到中國南方來巡幸，從乾隆十六年開始，到乾隆四十九年為止，前後歷時三十三年。南巡確是乾隆朝的大事，因為對當時的國家與社會都發生了相當的影

響，包括正面的與負面的影響。

　　清高宗第一次南巡是在乾隆十六年（1751 年）正月十三日由京師出發的，先經陸路從直隸、山東到江蘇的清口（清江市），再渡黃河、閱天妃閘，坐船沿運河南下，經揚州、鎮江、丹陽、常州、蘇州，抵達浙江。在浙江省境先經嘉興、石門到杭州，在這裏他登觀潮樓閱兵、親臨敷文書院、遊覽西湖名勝，然後渡錢塘江至紹興祭禹陵。回鑾時則繞道江寧（南京）祭明太祖陵、閱兵，和皇太后等宮眷參觀江寧織造機房，看匠人織布。離開江寧後即沿運河北上，到蔣家壩、高家堰等處視察黃河工程，在順河集登岸，由陸路經泰安府東岳廟拈香，五月初四日回到圓明園。

　　其後五次南巡分別是在乾隆二十二年、二十七年、三十年、四十五年以及四十九年間舉行，離開京城的時間每次都是在正月中旬，返抵京師則在四月底或五月初，就時間上看，每次南巡都費時三個多月左右。在行程的安排上，也大同小異，如視察河工、杭州閱兵、參觀織造機房、祭禹陵與明太祖陵、遊覽杭州與南京名勝等等都是必然有的，有時也加上拜謁孔林等節目，或在訪問地方的先後次序上作一些調整。最後一次南巡結束時，清高宗已是七十五高齡的老翁了，他在一首詩中說：「六度南巡止，他年夢寐遊。」這雖然說明了他緬懷往事，充滿一片依戀之情，但也充分表現了精力衰退老人的無奈心境。

　　清高宗六次南巡並非只為遊覽江南山水而成行的，他的巡幸有著多層的動機與目的，例如：

　　㈠**調和滿漢關係**：在六次南巡當中，幾乎少不了祭禹陵、祭明太祖陵，並規定對沿途所經三十里以內地區的歷代帝王、名人祠墓以及著名神廟都親自或遣官去讀文致祭或焚香敬拜。如第四次南巡在江蘇一省就遣官前往周代的泰伯、吳國的季札、子游、宋代的宗澤、范仲淹、韓世忠、清代的張玉書、趙申喬、陳鵬年等等名人祠墓上香。在

江寧境內又派官去晉代卞壼、宋代曹彬、明代李文忠祠、徐達、常遇春墓以及方孝孺等一百十八人合祠焚香。第六次南巡途中，在山東一省，皇帝就親自到岱廟行禮、謁少昊陵奠酒、祭祀周公廟、臨孔廟瞻禮、去孔林祭酒。諸如此類的對漢族先賢禮敬，不外是對廣大漢族人民表示滿漢一家，藉以消弭漢人的反滿情緒與思想。

㈡宣揚皇恩浩蕩：由於清高宗的好大喜功，同時也為達到某些政治上的目的，在六次南巡中，皇帝是隨時隨地利用機會來「用播德音，以符寬大」的。乾隆十六年第一次南巡時，皇帝就下令將沿南巡路線的省份如直隸、山東、江蘇、浙江等巡幸所過州縣當年應徵額賦蠲免十分之三。江寧、蘇州、杭州三地是省城，又是高宗駐蹕之地，因而將這三城與附郭諸縣的當年地丁銀兩全部免繳。其後的幾次南巡，也都有類似的「宣布渥恩」。另外在軍流以下人犯的處分方面，每次南巡都降諭「減等發落」，即減輕原判的刑罰。第六次南巡時，更因為天旱祈雨，減刑的地區除巡幸所經的蘇、皖、浙以外，又把重點轉移到直隸、山東等地方。這些措施除了能滿足乾隆皇帝的虛榮心以外，對安定社會秩序，收買漢族人心，也都有著相當的助益。

㈢考察地方軍政：清高宗每次南巡，都會在江寧、京口（鎮江）、杭州等地閱兵，目的不只是在炫耀武力，檢閱的軍旅也不只限江南的駐軍，有時也令福州的水師來杭州接受檢閱。皇帝是確有心整飭營務，振興武備的。例如在第二次南巡期間，他在檢閱水師時，竟發現接駕的漢人綠營兵丁有奏簫管來歡迎他的，他極為不滿，並加以申斥，認為「身隸行武，當以騎射勇力為重。……若吹竹彈絲，技近優伶，豈挽強引重之夫所宜相效。」「嗣後行伍中但許用鉦鼓銅角，其簫管細樂概行禁之。」這一年他又看到外省駐防將軍與綠營提鎮等官外出時都坐轎子，不騎馬匹，他也大不以為然，傳諭警告這些武官說：「將軍督鎮有總兵官之職，若養尊處優，自圖安逸，亦何以表率營伍而作其勇

敢之氣？況旗人幼習騎射，即綠營中亦必以其弓馬優嫻，始歷加升用。」所以他下令以後駐防武官一律騎馬，不許坐轎，否則就以違反制例治罪。這是乾隆皇帝為整飭地方軍政，力圖保持軍隊長官人等勇武精神而下達的嚴旨，可見南巡是還有其他作用的。

㈣視察河工海塘：康熙年間，聖祖曾六巡江浙，主要是為了關心黃淮與江浙海塘的工程，以維護這些地區人民生命與財產安全的。清高宗六度南巡也是為了效法他的祖父，所以對黃河與海塘的工程也極為重視，甚至親身參與籌劃的工作。每次往返京師與江浙之間，皇帝都必對河工實地勘查，並予指示。第一次南巡時，他到淮安以後，看到城北一帶「內外皆水」，所以命令河臣將土堤「改建石工，以資保障。」對蔣家壩一帶與洪澤湖水流調節情形，皇帝也指示了加築石堤、增建水壩、沿堤植樹以及水壩不可隨便開洩等等，都是實用並有效的防洪策略。第二次南巡時，他察出黃河流經徐州地區，河身狹窄，夏秋漲水，容易決堤，因而下令在徐州一帶，添築石堤，並用石十七層，壯觀堅固。類似的指示，每次都有。另外他也諭令河臣築堤用石都應以經久耐用為準，地方官不必吝惜帑金。至於江浙沿海的海塘工程，一向也是地方上的大問題、大事件，乾隆皇帝每下江南，必勘察塘工，指示地方大臣妥為籌辦。其中值得一提的是第三次南巡時他竟在浙江海寧以「海塘得失策」為題，聽聽當地士大夫的意見，以作治理海塘的參考，結果仁和縣進士孫士毅的論文因提出因地制宜切實可行的辦法而得到皇帝的重視，蔣士毅也因此為自己日後在官場中鋪下了坦途。皇帝在視察工程、親試排樁以後，以為「惟有力繕柴塘，得補偏救弊之一策」，因而命令執事官員「歲修以固塘根，增坦水石簍以資擁護。」這種先暫時築柴塘以治標，等漲沙漸遠後再改築石塘，以為永久防潮之計，實在是當時所能做到的最佳辦法。高宗對知識分子意見的採納與對人民生活的關懷，由此可以窺知一斑。

㈤**重視人民生活**：在六次南巡之中，有些事實是可以表示清高宗對人民的生計是相當注意的。例如在歷次巡幸時，凡遇州縣被災的，都會得到較多蠲免賦稅比率，甚至全額免除。第二次南巡途中，他在徐州、宿遷、邳州、睢寧諸州縣看到「鶉衣鵠面，相望于道」的災民，他立刻下令給予賑濟並蠲免當地人民的賦稅。他又實行以工代賑，使災民們可以參加河防工程而有所收入。乾隆三十年第四次南巡，他又下令「將江蘇、安徽乾隆二十五年以前積年因災未完蠲剩河驛俸工等款，並二十六、七、八三年因災未完丁河驛等款及二十八年以前積年因災未完漕項，暨因災出借來子種口糧，民借備築堤堰等銀一百四十三萬餘兩，又來子種口糧內米麥豆穀十一萬三千餘石，概予蠲免。至浙江一省額賦本較江南為少，其積欠亦屬無多，著將乾隆二十六、七、八三年因災未完地丁銀兩並二十七年屯餉沙地公租，二十六、七兩年未完漕項等銀十三萬二千五百餘兩；又二十八年借給來子本穀一萬三千七百餘石，加恩悉行蠲免。」這些都是對受災人民的一些補救，對人民是不無小補的。

㈥**強化「書生」形象**：清高宗一直以稽古右文君主標榜自己，在歷次南巡中，尤其到了人文淵藪的江南，他更力求表現。他除了接見沿途的士紳學者以外，還有幾種特別的活動，用來籠絡文人的。第一次南巡在蘇、杭兩地，因為讀書人「踴躍趨近」，而且有不少人「以詩文獻頌」，皇帝就命令內閣官員對上獻詩文進行考試，選拔真才，結果江蘇省的蔣雍植、錢大昕、吳爛、褚寅亮、吳志鴻以及浙江省的謝墉、陳鴻寶、王又曾等都被「賜舉人，援為內閣中書學習行走，令其與考取候補人員一體補用。」第二次南巡時蘇州經學家顧棟高「獻所著詩書兩義」，高宗特賜他國子監祭酒。而且皇帝又命內閣「將江蘇、安徽、浙江三省本年歲試文童，照乾隆十六年例，府學及州縣大學增取五名，中學增取四名，小學增取三名，以樂育人才。」可見增額錄取

已不是第一遭了。第三次南巡時又把獻詩文的人如孫士毅、吳泰來、陸錫熊、郭元灝等人「俱著授為內閣中書，遇缺即補。」其他考中的沈初、王鑾等人賜舉人「挨次補用」。特別是第六次南巡時，因《四庫全書》已編纂完成，所以他帶了複繕六套中的三套，分別藏於揚州大觀堂的文匯閣、鎮江金山寺的文宗閣以及杭州西湖孤山的文瀾閣，以嘉惠士林，並告誡地方官員說：「如有願讀中秘書者，許其陸續領出，廣為傳寫」，不必過於珍護，致使士人「無由得窺美富」。當然在幾次南巡中，皇帝還經常召見年老退休返鄉的大臣，像梅珏成、沈德潛、錢陳群等人，與他們唱和詩章，或親題匾額相贈，流露了親切的情誼，令不少江南人既感動又感激。

　　清高宗六次南巡的活動，在政治上有調和滿漢種族隔閡的作用，在經濟上可以防災而增加生產，在社會上對安定秩序有幫助，在文化上有獎勵學術之功，總之，這些對清朝的統治具有鞏固與發展的正面影響。然而，乾隆朝的南巡也確有可以非議之處，而且對後世有著深遠而嚴重影響的，現在分述如後：

　　㈠**浪費人力財力**：據清代官書記載每一次南巡都需在前一、兩年就進行周密的準備工作，派人詳勘沿途道路，修橋鋪路，整建行宮，途中原有與陸續興建的行宮共有三十處，沒有建造行宮的地方則搭黃布城和蒙古包帳房住宿。每天行程陸路約五、六十里，水路八、九十里，往返共五千八百里，分四十多個站。每次隨行的王公大臣以及大小官員多達兩千五百人，巡幸的船隊在進行時常是一千多隻首尾相接，旌旗招展，御前大臣、領侍衛大臣、乾清門侍衛等所乘船及上駟院裝載御馬二十四匹的船在前行駛，批本奏事處、軍機處、內閣、兵部等官員及鑾儀衛、隨行轎輿、樂器等船隻隨之，岸上有騎馬官員沿河行走，御舟「安福艫」、「翔鳳艇」則用拉縴的河兵三千六百人，分作六班工作。沿河兩岸，凡是御舟經過之處，都派有兵丁守護，而農村男

子遇鑾駕經過時，即使在田間工作的，也得回家迴避。

　　按照禮儀的規定，無論是走陸路或水路，凡御駕所經之處，三十里以內，地方文武官員都應穿著朝服前來接駕。者民老婦、紳衿生監在空曠處排列跪迎。八十歲以上的老翁老婦則穿黃布或黃絹外褂，手拿高香跪接聖駕。在揚州、蘇州、杭州這些繁華大都市，需用彩綢、彩布搭建彩棚，點景，設香案，河道上設龍船燈舫，造成「巷舞衢歌」的喜慶氣氛。皇帝回鑾的時候，朝廷中的滿漢文武大員都要到涿州地方去恭迎聖駕。另外在南巡的隊伍當中，動用的馬匹約為五、六千匹、駱駝七、八百隻、大套驟馬車四百輛，規模不能說不大了。

　　有關南巡隊伍食物的問題，皇帝及宮眷每人當天有精美的膳食，地方大官還隨時進呈各地特別佳餚或其他的山珍海味。向例南巡時從宮中帶出茶房乳牛十五頭，膳房用的羊一千隻，預先運到宿遷、鎮江等地，不夠用時再通知京中補送。皇帝飲用的水也不是隨便取來的，而是由各地方供應的，如直隸香山靜宜園、山東濟南珍珠泉、江蘇鎮江金山以及浙江杭州虎跑等地的有名泉水。隨行官員的食物有從京中帶來的，有由地方供應的，三個月中的總耗數量相當可觀。扈從官兵及馬駝所需糧食柴草，則在每處大營附近一里外設買賣街，集合商人來貿易而取得。

　　清高宗每次南巡，不但中央政府與宮中為各事各物忙碌籌措，地方官員與縉紳富商更是耗費不貲。第一次南巡時，江南總督黃廷桂命地方富紳出錢接待，嚴催督辦，擾民極甚。刑部員外郎蔣楫在蘇州捐辦皇帝臨幸的大路，用了三十萬兩白銀。皇帝行宮中還得陳設書籍、字畫、瓷瓶等古董，按官階大小去設法「借用」件數，如督撫各負責二十四件、藩臬二司各二十件等等，也是苦極的差事。加上時鮮食品、水果茶葉、高級衣料等等的供應，實在使官員與富紳們有不堪負荷之感。

　　據上可知：乾隆朝的南巡，固然對政府與民間有不少好處，但是在人力與財力上的浪費也是相當可觀的，而且在三十三年之中連續發生了六次，巡幸所經的各州縣實在負擔太重。再說這種逢迎、浪費、奢靡的風氣長期維持存在，對政府施政與世道人心都是有負面影響的。

　　㈡敗壞吏治民風：清高宗六次南巡，他自己一再強調是「敬紹前謨」，是效法他祖父關心民間事務的；但是康熙朝六巡江浙，一直崇尚儉樸，大臣們也都能切實遵行。乾隆時的南巡，高宗雖然也在出巡前屢降諭旨，告誡臣工，不許他們苛索於民，要力戒紛飾增華，「凡屬虛文浮費，概宜盡力摒除。」甚至於他還警告隨行的滿漢文武各官，「皆當奉公守法，不得與地方官往來交際，潛通餽遺」，希望京中外省各官，大家約束，「違者以違制論」。對於沿途的鋪張點綴，他也下令禁止或表示不滿過，例如乾隆二十年降諭說：「前者巡幸南省時，屢飭各督撫務從簡樸，而所至尚覺過於華飾，喧溷耳目。」「蘇揚城郭街衢間張設棚幔，已有旨飭禁，至沿途水次，從前俱設燈船或戲船臺閣，尤當通行嚴禁。」可見臣工們並沒有遵照他的話去做。乾隆二十七年南巡時，皇帝發現江南的行宮、各地的園林變得更富了，他曾經說過：「乃今自渡淮而南，凡所經過，悉多重加修建，意存競勝。……似此踵事增華，伊于何底！」這充分說明了皇帝歷次的諭旨，不但毫無作用，反而各地有了相爭競勝的現象。

　　在專制時代的當日，何以皇帝的諭旨不被大家重視而形同具文呢？這可能與清高宗言行不一有關。每次南巡之前，為了保衛皇帝的安全，規定「冒昧投詞」、「鄙俚詩文進呈」的人，都以「衝突儀仗」罪緝拿；但是高宗在蘇杭兩地則又以「群黎士庶踴躍趨近，就瞻恐後，紳士以文字獻頌者載道接踵」，而命令內閣對上獻詩文的進行考試，來選拔真才了。皇帝在運河中常露坐船頭，讓兩岸人民觀仰，他自己說：「夾岸老幼趨隨歡呼瞻仰，每入舫室，民若失望，憐其誠，冒涼有所弗避

也。」在陸路上行走時，他也常策馬而行，「既覽閭閻景象，兼便民瞻就」，「每顧而樂之」，皇帝好大喜功的心態由此可見。南巡時駐蹕的行宮，按旨令除揚州一地的以外，「其餘各處行宮概無得陳設玩器」；可是大臣們知道皇帝好古玩，因此書籍、字畫、端硯、掛屏、大小穿衣鏡、香爐以及地方土產總是大量並找最好的供應，以求得皇帝的歡心。清高宗及宮眷們喜歡看戲，所以織造衙門例需演戲。然而兩淮鹽務衙門與揚州鹽商表現得最賣力，他們花錢蓄養很多花雅兩部的戲劇人員，以備在御前獻唱。「雅部即崑腔，花部為京腔、秦腔、弋陽腔、梆子腔、羅羅腔、二簧調，統謂之亂彈班。」全國精華戲劇可謂齊集一堂了。皇帝為了共襄盛舉，有時也會從京中帶來回民扒竿繩技的特技人員一批，到南方各地演出，雖說是君民同樂，但也因此助長了浮華遊樂的風氣。此外，皇帝也了解地方每次接待他的籌款情形，他說過：「地方官知朕不肯累民，動以商捐為藉口，殊不知官取給於商，而商人所捐，孰非民用所給？」似乎他並不願意鹽商與皇商的捐銀。可是第三、五、六次南巡，兩淮鹽商每次都捐出一百萬兩白銀供他「賞賚」，皇帝則以鹽商們踴躍急公、言詞懇切，不能拒絕而收下了。專制時代的大臣沒有一個不想得到皇帝寵信的，這種難得的南巡機會，當然會盡量利用以在皇帝前面表現了，因為這與他們的未來仕途關係重大，而投帝王所好，做帝王愛做的事了。還有一點，也許也是重要的，那就是有些官員可以借皇帝南巡辦差時在報銷上舞弊，由糜費國帑，榨取民財，以中飽私囊。他們常向皇帝說些「所費工料無多」、「聖恩賞給帑銀已盡足夠用」的不實言語，皇帝也就在「朕心稍釋」的表面話中混過去了。總之，儘管皇帝降旨告誡，但始終未見切實認真的執行，這種默許的態度，使得大臣們極力逢迎獻媚了。

　　綜上可知：乾隆一朝的六次南巡雖在政治上、經濟上、社會上與文化上有若干的貢獻，但是國家與民間財力人力的浪費以及吏治民風

的敗壞，卻是更能動搖統治地位基礎的。據說清高宗內禪後當太上皇的時候，曾經對當時的直隸總督吳熊光說：「朕臨御六十年，並無失德。唯六次南巡，勞民傷財，作無益害有益！」他悔咎的心情，可謂溢於言表了。

第四節　乾嘉時代的臺灣

乾嘉時代的臺灣，本書擬分以下兩方面來略作敘述：

一、乾嘉時代臺灣地區的開發

在鄭成功來到臺灣以前，漢人對臺灣的經營，雖然已經有很多年的歷史，但是實質上只是民間經濟性的活動為多。到明鄭驅逐了荷蘭人，光復寶島，才算是中原漢人在此地正式建立政權。鄭氏三王有計畫的開發，大規模的移植，使得臺灣成為有教化、有秩序的海外樂土。康熙二十二年，清有臺灣，對於反清復明的民族運動而言，確實是一大不幸之事；然而臺灣從此與中國名實成為一體，對日後漢人在臺灣的拓殖事業，卻有著極大的裨益。

施琅率兵定臺以後，清代中央曾有放棄臺灣的念頭，幸而施琅力爭，堅持主張留守臺灣，說臺灣土地肥沃，物產豐富，人煙輻輳，實在是海外的雄鎮，如果棄守，必為荷蘭人所得，將來禍患無窮。康熙皇帝召集群臣會議，最後才決定留守臺灣，並在第二年四月間下令設臺灣府，領臺灣、鳳山、諸羅三縣，澎湖設巡檢，置臺廈兵備道及總兵，隸屬福建省。清廷在臺灣設府縣，在行政制度上是與中國大陸行省所採行的體制相同，而與西北或西南等地新闢疆土以武官統治的方式不一樣，這是因為臺灣在當時已經過明鄭多年的治理，很多制度與習俗已與內地相同的緣故。然而這一文化條件卻決定了日後漢人在臺

灣開拓有成的重要基礎，這一點十分值得吾人注意。

　　經過這次明清交替的大變動以後，新來臺灣上任的官員們都有「井里蕭條，哀鴻未復」的印象。其原因是清廷怕明鄭的舊人在臺灣再起反清的運動，因而大量的把官兵人民內遷大陸，如此一來，臺灣人口一時銳減，明鄭時期開闢的田園又多歸於荒蕪了，這種「人去業荒」的現象，對當時臺灣經濟生產深具影響，加上大陸人民來臺有限制、官員不准攜眷入臺以及編查流寓的規定等等，使得原先安和繁榮的樂土，幾乎頓時變成了荒涼世界。所幸康熙中期以後，禁令漸弛，偷渡的人不但日益多了起來，有才識遠見的地方官也以招墾為務，大陸閩粵沿海居民乃大批渡海湧入，臺灣開發的局面才為之一變，出現了新機。

　　康熙六十年，朱一貴之變發生，清軍渡海來臺，變亂雖然在旬日之間即告平定，但是臺灣的若干問題卻在地方官員中發生了爭論，有人以為澎湖比臺灣重要，臺灣總兵應移駐澎湖；有人則建議從嚴劃界，限制居民的活動與開發事業。隨南澳鎮總兵藍廷珍來臺的藍鼎元與陳夢林，則力主積極經營臺灣北部，增置縣邑防守，以為久遠之計，他們相信「疆土既用，有日闢，無日蹙」，應該南向恆春、北向彰化以上繼續發展。不久以後，清世宗繼承了大統，這位對地方事務極為關心的帝王，在雍正元年便下令添設彰化縣、淡水廳；雍正五年又因澎湖地區重要而改設澎湖廳，使臺灣行政區變成一府四縣兩廳的局面。他又下令准許來臺的官吏與有田產生業的人，可以攜眷入臺，這些措施對於當時漢人移植臺灣以及臺灣北部等地的開發，都具有重大的影響與意義。

　　臺灣開發的次第，是由南而北，再由西而東的。一府三縣時期，諸羅縣是最北的一縣，疆域最廣，今天的臺中、臺北、基隆、宜蘭等地，都在管轄區內；但是實際上北路防汛，只到彰化而已。「虎尾大

肚，人已視為畏途。」康熙末年，墾殖的範圍，越過大肚溪以北。雍正時增設彰化縣以後，虎尾至新竹一帶也隨之逐漸開發。由於墾區的北進，鹿港也成為臺灣中部與大陸往來的門戶了，鹿耳門則從此喪失了獨占的地位。乾隆中期以後，鹿港不僅南通閩粵，運糖的船隻有從鹿港北航寧波與上海的，後來甚至有運糧的船更北駛到天津與東北的錦州、蓋州等地的了，可見乾隆時代對臺灣的開放政策，是對寶島的開發有著推動影響的。

關於臺灣中部的開發，埔里是一個受人重視的區域。乾隆初年，地方官先令開化的「熟番」去墾耕，繼而屯丁去闢田，後來漢人前往墾拓的日多了，但由於新來墾殖的人與原住民之間常起衝突，政府乃有撤退罷耕的命令。嘉慶以後，漢人偷渡的又多了，政府也有意開禁，加上嘉義、彰化紳民的熱心推動，開田數千甲，奠定了日後埔里設廳的基礎。

明鄭晚年，為鎮壓原住民的變亂，曾進軍北部，現在新竹一帶就在當時開始拓墾了。康熙中期，有人經過新竹，形容這地區是「狐貉之窟」，可見當時居民仍然不是很多。不過到康熙末年，墾區已擴大到新竹附近，政府又設立了淡水守兵，而原住民的「鹿場半被流民開放」了，雍正十一年，淡水同知由彰化移駐新竹，防兵巡哨隨之而來，所以到乾隆之世，新竹一帶的開拓事業有一日千里之勢。

現在的臺北，包括基隆與淡水，原是明鄭流放罪犯的地方，當時還是煙瘴之鄉。鄭經曾派遣軍隊到基隆趕走荷蘭人，鄭克塽時代也在北部駐過兵，這些都是對北部早期開發有或多或少幫助的。康熙中期以後，不少泉州人來臺北地區開墾，雍正、乾隆年間，漳州人則也有北上並至新莊、艋舺（今萬華）、板橋、新店溪一帶墾地的。淡水河從此成了北部航運的主要門戶，而與中部的鹿港齊名了。乾隆以後，艋舺變得更繁榮，清朝駐軍的武職官員也由都司而游擊，由游擊而升為

參將。嘉慶以後，艋舺幾乎與臺南、鹿港的地位相等，所以民間有「一府二鹿三艋舺」的說法。

臺灣東北部宜蘭一帶的開發，完全是先民辛苦經營的成果，也最能證明漢人開闢臺灣時的進取精神。宜蘭原先有不少譯名，其中最為大家所熟知的是噶瑪蘭。明朝末年，這一帶地區一度被西班牙人占據，康熙中期，漢人才逐漸進入與當地原住民通市。乾隆年間，有林漢生的招眾入墾該區；但後被當地人所殺，無所成就。其後漳州人吳沙率眾入山採伐，並與原住民建立良好關係，噶瑪蘭的開發至此才奠定成功的基礎。吳沙的拓墾宜蘭地區，可謂艱辛備嚐。他先被淡水廳阻止，因為怕他聚眾入山作亂。後來林爽文的黨羽在失敗後又逃入該區，政府又命吳沙率眾防堵，吳沙也由此逐漸受到地方政府的信任，而臺灣知府楊廷理最後又為吳沙呈請，認為宜蘭一區確有墾殖的必要。但是福建巡撫為了省事，便以經費無著為藉口，不允轉報中央。吳沙則在地方上默默耕耘，仍舊積極工作，他大肆招撫流民，編組鄉勇，一時連內地人民都聞風踴至。嘉慶初年，他又訂立鄉約，修築道路，組織壯丁，聯絡原住居民，使宜蘭地區先實後名的自成一個行政單元。吳沙死後，他的兒子、侄子繼續他的事業，墾地更多，達到羅東等地。直到嘉慶十七年（1812 年），清代中央才正式同意設立噶瑪蘭廳來治理地方，當時漢人已有十萬人在該區生聚教訓了。宜蘭地區的開發是「官未闢而民已闢，民闢既不曾得官之助，闢後官又遲遲不予認可」的，這在臺灣各地的開發史上是少見的例子，當然先民在這一區開發的過程也就比他地更為艱辛了。

臺灣南部早年由福建人在鳳山一帶集聚開拓，後來又有廣東潮州人來參加，墾區漸漸到達了現在的屏東地境。朱一貴變亂時，該區粵潮客民有一萬多人幫助官兵作戰，可見居民有「數十村」是可信的。雍正年間，鳳山縣在萬丹置縣丞，顯然是有需要才做如此安排的。乾

隆之世，琅璚（今恆春）已是「魚房海利，貨賄甚多」之地，而枋寮則成「商民聚夥，軍匠輻輳」的「樂土」，可見當時已是相當開發的地區了。後來由於閩粵人民的不斷遷入，嘉慶以後，居民更多，闢地更廣。清末又因對外關係日多，政府先在枋寮設巡檢千總，後來更在恆春設置縣衙門。

臺灣東部的開發，由於地理的關係，在時間上，比西部為晚；在規模上，也比西部為小。在乾嘉以前，只有少數人到過花蓮，多半都是運煙、布、鹽、糖等物去做生意的。臺東的原住民，則一向不侵不叛，少數漢人在康熙時雖已前往，但成就不多。朱一貴的餘黨有千餘人逃到東部山區，清軍往搜，後來就劃該區為禁地。乾隆以後，漢人入墾的漸漸的多了起來，但該區農耕大行則是咸豐以後的事。

移居臺灣的漢人，在荷蘭據臺時已有十萬之眾了。明鄭軍隊與宗室遺民曾先後在永曆十五年及十八年兩次大規模來臺，因而清初臺地人口，除原住民以外，島上漢人應在五、六十萬左右。後來雖有被逼內遷大陸的，但康熙中期，禁令稍弛，人民偷渡的日多，加上官方的招徠，漢人在臺的數字恢復得很快。尤其到乾隆之世，渡海禁令解除，大批閩粵人民湧至，為開發臺灣增加了生力軍。所以乾嘉時代，漢人在臺的為數百萬的說法，應該是可信的。到清朝末年，根據廣東英美傳教士的報告，臺灣人口約為兩百萬到三百萬，他們是開發臺灣的雄厚資本，也是建設臺灣的先驅功臣。

總之，清朝的乾嘉時代是臺灣開發史上的重要時期，不但大量人口湧至，增強了島上的各項實力，而地方行政區的不斷添設，使臺灣若干地區形成有制度有秩序的社會，有助於開發與繁榮。

二、乾嘉時期臺灣的民變

臺灣一地在清代發生的變亂很多，就乾隆一朝而言，規模較大的

就有三起，尤其是林爽文之變，更是著名，被清高宗列為「十全武功」之一。

　　乾隆三十三年（1768 年）十月初二日夜，臺灣縣人黃教豎旗起事，自稱「大哥」，以朱一德（又稱朱天麟）為軍師，攻克岡山汛，由於該汛兵單勢薄，汛兵或被殺或逃走，被黃教部下「搶去排槍四十五桿，火藥一百零九觔，鉛子八十觔」，起事人眾的勢力頓時強大，除想進攻府城外，事變很快就蔓延到北路。臺灣知府雖會同總兵率兵往擊，但不能平定，後來清廷下令由福建水師總兵官吳必達率兵渡海來臺，才穩定形勢。吳必達於十一月初一日渡海，先到澎湖，十一日抵臺，據他的報告：黃教等自豎旗拒捕之後，「復在雁門關、大穆降、隆恩莊、斗六門、萬丹、新園、磹磄等地，或焚燒汛房，或殺害弁兵，統計陸續被殺千總一員、把總一員、兵七十三名，營房六處，失去軍械若干。」至於損失的軍器，在吳必達第二年正月初八日覆鼎金戰役勝利後向皇帝的奏報中，可以看出一點梗概，他說打敗亂民後「奪獲火砲三門、砲子六個、鳥鎗二十五桿、火藥桶兩個，內貯火藥三十管、鈝鉛彈子五百粒。」當然黃教部下所擁有的火器必然比這數目多很多。然而民力畢竟比不過官力，黃教在起事一年後終於被平定了，徒眾們死亡的很多，他自己則逃入內山，清軍窮搜而無結果，最後也只得不了了之。黃教的起事，清代地方官說是「閩粵莊仇殺」為肇端，或是「因粵人以義民應募捕賊，與閩民仇殺，遂借名為閩人復仇」而起。不過黃教既以「大哥」為稱，這顯然是與秘密會社有關的，也是具有反清性質的一次運動。

　　乾隆五十年代發生的林爽文之役是清朝統治臺灣二百多年當中最大的一次民變。運動首腦人物林爽文對當日的起事、攻城以及落敗後的逃亡經過親自作了如下的簡述：

我年三十二歲。乾隆三十八年隨父母來到臺灣，趕車度日。時常聽見說漳、泉兩府，設有天地會，邀集多人，立誓結盟，患難相救。我同林泮、林水返、林領、何有志、張四、王芬、陳奉先、林星生等，平日意氣相投，遂於乾隆五十一年八月內，拜盟起會。後來，斗六門地方，有楊克勳弟兄，因分家起釁，立會招人入夥，被人告發，並牽連我們，一齊呈告。彰化文武官員，差人各處查辦，衙役等從中勒索，無論好人、歹人，紛紛亂拏，以致各村莊俱被滋擾。那時，林泮等房屋已被官兵燒燬，他同王芬、陳奉先、林領、劉升等，起意招舉各村民人，抗拒官兵，就來邀我。我的家長林僙、林石、林湖、林泉等，將我藏匿山內，不許出來。後來林泮又來逼迫，不得已才跟他到了彰化，攻破縣城，眾人要我去攻諸羅，到十二月初，我就帶了許多人，將諸羅攻破。那時，眾人推我做大哥，隨即去圍府城。十二月三十日，攻了一天一夜，總未攻開，就將各莊打仗的人，箚在鹽水港。其時鳳山已被莊大田佔據，我就仍回北路，沿途派撥林領把守烏日莊、林水返把守田中央、李七把守斗六門、蔡福把守菴古坑、陳傳把守南北投。三月裏到了大里杙，派人建築土城，設立帥府。眾人因我做人有些義氣，又要我做盟主，再三推辭，他們不肯，只得依允。大家商量，諸羅地方在南北兩路當中，必需先得諸羅，南攻府城，北攻鹿港。遂調了各莊人來，圍困諸羅。又叫陳梅製造擋炮，大車前去攻打，總未攻破。十一月，官兵打進諸羅，將我們殺散，聽見大肚溪又有官兵進來，我自去抵擋，左臂帶了鎗傷，回至大里杙，就曉得官兵要來攻打，連夜調取各莊的人，預備打仗。二十四日，官兵到來，勢頭勇猛，抵擋不住，就於夜間料理家眷，先到水裏番社藏躲，我連夜帶了多少人，由火焰山逃到集集埔，

在險要地方安卡把守，希圖抄截官兵。到十二月初五日，又被官兵攻破殺散了，不想杜敷通信出來，將我父母兄弟並家屬，俱已拿去。沿山各口，都有官兵把守，我就向北逃走，被官兵生番沿途截殺，手下人都已沖散，只有何有志跟隨，同走到老衢崎地方，被官兵義民帶同淡水差役，將我拏住。至發箚、封官、書寫告示等事，俱是劉懷清、董喜等編造，我實在不認得字，不知他們編些什麼。留頭髮的事，並無別故，因恐各村的人，去做義民，叫他們都在辮頂外，留髮一圈，便於認識，並不是全留頭髮。我們所用的銀錢，總向富戶派出米糧，是在各莊勒派。山田按一九抽收，水田按二八抽收，也有收糧人作弊，對半平分的。抽來的米石，俱交林侯、林棍、林得壠、林水等分散同夥。鳥鎗、大炮，多是攻破城池搶來的，也有私行打造的。搶的火藥，到去年五、六月以後，總不敷用，就將牆上年久的石灰，煎煮成硝，在北路生番山裏，私換硫磺，配作火藥使用。……至南路莊大田，偽封他做元帥，其實不是一同起事的，前年去攻府城時，他已到鳳山去了，從未見過他的面。南路情形，我實在不能知道，不敢妄供。

以上是林爽文被捉以後的供詞，由軍機處保存的原始資料，招供的時間應在乾隆五十三年初春。林爽文的這番說詞，是一個階下囚想脫罪求生的解釋，其中文字未必可以盡信，不過若干情節卻是其他官私書檔中不見的，仍有相當高的史料價值。

實際上，林爽文是福建漳州平和縣人，來臺後居大里杙莊（臺中縣大里區），家富饒，因與泉州人及客家人常有械鬥，所以曾集眾自衛。乾隆四十八年，天地會嚴煙自平和縣來臺，爽文待以上賓，於是彰化的劉升、林泮，諸羅的陳光勳、黃鐘以及淡水的王作等多入會，

立盟誓，集眾萬人，聲勢頗大。乾隆五十一年七月，地方官府嚴拿會黨，黨人紛紛趕至大里杙集會商討，謀起事。爽文原想阻止，但形勢已成，不可遏止。同年十一月，會黨人士起事，彰化知縣俞峻、副將赫生額與游擊耿世文等均在大墩（今臺中市）遭會黨夜襲戰死，不久彰化陷落。臺灣知府孫景燧與理番同知長庚也遇害。十二月朔，黨人王作攻下竹塹（今新竹），北路全為會黨控制。林爽文乃被推為盟主，尊故明，建元天順，駐彰化縣署。爽文以玄緞為冠，衣袞服，高坐堂上，眾呼萬歲。初六日，揮兵南下，攻克諸羅，斗六門、南投等地也陸續失守，府城大震。這同時莊大田也在鳳山響應，攻克鳳山縣，殺知縣，不久與爽文合兵攻府城。當時海防同知楊廷理兼知府職，派人渡海告急，總兵柴大紀、游擊蔡攀龍等，全力協助廷理，死守府城。爽文部眾雖小有斬獲，然終不能攻破府治。閩浙總督常青得知臺地變亂，立派福建水師提督黃仕簡、陸路提督任承恩各率兵二千來臺，另命海壇總兵郝壯猷、副將徐鼎士亦率兵來增援。

　　乾隆五十二年春，福建海陸大軍分別由鹿耳門與鹿港登陸，黃仕簡先遣柴大紀反攻諸羅，擊敗爽文會黨，收復諸羅。郝壯猷取得鳳山；但不久又得而復失，壯猷逃奔府城。由於臺地戰事無大進展，皇帝乃詔以常青為將軍，來臺督師，並調廣東兵四千，浙江軍三千，滿兵一千來臺增援。常青雖率兵近萬人抵臺，然見爽文勢眾，不敢輕進，僅固壘自保，並請中央續增人馬。同年三月底，爽文以十萬之眾會莊大田南路勢力夾攻府城，情勢危急，其後因爽文黨人莊錫舍率眾降清，府城之圍才稍解。五月間，由於粵籍「義民」助清軍收復彰化，淡水同知幕友又殺王作，攻下竹塹，而柴大紀等堅守諸羅，戰局略有轉機。不過常青只採守勢，而且在若干小戰役中常常失利，皇帝甚為不滿，尤其對他再度飛章請師，曾經下旨嚴責。六月底，爽文部眾急攻諸羅，城中幾無可食，常青卻屯兵府城。高宗於是解常青職，以陝甘總督福

康安為將軍，領侍衛大臣海蘭察為參贊，渡海督師。十月底福康安率兵九千抵鹿港，十一月初四日與爽文軍大戰於八卦山，爽文大敗。福康安遂揮師南下，並與海蘭察軍北南夾攻，會黨軍在崙仔嶺、中稠山（今嘉義縣）、諸羅、斗六門各地均失利，爽文敗走大里杙，攜妻孥走集集，後再逃竄埔里社山中。

乾隆五十三年正月四日，在老衢崎（今苗栗縣）地方，爽文被擒。同月二十四日，清軍克鳳山，莊大田走琅嶠被捕。莊大田後被磔於郡城，林爽文等則被解送京伏法，至此這場大規模的變亂才告平息。

林爽文的失敗原因固然很多，但是有幾件事是值得一提的。例如府城（臺南）一直不能攻下，諸羅一城得而復失，這些重鎮的得失，關係著戰略與戰情的轉變，也影響著士氣與民心，這是對林爽文不利的。而爽文是漳州人，他們曾與中部的泉州人發生過械鬥。柴大紀之所以能收復諸羅，堅守諸羅，得力於泉州「義民」的助力很多，另外粵民的支持清軍，也是阻礙爽文運動的。此外，會黨軍忽略了鹿港的

圖 27：福康安生擒逆賊林爽文

重要性，沒有駐軍防守，致使清軍順利登陸，當然這可能與鹿港一地多泉州人有關。總之，這些不利與不幸，確是造成爽文失敗的主因。

在林爽文一役中，還有兩個問題是應該附帶一述的。一是戰後柴大紀的被殺，一般史家都以為正如金川之役張廣泗的處斬一樣，他們得罪了滿洲親貴，「而負氣大廷者」的結果。然而從故宮珍藏的軍機處檔案中，發現柴大紀奉旨革職拿問後在京城受審的供詞，據柴大紀自己說：「我是浙江江山縣人，年五十九歲，武進士出身，由海壇鎮總兵於（乾隆）四十八年調任臺灣，是年我往南北兩路各營巡閱，聞得從前總兵查閱各營，每次番銀三千元，共得受過一萬二千元。再我撥補各營外委，經巡捕鄭名邦、高大捷說合，得受余登魁……五人番銀，各七、八十元及一百元不等。又外委甘興隆班滿要回內地，求我早發了委牌，給過我番銀四十元。又鹿港、鹿耳門等海口管理稽查，將弁向來都有陋規，每月各繳銀一百元至三、四百不等。我因鹿耳門春季船隻較多，曾叫他們每月加增二百元，都是有的。再我巡查，經過縣廳，都送盤費銀兩二、三百元不等，共得過番銀七千三百餘元。又每年收受營員生日節禮番銀三千七百餘元，亦是有的。」此外上諭檔中也記錄了軍機大臣詰問柴大紀的話：「你在臺灣廢弛營伍，全不認真操演，縱令兵丁在外包庇娼賭，販賣私鹽及任聽該班兵丁得錢代替。你若非通同染指及分用錢文，焉肯不行查辦？又各處兵房塘汛倒塌，何以不隨時修葺？」從以上這原始檔冊，我們可以說柴大紀似乎罪惡深重，死罪難逃的。不過話說回來，臺灣當時既是向來都有這些陋規，何以殺了柴大紀而不追究其他前任及現任各官呢？況且柴大紀守諸羅確有大功，且得皇帝嘉獎，難道這一點作忠之氣都不足鼓勵嗎？柴大紀在福康安等抵臺後，「飭大紀捍民出城，再圖進取，大紀不從」，終於保住了諸羅，得到了皇帝的獎勵，並且連「諸羅」都因此而更名「嘉義」，確實使大紀出了大名，增了光彩，驕橫的福康安的不樂是可以想

見的。另一個問題是「嘉義」一名的由來,大家都認為是嘉勉諸羅人民官兵等死守城池的義氣而得名,基本上這是正確的,但是細節我們也應該了解。原來清高宗當時要褒獎的主要是反林爽文的那些「義民」,他曾特贈給「義民」們「褒忠」、「旌義」等匾額,並命軍機處研究更改縣名。據軍機處的檔案記載:乾隆五十二年十一月初二日,軍機大臣遵旨更定諸羅縣名,當時擬寫了「嘉忠」、「懷義」、「靖海」、「安順」四個名字,進呈御覽,並請皇帝用硃筆點出一個,以便寫入諭旨。清高宗便在「嘉忠」與「懷義」二名中各取一字,而定名為「嘉義」,以取嘉獎義民之義。

乾隆六十年,臺灣縣民陳周全也以天地會黨人身分,招人入會,繼而起事反清,幾日之間,竟然連占鹿港、彰化等地,文武官員被殺的數百人。最後由巡道楊廷理、總兵哈當阿等率大兵,聯合彰化一帶鄉莊民眾,才擊敗周全,平定亂事。

從以上敘述中,我們可以看出,乾嘉時代,由於大陸東南沿海人民大批來臺墾荒,使臺灣地區的生產力大為增強,開闢事業更上層樓;但是民變的發生也多,而且規模是空前的盛大。同時,從柴大紀一案中,更使我們了解當時臺地軍政的敗壞與軍備的廢弛,比之大陸各地,有過之而無不及。

第五節　嘉慶年間的內亂

清朝在世宗雍正十三年間及高宗乾隆初年,君臣明察,上下通達,當時的政治清明,紀綱嚴肅,可謂極盛時代。然而到了乾隆中期以後,政事逐漸荒怠,和珅專權尤使政風大變,內外官吏貪墨成風,積習已成,不可挽救。乾隆六十年內禪,仁宗即位,大權仍操太上皇之手,而太上皇健忘,和珅頗能左右其意旨。三年之間,仁宗實際上只是一

個有名無實的君主。嘉慶四年正月，太上皇崩逝，不久仁宗即誅殺和珅，但對官常與民生都無大裨助，而全國大亂接踵而起了。

　　早在乾隆四十六年，甘肅一帶的人民就有起事作亂的了，雖然不久被平服，但亂事的根苗由此種植。到乾隆六十年湖貴間苗變發生，川楚一帶的白蓮教徒，也紛然並作，九年之間，蔓延各省。此外海上有艇盜為禍，華北有天理教攻擊京師，寧陝有新兵的激變，楚粵有猺民的抗官，彼仆此興，歲無寧日，嘉慶一朝二十五年中，地方動亂之多在清史上少見，現在將最顯著的幾項，分述於後：

一、苗民的激變

　　湖南、貴州接壤之處，自古就是苗猺的聚居所在，明朝設軍民宣慰司以撫之，清初沿襲其制，雍正以後，因「改土歸流」，廣西雲貴土司次第歸附，清廷設府縣治理其地。然而流官常以細故而株及全部苗寨，而漢民移植其地的，日見增多，且與苗民相處不睦，於是苗民以驅逐漢民復故土為由，在乾隆六十年，發難於貴州的銅仁，而湖南等地的苗民也相繼響應，苗疆大震。高宗派福康安及和琳（和珅之弟）合湖廣大軍會剿，但師久無功，後來福康安等以金錢廣行招降亂苗，一時降苗受官的一百多人，而月領糧鹽銀的苗民有好幾萬，但是苗民中很多在得到好處以後又反抗官軍，而官兵中又有極多的不服水土、中毒身死的，結果弄得亂事未平，而幾省中因調兵輸餉，擾累不堪，費用更是以巨萬計。嘉慶元年春，川楚白蓮教起事，不久福康安與和琳又相繼死於軍中，清廷乃派領侍衛內大臣額勒登保繼任剿苗之事，軍事稍有起色，然而川楚教亂擴大，平苗軍不得不移師北上，於是草草奏聞，說苗疆已定。後來苗眾乃四出劫掠，動亂又起。直到嘉慶四年，專任傅鼐總理苗疆事務，情勢才大為改觀。傅鼐是浙江人，當時任鳳凰廳同知，他對於此前福康安等領大軍征苗的策略不以為然，因

為「兵至苗去，兵過苗集」只是一種治標不治本的辦法，他主張「防邊之道，兵民相輔。兵衛民，民實屯。有村堡以資生聚，必有碉卡以固防維。」所以他屯田、築堡，並練集民兵，後來他「師行所至，萬苗讋服，納兵恐後，羅拜犒迎。」同時他又收撫流民，追繳苗寨兵器四萬多件，並廣設書院義學以教苗民，如此經營了十多年，才將苗變平息。

二、白蓮教的亂事

乾隆三十九年，山東教民王倫，以治病練拳，號召黨徒，八月中起事，攻城殺官，一連攻打下幾處城市，後來被清朝大軍消滅，為時約一個月。第二年白蓮教徒又舉事於河南鹿邑，這是川、楚地區二十年後教徒大亂的根由。當時的白蓮教亂，和明末的情形差不多，他們聚眾成股，分別起事，不相統率，到處殘破。他們不據城池，以斂財惑眾為務。嘉慶元年正月，正是高宗內禪告成以太上皇訓政之日，湖北荊州白蓮教徒開始發難。有關這次教亂的原因與經過，魏源曾作以下的敘述：「乾隆四十年，（安徽人）劉松以河南鹿邑邪教事發被捕，遣戍甘肅，復分遣其黨劉之協、宋之清授徒傳教，遍川、陝、湖北。日久黨益眾，遂謀不靖，倡言劫運將至，以同教鹿邑王氏子曰發生者，詭明裔朱姓以煽動流偽。乾隆五十八年，事覺復捕獲，各伏辜。王發生以童幼免死，戍新疆，惟劉之協遠颺。是年，復跡於河南之扶溝，不獲。於是有旨大索。州縣吏逐戶搜緝，胥吏乘虐，……株連羅織數千人，富破家，貧陷死無算。時川、湖、粵、貴民，方以苗事困軍興，而無賴之徒，亦以嚴禁私鹽、私鑄失業，至是益仇官思亂。……於是發難於荊襄達州，駸淫於陝西而亂作。」由此可見：當時民亂雖有反清復明意識，但是主要的還是因吏治不良而起。

教亂既起，清廷命令湖北巡撫惠齡剿之，不久富陽、襄陽等地教

徒也攻城殺官，亂及四川酉陽，一時蔓延三省。清廷又命陝甘總督宜
縣、湖廣總督畢沅及四川總督孫士毅各督兵會剿，加上由苗疆撤回的
大軍兩萬多人加入，聲勢極為浩大，於旗鼓寨一役誘降坑殺了教徒兩
千多人；不過將帥雲集，日久之後，都各自頓兵避戰，反而師久無功。
十月間，四川徐天德等激於胥吏橫虐，與王三槐等並起抗官，竄走各
地，官軍雖常常報捷蒙獎，其實白蓮教徒並無根據之地，挫敗於一地
並不能消滅主力。後來孫士毅病卒，畢沅則力請罷苗疆兵移師川楚，
白蓮教勢力蔓延。

　　嘉慶三年，四川南充縣劉清等，擒獲王三槐，解至京師，仁宗親
加審訊，三槐有「官逼民反」之供，皇帝聽後，也不覺惻然。第二年
太上皇崩逝，仁宗親政，痛斥和珅誤國，曾經下哀詔說：「教匪滋事，
以官逼民反為詞，昨冬賊首王三槐解到，訊供亦有此語，聞之惻然。
是以暫停正法。我國家百數十年厚澤深仁，……普免錢糧漕糧，以及
蠲緩賑貸，不啻億萬萬，百姓安土樂業，焉肯鋌而走險？緣親民之吏，
不能奉宣朝廷德意，激變至此。然州縣剝削小民，不盡自肥己橐，半
奉上司；而督撫之勒索屬員，不盡安心貪黷，無非交結和珅，是層層
朘削，皆為和珅一人，而無窮之苦累，百姓當之。」皇帝已承認教亂
是「官逼民反」的結果，不過他將一切責任都委加於和珅，則稍嫌過
分了一點。同年御史梁上國在〈論川楚教匪事〉一疏中，提出平變之
法有六：一曰正罪名以申國法；二曰廣謀略以籌勝算；三曰設統帥以
一兵權；四曰添士卒以壯軍威；五曰杜冒濫以收實用；六曰妥招撫以
淨賊根。翰林院官員洪亮吉在不久後也上〈征邪教〉疏，認為欲平邪
教，必貸脅從、肅吏治、專責成、信賞罰。可見事變之起，多半由於
政教的失當，和珅的壓擱軍報，諸事擅專，只是重要因素之一而已。

　　白蓮教的亂事，雖經嘉慶五年河南葉縣一役擒獲首領劉之協，送
京師處斬；七年秦嶺花石崖之役，陣斬苟文明，教徒所餘無幾了，但

分道掃蕩，亂事完全平定則又是一年多以後的事。總之，這一地方動亂，歷時九年，牽動七省的兵糧，靡費二億兩國帑，才告成功，嚴重情形，可以想見。嚴如煜在〈三省邊防要覽〉一文中說：「賊匪滋事之始……得賢良司牧膽略過人者，撫而輯之，……可無大煩師徒也。迄事變既成，黨羽已眾，巢穴寖多，多用師固艱於轉輸，少用師則莫制鴟張。則亂之初生，一循吏撫之而有餘，亂之既成，數名將制之而不足，詎不信哉？」可見白蓮教的變亂，政府及官員都應當負其全責的，這也是最能說明清代中衰現象的一個顯明例證。

三、川陝新兵之變

當白蓮教亂起時，清廷因為滿漢額兵徵發不便，乃廣募鄉勇，以協助戰守，謂之「新兵」，川楚陝三地均有。其中寧陝扼秦嶺的腹地，形勢險要，不過地貧糧貴，於是在例餉之外又加發新兵每人每月鹽米銀五錢，當時協議三年以後各減三錢。嘉慶十一年六月，減給之期已屆，布政使朱勛因為未奉部文，將其餘四錢也停發，新兵大譁，變亂乃起。七月，新兵殺副將游擊，劫庫房監獄、燒燬城池，地方震動。清廷下令派成都將軍德楞泰為欽差大臣，赴陝督剿。陝西提督楊遇春、總兵楊芳也都領兵赴援，阻變兵南下。楊遇春、楊芳當時在川陝軍中齊名，而楊芳尤得軍心。楊芳等以為新兵都身經百戰，驍勇而熟習地形，而清軍已因白蓮教亂征伐多年，瘡痍未復，而且亂兵與官兵原本一體，現在以兵攻兵，恐怕終無鬥志，所以他單騎入新兵營，曉諭百端，結果說服了亂兵的首領蒲大芳等，到德楞泰軍前投降，德楞泰也命他們歸任了事，並向朝廷以「叛兵震懾兵威，窮蹙乞命」上奏。不料仁宗大怒，認為德楞泰專擅廢法，革職留任，而楊芳則被以平日縱兵釀變為罪名，遣戍伊犁，而文官停餉以致激發兵變的，一個也沒有治處，當時人都為楊芳叫屈。不久以後四川、陝西等地又有兵變發生，

可謂反響迭起，雖然變亂不久都被平服，但人心的不平已明顯至極了。

四、東南的海患

　　當白蓮教徒發難三省，西北新兵騷動川陝之時，東南海疆又起紛擾，而為禍的劇烈不下於教亂。清朝自康熙時開海禁以後，市舶往來江浙閩粵之間的很多。乾隆末年，安南王因財政困難，招海上亡命之人，資以師船，誘以爵賞，命令他們在海上搶劫商旅，以補助安南國用的不足。從此盜艇出沒粵海，夏至秋歸，成為東南海商的大患。後來安南阮福映為王，受中國冊封，改變政策，杜絕與海寇往來，於是海寇中雄桀者，兼併群盜，自立為主，一時蔡牽、朱濆之輩，縱橫海上，猖獗異常。

　　嘉慶八年正月，閩浙水師提督李長庚，出其不意，大敗蔡牽於定海，後窮追至閩海，蔡牽以重金賄賂總督玉德，調開長庚，蔡牽才得脫走。此後蔡牽又造大船，高於官方「霆船」，因此在其後幾年之中，蔡牽進犯臺灣，劫米幾萬石脫走。在鹿耳門一戰，長庚未能消滅蔡牽。長庚事後上奏說：「船不得力，臣坐船尚較蔡牽船低五六尺，諸鎮船更下於此。曾與諸鎮議，願預支廉造大船三十號，督臣以為需時費財，不肯具奏。」仁宗這才革掉玉德的職務，以湖南巡撫阿林保代之，阿林保想苟且從事，連疏密參長庚，請革長庚治罪，所幸浙江巡撫清安泰支持長庚，皇帝才下詔切責阿林保「殊屬冒昧」，而且不准他對長庚「遇事掣肘」，否則「惟執法懲辦」。自此長庚乃經常出擊。十二年十二月，蔡牽在粵海黑水外洋，被官軍敗潰，僅存三舟，破敵在即，不幸長庚中彈陣亡，蔡牽也因之逃逸。皇帝聽到長庚的死訊，有「覽奏心搖手戰，震悼之至」。追封伯爵，諡忠毅，而長庚部將王得祿、邱良功乃繼續擔任剿滅海寇的重任。當時海寇還有廣東人朱濆，與蔡牽時合時分，互寇海疆。嘉慶十三年朱濆被殺，第二年其弟朱渥率領眾三

千多人、船四十二艘,投降福建水師。不久清廷升邱良功為浙江提督,王得祿為福建提督,邱、王二人合作無間,乃於十四年九月聯合剿蔡牽於定海洋面,大破盜船,蔡牽最後自沉船於海,海疆動亂才大致平息。其後蔡牽餘黨先後登陸的,或捕或降,三省海上巨患,才得消滅殆盡。

五、畿輔天理教之亂

天理教是白蓮教的餘支,嘉慶間在畿南一帶傳習的有八卦、紅陽、白陽、榮華等名目,八卦教尤多,遍佈直隸、河南、山東等地,而以河南滑縣李文成及直隸大興林清為最大的首領,他們更名天理教,文成黨羽有好幾萬人。嘉慶十八年九月,天理教徒想乘仁宗巡幸木蘭時據京師,但是事為滑縣偵知,先發制人,擒捕了李文成,斷其脛,下獄。教徒們見事機緊急,乃據城反叛,殺知縣救文成出獄。於是河北、山東等地的教徒紛紛起事,殺官圍城。仁宗在中途聞變,立即下令直隸總督溫承惠發兵征剿,又下詔陝西提督楊遇春來直隸協助平亂工作。李文成在滑縣起事後,林清則賄通太監,於九月十五日,率黨人二百人潛入京師,在日中時分,由太監劉得財、劉金引導一部分人入東華門,另由張太、高廣福引導一股人入西華門,而王福祿、閻進喜在內廷接應。當教徒入蒼震門、近養心門時,部分人被總管太監擒獲,另有數人被皇太子綿寧以鳥鎗擊斃,後來禁軍趕來,才擒捕教徒,解除宮廷危機。不久李文成也被楊遇春等擊敗,自焚而死,黨徒先後被殺的兩萬多人,天理教亂才平定。

嘉慶十九年陝西又有箱賊作亂,江西有朱毛俚謀逆建號。其後新疆有回亂,雲南有夷變,真是一波未平,一波又起,嘉慶二十五年間,可以說是與內亂相始終的。

第六節　清代中衰原因略析

　　康雍乾三朝是清代文治武功鼎盛的時代；可是到乾隆中期以後，清朝的氣運已不如從前，政事日漸荒怠，政風也顯著敗壞，加上軍政、學風、經濟與社會等種種問題發生改變，清代中衰的現象開始出現了，以上所述，只是舉舉大者。至於造成清代中衰的原因確實很多，有些甚至可以追溯到很久遠的，現在就將此一問題簡要的作一分析於後。

　　滿洲人在關外是以八旗制度為國體的，全國盡屬於八旗，而以八旗長官掌管旗下屬人有關軍事、政治、生產以至於信仰、爭訟等等事務。清太宗即位以後，改為君主制度，逐漸集權中央，尤其後來又成立六部、都察院、內三院等衙門，使得部族中的文武事務，分途而治，大為削奪了八旗貴族貝勒們的大權，太宗幾乎成了名副其實的國君。入關以後，典章制度又在形式上仿效明朝，更發揮了專制集權的功能。清代中央官員如內閣、六部以及日後的軍機處中，又都兼設滿漢官員，使之互相牽制、互相監督，君權乃益形高張。雍正登極以後，可能由於康熙末年爭繼的風波未止，不少宗室貴族被囚被殺，諸王大權被抑制，而加重都統（舊稱旗主）職權，直轄於君主之下，王公貝勒從此多不能過問政事，甚至連與朝臣交往也會受到限制。旗人中恃功而驕或專權跋扈的也先後受到整肅，皇帝位高權重，在當時可謂無以復加了。再從中央與地方官制本質上看，內閣中的大學士，軍機處中的軍機大臣，六部的尚書、侍郎，可以說都是位極人臣的高官；可是任何機關都沒有一個擁有實權的真正長官，而任何機關也沒有直接向各省督撫或中央其他機關直接發佈命令的大權。地方的情形也是一樣，總督、巡撫雖是封疆大吏，都有參劾官員與上奏皇帝的大權，他們可以不受內閣、軍機處的直接指揮；但是他們也沒有獨斷獨行的大權，一

切都得向皇帝請示，奉旨後才能實行，正如中央的各級長官一般。因此盛清以後，整個國家只有一個首長，就是皇帝。皇帝是法令的泉源，他能創制法律，也能改變法律，是一切政事的主宰，很多人說清代是集專制政體大成的時代，實在並非誇張之論。這樣一個完密的君主專制組織，必需要有一個雄才大略、精力過人的君主才能運用自如。然而像清代康雍乾這時代的英明君主畢竟不多，假若遇到一個平庸的或低能的皇帝，必使這種完密的政體失去重心，而乾隆以後的清代帝王，一個不如一個，內憂外患又層出不窮，中央集權的功能勢難發揮盡致，政事當然日益紊亂，國勢也就日益衰微了。

　　本來中國傳統的政治制度，在皇帝之外，還有士大夫們參與國事的，皇帝常常利用士大夫來管理政事，與他們分職共治，以收良好的統治效果。可是清廷因來自關外，定鼎中原後便處處防備漢人，怕漢人推翻他們的政權，因此在朝中服官的漢人並沒有分職共治的實權。甚至連清廷舉辦科舉考試，也改變了錄用賢能使其發揮經世思想的本質，而只作為一種利誘士人的工具了。從表面上看，一個上進的讀書人，十年寒窗，可以通過鄉試、會試、殿試，考取功名，留在京城做官，或是做外省的知府、知縣等職。京官與外官每三年一考績，升官的機會很快，有人十多年就官居一品，最晚二十年也可能位極人臣了，說來讀書的士子在清代是有很好出路的，清代的政治圈子是開放的；可是清朝皇帝不願意官員們發揮傳統儒家的經世致用精神，不希望他們以「己飢己溺」為懷抱，以「得君澤民」為事業，因此士大夫居高位的都變成了游手寄食之流，他們腐敗了政治效能，加上君主的專制淫威，大家只為「一家身之謀」，而絕少有實現大同理想宏願的。做官的人既是惟利是圖，當然消極從事，甚至倚勢營私了，政治界呈現一片苟安塞責的現象，彼此粉飾太平，為國家盡心除弊的真是絕無僅有了。清仁宗在嘉慶九年（1804 年）有一道諭旨中說：「君臨天下，施

政治民，仔肩至重，奚能獨任！我朝特設內閣，總理機樞，六卿分職，各率其屬，即古之四岳九官輔弼匡贊之職也。朕德薄才疏，寅承大統，惟求天下乂安，兆民蒙福，孜孜圖治，不敢暇逸。奈諸臣全身保位者多，為國除弊者少；苟且塞責者多，直言陳事者少。甚至問一事則推委於屬員，自言：堂官不如司官，司官不如書吏。實不能除弊去害。……諸大臣皆我皇考所用之人，似此委靡不振，自暴自棄，諸臣自為計可矣，何以報皇考數十年之恩遇乎？自大學士、尚書、侍郎以及百司庶尹，唯諾成風，皆聽命於書吏，舉一例牢不可破，出一言惟令是從。……上無道揆，下無法守，……國事尚可問乎？……諸臣各宜痛改前非，急圖後效，念朕求治之苦心，佐予不逮，亟思致君澤民之實政，莫存尸祿保位之鄙見，使朕成一代之令主，諸臣亦得為千古之名臣。」由此可知：當時的吏治政風已大不如盛清時代，而學優則仕的士大夫則更失去了崇高的理想，變成了不事生產、不為國家與人民謀福祉的「祿蠹」了。

其實官場的風氣敗壞，多少也與康熙朝大力提倡理學有關，因為有些人空談理學，嚴重的脫離實際行動，清聖祖就說過：「漢官內有道學之名者甚多，考其究竟，言行皆背。」他又說：有些道學先生，是「居鄉不善」的劣紳，或是「自稱道學，粉飾名聲，而本鄉房舍幾至半城者有之；或多置田園者有之。」盛清假道學家的另一特色是喜歡阿諛逢迎，不少學者在帝王面前極盡能事的歌功頌德，將清朝帝王的文治武功與堯舜文武時代並論。同時諂上欺下，結納聲氣，毫無書生氣質，難怪清聖祖就罵過他們：「在人主之前作一等語，退後又別作一等語。」讀書人的這些清談理學、言行不一、言而不行與諂媚奉承等等缺失，大多是盛清以來政府以理學麻痺士大夫思想的負面影響。

雖然清廷以利祿誘惑漢人士大夫以防止他們的反動，但是清高的學者是不為其使喚利用的，甚至還有不少人仍存有反抗思想的，文字

之獄便由是而生了。康雍乾三朝的文字獄，使得漢人民族精神受到了抑制，學術思想也失卻了自由，因而不少學界中人只好「明哲保身」了，上焉者「尚友古人」，到古典經書中去爬梳尋覓，做些瑣碎支離的研究工作。下焉者則著述頌揚獻媚或徜徉山水及一般應酬文字，與明道濟世的宏旨可以說沒有絲毫關係。盛清時代也有些學者在「不若反求諸六經」時確實在方法上與精神上有著科學的意味，但是他們只是把科學應用到整理我國古籍方面，而沒有像同時代的西洋人用科學方法去窺探自然萬事萬物的現象，所以中西科學研究的成果就大有不同了。清代的若干優秀學者既為尋求真理而求諸古經，當然就以一生的時間與精力耗盡在孔孟的經典上了，疲精瘁神於經傳小學，而造成考據特盛的學風。他們實事求是的精神對學術研究而言，不能說沒有貢獻，尤其是對古代地理、文字、音韻等等方面成績十分可觀；但是對於明道救世、培養為國家社會服務的真正人才而言，實在是無所成就的。如此積久成習，學風自然隨之改變，而離開讀書報國的目標就愈來愈遠了。

清代國庫收入以田賦為主，次為丁銀，再次為關稅、鹽課等。順治一朝由於連年用兵，國庫幾無存餘。康熙以後，因為國家統一，又整頓收入，嚴核開支，終使庫存達五千萬兩之多。雍正之世，自奉節儉，努力改革財稅政策，庫銀存量更為增高。清高宗坐承其兩代先人成果，財勢殷富，雖多次用兵，國庫影響不大，並不如以前學者們所說的嚴重。不過，清朝自入關以來，君主們都崇尚儉德，宮中用度極少；只是到乾隆中期以後，由於宮中的慶典，鋪張驚人，皇帝巡幸游豫無度，奢侈風氣日盛一日。加上後來和珅用事，貪瀆大行，地方虧空情形乃更為嚴重了。清朝官員的貪污原本是人所共知的事實，而且官官相護，包庇貪污。康熙時代，皇帝就說過：「所謂廉吏者，非一文不取之謂。……如此縣官止取一分火耗，此外不取，便稱好官。」火

耗是徵收錢糧時的額外非法附加稅，皇帝對於多取百分之十非法附加稅的都認為是好官了，可見一般的官員必取得更多（事實上有多取百分之五十的）。清代官員的收取火耗是因俸祿太低，家人生活及衙門公費都不夠開支，所以在政府的默許下，官員們都在經手收稅時找財源了，當然他們收得的火耗也必需供應上司，所以不收稅的上司也就庇護下級官員貪污。貪風盛行當然使做官的廉恥之心盡失，人民也被剝削得財盡力彈。和珅掌權以後，政風益形敗壞。大學者章學誠曾經說過：「自乾隆四十五年以來，訖於嘉慶三年而往，和珅用事，幾三十年，上下相蒙，惟事婪贓瀆貨。始則蠶食，漸至鯨吞。初以千百計者，俄而非萬不交往矣，俄而萬且以數計矣，俄而以數十萬計、百萬計矣。一時不能猝辦，由藩庫代支，州縣徐括民歸款。……此輩蠹國殃民，今之寇患，皆其所壞；今之虧空，皆其所開。」嘉慶初年，王杰也說：「各省虧空之弊，起於乾隆四十年以後，州縣有所營求，即有所餽送，往往以缺分之繁簡，較賄賂之差等。此豈州縣私謀，直以國幣為夤緣之具。上官既甘受餌，明知之而不能問，且受其挾制，無可如何。……一縣如此，各縣皆然。一省如此，天下皆然。於是大縣有虧空十餘萬者，一遇奏銷，橫徵暴斂，挪新掩舊，小民困於追呼，而莫之或恤，靡然從風，恬不為怪。」所以官吏不以安民為事，而以搜羅廣括為務，民間安和樂利的局面就不復存在了。乾隆後期和珅的聚斂自肥、擅權專政可能是貪風大熾的一個原因，而他的行為作風給當時的影響卻很大。他的生活極奢華之能事，後來他罪發被抄家時，朝廷沒收他的家產計值八萬萬兩，相當於國庫十年以上的總收入。難怪民間有「和珅跌倒，嘉慶吃飽」的說法。和珅搜括的這些錢財都變成了金碗碟（四千多件）、金痰盂（一百二十個）、金面盆（五十三個）以及赤金、沙金七百多萬兩，有用的金融都被凍結了起來，生產焉得不減縮？國家與民間的經濟當然也就受到枯竭的影響了。

　　同時盛清三朝由於政治長期安定，造成人口大量滋生，而土地的開闢又不能像人口成長一樣的快速，以致人多地少，引起了嚴重的社會問題。中國原是以農立國的，經濟生活資本是土地耕作，飼養牲畜及手工業等的農家副業，一旦人口增多，生活困難，問題當然就發生了。乾隆十三年湖南巡撫楊錫紱上過這樣的一個奏摺：「國初地餘於人，則地價賤；承平以後，地足養人，則地價平；承平既久，人餘於地，則地價高。向日每畝一二兩者，今則七八兩；向日七八兩者，今則一二十兩。貧而後賣，既賣無力復買；富而後買，既買可不復賣。近日田之歸於富戶者，大約十之五六。舊時有田之人，今俱為佃耕之戶，每歲收入，難敷一年口食，必須買來接濟。」可見人口的增加，使得若干人家生產不夠消費，於是賣掉土地，淪為佃農，甚至貧窮得失業了，而土地逐漸集中到富人手中，產生了不少的大地主，貧富的階級從此乃有尖銳的對比，社會衝突當然難免會發生了。

　　官員剝削人民與社會貧富差距懸殊都是政局不安的因素。在專制時代，社會動亂是可以由強大的國家軍隊去鎮壓平息的。然而清代到中期以後，軍政也敗壞已極，國家的軍隊——八旗與綠營到嘉慶時都已不能作用。八旗原是滿洲興起的憑藉，入關之前，有「滿兵上萬，天下無敵」的豪語，入關後則盡失原有武勇精神，三藩亂起時已由綠營代之而起了。綠營兵則又因屢次徵調、治軍無方，將領奢侈以及糧司侵餉的諸端原因，後來也變得腐敗不堪了。嘉慶間民亂戰役中，有人寫道：「交戰時以鄉勇為先鋒，漢人綠營次之，其素稱驍勇絕倫之旗兵在最後，賊兵亦驅難民以當鋒鏑，真賊在後觀望。鄉勇與難民交戰，而官兵與賊兵不相值。鄉勇死亡，則匿而不報；或稍得勝利，則冒為己功。」國家軍隊的戰鬥能力，由此可見一斑。因此乾嘉以後的不少國內動亂，全都靠地方的團練來保衛鄉里了。另外由於各地的秘密會社活動頻繁，而且到處存在，反清的事件也時有發生，人民在疾苦之

中思變，在官逼之下抗暴，於是參加各種教黨或會黨起事的就大有人在了，這又是當時社會不安的另外一種緣由。

　　還有一點，也是重要的，乾隆末年，西方勢力已經逐漸東來，且有日益加強之勢。英國的特使馬戛爾尼 (Lord Marcartney) 訪華，在清廷目之為貢使，不重視他們帶來的科學技術與進步武器，以為只是一次夷人嚮化的觀見。可是這位「貢使」竟細心的在中國內陸沿海考察，把「天朝」政治腐敗、經濟衰竭、軍備廢弛、社會貧窮等的實狀全都記錄下了，並且在他回國後公諸於世界。四十多年以後，英國竟敢以幾千人的隊伍來我國發動鴉片戰爭，以及其後不斷隨之而來的各個列強侵略，相信都與馬氏發表的我國實情報告有關。

　　總之，基於以上政治的、文化的、經濟的、社會的、軍事的以及國際關係的種種原因，清代的盛極當衰是不能避免了。乾嘉之世的地方動亂，不但接踵而至，而且歷久才能平息，是最能說明清代中衰現象的，因為一個國家在政治上軌道、官兵有能力、民間不貧苦的時候，絕不會有那麼多變亂發生的。清朝國勢的衰微，國運的轉逆，由此都可以看出端倪來的。

以史為鑑：漫談明清史事
陳捷先／著

· 明朝是亡於滿人、流民，還是自己敗家、不爭氣？
· 明末清初的「第一代臺海對峙」，都是「一條辮子」惹的禍？
· 西方列強來臨時，清帝國從挨打中學到了什麼？
· 權力慾望極強的慈禧太后，讓晚清政局掀起什麼波瀾？
· 五四「新」文化運動，其實是奠基於「舊」帝國的遺產？

明清帝國已逝百餘年，但類似的歷史場景仍不斷重現。作者透過犀利的筆鋒，讓歷史不只是故事，而是發人深省的人生教材。

青出於藍：一窺雍正帝王術
陳捷先／著

清代帝王硃批奏摺，是為了向臣子發布命令、傳達信息，所以康熙說「朕，知道了」，但雍正不僅止於此。雍正的硃批諭旨其實不只是行政奏章，裡面還有耐人尋味的帝王統御之術，可謂是「青出於藍」啊！想重新認識這位有血有肉的帝王嗎，讓雍正親口說給你聽！

歷史的線索：錦衣王朝
易　強／著

提到明朝的「錦衣衛」，您的腦海裡會浮現哪些畫面呢？想到的會是明代殺人不眨眼的特務機構？還是他們身上所穿顏色鮮豔的「飛魚服」、「麒麟服」，佩帶的「繡春刀」？甚至是幾年前港星甄子丹所主演的古裝武打電影呢？錦衣衛到底是個怎樣的機構？它在歷史舞臺上到底扮演了怎樣的角色？本書作者易強將娓娓道來，帶您一揭明代錦衣衛的神祕面紗。

老臺灣
陳冠學／著

從關於臺灣數以萬計的片段中，牽起一條線，
讓我們從最早最早，臺灣剛誕生的時候說起。
透過作者寫下的文字，體會他對臺灣的迷戀與眷戀，
和他一起遊覽這座美麗之島，從有史以來看到滄海桑田，
聽他訴說先住民和移民在這座島上的奮鬥與拓荒，
再一次，認識這座熟悉又陌生的美麗島嶼——臺灣。

透視康熙
陳捷先／著

愛新覺羅‧玄燁是順治皇帝的第三個兒子，他既非皇后所生，亦
非血統純正的滿族人，卻因出過天花而得以繼位，成為著名的康
熙皇帝。他對內整飭吏治、減輕賦稅、督察河工，年未及三十便
平定三藩，為大清帝國立下根基。長久以來，康熙皇帝在各式影
劇、小說的詮釋下，傳奇故事不絕於耳，然其內容或與史實有些
許出入。本書係以歷史研究為底本，暢談康熙皇帝的外貌、飲
食、嗜好、治術和人格特質，不僅通俗可讀，其所揀選分析之史
料也值得細細品味。

滿清之晨：探看皇朝興起前後
陳捷先／著

努爾哈齊是滿清的奠基者，皇太極是滿清的創造者。他們的豐功
偉業在官私檔案中皆有可觀的紀錄，卻也留下不少史事啟人疑
竇：究竟《三國演義》與滿族的建國大業有無關係？皇太極為何
愛哭？皇太極真的會解夢、預言嗎？本書即以史料為憑據，解答
上述疑問，同時引領讀者一窺努爾哈齊、皇太極的智慧與權謀。
由於努爾哈齊與皇太極在滿洲文字的發明、改良與推廣上著力甚
深，因而產生大量的滿文書檔。本書亦就部分滿文書檔進行剖
析，使讀者能了解滿文資料的內容與價值，並且認識舊時滿族的
生活文化。

族譜學論集

陳捷先／著

自古以來，中國就非常重視家族，《堯典》、《周禮》中已對維繫家族精神提出了一些主張。秦漢以後，因歷代世變的影響，中國族譜隨之有了精進發展，特別是在唐宋時期考試制度的嚴格實行與新儒學的建立，中國族譜學有了新內容與新體例，並且漸次傳播到了韓國、日本、琉球、越南等東亞文化圈的國家。清代更是中國族譜學在廣度與深度上有著更新發展的時代，值得探討研究。

本書為作者多年來對中國，乃至韓國、琉球族譜深入研究的成果，書中並收集了許多散失在海外的古中國族譜資料，對中國及東亞的譜學研究深具影響，亦希冀在闡揚倫理、安定社會等方面有所貢獻。